독일의 개혁과 논쟁
- 슈뢰더 정부의 하르츠 개혁 -

전종덕 · 김정로 지음

2020
백산서당

저자 서문

　슈뢰더 총리의 적-녹(사민당-녹색당) 연립정부가 출범한 지 8개월이 지난 1999년 6월 3일자 <이코노미스트>(*The Economist*)는 독일을 유로지역의 병자(The sick man of the euro)라는 제목의 기사를 실었다. 1993년부터 유럽연합이 단일 시장으로 통합되었다. 그리고 마스트리히트 조약에 따라 1999년 1월 1일부터 유럽의 단일통화인 유로(EURO)가 전면적으로 통용되기 시작하였다. 2000년 1월 1일부터 법정통화 자격이 폐지됨으로써 독일 마르크화(DM)는 역사 속으로 사라졌다. 우선 11개 국으로 이루어진 유로존이 출범한 것이다.
　당시 독일의 국내총생산은 유로존 전체 국내총생산의 1/3 이상을 차지하고 있었다. 그런 독일 경제 부진은 이제 막 출범한 유로존 전체를 암영으로 덮었다. 그런데 독일 병은 1999년 당시 유로존의 여타 국가보다 거의 1% 낮은 저성장, 대외 의존도가 상대적으로 높은 독일의 수출 부진, 두 자릿수 대량실업의 장기화, 국가부채의 급등을 특징으로 하고 있었다. 그런데 독일 병은 어제 오늘의 일이 아니라 이미 1980년대 말부터 시작된 것으로 1990년의 통일은 이를 더욱 심화시켰다. <이코노미스트>는 이렇게 적고 있다.

2차 대전 후 독일에서 만들어진 사회적 시장경제는 시장 자본주의, 강력한 노동보호와 관대한 복지국가가 주의 깊게 혼합된 것으로 수십 년 동안 독일에 기여하였다. 그러나 이는 과거와 전혀 다른 압력에 처해 있다. 경제성장이 다시 정체되면서, 독일은 유럽의 병자(혹은 일본까지 포함하여)로 낙인찍혀 있다. 이는 불가피하게 유럽 단일 통화 즉 유로를 구름으로 가리고 있다. 독일이 유로 국가의 생산의 1/3 이상을 점하고 있기 때문이다. 독일이 재채기를 하면, 이웃 나라는 추위를 느낀다. 그리고 신경질적인 시장은 유로를 매각할 것이다. 그래서 오늘날 유럽 최대의 경제 문제는 어떻게 독일 경제를 소생시키느냐는 것이다.
　많은 사람들이 우울한 이야기를 하고 있다. 독일의 국내총생산은 1998년 4/4분기에 0.2% 감소하였다. 반면에 여타 유로 지역은 0.5% 성장했다. 다음 주일에 공개될 금년 1/4분기의 수치가 희망적일 것으로 기대되지 않는다. 비록 소수이기는 하지만 몇몇 예측가들은 경제가 2분기 연속으로 축소되어 기술적으로 독일이 불황에 빠질 수 있다고 생각한다. 기록되는 어떠한 성장도 높지 않을 것이 확실하다. 독일 정부는 금년의 성장률 전망을 1.5%로 하향하였다. 이것조차 낙관적일 수 있다. 여러 민간 이코노미스트들의 전망은 1%다.

　그런데 15년이 지난 2014년 6월 15일자 <이코노미스트>는 독일 경제의 "기적의 분석"(Dissecting the Miracle)이라는 제목의 글을 실었다. 슈투트가르트 근처 중소도시의 중소기업 이야기에서부터 글이 시작된다.

지멘스(Siemens), 보쉬(Bosch), 베엠베(BMW) 같은 산업계 거인과 함께 이 작은 도시의 챔피언들은 독일의 제조와 수출의 능력 유지에 기여하고 있다. 독일 국민총생산(GDP)에서 제조업의 비율은 다른 부유한 나라보다 높으며 독일의 수출, 특히 빠르게 성장하는 신흥경제에 대한 수출은 더 강하다. 지난 10년간 독일 성장의 반은 수출에서 나왔다. 국민총생산의 7%인 1,880억 유로(2,430억 달러) 대외수지 흑자는 절대액수에서 세계 최대며, 경제 규모 대비 최대 국가 중 하나로 계속 증가하고 있다.

독일의 시각에서 강력한 수출과 대규모 무역 흑자는 경제력의 상징이다. 그러나 외국인들은 독일의 최근 고용 기록에 더 인상을 받았다. 10년 전에 독일은 부유한 나라 중 최악의 실업률을 보여주던 나라였다. 오늘날 독일의 실업률 5.4%(OECD 자료)는 유럽에서 최저다. 8% 이하의 청년 실업률은 미국의 반이고 유럽 평균의 1/3이다. 독일에서도 이는 20년 동안 최저다.

이는 성장 붐의 결과가 아니다. 10년 이상 독일 경제의 성장률은 미국과 영국보다 낮았고 유로존 전체보다 높지 않았다. 그러나 독일은 금융위기 후 해고 파동을 피하고 청년 고용이 취업이 어려운 사람들 고용 문제에서 다른 나라보다 잘 대처하였다.

어떻게 해냈는가? 대부분의 설명은 중소기업 모델과 직업교육제도 평가에 집중된다. 슈트로팍크(Stropack)나 뢰쉬(Rösch) 같은 기업은 현장 실무와 학교 교육을 혼합한 도제제도를 채택하고 있다. 독일 정부도 2003년부터 노동시장을 자유화한 대담한 노동개혁("아젠다 2010")을 도입하여 "숙제를 풀었다"고 이야기하고 있다. 그리고 공동결정제도(회사 이사회에 노동조합 참여 차가 허용)가 임금인상 자제를 도왔다.

1998년 일, 혁신 그리고 정의(Arbeit, Innovation und Gerechtigkeit)를 선거강령으로 내건 슈뢰더의 사민당이 총선에 승리하여 녹색당과 적-녹 연립정부를 구성하고 조세와 연금제도 개혁에 착수하였다. 그러나 1990년대 중반 이후 콜 총리 하의 기민련/기사연-자민당 연립정부에 이어 적-녹연정이 시도한 "일을 위한 연합," "일, 직업훈련 및 경쟁력을 위한 연합"(제2차 일을 위한 연합)은 노사정 간 사회적 합의에 기반한 코포라티즘적(corporatist) 접근이었다. 이런 시도가 실패하면서 사회합의적인 코포라티즘을 통한 노동시장 개혁은 독일에서 더 이상 실현 가능한 대안이 되지 못했다.

결국 두 차례에 걸친 사회합의에 의한 노동개혁이 실패한 이후 슈뢰더 정부는 사회합의적인 코포라티즘적인 접근이 아닌 정부 주도의 단계적인 접근을 통해 노동시장을 개혁하는 데 성공할 수 있었다. 우선 노동개혁의 과정에서 개혁의 방향과 내용을 설정하기 위하여 폭스바겐의 위기를 성공적으로 극복하는 데 기여했던 페터 하르츠(Peter Harz)를 위원장으로 하는 하르츠 위원회를 구성하였다. 이 위원회는 하르츠라는 상징적인 인물을 중심으로 이해당사자를 배제하고 전문가들로 구성되었다. 물론 노동과 사용자 등 관련 이해당사자의 참여가 전혀 없었던 것은 아니었으나, 이들은 개인자격으로 참여한 것이었을 뿐 조직과 세력의 대표성을 가진 것은 아니었다. 결과적으로 하르츠 개혁의 의사결정과정에서 독일 노동조합의 실질적인 대표조직인 독일노동조합총연맹(DGB)은 전적으로 배제되었다.

이의 결과로 슈뢰더 정부는 2002년 8월에 노동시장정책 개혁을 내용으로 하는 하르츠 보고서를 발표하면서 본격적인 개혁을 예고하였다. 그리고 토니 블레어 영국 총리와 공동으로 '유럽: 제3의 길/신중도'를 발표였다.

사회정의의 진작이 때로는 결과의 평등 강제와 혼동되어, 결과에 대한 보상과 책임의 중요성이 무시되고, 창의와 다양성 그리고 수월성의 치하보다는 범용의 방향으로 나갔다. 이에는 따라서 많은 비용이 필요했다. 사회정의 달성이 공공지출 수준으로 평가되었다. 이제 이의 효율성이 검증되어야 하고 사람들의 자조에 얼마나 기여하느냐에 의해 평가되어야 한다. 그래서 개인적 성취와 성공, 기업가 정신, 개인의 책임과 공동체 정신 등 시민에게 중요한 가치가 국가의 사회보장 정책에 종속되고 말았다. 자신과 가족, 이웃과 사회에 대한 개인의 책임이 국가에 전가될 수 없다. 개인의 책임과 자조가 필요하다.

이런 취지에 바탕을 둔 제3의 길/신중도 노선은 2차 대전 후 전후 부흥의 황금기의 고도성장기 서유럽의 낙관적인 전망에 기초하여 절대적인 평등을 주장하면서 집권기에 대대적으로 복지지출을 증대시켜온 유럽의 전통적인 진보 정치세력의 노선과 배치되는 것이었다. 배치가 아니라 근본적인 수정을 요구하고 있었다. 이 과정에서 1999년 3월 전통적인 사민당의 재정정책을 고수하여 산업계에 불신을 주었던 케인즈주의자인 오스카 라퐁텐(Oskar Lafontaine)이 연방 재무장관과 사민당 당수직에서 물러났다.

이후 더 많은 일자리, 경제성장, 안정된 재정을 선거강령으로 내세워 총선에 승리하여 재집권에 성공한 슈뢰더 총리는 2003년 3월 하르츠 개혁을 포함한 전면적인 사회경제적 개혁인 아젠다 2010을 제시하면서 본격적인 개혁작업에 들어갔다. 당시 야당인 기민련/기사연은 물론이고 노동조합, 연방 주와 오랜 협상과 타협을 통하여 2004년 제도적 개혁을 일단 완성하였다.

아젠다 2010으로 표현되는 슈뢰더 정부의 개혁은 결국은 성장을 통한 고용 확대였다. 두 차례 걸친 총선에서 슈뢰더의 사민당이 내건 선거강령, 그리고 녹색당과의 연정합의, 정부의 정책방향에서 성장과 고용을 내세웠다. 1, 2차 오일쇼크 이후 1980년대 중반부터 독일은 특히 유럽연합 여러 나라에 비하여 상대적으로 저성장에서 벗어나지 못했다. 기업의 투자와 소비는 부진하고, 이에 따라 대량실업은 장기화하였다. 브란트-슈미트 총리의 사민당 정부는 복지를 확충하고, 제도화하여 독일식 복지모델을 정착시켰다. 이는 재정지출의 급격한 확대를 가져와서, 국민총생산에서 차지하는 비율이 국민총생산의 50%를 넘게 되었다. 그러나 저성장이 고착되면서 세수가 이를 따르지 못하자, 차입으로 재정수요를 충당하였다. 이런 상황에서 1989년 11월 베를린 장벽 붕괴 후 1년 만에 완성된 독일통일은 동독인들에 대한 복지지출, 낙후된 동독 지역을 서독 지역 수준으로 끌어올리기 위한 재정지출 확대는 결국 국가부채의 급증을 가져왔다. 이어서 마스트리히트 조약에 의한 유럽 시장 단일화는 독일의 독자적인 정책 운용을 제한하고, 산업입지경쟁력 문제를 제기하였다. 저성장, 대량실업, 동서독 지역 간 불균형, 투자부진과 산업입지경쟁력 약화 등의 요소는 서로 물고 물리면서 독일을 유럽의 병자로 몰고 갔다.

　이런 악순환 고리를 끊기 위한 슈뢰더 정부의 처방은 성장과 고용이 아니라 성장이었다. 성장의 장애요소는 생산비용 문제 특히 상대적으로 고수준인 독일 임금 외 비용이었다. 이의 주 요인은 상대적으로 고율인 법인세를 비롯한 조세, 복지비 지출, 경직화된 노동시장, 과도한 규제와 관료주의에 따른 비용, 국가부채에 따른 이자 지출로 인한 공공재정의 투자 제한 등이었다. 이에 대응한 슈뢰더 정부의 개혁 내용에는 대대적인 감세, 노령연금, 의료보험을 비롯한 복지의 축소와 파산직전의 지자체 재정개혁을 위한 대책 등이 포함된다. 실업 문제에 대해서 슈뢰더 정부는 실업대책으로 접근하지 않고 위와 같이 경제, 사회 정책 등을 종합한 고용정책으로 접근하였다. 이에 따라 지금까지 실업자에게 실업보험 급부 제공 등을 수동적이고도 관료적으로 처리하던 연방노동청을 취업알선을 최우선으로 하는 공공기관으로 개편하였다. 당시 연방노동청 직원 9만 명은 공무원 신분에서 공공기관 직원 즉 민간인으로 신분이 전환되었다. 이를 포함한 전반적인 노동정책 개혁, 이른바 하르츠 개혁은 연방노동청 개편으로 끝나는 것이 아니라 실업급여, 실업부조, 사회부조, 노령연금 등 사회복지정책 전체와도 연결된 "연방공화국 수립 이후 최대의 사회개혁"의 중심이었다.

복지와 고용정책과 관련하여 슈뢰더 정부는 기본법 제1조가 규정하고 있는 "인간의 존엄을 존중하고 보호하는 것"이 국가권력의 의무라는 사회적 국가의 기본가치에 대한 수정 내지는 재해석을 시도하였다 해도 과언이 아니다. 슈뢰더 정부는 복지정책에 대하여 개인의 자기책임 개념을 도입하였다. 독일제국의 비스마르크 총리 이래 노후생활 보장을 위하여 유지되어온 노령연금의 지급기준인 최종임금의 70%라는 마지노선을 무너뜨렸다. 여기에 자기책임을 강조하면서, 사적 보험제도와 진료비 자기 부담 제도 등을 도입하였다.

이는 실업 관련 급부제도에도 적용하였다. 슈뢰더 정부의 실업자에 대한 고용정책의 원칙은 "지원과 요구"(Förderung und Forderung)였다. 실업 관련 급부에 대하여 실업자인 수급자의 적극적인 활동을 요구하였다. 요구를 충족하지 못한 경우에 급부의 감액 등 제재가 따랐다. 그리고 "유연안정"(Flexicurity) 원칙을 관철하였다. 사용자에게는 고용의 유연성을, 취업 노동자에게는 안정을 준다는 것이었다. 이에 따라 전통적인 독일의 노동관계에 일대 변화가 왔다. 기본은 유지하지만, 독일 특유의 공동결정제도에 일정한 수정이 있게 되고, 단체협상 자율에도 변화가 있었다. 엄격한 산업별 단체협약에 노사 합의에 의한 기업별 예외를 허용한 개방조항이 도입되었다. 취업알선 시 실업자의 입장이 크게 고려되던 "적정성"이 강화되는 등 여러 분야에 걸친 개혁이 있었다.

그러나 슈뢰더 정부의 개혁에서 제일 큰 이슈가 된 것은 하르츠 Ⅳ 입법 과정에서 논의의 핵심인 실업부조와 사회부조의 통합이었을 것이다. 이에는 복지 축소, 지원과 요구, 지자체 채무와 재정, 취약한 연방 주의 경제, 연방제와 관련한 연방과 주의 권한, 지자체의 자치행정, 실업자에 대한 지원과 요구 등 개혁의 모든 문제가 압축되어 있었기 때문이었을 것이다.

실업부조는 연방의 재정에 의한 급부인 반면에 사회부조는 지방자치단체의 재정에 의한 급부였다. 2002년 당시 연방정부의 실업급여와 실업부조 지출은 392억 유로였다. 사회부조 수준으로의 두 가지 부조 통합, 즉 실업급여 Ⅱ 도입은 엄청난 재정부담의 감소를 의미하였다. 재정부담 완화에 더하여 연방정부는 하향식 하르츠 개혁 계획에 의하여 지자체에 연방노동청의 조직인 일자리센터에서 이를 취급하면서 고용정책의 원칙인 지원과 요구를 관철할 수 있다는 것이었다. 연방 주 정부는 사회부조 업무와 관련하여 지금까지 유지해오던 지자체에 대한 권한 상실에 반발하였다. 또한 구조적으로 취약한 지역, 특히 구 동독 지역 주들의 경우는 이는 실업자의 소득 저하로 바로 구매력 상실을 의미하였다. 지자체의 경우 특히 구조적으로 취약한 지역의 지자체의 경우 최악의 재정적 상황에서 벗어날 수 있는 계기지만, 다른 한편으로는 이 급부에 의한 권한 상실을 의미하는 것이었다. 그리고 급부 축소에 대한 불만을 바탕으로 노동조합과 민사당은 구 동독 지역을 중심으로 하르츠 Ⅳ 반대운동에 나서, 월요시위를 조직하여 정부와 여야당을 압박하였다.

이런 상황에서 연립여당인 사민당과 녹색당, 야당인 기민련/기사연, 자민당이 타협하여 실업부조와 사회부조의 통합, 즉 실업급여 Ⅱ 급부를 집행할 기관으로 당초 하르츠 개혁 개혁에 없었던 지자체 선택 모델 도입에 합의하였다. 연방 주의 경제 등에 대한 주의 전속적 권한, 지자체의 자치행정 등을 고려하여, 실업급여 Ⅱ의 집행기관을 연방노동청 산하의 일자리센터, 일자리센터와 지자체의 부서에 의한 업무팀, 기관대여에 근거하여 승인받은 지자체 집행기관 중의 한 모델을 선택하여 집행할 수 있도록 하는 이른바 지자체 선택법률을 제정하여 슈뢰더 정부의 긴 개혁 장정의 제도화를 일단 마무리하였다.

이는 한편으로 기존 복지제도의 축소와 급부 축소에 대한 이해 당사자들의 반발과 타협의 전형적인 사례이기도 하다. 그러나 이는 결국 슈뢰더의 사민당에게 2005년 총선 패배를 가져다주었고, 지금도 살아 있는 이슈로 특히 사민당을 유령처럼 따라다니고 있다.

2005년 개혁정책을 지속하기 위하여 단행한 조기총선에서 슈뢰더의 사민당은 1% 차이로 앙겔라 메르켈의 기민련/기사연에 패배하였다. 개혁이 원점으로 되돌려질 것 같았지만, 보수 정치세력 기민련/기사연 역시 개혁에 공감하고 있었고, 1% 승리라지만 의석수에서는 사민당과 같았던 기민련/기사연이 사민당과 대연정을 구성하지 않을 수 없게 되었다. 오랜 연정 협상 끝에 개혁의 계속 추진을 명분으로 사민당은 대연정에 참여하여 개혁 작업을 이어갔다.

2009년 총선 결과 사민당이 4년 동안 야당에 머물지만, 이 때 출범한 기민련/기사연-자민당 연립정부 역시 개혁정책을 그대로 추진하였다. 〈이코노미스트〉지 기사가 나오기 1년 전의 총선 결과로 사민당은 다시 대연정에 참여하였다. 이 대연정은 2017년 총선 후에 다시 수립되어 현재도 독일은 사민당-기민련/기사연 대연정 정부 하에 있다.

슈뢰더 정부에서 추진된 개혁은 그 후에 현실 변화에 맞춘 부분적인 수정이 있었지만, 그 기조는 현재도 유지되고 있다. 〈이코노미스트〉 분석이 나오던 2014년은 독일 경제의 부활, 즉, 개혁의 성과가 추세로서 자리를 확실히 잡고 있던 시기다.

독일 경제의 "기적적" 부활을 확인해 주는 거시경제적 지표에도 불구하고 저임금 일자리의 확대와 소득 및 자산의 양극화, 지역 특히 구동독지역과 서독지역 간의 격차 등 개혁정책의 그늘은 2005년 총선 이후 총선에서 사민당의 계속되는 패배로 슈뢰더 정부의 개혁의 대명사인 하르츠 IV는 트라우마로 사민당을 따라다니고 있다.

그러나 본문에서 살펴보겠지만, 이는 사민당에게만 영향을 주고 있는 것이 아니다. 전후 지금까지 사민당과 함께 독일의 정치적 지주인 기민련/기사연 역시 2005년 총선 이후 득표율이 줄어들고 있다. 독일 사회에서 중요한 축 중 하나인 노동조합 역시 50%에 육박하던 조직률이 개혁 이후 20% 이하 떨어졌다. 이렇듯 전후 그리고 통일 이후에도 유지되던 사회경제적 조건이 근본적으로 변화되고 있는 것이다.

그런데 수십 년째 이른 "독일 병"(Deutsche Krankenheit)이라는 병을 앓으면서 표류하고 있던 독일 경제에 대하여 슈뢰더 정부가 아닌 다른 정부였다면 어떤 처방을 내렸을까? 〈이코노미스트〉의 2014년 기사가 이에 대하여 답하고 있는 것이 아닐까?

2003년은 독일이 "마스트리히트 조약" 예산적자 3% 기준을 무시하던 해이기도 하다. 독일은 3% 이하 유지 노력보다는 차입 증가로 나갔다. 슈뢰더 정부는 재정 건전화보다 구조개혁을 우선시하였다. 이를 현재 메르켈 정부는 이를 엄청난 실책이라고 보고 있다. 그러나 당시 슈뢰더의 수석 참모였던 사민당 지도자로서 현재 연방대통령인 프랑크-발터 슈타인마이어(Frank-Walter Steinmeier)는 [이런 상황이 닥치면] 이를 다시 시행할 것이라고 말한다. "우리가 마스트리히트 조약 규정을 교조적으로 고수했다면, 우리는 아젠다를 실행하지 못하여 유럽 경제의 하위에 위치하고 있을 것이다."

슈뢰더 정부에 의해 강력하게 추진된 광범위하고도 근본적인 사회 정치경제 개혁은 그 거시경제적 성과에도 불구하고, 소득, 부, 지역간 양극화 확대로 표현되는 그림자는 오늘날도 독일 사회에서 살아서 꿈틀거리고 있다. 이런 성과와 문제점의 예측과 비판은 개혁의 제도화 과정에서 의회 내에서, 거리에서, 지식인 사회에서 그리고 블루 컬러 사회, 베를린과 지방에서 뜨겁게 전개되었었다. 지금도 그 논란은 계속되고 있다.

그래서 이 책은 슈뢰더 정부의 개혁의 성과나 부정적인 결과에 초점을 맞추기보다는 개혁의 제도화 과정에서 표출되는 각 정당, 특히 의회 내에서 각 정당의 입장, 연방 주 특히 구 동독지역인 신 연방 주의 입장, 노동조합 및 사용자의 입장을 제3자적 시각에서 소개하는 것에 초점을 두었다. 그리고 연방의회와 연방상원에서 토론을 통해서 각각의 입장을 수용하면서 타협에 바탕을 두고 개혁이 제도화되는 과정을 보여주고자 하였다.

개혁이 사회의 화두가 된지 오랜 우리나라에서 독일의 "연방공화국 수립 후 최대"의 개혁이 어떤 토론과 타협 과정을 거쳐서 완성되는가는 좋은 모델이 될 것이다. 독일 사회 역시 사회의 찬반의 성명과 서명, 노동조합의 파업, 개혁 반대 대중집회가 있었고, 아니 지금도 하르츠 IV반대 집회가 있다. 특히 집권 사민당의 경우 당원은 물론이고 의원의 탈당과 신당 창당, 기민련/기사연 내의 갈등, 연방상원에서 소속 정당을 떠난 지역의 이해에 기초한 찬반이 있었다. 그러나 의회는 사회적 논의의 중심에서 타협을 끌어내고 개혁을 제도화하였다. 본문에서 보겠지만 타협에 의한 법률의 내용이 연방헌법재판소에서 부정당하기도 한다.

이처럼 민주주의 제도 하에서 개혁은 선(善), 악(惡)의 문제가 아니다. 시대의 도전을 어떻게 대응하여 극복할 것인가에 대한 방안의 선택의 문제며, 이 선택을 토론과 타협, 합의를 통하여 제도화하고 이를 실행하는 것이다. 그 중심에 대의기관인 의회가 있는 것이다. 이 점은 번역되어 이 책과 함께 출판된 이른바 '하르츠 보고서 – 슈뢰더 정부의 독일 노동시장 개혁 계획 -'을 참고하면서 이 책을 읽어본다면, 확실하게 알 수 있을 것이다. 앞에서 언급하였듯이 하르츠 보고서가 제안한 안의 법제화 과정에서 연방의회와 연방상원에서 때로는 개혁의 후퇴로 보이기도 하는 상당한 타협이 있었다.

기간 그리고 개혁의 폭과 깊이에서 워낙 중요한 개혁조치이기 때문에 우리나라에서도 지속적인 관심을 갖고 경제학, 사회학 및 복지학, 법학 등 분야별로 개별적으로는 조금씩 논의가 이루어지고 있기는 하지만, 전체적인 과정에 대한 논의는 없다.

이런 점에서 결과적으로 그렇게 되었지만 권력 상실을 각오한 슈뢰더 총리 정부 하에서 8년간 개혁의 내용과 제도화 과정은 미래를 지향하면서 오늘의 문제를 해결하고자 하는 우리에게 길잡이 역할을 충분히 할 것이라고 믿는다.

  이런 길잡이를 만드는 과정에 참여하고 있는 백산서당에 감사드린다.

2020. 1
전종덕 · 김정로

독일의 개혁과 논쟁 / 차 례

저자 서문 · 3

| 제 1 장 | 서 론 ·· 23

1. 전후 독일 경제의 성립 · 27
2. 사회적 시장경제의 확립과 고도성장 · 32
3. 사회적 국가 - 저성장, 사회보장 확대와 제도화 · 40
4. 신자유주의 세계경제와 독일통일 · 45
5. 유럽연합 그리고 마스트리히트 조약: 유럽연합의 내국시장화와 산업입지 경쟁력 · 52

| 제 2 장 | 슈뢰더 정부의 사회적 국가 개혁 ·················· 67

1. 개혁의 시동 · 71
2. 연금 개혁 및 조세 개혁 · 74
3. 의료보험 개혁, 교육 개혁 및 가족 정책 · 80
4. 하르츠 위원회 · 86

| 제 3 장 | 하르츠 보고서 ······································· 91

1. 개 요 · 92
2. 노동시장정책 · 103
3. 노동청 개혁 · 109

(1) 새로운 연방노동청의 전략적 목표와 핵심업무 · 109
　　(2) 일자리센터 · 112
　4. 취업알선 · 117
　　(1) 신속한 취업알선 · 117
　　(2) 새로운 적정성과 자발성 · 118
　5. 청년실업 대책 · 121
　6. 노령근로자 대책 · 123
　7. 실업부조와 사회부조 통합 · 125
　8. 일자리 창출 기업 지원 · 127
　9. 근로자파견사업부 · 128
　10. 1인 기업, 가족 기업 · 131
　11. 자금조달과 예산 절감 · 132
　12. 실업 해결을 위한 사회적 연대 · 138

|제 4 장| **본격적 개혁-아젠다 2010** ·······················141

　Ⅰ. 개혁 1단계 · 142

　1. 하르츠Ⅰ, Ⅱ 법률안 제출 · 146
　　(1) 법률안 · 146
　　(2) 노동조합의 입장 · 154
　　(3) 경제노동위원회 권고안 · 158
　　(4) 전문가 검토의견 · 162
　2. 하르츠Ⅰ, Ⅱ 법률 성립 · 172
　　(1) 연방의회 2, 3차 독회 및 조정위원회 · 172
　　(2) 하르츠Ⅰ, Ⅱ 법률 확정 · 176

　Ⅱ. 개혁 2단계 · 181

　1. 아젠다 2010 · 181
　2. 정부의 개혁안 발표와 개혁의 산통 · 213

3. 하르츠Ⅲ, Ⅳ 법률안 제출 · 218
　(1) 경제노동위원회 검토의견 · 220
　(2) 경제노동위원회 수정안 · 223
4. 연방의회 및 연방상원의 입법 과정 · 230
5. 하르츠Ⅲ, Ⅳ 법률 확정 · 253
6. 지자체 선택법률 · 268

Ⅲ. 개혁의 제도적 완성에 대한 노동조합과 사용자의 평가 · 327
1. 노동조합의 평가-한스 뵈클러 재단 보고서 · 329
2. 사용자 및 산업계의 평가-독일사용자연합 연례보고서 · 343

| 제 5 장 | **법제화 완료 이후: 평가와 성과** ·························357

Ⅰ. 국민의 평가 · 358
1. 사민당의 총선 패배 · 358
2. 대연정 · 364

Ⅱ. 개혁의 성과 · 371
1. 성장, 고용, 국가부채 · 373
2. 지역 간 격차와 양극화 문제 · 378
3. 정치적 근본구도의 변화 · 386

| 제 6 장 | **에필로그** ···391

용　어 · 409
참고문헌 · 412
찾아보기 · 425

표 차례

<표 1-1> 독일의 무역현황 25
<표 1-2> 1960년대 서독 경제지표(단위: %. 유로 환산) 34
<표 1-3> 서유럽 주요국가 경제성장률 35
<표 1-4> 서독의 실업률(1950-1990) 44
<표 1-5> 독일 국가부채 (1950-1998년) 46
<표 1-6> 주요 국가의 성장률 47
<표 1-7> 통일 후 독일의 경제성장률 (1995년 가격) 49
<표 1-8> 통일 후 독일(독일 전체, 구 서독 지역, 구 동독 지역)의 실업자수 및 실업률 (1991-1999년) 50
<표 1-9> 독일의 노동쟁의 57
<표 5-1> 주의회 선거 득표율(%) 361
<표 5-2> 유럽의회 선거 득표율(%) 362
<표 5-3> 유럽 국가 간 비교(2003년) 374
<표 5-4> 주요국가의 성장률(%) 374
<표 5-5> 주요 국가의 실업률(2008-2019. %) 375
<표 5-6> 주요 국가의 청년 실업률(2008-2018. %) 376
<표 5-7> 마스트리히트 조약 수렴기준 주요 국가 간 비교 377
<표 5-8> 주요 국가의 국내총생산(10억U$) 378
<표 5-9> 소득분포와 소득 빈곤 380
<표 5-10> 동서독 지역 청년실업률(15-24세. 단위: %) 383
<표 5-11> 2002년 이후 연방의회 선거 결과 388
<표 6-1> 주요 신진국의 국내총생산에서 수출입이 차지하는 비율(%) 397

그림 차례

<그림 1-1> 중앙정부 부채(GDP 대비 %) 47
<그림 1-2> OECD 국가의 실업률 변화 48
<그림 3-1> 일자리센터 업무 흐름 116
<그림 3-2> 실업기간별 분포, 2000년 6월 133
<그림 5-1> 1998-2010년 동서독 지역 노동자들의 단체협약 적용률추이 382
<그림 5-2> 1995-2017 기간 중 실업률 변화(단위: $) 383
<그림 5-3> 연방 주별 시간당 총수입(유로) 385
<그림 5-4> 노동조합 조직률(%) 389
<그림 6-1> 자산 빈곤(Asset-poor) 403

1
서 론

서 론

　　녹색당과 연립정부를 구성한 사민당의 게하르트 슈뢰더(Gerhard Schröder) 총리는 1998년 11월 20일 연방의회에서 가진 취임연설에서 "경제적 성과가 모든 것의 시작이다. 국가와 경제를 현대화하고… 무엇보다도 실업을 극복하고, 기존 일자리를 유지시키며 새로운 일자리를 만들어내야 한다. 이를 위해서는 새로운 기업, 새로운 제품, 새로운 시장, 무엇보다도 더 빠른 혁신이 필요하다. 더 좋은 교육과 노동비용을 경감시켜줄 재정 및 조세 정책이 필요하다"고 말했다. 그러면서 그는 출발조건이 전혀 유리하지 않다면서 "연방 부채는 1조 마르크를 넘었고, 현행 예산에서 이자 부담이 8백억 마르크 이상으로, 지급이자가 조세와 부담금 수입의 4분의 1이라는 것이다. 따라서 긴축재정을 전제로, 사회적 급부는 실질적으로 필요한 사람에게 집중되어야 한다"고 선언하였다. 그래서 모든 것을 다르게 하려는 것이 아니라 더 잘 하려고 한다는 것이다.[1]

---

[1] 전종덕/김정로, 『독일사회민주당의 역사』(백산서당, 2018), pp.433-438 및 "독일연방의회 의사록"(Plenarprotokoll 14/3), 1998.11.10; 독일연방의회 (www.bundestag.de) 참조.

1990년대 당시 독일은 10여 년째 유럽의 다른 나라와 비교하여 상대적으로 낮은 성장률, 대량실업, 높은 사회보장 지출과 이로 인한 국가부채의 증가라는 소위 독일 병으로 신음하고 있었다. 고비용 저효율로 인하여 경쟁력이 상실되고 있었다. 급기야 수출대국 독일의 수출은 1991년부터 1993년까지 해마다 감소하기에 이르렀다. 이 기간 중 노동쟁의도 급격하게 증가하였다.

〈표 1-1〉 독일의 무역현황

	수출	수입	무역수지
1990	348.1	293.2	54.9
1991	340.4	329.2	11.2
1992	343.2	326.0	17.2
1993	321.3	289.9	31.6
1994	353.1	315.4	37.6

출처: 독일연방통계청

우리에게 라인강의 기적 혹은 서독의 기적이라 일컬어지던 세계의 모범적 경제국가 독일이 어떻게 유럽의 병자가 되어 수술대 위에 올려지게 되었는가? 슈뢰더의 이 연설대로 독일은 이 중병 치료를 위하여 조세개혁과 연금 등 복지개혁과 함께 노동시장 정책 개혁인 이른바 하르츠 개혁을 포함한 개혁의 패키지인 아젠다 2010(Agenda 2010) 추진으로 나가게 된다. 슈뢰더의 사민당의 권력 상실까지 가져다 준 우여곡절 끝에 2004년 8월 개혁은 제도적으로 마무리되었다. 개혁의 여파로 이듬해 9월의 조기총선에서 슈뢰더 총리의 사민당-녹색당 연립정부는 패하고 말았다. 이런 과정에서 사민당의 슈뢰더 전임 당수였던 오스카 라퐁텐(Oskar Lafontaine)이 탈당하는 등 사민당이 분열되고, 사민당 탈당파와 동독 사회주의통일당 후신인 민사당, 1968년 학생운동에 뿌리를 둔 의회 밖 야당(Außerparlamentarische Opposition. APO) 세력 등이 결합하여 2007년 좌파당(Die Linke)을 결성하여 민주사회주의/사회민주주의의 정통성을 주장하면서, 독일 진보진영의 구도를 바꾸는 상황이 발생하여 오늘에까지 그 영향이 미치고 있다.

이런 폭발력을 가진 슈뢰더 정부의 개혁의 배경과 그 근본적인 원인을 살펴보아야 그 본질적 내용과 그 의미를 이해할 수 있을 것이다.

슈뢰더 총리는 사민당 내에서 신중도(Neue Mitte) 노선을 주장하고 1998년에 영국 노동당의 토니 블레어 총리와 함께 1998년 '유럽: 제3의 길/신중도'(Europe: the Third Way/Die Neue Mitte)를 발표하여 당시의 신자유주의를 인정한 바탕에서 자신의 신중도 노선을 분명히 하였다. 그 후 그는 그의 신중도 노선에 따라 영국 노동당 정부와 비슷한 복지개혁과 조세개혁을 비롯한 전반적인 개혁으로 나아갔다. 실현에 소요된 시간과 국내의 논쟁에서 볼 때 그의 개혁정책의 결정판으로서 노동개혁을 마지막으로 밀어붙였다.

여기서 노동시장 유연화를 목표로 한 하르츠 개혁을 포함한 슈뢰더 정부의 개혁을 신자유주의적 자본의 요구에 굴복한 노동정책의 후퇴라는 극단적인 평가까지 나온다. 1980년 영국 보수당의 마가렛 대처(Margaret Thatcher) 총리 정부와 미국 공화당의 로날드 레이건(Ronald Wilson Reagan) 정부가 신자유주의 정책으로 자국 경제의 스태그플레이션의 악순환을 끊고 성장 추세로 전환시킨 이래, 그리고 신자유주의가 상품과 자본의 자유로운 이동, 즉 세계화를 요구하고 있어서 유럽 대륙도 신자유주의의 영향에서 벗어날 수 없었으며 독일 역시 마찬가지였다.

1. 전후 독일 경제의 성립

유럽에서 2차 대전은 1945년 5월 8일 독일의 무조건 항복으로 끝났다. 그리고 독일은 미국, 영국, 프랑스, 소련 등 소위 전승 4강국에 의해 분할 점령되었다. 4강국의 독일 정책은 전전의 얄타 협정 그리고 전후의 포츠담 협정에 따랐다. 이 협정은 4-D 정책으로 요약된다. 즉, 탈군사화(Demiliterization), 탈콘체른(Decartelization), 탈나치화(Denazification), 민주화(Democratization) 정책이었다.

이의 경제정책의 기본은 소위 모겐소(Henry Morgethau) 구상에 따른 것이었다. 독일의 경제는 농업과 경공업에 기초하고 생활수준은 소련과 영국을 제외한 유럽의 평균 이하를 유지한다는 것이었다. 이런 노선에 기초하여 배상금은 군사산업과 위의 수요를 초과하는 산업 시설의 해체 이전과 독일의 대외 자산의 이전으로 충당하기로 하였다.[2]

그러나 종전 후 물밑에서 진행되던 냉전이 1947년 3월 12일 미국의 트루먼 대통령이 무장 공산주의자들에 의해 야기된 그리스 내전 및 이웃 터키에 대한 지원을 발표한 소위 트루먼 독트린 발표로 부정할 수 없는 현실이 되었다. 특히 이를 계기로 미국과 영국은 점령지구의 경제운영을 통합하기로 하고 프랑스도 이에 동의하였다. 이어서 1948년 런던에서 미국, 영국, 프랑스와 베네룩스 3국이 참가한 6강국

---

[2] 얄타협정, 포츠담협정, 모겐소 구상에 관해서는 전종덕, 『독일통일』(백산서당, 2019), pp.34-46 및 pp.47-59 참조.

회담에서 루르 지방의 국제적 관리 합의를 고리로 서독 국가 창설에 나서기로 하였다. 이에 따라 서독 기본법이 제정되고 1949년 5월 2일 독일연방공화국 즉 서독이 창설되었다. 이어서 동독 즉, 독일민주공화국도 창설되었다.

서독 창설 이전에 이미 서독 지역에 대한 철강을 비롯한 생산제한이 많이 완화되었다. 1946년 3월 29일 점령 4강국이 서명한 최초의 독일 "산업수준"(level of industry) 계획은 1,500개 제조업 공장을 파괴하여 독일의 중공업 수준을 1938년의 50% 수준으로 한다고 명시하고 있었다. 이에 앞서 1월에 연합국 통제위원회는 독일의 철강생산능력을 전전의 25% 수준인 58만 톤으로 제한하기로 하였다. 당시 자동차 생산은 전전의 10% 수준으로 정했다.

트루먼 독트린 발표 후인 1947년 7월 트루먼 미국 대통령은 "국가 안전보장"을 이유로 징벌적인 미국의 점령정책인 합동참모부 지시 1067호(JCS 1067)를 취소하였다. 이를 합동참모부 지시 1779호(JCS 1779)로 대체하였다. 이 지시는 "유럽의 질서와 번영은 안정되고 생산적인 독일의 경제적 기여를 필요로 한다"고 언급하고 있다. 이는 전후 독일 점령정책의 기본이었던 모겐소 계획의 가장 중요한 요소를 청산한 것으로 평가받았다. 이에 따라 독일 중공업 생산 제한은 부분적으로 완화되어 전전 생산능력의 25% 수준에서 50%로 상향되었다.

이와 같은 미국의 입장은 1947년 3월 모스크바에서 열린 외무장관회의 후 그리고 그 해 11월에 열린 런던 외무장관회의 직전인 1947년 11월 20일 소련 외무장관 몰로토프의 비서인 소련 외교관 예로페예프(V. I. Yerofeyev)가 몰로토프에게 보낸 보고서에서도 확인할 수 있다. 즉, 보고서의 독일 경제에 관한 부분을 보면, "1946년 10월 22일 베빈(Ernerst Bevin. 당시 영국 외무장관)의 연설과 추가적인 법률에서 독일

파괴된 크루프(Krupp)사의 에센 공장(1945년)

출처: Bundesarchiv, Bild

을 영국-미국 자본의 경제적 노예로 만드는 정책이 경제통합이라는 기치 하에 장려되고 있다. 모스크바 외무장관회의 후에 영국 정부는 소련이 경제통합 원칙을 어겼다고 비난하면서 미국 정부와 함께 독일 서부 지역을 영국-미국 자본에 예속시키면서 반(反)소비에트 '서방블록'의 경제기지로 전환시키려는 독일의 경제적·정치적 분할 정책을 계속 추진하고 있다"고 쓰고 있다.3) 당시 양 진영은 독일의 분단을 전제로 정책을 몰고 가고 있었고, 미국을 비롯한 서방은 서독 경제에 대한 제약을 해제하면서 서방 진영의 경제, 군사 기지로 만드는 정책을 본격적으로 추진하고 있었다.

---

3) 전종덕, 『독일 통일』, pp.74-76 참조; Paper submitted by V. I. Yerofeyev for V. M. Molotov, 20 November 1947; 런던정치경제대학교(London School of Economics and Political Science; www.lse.ac.uk).

배상금과 관련한 공장 해체는 아데나워의 요청으로 1949년 11월 페테르스베르크 협정(Petersberg Agreement)에 따라 대폭 완화되었다.4) 1951년까지 부분적으로 계속되지만 사실상 종결되었다. 이는 배상금 지급의 사실상 종결이었다. 이후 1952년 독일이 유럽연합의 전신인 유럽석탄철강연합에 가입함으로써 루르 지방의 생산 제한이 없어졌다. 이로써 무기생산을 제외한 모든 생산제한이 종료되었다.5)

국제관리기구 통제 하의 루르 지방(1949)

출처: Bundesarchiv, Bild

그리고 루르 지방 국제관리에서 한 걸음 더 나아가서, 미국의 자금 지원으로 서유럽을 대상으로 한 유럽부흥계획 즉, 마샬 플랜에 의한 유럽 재건계획이 수립되고, 1948년 2월 체코슬로바키아의 공산당에 의한 무혈 쿠데타를 계기로 이의 실행으로 나아갔다. 그리고 1948년

---

4) Protocol of the Agreements Reached between the Allied High Commissioners and the Chancellor of the German Federal Republic at the Petersberg (November 22, 1949); germanhistorydocs.ghi-dc.org.

5) 무기 생산 금지는 1955년 독일연방군(서독군) 창설로 사실상 철폐되었다.

6월 20일 미국에 의한 서독 지역 통화개혁이 단행되었다. 새로운 통화(Deutsche Mark)의 서베를린 반입에 맞서 소련이 베를린 봉쇄에 나섰다(1차 베를린 봉쇄). 1950년 6월 25일 한국전쟁으로 동서 진영은 열전을 치렀지만, 현상을 변화시키지는 못하였지만, 이를 계기로 동서 진영은 본격적으로 대결적인 체제경쟁으로 나아갔다.

한국전쟁은 서독 경제에 새로운 전기를 마련해주었다. 1953년 런던에서 독일 채무 문제 해결을 위하여 채무국인 독일과 채권국 그리고 민간 채권자들이 모여 회의를 열었다. 여기서 말하는 독일 채무는 1939년 나치스 독일이 모라토리움을 발표하기 이전의 채무와 전후 점령 비용에 따른 채무였다. 전전(戰前) 채무는 주로 1차 대전 후의 평화체제인 베르사유 조약에 의한 독일의 배상금 채무로, 당시 독일의 배상금 채무 해결을 위하여 미국의 도스안(案) 및 영안에 따른 채무 즉 주로 미국에 대한 채무였다. 여기서 미국 주도로 독일 채무는 63% 가까이 대폭 삭감되고 그 상환도 3년 거치기간을 포함하여 1983년까지 분할상환하기로 하였다.[6)]

이제 서독은 채무 불이행에서 벗어나 해외에서 자금조달이 가능하게 되었으며, 한국전쟁으로 서독에 대한 시설 해체에 의한 배상금 지급은 완료된 것으로 선언되었을 뿐만 아니라, 생산 제한이 철폐되었다. 미국 중심의 서방 진영 입장에서 서독은 동서 대결의 유럽 최전선으로 경제 및 군사적 기지였다. 1950년을 전후로 서독은 2차 대전 패

---

6) 최종적으로 타결된 채무액은 110억 마르크로 이 중 40억 마르크는 전전 채무. 35억 마르크는 독일의 민간 채무자 부담이었다. 거치기간은 1953-58년 5년이었는데, 1953년 이자가 567백만 마르크, 1953년 서독 무역수지 708백만 마르크 흑자, 1968년 무역수지 184억 마르크 흑자로 이자나 원리금 합계 모두 서독 경제 규모와 무역수지를 감안하면 금액 면에서 부담이 되지 않았다.

전에 의한 점령기간 중 경제에 가해진 각종 제한이 제거되면서 본격적으로 독자적인 경제개발에 나설 수 있게 되었다.

2. 사회적 시장경제의 확립과 고도성장

1947년 3월 트루먼 독트린 선언 이후 런던에서 개최된 서방 6개국 회의에서 서독에 국가를 창설하기로 한 권고안을 채택하였다. 이 권고안(소위 "프랑크푸르트 문서"[7])이 서방 4개 국 점령지구 주지사들에게 전달되는 것을 계기로 기본법이 제정되고 이에 근거한 총선을 거쳐 1949년 5월에 독일연방공화국, 즉 서독이 창설되었다. 이 때 탄생한 정부는 아데나워를 총리로 한 기민련/기사연-자민당 연립 정부였다. 기민련/기사연은 총선에서 이 선거에 의해 탄생할 독일연방공화국의 경제노선을 사회적 시장경제(Soziale Marrktwirtschaft)로 내세웠다.[8]

---

7) "Dokumente zur künftigen politischen Entwicklung Deutschlands (Frankfurter Dokumente)," 1. Juli 1948 (www.1000dokumente.de); 전종덕, 앞의 책, p.82 참조

8) 1947년 영국 점령지구의 알렌(Ahlen)에서 열린 기민련 지구 위원회에서 채택된 강령 즉 엘렌강령은 "자본주의 경제체제는 독일 인민의 국가와 사회의 긴요한 이익에 맞지 않다"고 전제하고, 광업. 탄광은… 사회화되어야 한다. 특별히 국영기업이 더 적합해 보인다면, 위의 원칙에 그런 형태의 적용이 배제되어서는 안 된다," "철강 대기업에도 역시 사회화의 길을 취해야 한다"는 내용을 담고 있다; Ahlener Programm 참조; 아데나워재단 홈페이지(www.kas.de)

이에 반하여 사민당과 공산당은 계획경제(Planwirtschaft)를 내세웠다. 총선결과는 사민당이 압도적으로 승리할 것이라는 예상과 달리 기민련/기사연이 31.0%로 제1당이 되고 사민당은 29.2%로 제2당, 자민당이 11.7%로 제3당이 되었다. 공산당은 5.7% 득표에 그쳤다. 경제에 관해서는 서독 국민들이 계획경

통화개혁(1948년)

출처: Bundesarchiv, Bild

제가 아닌 사회적 시장경제를 택한 것이었다. 이후 사민당은 1959년 고데스베르크 당대회에서 계획경제를 버리고 경제이론가 칼 쉴러(Karl Schiller)의 "가능한 한 시장, 필요한 만큼의 계획"(so viel Markt wie möglich, so viel Planung wie nötig)이라는 명제에 기초하여 사회적 시장경제 정책 노선을 수용하였다. 이후 통일 후 현재까지 독일의 경제정책 노선은 사회적 시장경제로 확립되었다.

서독의 출범 당시의 경제사정을 보면 1948년 8월 레클링하우젠(Recklinghausen)에서 열린 영국 점령지구 기민련 2차 당대회에서 에르하르트의 기조연설에서 보듯이 1948년 통화개혁 당시 1인당 신(新)마르크(DM) 교환상한액은 40마르크로 당시 미국 달러 대비 환율 1마르크 대 30센트라는 것을 감안하면 짐작할 수 있을 것이다.[9] 이런 조

건 속에서 출범한 서독은 1950년부터 본격적인 경제부흥에 나섰다. 아데나워 총리 시대의 서독경제는 다음 표에서 볼 수 있듯이 말 그대로 라인강의 기적이라 할 만하였다.

〈표 1-2〉 1960년대 서독 경제지표(단위: %, 유로 환산)

	성장률(%)	1인당GDP(유로)	실업률(%)
1950		856	11.0
1951	9.7	1,028	10.4
1952	9.3	1,160	9.5
1953	8.9	1,230	8.4
1954	7.8	1,301	7.6
1955	12.1	1,477	5.6
1956	7.7	1,621	4.4
1957	6.1	1,754	3.7
1958	4.5	1,855	3.7
1959	7.9	1,996	2.6
1960	8.6	2,226	1.3

출처: 독일연방 통계청. 서베를린 제외

1960년에는 나치 시대의 경제규모를 넘어섰다. <표 1-2>에서 볼 수 있듯이 실업률은 1950년 11.0%, 1951년 10.4%에서 1960년 1.2%로 완전고용 상태였다. 1950년대 서독의 괄목할 만한 성장은 서

---

9) 사회적 시장경제를 기초한 루트비히 에르하르트는 영국과 미국의 통합점령지구인 바이존의 경제고문을 역임하였고, 통화신용특별국(Sonderstelle Geld und Kredit)을 이끌면서 통화개혁을 준비하였고, 1948년 4월 바이존 경제위원회 경제국장으로 선출되었으며, 1948년 6월 20일 통화개혁을 주도하였다. 그는 1948년 8월 28-29일에 레클링하우젠에서 열린 영국 점령지구 기민련 2차 당대회에 기조연설을 통하여 당의 경제정책 노선인 "현대적 시장경제"(Marktwirtschaft moderner Prägung)를 발표하였다. www.kas.de.

유럽 내 다른 나라와의 비교에서도 확인할 수 있다.

〈표 1-3〉 서유럽 주요국가 경제성장률

	평균성장률(1950-60)
영국	2.7%
프랑스	4.6%
이탈리아	5.8%
독일(서독)	7.8%

출처: H. Young, This Blessed Plot, Overlook Press, New York, 1999, p.106.

1950년대는 서독에서 이른바 사회적 동반자 관계라는 새로운 노사관계의 정립과 정착의 시기였다. 사회적 동반자 관계는 임금 수준 또는 노동시간 등과 같은 개별 사안에서 기업과 노동조합이 서로 다른 입장을 가지고 대립하지만, 기본적으로 양측 모두 기업의 경쟁력 강화라는 공동의 이해를 갖고 있다는 전제에서 출발한다.[10] 이는 계급 간 타협을 목적으로 한 것으로 이런 협조적 노사관계가 서독의 전후 부흥에 기여하였다. 이는 기업의 이윤 증가로 이어지고, 노동자의 복지 증대로 이어졌던 것이다. 1949년에서 1955년 사이에 노동자들의 임금 및 급여가 80% 상승한 것이 이를 입증해주고 있다.

서독 출범 후 1959년까지 기민련/기사연의 사회적 시장경제와 사민당의 계획경제의 노선 차이가 있었다 하지만, 단체협약의 자율(Tarifautonomie)과 공동결정(Mitbestimmung)을 구성요소로 하는 독일의 전통적인 합의적 노사관계(조합주의, Korporatismus)는 보수진영도 모두

---

10) 하이너 드립부쉬, 페터 비르케, 『독일의 노동조합』, 프리드리히 에버트재단 한국사무소, 2014, p.17.

인정하고 있었다. 사회적 동반자 관계는 바로 독일의 전통적인 노사관계와 맥을 같이 한다고 할 것이다. 이를 제도화한 것이 1951년 기민련/기사연-자민당 정부의 에르하르트(Ludwig Erhard) 경제장관 하에서 "석탄철강산업공동결정법"(Montanmitbestimmungsgesetz)[11]이다. 공동결정 제도와 함께 직장협의회가 도입되어 사회적 동반자 관계의 실현을 위한 제도적 틀이 마련되었다. 그 결과 기업 내 노사 갈등 해결이 제도화되어 직장협의회와 경영진의 협상을 통해 조정되거나 법적 수단을 통해 처리되었다.[12] 여기에다 노동조합이 주도하는 파업만 법적으로 허용되는 독일의 특성은 이런 노사관계를 더욱 제도화하였다. 그리고 정당과의 관계에서 19세기 중엽 사민당의 창당 자체가 노동운동에 기반을 두고 있었던 까닭에 노동조합의 70%를 산하에 두고 있는 독일 최대 노동조합 연맹인 독일노동조합총연맹(DGB)은 사민당의 영향 하에 있었다. 이런 관계에서 정치적 파업은 정당에 의해서 결정되고 임금을 포함한 단체협상 관련 파업은 노동조합이 결정하는 것이 전통이었다.

1960년대로 들어오면서 서독 경제의 기적은 계속될 수 없었다. 이미 부족하기 시작한 노동력은 1961년 베를린 장벽 구축으로 연간 20만 명 가까이 동독에서 유입되는 노동력 공급이 차단되면서 더욱 악화되었다.[13] 이에 대하여 이미 1955년에 이탈리아 정부와 노동력 공

---

[11] "석탄 및 철강 기업의 감사위원회 및 경영이사회 근로자 공동결정에 관한 법률(Gesetz über die Mitbestimmung der Arbeitnehmer in den Aufsichtsräten und Vorständen der Unternehmen des Bergbaus und der Eisen und Stahl erzeugenden Industrie. 약칭 석탄철강산업공동결정법: Montan-Mitbestimmungsgesetz)이라는 긴 이름의 법률로 이 법률에 의해 근로자들은 15명의 감사위원회 위원 중 7명을 대표로 선출할 수 있었다; 독일 법무부 법률정보(www.gesetze-im-internet.de).

[12] 하이너 드립부쉬, 페터 비르케, 앞의 책, pp.17-18.

급계약을 맺었던 서독 정부는 1961년 그리스와 스페인, 터키, 포르투갈(1964년), 유고슬라비아(1968년) 정부와 노동자 모집 및 고용에 대한 협약을 맺었다. 1963년 우리나라 간호사와 광부들이 서독으로 진출하는 근거인 한독근로자채용협정(Anwerbeabkommen zwischen der Bundesrepublik Deutschland und Südkorea)도 이런 정책의 일환이었다.

그리고 전통적으로 보수적인 독일 연방은행이 경기과열을 우려하여 통화긴축을 통하여 몇 차례 경기를 냉각시켰다. 그리고 대외적으로 세계, 특히 서부 유럽의 전후 복구가 거의 끝나갔다. 성장률이 하락하면 분배에 영향을 주기 마련이다. 즉, 임금에 영향을 주게 된다. 1963년 독일에서 가장 강력한 금속산업 노동자들의 임금인상을 요구하는 파업이 있었다.

이런 경기하강 흐름에서 1965년부터 경기가 급냉하기 시작하여 1966년에는 경제성장률이 2.3%로 추락하였다. 그리고 재정적자가 확대되었다. 이에 대하여 에르하르트 총리가 증세를 통한 재정적자 축소를 주장한 반면에 연정 파트너 자민당은 재정지출 억제를 통한 적자 축소를 요구하고 나섰다. 대중적으로 인기 없는 정책이었다. 이를 기화로 기민련/기사연-자민당 연립이 해소되고 자민당 대신 사민당이 참여하는 기민련/기사연-사민당의 대연정이 출범하였다.

사민당의 대연정 참여는 1959년 고데스베르크 당대회에서 마르크스주의를 청산한 고데스베르크 강령을 사민당이 채택하면서 가능해졌다. 앞에 언급한 것처럼 마르크주의 정당으로 서독에 재건되어

---

13) 2차 대전 종전 이후 1961년 8월 12일 베를린 장벽 설치 시까지 동독에서 서독으로 탈주한 사람은 341만 9천 명에 달했다; 김영윤,『동독 이탈 주민에 대한 구서독 정부의 정책- FES-Information-Series 2003-07』(프리드리히 에버트 재단 한국사무소, 2003); 전종덕,『독일통일』(백산서당, 2019), p.135 참조.

1949년 총선에서 계획경제를 주장하던 사민당은 경제이론가 칼 쉴러(Karl Schiller)의 "가능한 한 시장, 필요한 만큼의 계획"(so viel Markt wie möglich, so viel Planung wie nötig)이라는 명제 하에 사회적 시장경제를 당의 경제노선으로 채택하였다. 연정에 참여하면서 사민당 당수 빌리 브란트는 부총리 겸 외무장관으로 쉴러가 경제장관으로 정부에 참여하였다.

고도성장 후 처음 맞이한 경기 하락 상황에서 1967년 사민당 쉴러 경제장관 주도 하에 "경제안정 및 성장촉진법"(Stabilitäts-und Wachstumsgesetz) 제정은 앞에서 말한 합의주의 전통의 기반에서 가능했다. 이 법률은 경제안정과 성장촉진을 위하여 정부, 노동조합, 사용자 단체 간의 "조화로운 행동"(Konzierte Aktion)이 필요하다고 규정하고 있다.

사회적 시장경제를 채택한 고데스베르크 강령

출처: www.spd.de

서독 경제는 1968년, 69년 기민련/기사연-사민당 대연정 정부의 적극적인 개입으로 7-8% 수준의 성장을 회복하였다. 실업률 역시 1%로 떨어졌다. 서독 경제는 다시 고도성장의 궤도로 올라선 것 같았다. 동서 데탕트에서 적극적인 자세를 취한 것이 큰 역할을 하였지만, 이 연정에서 자신감을 얻고 국민들에게 신뢰감을 준 것도 사민당이 대연정을 파기하고 총선에 승리하여 정부를 주도하겠다는 결심에 큰 역할을 하였다.

이는 사민당의 1969년 선거강령(Regierungsprogramm)에서 "사민당은 자신의 정책이 성공적이고 올바른 것임을 정부 참여로 증명하였다. 연방공화국은 1966년 가을에 심각한 위기에 빠졌다. 그 당시의 기민련/기사연-자민당 연방정부에게 상황은 탈출구가 없었다. 국민과 국가를 더 이상의 위험 앞에서 구하기 위해, 사민당은 1966년 12월에 정부에 참여하기로 결정하였다… [이로 인해 경제적으로] 위기가 극복되었다… 경제를 다시 번영하게 하였다… 무역을 세계의 국가들과 함께 꽃피웠다… 독일 마르크화는 세계에서 가장 강력한 통화 중 하나다… 일자리에 대한 걱정을 더 이상 아무도 하지 않는다… 사회보장이 다시 안정되었다… 국가재정이 제자리를 잡았다"고 자신감을 표시하였다.

그리고 집권한다면, "지금까지와 같이 우리는 방법과 목표를 노사협상 당사자들과 합의할 것이다. 조화로운 행동(Konzertirte Aktion)은 앞으로도 유지될 것이다… 노동자의 노사공동결정권과 경영참여-노동자대표협의회의 과제 및 권리의 강화를 요구한다; 이를 위해 우리는 이미 법률안 초안을 제출하였다. 우리는 주식회사 감사의 보수를 제한할 것이다"라고 전통적인 합의주의 노사관계를 유지하며, 보강하여 제도화하겠다고 밝혔다.[14]

빌리 브란트 총리후보를 내세운 사민당은 1969년 선거에서 42.7%로 기민련/기사연의 46.1%에 이어 2위를 차지하였지만 지난 총선에 이은 상승세를 바탕으로 신동방정책을 매개로 하여 지난 총선보다 거의 4% 가까이 득표가 줄어든 위기의 자민당과 어렵게 연정에 합의하여 사민당-자민당 정부를 구성할 수 있게 되었다.

---

14) 전종덕/김정로, 『독일 사회민주당 강령집』(백산서당, 2018), p.216 및 p.220.

3. 사회적 국가 – 저성장, 사회보장 확대와 제도화

분배 정의 실현을 목표로 한 사회정책 기조는 사민당 주도의 사민당-자민당 연정기간 중에도 그대로 유지되고, 이런 조건에서 1976년 헬무트 슈미트 총리 정부에서 종업원 2,000명 이상의 기업(주식회사, 유한회사, 합자회사)으로 적용 범위를 확대, 강화한 공동결정법 개정이 가능했다. 물론 이 때 사용자는 공동결정권 확대에 반대하였다. 독일 사용자연합(BDA: Bundesvereinigung der Deutschen Arbeitgeberverbände) 산하 경제연구소(IDW)는 1974년 '독일은 노동조합국가로 가고 있는가?'라는 책자를 발간하였다. 이런 상황에서 개정법률이 타협의 결과임은 물론이다. 그러나 이 타협적 결과에 대하여 노동조합은 실망감을 표시했고, 사용자연합은 헌법재판소에 위헌심사를 청구하였다. 헌법재판소는 사용자연합의 주장을 받아들이지 않았다.

타협적인 결과는 법률 자체의 문제보다는 고도성장에 의한 완전고용의 시대가 끝나고 1972년 1차 오일쇼크 후 저성장 시대의 도래, 이에 따른 실업자 급증 등 사회경제적 상황이 변하였다는 데 기인한다. 고도성장기를 전제로 하여 사민당-자민당 연립 정부의 사회적 국가(Sozialstaat) 하에서 확대되고 제도적으로 보완된 사회복지 지출 증가와 이로 인한 국가부채의 증가로 세계 제3위 경제대국 서독이 이미 1960년대식 내포적 발전모델일 수 있는 성장촉진법에 근거한 "조화로운 행위"로 국내 경제의 안정만을 목표로 한 정책을 펼 수 없게 되었다는 것을 말해주고 있다.[15]

서독 경제의 본격적인 세계화는 이미 1969년 기축통화인 달러 방위를 위하여 미국의 요청에 따른 독일 마르크의 평가절상에서 이미 시작되었다. 세계경제 안정을 협의하기 위하여 1975년 11월 슈미트 총리가 포드 미국 대통령을 설득하여 프랑스 파리 근교 랑부이에서 선진 6개국 정상회담을 개최하고, 여기에 캐나다를 참여시켜 정례화하기로 한 선진 7개국의 G-7 정상회담, 유럽 통화 안정을 위하여 1979년 발효한 유럽통화체제(EMS) 구축 등 서독은 보호무역주의에 반대하고 개방경제 구축에 적극적으로 기여하고 있었다.

그리고 두 차례 오일 쇼크에서 보듯이 세계경제는 연동되고 있었다. 이런 저성장과 이에 따른 실업률 상승에 대하여 미국과 영국은 신자유주의를 기치로 새로운 세계 경제질서 구축을 추진하게 되었다. 1980년 영국 보수당의 대처 총리와 미국 공화당의 레이건 대통령의 집권은 신자유주의적 경제질서 개편의 신호탄이었다.

신자유주의는 금융과 상품시장을 비롯한 경제의 세계화를 요구하고 있었다. 이는 1980년 금융산업의 규제 완전철폐를 선언한 영국의 "빅뱅"에서 보듯이 규제철폐와 민영화를 그 주요 내용으로 한 것으로 "신자유방임주의"라고도 지칭하는 데서도 알 수 있듯이 경제에 대한 국가의 개입을 극도로 배척하고 있다.

그런데 독일제국의 비스마르크 정부 이래로 좌우파 정부를 막론하고 전통적으로 독일의 사회경제정책은 앞에서 언급한 성장촉진법이 규정하고 있듯이 국가의 조정, 즉 개입을 전제로 한 경제주체 간 "조화적 행동"에 바탕을 두고 있었다. 이는 복지정책과 노동정책에 그대로 적용되었다.

---

15) 전종덕/김정로, 『독일사회민주당의 역사』, p.283 참조.

독일노동조합총연맹 실업항의 시위(1975년 4월 1일)

출처: Bildarchiv Preußischer Kulturbesitz - Abisag Tüllmann Archiv

1차 오일쇼크 후 이 정책이 정면에서 도전받고 있었다. 1969년 총리 취임 후 새로운 동방정책에 집중하면서 모스크바조약, 바르샤바조약, 프라하조약에 이어 동서독기본조약 체결과 유럽과 동서독 간에 새로운 시대를 연 빌리 브란트 총리가 간첩 기욤 사건으로 퇴진한 후 1974년에 사민당-자민당 정부를 계승한 헬무트 슈미트 총리 정부는 사회적 국가 실현에 매진하였다. 공동결정법 개정에서 언급했듯이 일부 타협적인 결과도 있었지만 그가 사민당의 사회적 국가 내용을 보강하고 제도화하여 독일을 사회적 국가의 모델로 정착시킨 업적은 역사적인 것이다.

그러나 그의 재임기간은 사민당 당내 좌우파 노선 갈등 기간이기도 하다. 위에서 말한 자본주의 세계경제와 서독 내 경제적 상황 변화에 맞추어 정책을 전환할 시기에 당내 노선 갈등이 첨예화하고 있었다. 동서화해 무드가 대결로 전환되면서 촉발된 중거리 핵 미사일의 서독 내 배치를 둘러싼 갈등도 있지만, 결국은 세계적 정치경제적 환경 변화, 이와 연결된 서독의 경제성장, 실업 증가, 사회보장 지출 증가와 국가 부채를 둘러싼 재정정책 등에 대한 분석과 대응책을 둘러싼 노선 갈등이었다.

이런 상황에서 1981년 연정 파트너인 자민당의 오토 람스도르프(Otto Graf Lamsdorf) 경제장관의 "성장약화와 실업 극복을 위한 정책 개념"(Konzepot für Eine Politik zur Überwindung der Wachstumsschwäche und zur Bekämpfung der Arbeitslosigkeit)이란 제목의 정책개혁안이 나왔다. 사민당-자민당 연정의 이혼장이라 불리는 이 문건은 공공 부문 지출 억제를 내용으로 한 것으로 1970년대에 시작된 케인즈주의적 수요관리에서 신자유주의적 공급관리로의 자민당의 경제정책 노선 전환을 담고 있었다.16)

당시 좌파 세력이 주도권을 잡고 있던 사민당은 이를 수용할 수 없었다. 이어서 슈미트 총리의 신임투표도 야당에 의해 거부되고 건설적 불신임 동의안이 의결되어 1982년 10월 기민련의 헬무트 콜이 총리가 되면서 사민당-자민당 연정은 끝났다. 그러나 1983년 11월 사민당의 쾰른 임시 당대회에서 슈미트 전 총리가 구상하고 주장하던 미국 중거리 핵 미사일 서독 내 배치 지지표가 단 14표였다는 사실이 당시 좌경화한 사민당의 현주소였다.

1980년 3.8%에서 1982년 7.5%로 급증한 실업률은 통일 후인 1991년, 1992년 통일 특수로 잠시 6.2%, 6.3%로 약간 하락한 것을

---

16) "lamsdorf-papier-1982," 프리드리히 나우만 재단(www.freiheit.org).

제외하고는 줄곧 7~9%의 장기적인 대량실업 상태로 1980년 평균 실업률은 8.22%로 1960년대의 0.7%나 1970년대의 3.9%와는 확연히 구분되었다. 그리고 1980년대의 경제성장률도 1982년 -1.1%에서 1989년 3.9%를 제외하면, 평균 2.6%로서 1950년대의 7.5%, 1960년대의 6.0%와는 구분되고 1, 2차 오일 쇼크로 세계경제가 격심하게 변했던 1970년대의 평균 성장률 2.7%와 비견할 만하였다.

〈표 1-4〉 서독의 실업률(1950-1990)

	실업률(%)
1950	11.0
1954	7.6
1958	3.7
1962	0.7
1966	0.7
1970	0.6
1974	2.6
1975	4.7
1980	3.8
1981	5.5
1983	9.1
1985	9.3
1989	7.9
1990	7.2

출처: 독일연방통계청

이런 국내외적 상황에서 1980년대 총선 이슈 역시 실업 문제였다. 그러나 람스도르프 문건이 요구하고 있는 사회경제정책의 전환에 대하여 1989년 사민당 베를린 당대회에서 채택된 사민당 강령에서

1959년 고데스베르크 강령에서 폐기하였던 마르크스주의를 사회민주주의의 여러 뿌리 중 하나로 부활시킬 만큼 좌경화된 제1 야당 사민당의 협조를 얻어낸다는 것은 거의 불가능한 과제였다. 더구나 독일 정치구조의 특징인 연방상원에서 1980년대 거의 대부분의 기간 중 사민당이 다수를 구성하고 있어서 개혁입법이 사실상 불가능하였다.[17]

4. 신자유주의 세계경제와 독일통일

<표 1-4>에서 보듯이 헬무트 슈미트 총리의 사민당-자민당 연립정부 집권 시인 1981년부터 실업이 급격히 늘어나기 시작하였다. 그리고 브란트-슈미트의 사민당 정부 하에서 사회복지 확대와 제도화는 독일식 복지모델을 창출하였지만 복지비 지출의 급증을 가져왔다. 연방정부의 예산은 1970년대에 이미 국민총생산 대비 50%로 늘어난 이후 1990년대에도 이 수준을 유지하였다. 그리고 1960년 국민총생산 대비 17.1%였던 사회보장비 지출은 1975년에 이미 27.8%로 늘어났고, 증가가 계속되어 1998년에는 연방정부 예산에서 차지하는 비중이 53.1%에 달하게 되었다.[18]

---

17) 서독 기본법 제51조는 ① 연방상원은 각 주정부의 구성원으로 구성되며, 각 주정부가 임면하며, ② 각 주는 최소 3표, 인구 200만 이상의 주는 4표, 인구 600만 이상의 주는 5표의 표결권을 가지며, ③ 각 주의 표결권은 통일적으로 행사할 수 있다고 규정하고 있다. 그리고 제77조의 규정에 따라 대략 50% 이상의 연방법률이 연방상원의 동의를 필요로 한다. 이런 구조에 근거하여 야당이 연방상원을 지배하고 있는 경우 정부의 입법을 저지할 수 있다. 이를 입법봉쇄(Blockade) 전략이라고 한다.

〈표 1-5〉 독일 국가부채 (1950-1998년)

기준일	금액(백만 마르크)	기준일	금액(백만 마르크)
1950. 3. 31	18,725	1985. 12. 31	756,537
1955. 3. 31	41,770	1990. 12. 31	1,048,761
1960. 12. 31	56,716	1995. 12. 31	1,976,093
1965. 12. 31	84,813	1996. 12. 31	2,093,552
1970. 12. 31	123,075	1997. 12. 31	2,188,724
1980. 12. 31	462,833	1998. 12. 31	2,256,614

출처: 독일연방통계청

<표 1-5>의 마르크를 유로로 전환한 경우 국가부채는 1970년 630억 유로, 1989년 4,728억 유로, 1998년 1조1,534억 유로였다. 이 중 연방의 부채가 대략 7천억 유로였다. 참고로 1998년 독일의 국내총생산은 1조9,290억 유로로 국내총생산 대비 부채비율은 59.8%였다. 저성장 기조에서 사회보장 확대, 강화와 통일 비용이 부채 증가의 주요인이었음을 통계에서 확인할 수 있다.

서독뿐만 아니라 1973년의 1차 오일쇼크에 이은 세계경제 침체는 일시적인 현상이 아니라 전후 자본주의 경제가 전후 부흥기의 고도성장기가 지나고 저성장의 시대로 들어갔다는 것을 의미하였다. 즉 특수가 끝났다는 의미인 것이다. 그 원인과 추이에 관한 여러 가지 분석이 있지만 적어도 정상으로 복귀하고 있다는 것이었다. 이 점은 주요 국가의 성장률 변화가 보여주고 있다.

---

18) 독일연방통계청, *Datenreport 2002*.

〈표 1-6〉 주요 국가의 성장률

	1950-73년	1973-95년
미국	3.0	1.1
영국	2.9	2.4
프랑스	5.1	2.7
독일	6.0	1.9

출처: Groningen Growth and Development Centre (2004)

이는 실업의 증가와 재정적자 및 국가 부채의 증가로 이어졌다. 미국과 영국은 대처와 레이건 집권 이후 긴축과 정부 지출 삭감, 규제완화와 감세 그리고 노동시장 유연화를 주요 내용으로 신자유주의를 내세우면서 이에 대응하였다.

〈그림 1-1〉 중앙정부 부채(GDP 대비 %)

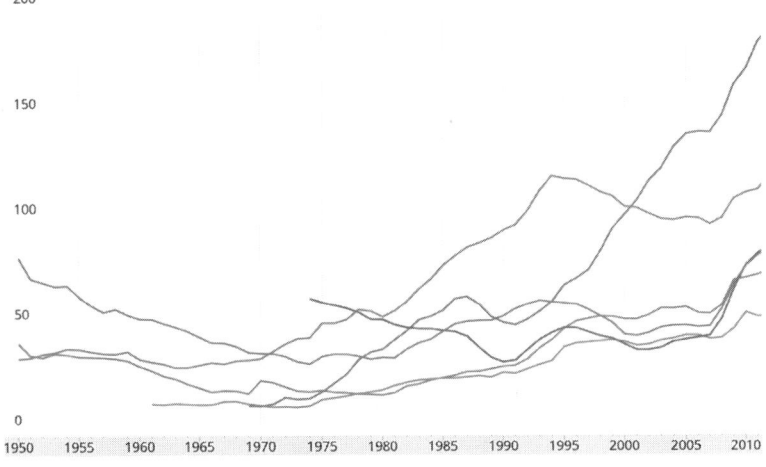

● 중국 ● 프랑스 ● 독일 ● 이탈리아 ● 일본 ● 영국 ● 미국

출처: IMF(2018)

〈그림 1-2〉 OECD 국가의 실업률 변화

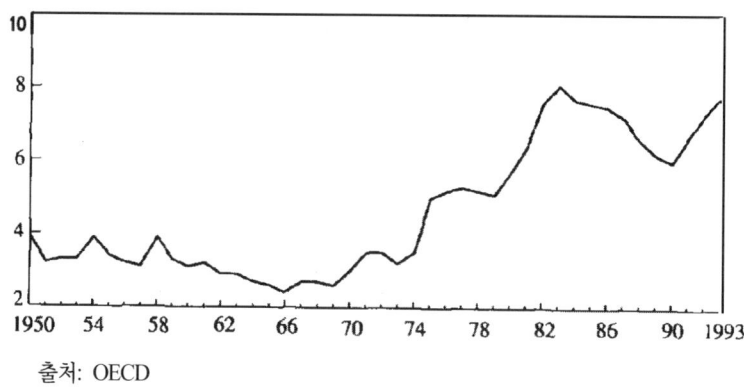

출처: OECD

 1979년에 집권한 영국 대처 정부의 경우 재정 지출 축소를 통한 작은 정부, 민영화와 규제완화, 노동시장 유연화, 사회보장 축소를 목표로 2차 대전 이후의 케인즈주의에 바탕을 둔 경제정책에서 대전환하여 금융 부문의 민영화와 외환 부문 규제를 완전히 폐지하는 이른바 빅뱅은 이후 국제화한 금융산업 시대의 길을 본격적으로 열었다. 1980년 11월에 집권한 레이건 정부의 미국은 재정 지출 축소, 규제완화, 감세를 주 내용으로 하고 있었다. 1981년 소위 감세법에 의해 개인소득 최고세율이 70%에서 28%로 인하되었고, 법인세율은 48%에서 34%로 인하되었다.
 1970년대의 영국 경제는 1976년에 IMF 관리를 받았을 정도로 심각하였다. 1975년 24.3%에 달하고 총선이 있던 1979년에도 17% 대였던 영국의 물가는 대처 정부 출범 후 대체로 5% 전후한 수준으로 안정되었다. 15% 대의 실업률 그리고 성장률도 1979년 마이너스 성장에서 이후 3-4% 대로 회복하였다. 미국의 경우도 레이거노믹스의 효과가 나타나기 시작한 1983년 이후 성장률, 실업률, 소비자물가지

수 모두 좋게 나타났다. 물가의 경우 1981년 10% 대였던 것이 1984년 이후에는 4% 이하로 안정되었고, 실업률은 1982년 11% 대에서 1984년 8%, 그의 재임 마지막 해인 1989년에는 5% 대로 떨어졌다. 성장률 역시 1982년 -2%대에서 그의 재임 기간 내내 4% 전후로 양호하였다.

전후 자본주의 경제질서의 기본인 케인즈주의가 1970년대의 세계적인 불황의 해결책을 제시하지 못한 데 대한 대안의 성격도 가지는 레이거노믹스, 대처리즘으로 표현되는 신자유주의는 그러면서도 1970년대에 시작된 세계화에 그 기반을 두고 있다고도 할 수 있을 것이다. 세계경제에 대해서 신자유주의 정책은 시장개방 특히 자본시장 개방과 국제적 분업을 주장하고 있다. 국내외적 불평등 확대 등의 비판에도 불구하고 신자유주의 정책은 영국과 미국 경제가 수치상으로 1970년대를 짓눌러온 불황에서 탈출하였다는 것을 보여주었다.

성장률 정체, 실업 증가, 국가 부채 증가를 두고 서독 내에서도 정책 변화를 요구하는 목소리가 커지고 있었다. 슈미트 총리의 연립정

〈표 1-7〉 통일 후 독일의 경제성장률 (1995년 가격)

	성장률
1992년	2.2%
1993년	-1.1
1994년	2.3
1995년	1.7
1996년	0.8
1997년	1.4
1998년	2.1

출처: 연방통계청

부 파트너인 자민당이 신자유주의로 경제정책 전환을 요구하는 람스도르프 페이퍼가 나왔다는 것은 앞에서 언급한 그대로다. 그리고 사민당 당내의 노선 갈등 속에 이런 정책 변화가 수용되지 못하고 결국은 사민당과 자민당의 결별로 이어지면서 정권교체로 이어졌던 것이다.

이런 상황은 1980년대 동유럽 민주화운동의 일환인 1989년 동독 민주화운동으로 동독 국가가 소멸하고 1990년 독일이 통일되면서 독일 경제는 더욱 악화되었다. 동독의 사회 전체와 경제는 예상보다 훨씬 낙후되어 있었다. 통일 전부터 이미 경쟁력이 형편없던 동독 기업은 자본주의 앞에 속절없이 무너졌다.

〈표 1-8〉 통일 후 독일(독일 전체, 구 서독 지역, 구 동독 지역)의 실업자수 및 실업률 (1991-1999년)

	독일 전체		구 서독지역		구 동독지역	
	실업자 (천명)	실업률 (%)	실업자 (천명)	실업률 (%)	실업자 (천명)	실업률 (%)
1991	2,602	7.3	1,689	6.3	913	10.3
1992	2,978	8.5	1,808	6.6	1,170	14.8
1993	3,419	9.8	2,270	8.2	1,149	15.8
1994	3,698	10.6	2,556	9.2	1,142	16.0
1995	3,612	10.4	2,565	9.3	1,047	14.9
1996	3,965	11.5	2,796	10.1	1,169	16.7
1997	4,385	12.7	3,021	11.0	1,364	19.5
1998	4,279	12.3	2,904	10.5	1,375	19.5
1999	4,099	11.7	2,756	9.9	1,344	19.0

출처: 독일연방통계청

동독 내의 대량실업은 물론이고 서독 지역으로 유입된 실업자는 서독 지역의 실업률도 대폭 끌어올렸다. 1991년의 짧은 통일 특수기를 지나면서 실업률은 1992년에 10.2% 두 자리로 뛰었으며, 두 자리 숫자는 이후 계속된다. 그리고 구 동독 지역은 1992년 19.6%로 이후 20% 전후의 높은 실업률 상태에 놓여 있게 되었다.

1990년 7월 1일 동서독 간의 "경제사회통합조약"(Staatsvertrag zur Währungs, Wirtschafts und Sozialunion)에서 특히 동독 마르크의 서독 마르크로의 전환 비율은 1:1로 규정되었다. 동독 총선 전 모드로브 정부 하에서 동독 경제 재건을 위한 통화동맹 논의가 나왔을 때 서독 연방은행 평가는 1:3 내지는 1:2가 적정하다는 의견이었다. 동독 주민은 개개인의 입장에서 1:1의 교환을 요구했다. 이런 분위기에서 3월 13일 동독 총선 전략 차원에서 콜 총리는 1:1의 교환을 약속했다.[19]

1:1 비율의 동독 화폐 교환은 동독 지역 노동자의 상대적 임금을 인위적으로 높이면서 동독 지역의 경쟁력을 떨어뜨리게 되고, 서독의 사회보장제도가 도입되면서 동독 주민에 대한 사회복지비 지출을 대폭 늘게 되어 이후 독일경제에 커다란 재정부담을 주어 과도한 국가부채로 이어지게 된다.

---

19) 조약 전문에 관해서는 사회주의통일당 독재 처리 재단(Bundesstiftung zur Aufarbeitung dedr SED-Diktatur. deutsche-einheit-1990.de) 및 김철수, 『독일 통일의 정치와 헌법』(박영사, 2004), pp.419-440 참조.

5. 유럽연합 그리고 마스트리히트 조약: 유럽연합의 내국시장화와 산업입지 경쟁력

독일 통일과 1993년 소련 해체와 동유럽 진영 붕괴로 유럽지역의 냉전 해소는 유럽통합을 가속화하였다. 유럽의 정치적 통합을 궁극적 목표로 한 유럽연합은 이에 앞서서 완전한 경제적 통합을 추진하였다. 1993년 11월 유럽연합 출범의 기초가 되는 한 마스트리히트 조약이 발효되었다. 이 조약의 가맹조건은 다음과 같다.

- 환율 수렴조건: 유럽통화제도의 환율조정장치를 따라야 하며 연맹 가입에 선행하는 2년 동안 통화가 평가절하를 겪은 적이 없어야 한다.
- 인플레이션 수렴조건: 통화연맹에 참가하려는 국가들 중 물가상승률이 가장 낮은 세 국가의 평균보다 물가상승률이 1.5% 이상 높으면 안 된다.
- 금리 수렴조건: 통화연맹에 참가하려는 국가들 중 물가상승률이 가장 낮은 세 국가의 평균보다 장기금리가 2% 이상 높으면 안 된다.
- 재정 수렴조건: 연간 재정적자는 국내총생산(GDP)의 3% 이하로, 정부부채는 GDP의 60% 이하로 유지하여야 한다. 이 조건을 만족시키지 못하더라도 이에 "근접"하여야 한다.[20]

이에 따라 1999년 1월 1일부터 유로화가 공식적으로 도입되었으며, 독일은 2001년 12월 31일 마르크화 법정통화를 폐지하였다. 이로써 유럽연합은 3억 2천만 명의 내국시장으로 바뀌었다. 그리고 마스트리히트조약 Ⅵ장(경제 및 통화정책)에 따른 유럽통화연맹(유로존) 가맹조건 중 "연간 재정적자는 국내총생산(GDP)의 3% 이하로, 정부부채는 GDP의 60% 이하로 유지해야 한다"는 재정수렴조건은 독일의 재정 운용에도 상당한 제약을 가하고 있었다. 또한 마스트리히트조약 발효에 앞서, "관세 및 그 밖의 무역장벽의 실질적인 삭감과 국제무역에 관계에서 차별대우의 폐지를 지향하는" 마라케쉬 협정에 따라 1995년 세계무역기구(WTO)가 출범하였다.

이런 국제적 상황의 변화가 독일에 주는 의미는 재정운용에 제약을 가한다는 점과 독일 경제의 국제경쟁력에 대한 근본적인 검토를 요구하고 있다는 것이다. 특히 앞에서 언급한 유럽연합의 내국시장화는 유럽연합 내에서 산업입지경쟁력(Standortwettbewerbsfähigkeit) 문제를 제기하고 있었다. 사회간접자본 이외에 노동의 질, 임금과 임금 외 비용, 조세 등에 대한 근본적인 문제를 제기하고 있었다.[21]

1998년의 수출입 총액이 9,119억 유로로 국내총생산의 47.3%에 달

---

20) 마스트리히트조약(Maastricht Treaty: Treaty on European Union. 유럽 연합에 관한 조약))에 관해서는 전종덕/김정로, 앞의 책 pp.420-421 및 p.466 참조.

21) 독일의 경제계, 정치계, 노동계를 중심으로 1996년부터 높은 단위노동비용과 짧은 노동시간, 엄격한 정부규제에 시달리는 독일기업이 세계화를 맞아 해외로 빠져나가 생산업지로서의 독일의 위치가 불안정해지고 있다는 주장과 이를 반박하는 주장을 둘러싼 산업입지 논쟁이 치열하게 벌어졌다; 이승협, "독일 통일 이후 독일노총의 임금동질화 정책: 1990-2003년을 중심으로," 『산업노동연구』, 제16권 제2호(산업노동연구원, 2010), p.423 참조.

할 정도로 독일은 대외의존도가 다른 선진국에 비해 대단히 높은 나라다. 앞에서 언급하였듯이 특히 2차 대전 후 국토의 3분의 1을 상실하고 분단된 서독의 경제구조는 탈군사화, 탈콘체른 기조에 바탕을 두고 경공업과 농업 중심 경제를 구축한다는 모겐소 구상에 따라 배상금 지급을 명분으로 한 대규모 산업의 해체와 철거였다.22)

냉전으로 인한 분단과 한국전쟁을 계기로 미국을 비롯한 서방 강대국의 독일 즉 서독 정책 전환으로 철강을 비롯한 산업의 생산 제한 철폐와 1953년 런던채무회의에서의 채무 탕감과 이스라엘과 유대인을 상대로 한 완화된 배상금 합의가 있었다. 이 채무 상환과 배상금 지급은 서독의 무역수지 흑자를 전제로 한 것이었다.23) 결국 전후 독일경제는 기본적으로 수출 주도 경제로 설계된 것이다. 전전에 이미 확인되었듯이 세계 최고수준인 독일의 과학기술과 인적 인프라를 경제주체 간의 "조화적 행동"에 의해 운용함으로써 서독 경제는 고도성장을 통하여 1970년 무렵 세계 3위의 경제대국으로 확고부동한 위상을 확보하였다.24) 이런 서독의 경쟁력이 1980-90년대를 지나면서 국내외의 조건 변화로 산업경쟁력 확보를 위한 근본적인 개혁 요구의 도전을 받게 된 것이다.

산업경쟁력의 핵심은 조세와 임금 및 임금 외 비용과 노동시장 유

---

22) 모겐소 구상에 관해서는 전종덕, 『독일 통일』, pp.35-36 참조.
23) 런던 채무조약과 배상금에 관해서는 앞의 책, pp.102-104 참조.
24) 1967년 기민련/기사연-사민당 대연립 정부 시대에 사민당의 칼 쉴러 경제장관 주도 하에 제정된 "경제안정 및 성장촉진법"(Gesetz zur Förderung der Stabilität und des Wachstums der Wirtschaft)에 정부, 노동조합, 사용자 단체 간의 "조화적 행동"(Konzierte Aktion)으로 규정되어 있다; 법률 전문에 관해서는 연방법무부 홈페이지(www.gesetze-im-internet.de) 참조.

연화에 관한 문제였다. 미국과 영국은 1980년 신자유주의 정책으로의 전환 이후 대대적인 민영화와 규제철폐 그리고 법인세율 인하 그리고 영국의 경우 임금 외 비용의 대부분을 차지하는 복지제도 개혁 그리고 이에 더하여 노동조합과의 갈등을 겪으면서 고용시장 유연화에 나섰다. 보수당의 대처에 이어 권력을 잡은 노동당의 토니 블레어 총리 정부도 "제3의 길"을 주창하면서 신자유주의를 수용하여 사실상 대처 정부의 기본노선을 계승하였다.

1980-90년대 헬무트 콜 총리 정부 하에서 독일 역시 개혁에 나서지 않을 수 없었다. 더구나 통일 후 1993년 이후 독일경제는 여타 유럽연합 회원국에 비해 1% 낮은 성장률의 장기불황에서 헤어나지 못하고 있었다. 이의 원인으로는 막대한 통일 비용, 경직된 노동시장 구조, 과도한 사회보장지출, 기업에 대한 과도한 규제, 경제구조 개혁의 지연, 낙후된 산업구조 등의 국내적 구조적 문제를 들고 있다.

이에 더하여 동서 대립 붕괴 후 동부 유럽의 세계시장 편입 등으로 가속화한 세계화와 비용을 중심으로 한 새로운 입지경쟁으로 독일의 경제 위기가 가중되었다. 이는 강력한 세계화의 도전 앞에 독일의 경쟁력 약화를 말해주는 것이다. 독일 국내 요인도 결국은 비용 문제로 요약될 수 있다. 이는 <표 1-1>에서 보듯이 독일 국내총생산(GDP)의 25% 내외에 달하던 수출이 1990년부터 감소했다는 사실에서 확인할 수 있다.

이에 대하여 기업은 중간부품의 해외 외주와 해외로 공장 이전 등을 통하여 이를 극복하고자 하였다.[25] 이에 따라 전통적인 노사관계

---

25) 이는 특히 동유럽과 접한 구 동독지역의 산업입지를 위협하였다; 이승협, 앞의 글, p.429 참조.

도 변화하기 시작하였다. 한 예가 1993년 독일의 대표적 자동차 업체 중 하나인 폭스바겐의 단체협약이다. 폭스바겐은 당시 일본 업체에 비해 노동생산성이 30~40% 낮은 상황에서 노동 비용이 낮은 동유럽으로 공장 이전을 검토하였다. 이에 노동조합은 "실업 대신 모두를 위한 근로시간 단축!"이라는 취지 하에 "정책에서의 금기에 반하여" 사용자와 파격적으로 '5,000×5,000' 협약을 전격 수용했다. 근로자 5,000명이 기존 대비 21% 낮은 5,000마르크의 저임금안을 받아들인 것이다. 이에 더하여 근무시간도 주당 28.8시간에서 35시간으로 늘렸고 품질 기준을 맞추지 못하면 수당 없이 초과 근무하기로 합의하였다. 이의 핵심은 인력 감축 대신 작업과 공장가동의 신축성에 중점을 두는 노동비용의 감축이었다.

이 협약에 따르면 전체 노동력의 노동시간을 20% 줄이고, 이에 따른 임금 손실은 부분적으로만 보상한다는 것이었다. 이에 대한 반대급부로 회사는 협약의 효력기간인 2년 동안 해고를 자제하기로 하였다. 이의 성과는 1993년 영업이익 증가율 -8.7%에서 1998년 1.7%로의 전환이었다.[26]

이에 더 나아가서 사용자단체들은 1990년대 중반 "단체협약 정책의 전환"을 요구하였다. 핵심적인 내용은 주당 노동시간 연장과 모든 형태의 노동 유연화, 특별 상여금 및 임금 삭감이었다. 개별 기업 차원에서는 새로운 비용절감 프로그램, 아웃소싱, 직장폐쇄, 생산기지 이전 등으로 노동자를 위협하였다. 물론 노동자들도 이에 대항하였다. 노동쟁의가 드물고, 쟁의가 있어도 참가자가 적은 독일에서

---

[26] 폭스바겐 사와 금속노조연맹 하노버 지부 간의 1993년 12월 1일자 단체협약 전문은 한스 뵈클러 재단 홈페이지(www.boeckler.de) 참조.

1990-1994년 기간 중의 노동쟁의 발생 수와 참가자 수는 그 전후 시기와 비교하면 월등히 많았다.

〈표 1-9〉 독일의 노동쟁의

기간	사업장수	참가자수	총파업일수
1985~1989	123	85,222	85,222
1990~1994	849	280,983	446,255
1995~1998	183	446,255	103,648

출처: 독일연방통계청;『독일 자동차산업 노사관계사』(박홍재 편, 한국자동차산업연구소, 2005.7.) 재인용

그러나 폭스바겐 사례처럼 노동조합은 점차 이를 수용하게 되었다. 이는 1990년대 중반 이후 독일 단체협약 자율의 근간이었던 산업별 단체협약 적용 비율이 줄어들었다. 1998년에 서독 지역 76%, 동독 지역 63%로 줄어든 것이 2000년에는 각각 70%, 55%로 하락하고, 하락세는 2000년대에도 계속된다. 이러한 추세와 함께 단체협약의 개방조항도 확대되었다. 그 결과 기업 차원에서 산업별 단체협약에 벗어나는 조치를 취할 수 있게 되었다. 개별기업 임금협약 또는 직장협의회(Betriebsrat)와 기업 간 합의 등이 가능하게 된 것이다. 물론 이러한 합의는 원칙적으로 단체협약 당사자들, 즉 상급 노동조합 연맹의 승인을 전제로 한다. 원래 1990년대 말 이후 기업들은 비용절감을 통한 경쟁력 강화 목적으로 단체협약에 대한 예외 조치를 요구하였다. 그 결과, 직장협의회와 노동자들은 인건비와 관련한 경영진의 제안을 수용하지 않을 경우 생산기지 이전 또는 직장폐쇄 등의 위협을 받게 되었다.[27] 독일의 경제를 뒷받침해오던 전통적인 독일의 노사관

계의 기본 축이 바뀌기 시작한 것이다.

장기실업과 사회복지비 및 국가부채 증가는 결국 취업 근로자들의 부담 증가로 돌아갔다. 소득재분배의 형평과 독일의 전통적인 사회적 연대의식의 붕괴 위험에 직면하게 되었다. 세계화 시대에 치열해지고 있던 경쟁 앞에서 비용 특히 노동비용을 낮추어 독일의 산업입지 경쟁력 확보와 소득 재분배 균형 복원을 통한 사회적 연대 회복은 집권여당은 물론이고 야당인 사민당에게도 초미의 과제였다.

전반적인 경제상황 악화, 장기적 고실업, 국가부채의 증가에 1993년의 마이너스 경제성장률을 앞에 두고 사민당은 "독일을 위한 개혁"(Reformen für Deutschland)을 내걸고 총선에 나섰다.[28] 집권 기민련/기사연 역시 개혁이 절박함을 인식하면서 개혁을 내걸고 총선에 임했다. 즉, 선거강령에서 "가장 시급한 과제는 일자리 창출이다"라면서 "충분한 일자리가 마련될 때까지 적극적인 노동시장정책이 특히 중요하다. 임금 보조, 일자리 창출 정책, 직업교육 정책, 노령연금과 조기퇴직이 160만 명의 취업, 취업자의 유지와 수준 향상에 기여할 것이다"라고 공약하였다. 이에 더하여 법인세율 인하와 국가재정에서 재정이 차지하는 비율을 낮추겠다고 공약하였다.[29]

그러나 1994년 총선에서 승리가 기대되던 사민당이 패배하였지만 국가부채 급증 등이 계속되는 상황에서 사민당은 1995년 11월 만하임 당대회에서 오스카 라퐁텐을 당수로 선출하고 다음 총선 승리를 다짐하였다. 이런 정치적 분위기에서 콜 총리의 정부는 1996년 감세

---

27) 전종덕/김정로, 앞의 책, pp.416-418.

28) 사민당 선거강령에 관해서는 사민당 홈페이지(www.spd.de) 참조.

29) 기민련/기사연 선거강령에 관해서는 기민련 홈페이지(www.cdu.de) 참조.

와 임금 외 비용 축소를 통한 노동비용 감축을 내용으로 하는 일괄 경제개혁안(ein ökonomisches Reformpaket)을 의회에 제출하였다. 1996년 당시 실업률이 11.5%에 달하고 정부 부채는 전년 대비 20% 급증한 1조 6,924억 유로에 달해 있는 상황에서, 다음 총선 승리를 확신하고 있는 사민당이 이에 응할 리 없었다. 사민당은 연방상원에서 입법 봉쇄 전략(Blockade)을 통하여 이를 저지하였다. 당시 16개 주 중 사민당이 11개 주에서 집권하여 연방상원은 사민당이 과반수를 점하고 있었다. 그리고 독일 기본법상 법률안의 반 정도는 연방상원의 동의를 필요로 하고 있었던 것이다. 콜 총리의 정부와 집권당 역시 책임을 야당에게 돌리려는 전략에서 적극성을 보이지 않았다. 이로 인해 정부를 포함하여 노동조합, 독일사용자연합이 참여하는 '일을 위한 연합'(Das Bündnis für Arbeit)은 구체적인 성과를 내지 못하고 얼마 지나지 않아 좌초하고 말았다. 그리고 1996년 노령연금보험료 부담률이 심리적 경계선인 20%를 넘자 콜 정부가 야당 사민당에게 협상을 제의하였지만 역시 사민당은 이를 거부하였다.

 1998년 4월 라이프치히에서 선거강령과 총리후보 결정을 위한 사민당 임시 당대회가 열렸다. 대중적 인기가 높은 게하르트 슈뢰더 니더작센 주지사를 총리후보로 선출하였다. 이로써 사민당은 총선 승리를 최우선 목표로 하여 케인즈주의자 오스카 라퐁텐 당수와 신중도 노선을 표방하고 있는 게하르트 슈뢰더 총리후보 2원체제를 택했다. 선거강령 역시 슈뢰더 총리후보의 신중도 노선과 사민당의 전통적 노선을 타협한 내용이었다.

 "일, 혁신, 정의"(Arbeit, Innovation und Gerechtigkeit)를 기치로 한 선거강령의 실업대책은 "실업 대신 일"(Arbeit statt Arbeitslosigkeit)이라는 제목이 말해주듯이 실업수당이나 실업부조가 실업대책이 아니라 일자리 창출 정책이 실업대책이라는 것이다. 이를 위해서 기존의 기업은 번성하고 적응할 수 있고 새로운 기업이 설립되어 성장할 수 있는 조건을 조성하여야 한다. 세계화와 유럽통합 시대에 기업은 경쟁력을 갖출 수 있도록 하여야 한다. 경쟁력 있는 가격에 최고의 생산성과 최고의 품질, 여기에 독일 경제의 미래가 있으며, 결국, 경쟁력은 비용과 기술 그리고 이를 수행할 수 있는 자금과 국내 시장 조건이다. 노동비용의 축소와 감세가 주축이며, 노동비용 축소에는 임금과 임금 외 비용이다. 그리고 사회보장의 축소다. 감세와 사회보장 축소는 건전 재정을 명분으로 한 긴축 재정정책일 수밖에 없다. 바람직한 모든 것이 재정적으로 가능하지는 않다면서 긴축재정을 예고하고 있었다.

이 강령의 중요한 기업정책은 다음과 같다.

- 국제적으로 비교할 만한 수준으로 법인세율 인하를 통한 투자능력 강화
- 중소기업 투자능력 강화를 위하여 사업소득세 인하
- 법정 임금 외 비용 축소. 중소기업의 부담 완화
- 환경세제 개혁을 통한 부담 완화
- 국가의 현대화와 과도한 관료주의 축소: 즉, 규제완화
- 새로운 형태의 고용 허용
- 노동시장에서의 법과 질서 회복: 사회적 덤핑, 임금 덤핑, 불법 고용과 조직적 불법 노동 근절
- 노동시간 단축과 지능형 노동 조직: 기업의 규모와 분야에 따른 지능적이고 유연한 노동의 조직. 기계와 시설 가동률 제고
- 임금 자율 보장: 개별 기업의 상이한 성과와 고용 수요 및 부문, 지역, 기업의 상이한 조건을 고려한 단체임금협약

실업 대신 일, 그리고 기브 앤드 테이크 원칙(Grundsatz des gegenseitigen Gebens und Nehmens)에 따른 공정한 이익균형이 노동, 혁신, 정의의 기초라는 취지에서 주요한 고용정책은 다음과 같다.

- 임금협상 당자사의 기회평등 보장
- 종업원의 생산자본 참여를 위한 기본조건 개선
- 기업 내 유보금의 종업원 분배 장려
- 공동결정제도의 확대
- 불법고용과 불법노동과 투쟁
- 국내 및 유럽 내 입법을 통하여 동일한 장소에서 동일노동 동일임금 원칙의 관철
- 6개월 이상 취업하지 못한 모든 실업자를 위하여 관련자와 함께 노동 당국은 일자리로 복귀를 위한 맞춤 계획 개발
- 실업자를 고용한 기업에 임금비용 보조와 교육훈련보조금 지급
- 직업교육 후 청년에게는 부분퇴직(Altersteilzeit)자 자리나 시간제 취업 알선
- 장기실업자에 기존 취업자의 육아 휴가나 추가교육으로 일정 기간 빈 자리 취업 기회 제공
- 소득세율 인하: 근로소득 최저세율 현행 25.9%에서 15%, 최고세율 53%에서 49%

사회보장과 관련해서, 현대 사회국가의 목표는 후견이 아닌 자기책임(Eigenverantwortung)과 자기주도(Eigeninitiative)를 장려하는 것이라고 규정하고, 연대와 개인성(Individualität)의 관계를 항상 결정하여야 한다는 것이다. 그리고 대량실업이 사회보장제도의 연대성을 약화시

켰다. 보험료 납부자의 감소와 급부 수령자의 증가에 의해 실업은 사회국가의 재정 기초를 무너뜨리고 있다. 새로운 일자리 정책으로 사민당 정부는 보험료 납부자와 급부 수령자 간의 관계를 정상화하겠다고 약속했다. 전체적으로 보험료 안정화를 통한 노령연금 보장을 목표로, 정책의 중심은 자기책임과 자기주도다.

- 노령자의 경우 노령연금이 주지만 주택 소유와 생명보험에 의한 개인적 자기 보호가 필요. 취업기간 중 자산, 생산자본, 사업수익에 취업자의 참여 강화
- 평생 노동기간, 즉 정년 연장
- 보험료 납부액과 급부 연동 연금제도
- 보험료 납부 및 급부 대상을 단속적 취업자, 위장 자영업자를 포함한 자영업자로 확대
- 현 정부에서 최종 급여의 70%에서 64%로 축소하기로 한 노령연금 계획 수정[30]

이 선거강령의 경제, 노동, 복지 정책의 기본노선은 이듬해인 1999년 6월 슈뢰더 총리와 토니 블레어 영국 총리가 공동으로 발표한 선언문 "제3의 길"(Europe: The Third Way/Die Neue Mitte)에 제시된 정책방향과 거의 일치한다.[31]

그런데 당시 집권당인 콜 총리의 기민련/기사연 선거강령 "경기는

---

30) 전종덕/김정로, 앞의 책, pp.427-429.

31) Tony Blair and Gerhard Schroeder, "Europe: The Third Way/Die Neue Mitte"; www.fes.de.

상승세다-독일에 더 많은 고용을"(Der Aufschwung ist da-mehr Beschäftigung in Deutschland)은 집권당으로서 1998년 연초 이래 이제 경기가 바닥을 쳤다는 긍정적인 경기 판단에 기초를 두고 있지만, 역시 독일이 경쟁력을 확보하여 경기 상승을 계속 몰아가기 위해서는 조세, 복지, 노동시장 개혁이 필요하다고 주장하며 이를 위하여 기민련/기사연을 계속 지지해 달라고 호소하고 있다.

그 내용을 살펴보면 다음과 같다.

- 세율 인하, 예외 축소, 세법 간소화에 의하여 시민과 기업의 300억 마르크를 경감시키는 조세개혁
  최저소득세율 현행 25.9%에서 15%로 인하; 최고세율 53%에서 39%로 인하.
  탈세, 조세회피 및 지하경제 근절
  기업경쟁력 강화와 외국인 투자 유치를 위하여 사업소득세를 현행 47%에서 35%로 인하; 법인세율 배당소득에 대해서는 25%, 유보소득에 대해서는 35%로 인하
  세법을 간소화와 공정을 위한 특혜와 예외 규정 축소
- 노동 외 비용 축소: 절감과 효율성 및 자기책임과 자조 방향으로의 근본적인 사회보장제도 정비. 늦어도 2002년까지 부담률을 40% 이하로 축소
- 노동시장 유연화
  노동시간의 유연화, 실적과 수익에 연동된 급여 요소의 보다 더 강력한 도입, 연장근로 축소를 위해 노력하는 단체협약 협상 당사자 지지
  노동행정의 업무는 효율적으로 취업을 알선하는 것이다. 취업알

선의 민영화와 활용

일에 대한 인센티브 강화와 남용과의 싸움

시간제 일자리, 일시적 일자리 등 수요에 기초한 일자리 정책. 장기실업으로 위험에 처한 기술 수준이 낮은 사람들에게는 비영리에 기초한 고용 창출.

사회부조 수급자의 국가 지원 일자리 확대

취업 장려제도를 통하여 단순 직종의 부활, 초임, 재취업 계약 기회 활용, 낮은 기술 보유자에 대한 기회 제공. 최저소득세율 15%로 인하로 더욱 매력적인 저임금

일하는 사람은 누구나 일하지 않을 때보다 더 많은 수입을 얻을 수 있도록 사회부조제도의 개혁 계속

실업보다는 노동에 자금을 지원하는 것이 항상 더 좋다. 저임금 일자리를 받아들인 사람들도 보상받을 수 있도록 사회부조와 실업부조를 고려하여 낮은 임금과 새로이 설계한 수요 기반 급부 이전을 최적상태로 결합한 임금결합 모델 개발.

사회적 급부의 남용과 투쟁. 공동체의 급부를 요구하는 사람은 누구나 반대급부를 고려하여야 한다. 우리는 불법노동과 끝까지 싸울 것이다.[32]

조세, 복지, 노동시장 개혁의 필요성에는 여야당이 모두 공감하고 있다. 세부 내용에 들어가서는 차이가 있지만 앞에서 사민당과 기민련/기사연의 선거강령을 보면 기본 방향에서는 별반 차이가 없음을 알 수 있다. 특히 실업 문제와 관련해서 양 진영이 모두 '실업정책보

---

[32] CDU/CSU, '1988-2002 Wahlplattform,' 기민련 홈페이지(www.cdu.de).

다는 일자리 정책'을 기본 노선으로 삼고 있다.

1998년 9월 26일 총선에서 예상대로 사민당이 16년 만에 승리하였다. 이 승리는 앞에서 살펴본 것처럼 선거 강령의 차이라기보다는 콜 정부의 16년 장기 통치의 피로감과 장기불황과 대량실업에 대한 심판이라고 보아야 할 것이다.

승리한 사민당은 녹색당과 소위 적-녹 연립정부를 구성하고 슈뢰더가 총리에 취임하였다.33) 녹색당과 그리 어렵지 않게 연정합의34)에 도달한 사민당의 슈뢰더 총리는 11월 10일 의회에서 총리 취임연설을 하면서, 그의 정부의 개혁정책 포부를 밝혔다.

이제 슈뢰더 총리 하의 사민당-녹색당 정부는 노령기의 품위 있는 생활을 국가가 보장해주는 것에서 개인의 자조와 책임을 강조하여 사적 보험으로 보완하면서 급부 수준을 대폭 낮춘 노령연금을 비롯한 복지제도 개혁, 법인세와 개인소득세의 대폭 인하를 내용으로 하는 조세 개혁, 실업대책보다는 일자리 정책을 앞세우면서 노동시장 유연화를 목표로 전통적인 합의주의에 기초한 노사관계를 완전히 새로이 한 노동시장 개혁으로 나아가게 된다.

---

33) 이 선거에서 기민련/기사연은 지난 선거보다 6.3% 감소한 35.1%, 연립여당인 자민당은 0.7% 줄어든 6.2% 득표로 의회에 남을 수 있었고, 동독 사회주의통일당 후신인 민사당은 구 서독 지역에서는 1.1% 득표에 그쳤지만 구 동독 지역에서 19.5%를 득표하여 전체 5.1% 득표로 연방의회 교섭단체 자격을 얻었다. 총선 결과에 관해서는 www.wahlen-in-deutschland.de.

34) 연정합의문(Koalitionsvereinbarung zwischen der Sozialdemokratischen Partei Deutschlands und Bündnis 90/Die GRÜNEN); www.fes.de.

2
슈뢰더 정부의 사회적 국가 개혁

▎슈뢰더 정부의 사회적 국가 개혁

　1998년 총선에서 승리한 슈뢰더의 사민당은 녹색당과 이른바 적-녹 연립정부를 구성하여 개혁에 나섰다. 슈뢰더 정부 1기에 연금개혁, 조세개혁을 시행하였다. 그리고 다음 총선을 앞 둔 2002년 2월 22일 폭스바겐사의 노동이사 출신이 페터 하르츠(Peter Hartz) 박사를 위원장으로 하는 "노동시장에서 현대적 서비스 위원회"(Kommission Moderne Dienstleistungen am Arbeitsmarkt), 이른바 하르츠 위원회를 구성하고 6월 2일 사민당 임시 당대회의 승인을 받아서 8월 16일 보고서를 발표하였다. 위원회는 그 해 1월 연방회계감사원이 2000년 노동청 취업알선 스캔들을 발표한 것을 계기로 노동시장의 유연화와 노동청 업무 개혁을 목표로 구성되었다. 그러나 하르츠 자신이 2010년 한 인터뷰에서 위원회의 성공은 베르텔스만 재단(Bertelsmann Stiftung)의 도움 덕이라고 말하였던 것을 보면, 이 위원회는 슈뢰더 총리가 사전에 이미 준비하고 있었다. 이미 2002년 1월부터 이 재단과 비공개 작업을 하고 있었던 것이다.[1]

---

[1] 다국적 미디어그룹인 베르텔스만 유럽합자주식회사(Bertelsmann SE & Co. KGaA)가 출연한 재단으로 재단의 목표를 "사회개혁에 기여하는 것"이라고

하르츠 개혁을 설명하는 슈뢰더 총리와 페터 하르츠 (2002. 9. 10)

출처: REGIERUNGonline/Bienert

　연금개혁과 조세개혁에서 성과를 거두면서 2002년 9월 22일 총선을 앞두고 앞의 장에서 논의하였듯이 모두가 공감하는 노동시장 개혁 계획을 내세워 승부수를 던진 것이다. 그러나 이는 노동시장 개혁에 그친 것은 아니었다. 하르츠 보고서에서 실업의 해결은 단순히 노동시장 유연화로 해결될 문제가 아니라 사회, 경제, 노동, 지역개발 정책 등 모든 정책의 개혁이 함께 나아가야 한다고 하고 있듯이 슈뢰더 정부의 사회개혁의 종합판인 것이다. 이는 이미 1999년 6월 17일 런던에서 당시 영국총리인 노동당의 토니 블레어와 공동으로 발표한

　밝히고 있다; www.bertelsmann-stiftung.de.

"유럽: 제3의길/신중도"(Europe: The Third Way/Die Neue Mitte)라는 제목의 문건에서 이미 그 방향을 제시하였다.

이 문건에서 두 사람은 "대부분의 사람들은 이미 오래 전에 좌파와 우파의 도그마로 표현되는 세계관을 버렸다"고 선언하면서 탈이념 노선으로 가겠다는 것을 시사하였다. 그리고 사회민주주의의 전통적 가치인 공정, 사회정의, 자유와 기회의 평등, 연대와 타인에 대한 책임은 영원한 가치지만, 이들 가치를 오늘날에 맞도록 하기 위해서는 현실성 있고 전향적인 정책이 필요하다는 것이다. 선거에 얽매이지 않는 현대화가 필요하다고 선언하였다. 그리고 "사회정의의 진작이 때로는 결과의 평등 강제와 혼동되어, 결과에 대한 보상과 책임의 중요성이 무시되고, 창의와 다양성 그리고 수월성의 치하보다는 범용의 방향으로 나아갔다. 이에는 따라서 많은 비용이 필요했다. 사회정의 달성이 공공지출 수준으로 평가되었다. 이제 이의 효율성이 검증되어야 하고 사람들의 자조에 얼마나 기여하느냐에 의해 평가되어야 한다. 그래서 개인적 성취와 성공, 기업가 정신, 개인의 책임과 공동체 정신 등 시민에게 중요한 가치가 국가의 사회보장 정책에 종속되고 말았다. 자신과 가족, 이웃과 사회에 대한 개인의 책임이 국가에 전가될 수 없다. 개인의 책임과 자조가 필요하다"고 선언하였다.[2]

사민당의 전통적 사회정책 노선에서 개인의 책임과 자조를 중시하는 사회정책으로 전환하겠다고 선언한 것이다. 이는 연금제도 개혁의 기본 방향이 되고 슈뢰더 정부 2기에 추진될 노동시장 개혁을 포함한 광범위한 사회개혁의 방향을 보여주는 것이다. 이는 선거강령, 2기 취

---

2) Tony Blair and Gerhard Schroeder, 앞의 글; 전종덕/김정로,『독일 사회민주당의 역사』, pp.443-445 참조.

임연설을 거쳐 1989년 사민당의 베를린 강령을 수정한 2007년 함부르크 강령의 사회정책 노선으로 정착된다.

1. 개혁의 시동

사민당의 슈뢰더 총리는 2002년 10월 29일 연방의회에서 2기 취임연설을 통하여 이 정부의 최우선 개혁과제는 노동시장과 교육이라 선언하였다.

> 독일 국민들은 경제적으로 어려운 시대를 살고 있으며, 국제 테러의 위험, 지역 분쟁의 위험과 노령화와 취업난으로 복지제도의 변화, 긴축, 높은 효율성과 더 큰 정의가 강요되고 있다는 것을 알고 있다. 그래서 건전한 부, 지속 가능한 개발, 새로운 정의를 바란다면, 일정한 국가의 급부를 삭감하여야 하며, 기존의 사회보장 급부 수준 유지가 불가능하다는 것을 이해할 것이다. 비스마르크 시대나 30, 40, 혹은 50년 전에 시작된 사회보장제도 중 일부는 지금 그 긴급성과 정당성을 상실했다. 전지전능한 사회적 국가는 대단히 비쌀 뿐만 아니라 결국 비효율적이며 비인간적이다. 자조와 책임 공유 문화를 원한다. 그래서 자유롭고 사회적인 시민사회 강화를 지원하고 있다. 그렇다고 국가가 고유의 임무에서 물러나야 된다는 것은 아니다. 더 적은 관료주의, 더 적은 권위가 필요하지만 반드시 더 작은 국가가 필요한 것은 아니다. 자기책임과 기업가적 책임이 필요하다. 우리는 노동시

장, 교육과 직업훈련, 사회제도의 대대적 개혁을 앞에 두고 있다.

이번 의회의 첫째 과제는 노동시장 개혁이다. 너무 높은 실업률, 지나치게 많은 잔업, 너무 많은 미신고 노동과 너무 많이 비어 있는 일자리가 우리의 문제다. 하르츠 위원회는 30년 동안의 검토 끝에 전면적이고 일관된 노동시장 개혁 개념을 성공적으로 제시하였다. 이를 유보 없이 이행할 것이다.[3]

그는 1881년 비스바르크 시대에 정립된 전통적인 독일의 사회보장제도를 개혁을 언급하고 있다.[4] 사민당의 사회보장 정책의 기본노선은 1989년 베를린 강령의 사회보장에 관한 권리에서 "기본법의 사회적 국가 조항은 국가에게 사회적 책임과 사회정의에 대한 의무를 부

---

[3] "Regierungserklärung des Bundeskanzlers," 'Plenarprotokoll 15/4', (Deutscher Bundestag, 2002.10.29).

[4] 1881년 11월 17일 독일 제국의회에서 독일제국의 비스마르크 총리가 아픈 빌헬름 1세를 대신하여 칙서를 발표하였다. 오늘날 이는 "마그나 카르타" 혹은 독일 사회보장제도의 출생증명이라 불린다. 칙서의 목표는 노동 인민 특히 산업노동자를 보호하기 위한 사회개혁이었다. 칙서를 통하여 발표한 원칙은 다음과 같다:
- 질병, 산재 및 노령과 노동능력 상실 시 노동자의 보호
- 이 경우 이들은 법적인 급부청구권을 가진다
- 보험은 자치를 기초로 시행되어야 한다

당시 대외 안정을 위하여 사회민주주의자를 탄압하는 채찍정책의 한 짝인 당근정책의 일환으로 칙서에서도 이를 밝혔다. 즉, "사회적 손실의 치유가 오로지 사회민주주의자들의 난동의 진압 과정에 있는 것이 아니라 노동자의 복지를 적극적으로 지원하고자 하는 데 있는 것이기도 하다'; 독일연금보험연합 홈페이지(www.deutsche-sozialversicherung.de).

과한다"는 것이었다 국가의 의무를 강조하고 있다.

기민련의 사회정책 노선이 1978년 당의 기본강령에서 법정 사회보험은 합리적인 개인의 책임과 연대적 공동책임에 부응해야 한다는 것이었을 뿐만 아니라,5) 헬무트 콜 당수의 기민련/기사연의 전 정부도 사회적 국가 개혁을 추진하였고 사민당과 크게 다르지 않는 선거강령에 개혁 정책을 제시하였듯이 독일 사회는 일단 개혁에는 공감하고 있었다. 그러나 구체적인 실행은 정치적 생명을 걸어야 할 정도의 중대한 문제였다.

슈뢰더 총리의 개혁 방향은 이미 앞에서 언급한 사회정책에서 개인의 자기책임과 자조를 강조한 1999년의 영국의 토니 블레어 총리와의 공동문건에서 이미 나타나고 있었다. 그리고 연정 구성을 위한 사민당과 녹색당 간의 "개혁-정의-지속가능성"을 부제로 하는 연정합의서에 보다 구체적인 방향이 제시되고 있다.

무엇보다도 전문에서 "실업과의 싸움에는 경제성장의 활성화가 결정적"이며 "모든 사람을 위한 더 많은 복지는 지속 가능한 경제성장에 의해서만 달성될 수 있다"고 규정하고 있고 행동 노선을 "지속가능성"이라고 선언하였다. 즉 지속가능한 성장을 최우선에 두면서 1989년 베를린 강령의"모든 성장이 진보적인 것은 아니다"라는 노선의 변화를 시사하고 있다.6) "노동자들이 자기의 책임을 다할 것을 기대한다"고 규정하여 자기책임을 강조하고 있다. 그리고 실업과의 싸움은 재정, 경제 노동 및 교육 정책이 결합되어야 한다는 것으로 "연방공화국 수립 후 최대의 노동시장 개혁"은 슈뢰더 정부 1기부터 이

---

5) 'Grundsatzprogramm-Freiheit, Solidarität, Gerechtigkeit'(1978), www.kas.de.
6) 전종덕/김정로 편역, 『독일 사회민주당 강령집』, p.133.

미 개혁정책이 실행되고 있는 연금과 조세 분야를 포함하여 재정, 경제, 노동 및 교육 등을 포괄하는 연방공화국 수립 이후의 모든 부문에 대한 최대의 개혁정책인 "하르츠 위원회"의 안 즉 하르츠 개혁을 시행하겠다는 것이었다.[7)]

총선 전에 제출하였던 하르츠 개혁법률안을 본격적으로 추진하겠다는 것이었다. 이때까지만 해도 앞에서 이야기하였듯이 대홍수로 하르츠 보고서가 총선에서의 주요 이슈에서 벗어나 있어서 이 내용이 가지고 있는 정치적 폭발력이 크게 인식되고 있지 않았다.

2. 연금 개혁 및 조세 개혁

하르츠 개혁 문제를 논하기 전에 먼저 슈뢰더 총리 정부 1기의 성과이기도 하고 뒤에 "아젠다 2010" 연설에서 밝히게 되듯이, 성장 제일과 자기 책임을 강조하는 연방공화국 수립 후 50년 최대의 사회개혁의 일부로서 슈뢰더 정부 1기에 일단 완료한 조세, 연금, 의료보험, 노동시장 개혁 중 3 가지인 연금 개혁과 조세 개혁 그리고 의료보험, 교육 개혁 등을 간략하게 살펴볼 필요가 있을 것이다.

슈뢰더 총리가 1999년 6월 15일 내놓은 노령연금 개혁안은 1997년 사민당 연금개혁위원회가 작성하고, 당이 채택한 개혁안과는 달랐다. 사민당의 안은 최종 소득 70% 수준의 급부는 침해할 수 없는 것이라고 전제한 비스마르크 연금제도 틀 안에서의 제한적 개혁안이었다.

---

7) '2002 Koalitionsvertrag-Erneuerung-Gerechtigkeit-Nachhaltigkeit,' www.fes.de.

그리고 연금재정 안정을 위하여 보험료 납부자 범위 확대를 포함한 재정구조 개혁이 필요하다는 것이었다. 그런데 이번에 나온 안은 사적 연금보험 도입을 연금 개혁의 핵심임을 강조하면서, 70% 급부는 더 이상 성역이 아니다. 공적 연금 급부의 축소가 사적 연금보험 성장의 전제조건이자 장기적 보험재정 안정화를 보장하는 요건이라는 것이었다. 장기적으로 보험재정 안정을 위하여 급부 수준을 70%에서 67%로 하향하고, 이때도 임금 순증가 기준이 아니라 2년 동안 물가 감안하겠다는 것이다. 사민당의 안은 노후 생활수준 유지라는 공적 연금 원칙과 비스마르크 식 연금제도 유지라는 지금까지 사민당의 정책노선과의 사실상 결별이었다. 사적 연금 경우도 종업원은 의무적으로 임금 총액의 2.5% 부담하는 반면에, 사용자의 의무적 부담은 없었다. 이는 동일 부담 원칙의 폐기였다.

이 안에 대하여 사민당 내부, 녹색당, 노동조합과 야당이 반대하였다. 금속노동조합 위원장 클라우스 츠비켈(Klaus Zwickel)은 개혁안은 사민당 정부의 수치라고 비난하였다. 당연히 사용자연합과 보험업계가 환영하였음은 물론이다.

이에 더하여 최종적으로 당에 제출된 연금개혁법률안은 당초안보다 훨씬 더 급진적이었다. 급부 수준을 당초안의 67%보다 낮은 64%로 낮춘 것으로 1996년 콜 정부의 개혁안보다 더 낮은 수준이었다. 이는 임금총액을 기준으로 한 것으로, 세후(稅後) 임금(순임금)을 기준으로 할 경우 45년 동안 공적연금보험에 가입하고 2040년에 퇴직한 평균 소득자는 세후 임금의 58%, 그리고 2050년에는 54%만 받게 된다. 콜 정부의 노동장관 노베르트 블륌(Norbert Blüm)의 계획은 1999년부터 연금 급부 수준을 단계적으로 낮춘다는 계획이었다. 이 때 사민당이 이를 거부하였다. 70%는 노후 생활보장이라는 사민당의 연금

정책의 기본으로 연금 급부를 이 이하로 낮춘다는 것은 사민당의 기본원칙을 허무는 것으로 용납할 수 없다는 것이 그 이유였다.

사적연금의 종업원의 부담률 4%는 원안보다 높았으나, 다만 의무가입이 아닌 자발적인 것으로 가입 시 정부가 보조해주기로 하였다. 그런데 자기책임이 강조되는 자발적 사적연금은 모든 미래 연금생활자들의 법정 연금을 감액시킨다. 사적연금 미가입자는 장래에 노령연금 감액의 불이익을 받게 된다. 기업은 2030년까지 10-11%를 초과하지 않는 보험료율을 보장 받으면서 임금 외 비용을 낮게 유지할 수 있게 되었다. 반면에 종업원의 부담은 사적연금으로 인하여 급여총액의 14-15%를 부담하게 된다. 이 안은 의원단 회의의 승인을 거쳐, 7월 3일 당 집행위원회에서도 승인되었다.

슈뢰더 정부는 노동조합에 대하여 사적 연금 부담과 관련하여 사용자와 협상 시 노조의 권한을 강화하는 내용을 포함시키기로 하고, 새로운 조정 방식에 의해 연금 급부 수준 하향을 최소화하기로 양보해주어 노동조합과 타협을 보았다.

이제 과거 정책은 폐기되고 새로운 안이 사민당의 공식 정책이 되었을 뿐만 아니라, 당의 강령과 배치되었다. 가령 1989년의 베를린 강령의 "연대는 자신의 책임을 대체하지 않으며," "우리는 기본적인 생활위험의 개인화에 반대한다"와 정면으로 배치된다. 연금 개혁은 지금까지 사민당이 유지해온 사회정책의 기본원칙을 허물어뜨린 것이었다.

사민당 내에서 이런 과정을 거친 연금개혁법률안(Deutschland erneuern - Rentenreform 2000)이 연방의회에 제출되었다. 2001년 1월 26일 연방의회에서 "법정연금보험 개혁과 연금자산보전에 관한 기본법"(약칭: 노령연금법. Grundgesetzes zu dem Gesetz zur Reform der gesetzlichen Rentenversicherung und zur Förderung eines kapitalgedeckten Altersvorsorgevermögens: Altersvermögensgesetz)이라는 긴 이름의 법률이 찬성 294, 반대 250, 기권 4로 통과되었다. 이어서 연방상원의 동의를 얻게 되어 2002년 1월 1일부터 발효하게 되었다. 초안이 나온 지 2년여 만에 개혁이 실현된 것이다.

조세정책은 사회정책 및 노동시장정책 개혁과 함께 슈뢰더 정부 개혁의 3대 축이었다. 모두 사민당의 기본가치와 직접 관련된 것이었다. 사회정책과 노동정책 변화에는 대중들이 민감하게 반응한 반면, 조세정책은 이 두 정책과 밀접하게 관련되어 있는 핵심적인 정책이지만 슈뢰더 정부의 정책개혁 방안이 증세가 아닌 개인의 소득세를 포함한 감세였기 때문에, 대중들의 반응은 앞의 두 정책에 비하여 상대적으로 둔감했다.

기업이나 자본가들이야 환영할 만한 일이지만, 이들은 이에 대한 반응 수위를 조절하고 있었다. 예민하게 반응한 집단은 세수 감소로 재정이 어려워질 연방 주였다. 어느 정당이 집권하고 있느냐와 관계없었다. 기민련/기사당은 부채에 의한 세수 감소 보전에 반대한다고 주장하였지만, 이는 명분일 따름이었다. 정부 부채는 마스트리히트조약 통화연맹 가맹조건에 의해 제한될 수밖에 없었기 때문이다.

슈뢰더 정부 초기인 1998년 12월 재무부에 기업 관련 조세개혁을 위한 브륄러위원회(Brühler Kommission: Kommission zur Reform der Unternehmensbesteuerung)를 설치하여 운영에 들어갔다. 위원회는 1999년 4월 말에 세제개혁안을 제출하였다. 이를 바탕으로 2000년 2월 9일 독일정부가 세제개혁안을 발표하였다. 조세개혁(Die Steuerreform 2000)과 함께 감세법(Steuersenkungsgesetz)을 연방의회에 제출하여 그 해 7월에 연방하원을 통과하였으나, 야당이 지배하고 있던 연방상원의 동의를 얻지 못하였다.

연방하원을 통과한 안은 법인세율을 기존 40%에서 25%로 인하하고 소득세 최고세율을 53%에서 45%로, 최저세율을 25.9%에서 15%로 인하하는 안이었다. 이는 1998 선거강령의 최고세율 49%, 최저 15% 감세계획보다 낮고, 1998년 10월 20일 녹색당과 합의한 연정협약의 48.5%, 19.9%보다 더 낮았다. 그런데 이에 대하여 친-기업적인 자민당은 반대하지 않았지만, 재정 사정이 좋지 않은 연방 주는 적극적으로 반대에 나섰다. 심지어 사민당이 주 정부에 참여하고 있는 베를린(대연정), 브란덴부르크(대연정), 브레멘(채무가 많은 주. 대연정), 멕클렌-포어폼메른(사민당-민사당 연정) 주에서도 반대에 나섰다. 연방상원의 동의를 얻지 못했던 것은 바로 이런 사정에 기인한 것이다.

이런 배경 하에서 슈뢰더 총리는 야당과 협상을 벌였다. 총리는 우편통신, 공항 등 연방 보유 주식 매각 규모와 매각 수익의 연방 이전 비율을 가지고 협상을 벌였다. 세율 인하의 적정성보다는 연방 주의 세수 보전, 연방 보유 자산 민영화 수익을 어떤 비율로 분배하느냐를 두고 협상을 벌인 것이다. 이런 과정을 거쳐 2001년에 1단계 시행을 시작으로, 2004년에 2단계, 2005년에 3단계 시행을 내용하는 최종안이 2000년 7월 14일에 연방상원의 동의를 얻어서 최종적으로 확정되었다.[8]

감세와 긴축재정으로 이제 국가 재정 기능은 사민당이 전통적으로 정의하던 것과는 달라질 수밖에 없게 되었다. 베를린 강령에서는 "경제의 조정을 위한 중요한 수단은 공공재정이다. 세금과 교부금, 재정

---

8) 개혁 내용 개요에 관해서는 "독일 연방정부의 2003년 세제개혁안"(2003. 7. 18; 한국조세연구원. www.kipf.re.kr) 참조.

계획과 재정에 의한 경기 부양, 공공계약과 투자, 화폐 및 신용정책 등은 서로 대응하기 때문에, 정치적 목표 제시에 기여한다…그리고 재정정책은 고용에 대한 책임을 다해야 할 것이다. 경기가 나쁠 때에도 그 지출이 축소되어서는 안 된다'고 선언하고 있다. 그래서 비록 이것이 부채가 필요할지라도, [재정은] 분명히 경제적 발전을 안정화할 것이라는 것이었다. 그리고 조세개혁은 사민당의 기본원칙인 조세의 소득 재분배 기능보다는 경기부양에 초점을 맞춘 조세정책의 전환이었다. 임금소득자의 세 부담을 낮추기 위하여 소득세 최저세율과 과세대상을 상향 조정하겠다고 하지만, 이는 소득재분배 논리에서 나온 것이 아니라 슈뢰더가 이야기하였듯이 국내 소비 진작이며, 연금정책의 자조, 자기책임에 기초한 사적연금 도입 논리와 이어지는 것이다.

  이번 조세개혁에서는 법인에서 주식 처분에서 발생한 자본이득에 대한 특별규정과 외국 법인 지점의 면세 조정을 통하여 내외국 법인에 대하여 동등한 대우와 전면적 개방을 예고하고 있었다.[9]

---

[9] 슈뢰더 정부의 연금 및 조세 개혁에 관해서는 전종덕/김정로, 『독일 사회민주당의 역사』, pp.446-450 참조.

3. 의료보험 개혁, 교육 개혁 및 가족 정책

2003년 9월 8일 슈뢰더 정부는 "법정 의료보험 현대화 법률"(Gesetz zur Modernisierung der gesetzlichen Krankenversicherung. GKV Modernisierungsgesetz. GMG)[10])안을 의회에 제출하였다. 독일 법정 의료보험은 연대, 보충성 및 자치를 기본원칙으로 하여 포괄적으로 의료를 보장하는 모델이다. 모든 보험 가입자는 연령, 성 및 소득에 관계없이 필요한 의료에 대하여 동일한 권리를 보유하고 있다. 이로 인하여 최대의 비용 발생 원인인 주된 보건 분야로서 개혁은 시급한 것이었다.

이런 취지에서 법률안 설명을 하면서 울라 슈미트(Ulla Schmidt) 연방 보건사회보험부 장관은 그 이렇게 말했다.

> [법률안의] 가장 시급한 보건제도 문제 해결-보험료 인하, 지출 억제, 보건제도의 질과 효율성 제고-을 위하여 모두가 책임을 져야 한다.
> [이 법률안]은 여러 차례 언급하였듯이 보험가입자와 환자에게 일방적으로 부담을 주는 법률안이 아니다. 제약산업, [약품] 도

---

10) 독일의 사회보장 연대제도(deutschen sozialversicherungsrechtlichen Solidarsystems)의 일부로서 법적 의료보험은 사회법전-Ⅴ(Sozialgesetzbuch Ⅴ. SGB Ⅴ)에 규정되어 있다.

매업자, 약사가 보험료율과 관련하여 상당히 기여하고 이 개혁
에도 기여할 것이다. 서비스 공급자 관련 모든 논의에서 우리는
보건 분야가 매우 중요한 산업으로 이 분야에 종사하고 있는
420만 명도 충분한 보수와 인간적이고 안정된 일자리에 대한
권리를 가지고 있다는 것을 망각한 적이 없다.

광범위한 보건제도 개혁에 관하여 기민련/기사연과의 타협은
아젠다 2010 실행을 위한 초석이다. 이는 독일의 경제 회복과
일자리 창출을 위한 조건 개선에서 가장 중요한 토대다. 타협에
참여한 모든 정당과 정파는 독일에서 일자리 창출에 성공하기
위한 노동비용과 임금 비용 축소 목표를 인식하고 있다. 왜냐하
면, 보건 분야에서 분배에 앞서서 벌어야 한다는 것이 분명하기
때문이다. 먼저 버는 것이 재정에 기여할 수 있는 것이다.[11]

슈미트 장관이 말했듯이 의료보험 재정의 위기를 인식한 자민당을
제외한 정당 간의 타협이 있었다. 슈미트 장관이 감사를 표했듯이 기
민련/기사연의 호르스트 제호퍼(Horst Lorenz Seehofer) 의원도 정부의
입장에 대한 명시적인 지지를 표명하였다.

당신들의 최대 실수 중 하나는 1997년과 1998년에 독일 보건
제도에서 더 많은 자기책임에 정치적으로 반대하여 1999년 보
건제도 개혁을 파기하게 했다는 것이다. 1999년에 당신들이 우
리의 사회개혁을 파기하게 하지 않았다면 우리가 안고 있는 문
제가 더 적었을 것이다.

---

11) *Deutscher Bundestag*, 'Plenarprotokoll 15/58', (2003.9.8); www.bundestag.de

나는 자기부담 문제를 회피하지 않겠다.

임금 외 비용의 절감과 완화, 모두에게 최고의 의료를 보장하겠다는 우리의 정치적 약속 이행으로 갈 수 있는 보험료율의 인하는 사회보장제도의 재원이 미래에 다시 솟아나게 할 때만 성공할 수 있다. 최고의 경제가 최고의 보건 서비스의 전제다.

우리의 공동개혁에 의해 생기는 일은 대단한 일이다. 법정 건강보험 비상상황인 현 시점에서는 초당파적으로 기여하여야 한다.[12]

경제성장을 위한 임금 외 비용 축소와 의료보험 재정 안정을 위하여 아젠다 2010의 자기책임 원칙 노선에 따라 환자의 자기부담을 늘리고 이제까지 법정 의료보험이 보전해주던 의료 행위 등이 목록에서 제외된 개혁의 골자는 다음과 같다;

보험료율
- 소득의 약 13% 이하로 인하(2003년 7월 1일 현재 14,4 %).

환자
- 본인 부담 규정의 개정

---

12) 자민당이 타협에 응하지 않았다고 하지만 슈미트 장관이 언급하였듯이 오토 그라프 람스도르프(Otto Graf Lamsdorf)는 이에 관하여 2003년 7월 23일 <한델스블라트> 지에서 이렇게 말했다; "자민당 지도부가 인터넷 약국, 약국의 복수 소유자 금지와 외래진료 시 보험의사협회(Kassenärztlichen Vereinigungen)의 계약독점 완화에 반대한다는 것을 나는 이해하지 못하겠다; *Bundestag*, 'Plenarprotokoll 15/58' (2003.9.8)."

포괄비용(기준: 1 - 4유로, 2 - 4.5유로, 3 - 5유로) 대신 약값은 본인부담액에 따라 결정(총액의 10%, 최소 5유로 최고 10유로). 추가부담은 종전과 같이 보험의 100%까지. 5유로 이하의 비용은 실비 부담. 약품가격 규정 개정에 따라 처방전에 따른 약품에는 적용되지 않음. 의료보조용품이나 비처방 약품에는 적용되지 않음
- 비처방 의약(OTC-Artikel)은 법적 의료보험에서 보전되지 않음. 비처방 약품이 중대한 질병의 유일한 치료법인 경우에는 예외
- 의사의 방문 진료 시 본인: 2012년 12월 31일까지 1회 진료비용의 4분의 1 부담. 10유로의 4분의 1 부담.
- 입원 치료의 경우 1일 최대 10유로, 최장 28일
- 사망과 분만 비용 의료보험이 부담하지 않음
- 시각 보조와 안경 비용은 의료보험이 부담하지 않음
- 인공수정 비용은 처음 3회까지 의료보험에서 50% 부담. 추가 시에는 배우자 양자의 연령에 따라. 불임시술은 보전되지 않음
- 틀니는 2005년부터 정액. 정기 치과 검진(1년 1회) 할인 자부담 상한: 연간 자부담 상한은 연간 총소득의 1% 이하

의사
- 가족 주치의제도 시범 시행: 현행의 폐쇄적인 전문의 네트워크의 장기적 약화

약국
- 새로운 약가 규정 도입. 약국은 각 약품에 대하여 8.1유로 플

러스 도매가격의 3%. 2.3유로 미만에 대해서는 보험.

이 개혁법은 2004년 1월 1일 발효되었다.

2차 대전 후 제국주의와 인종주의 등을 고취하는 나치의 강력한 중앙정부 하에서 교육과 문화 정책의 해체와 독일 국민에 대한 시민의 책임과 민주적 참여 진작을 목적으로 연합국의 전후 독일 점령정책의 일환으로1947년 전승 4강국은 독일 교육의 민주화 기본원칙인"통제명령 54호"(Controldirective No.54)에 근거하여 문화와 교육 관할을 연방 주에 반환하였다.[13] 그리고 서독 국가 창설 문서인 1948년 서방 연합국 점령군 당국에 의해 서독 지역 11개 주지사에게 전달된 독일의 장래 정치 발전을 위한 문서"(Dokumente zur künftigen politischen Entwicklung Deutschlands: Frankfurter Dokumente) 즉 프랑크푸르트 문서[14])에 기초하여 제정된 서독 기본법에서 교육과 문화 분야는 연장정부의 소관 사항이 아니었다. 즉 기본법 제73조의 [연방의] 전속적 입법사항이나 제74조의 [연방과 주의] 경합적 입법사항에 속하지 않았다. 이에 의하여 서독 연방정부에는 교육부와 문화부가 없었다. 1969년 사민당 주도의 브란트 총리 정부 하의 교육 개혁 논의에 의해 연방

---

13) 소련군 점령 지역에서 제국주의적이고 군국주의적인 태도의 병원균으로 여겨지고 심지어는 나치의 파쇼적이고도 인종주의적인 문명파괴에 책임져야 하는 학교구조의 잔재 제거를 목표로 1946년에 "독일 학교의 민주화를 위한 법률"(Gesetz zur Demokratisierung der deutschen Schule)을 제정하여 바이마르의 3단계 학교체계를 "민주적 통합학교"로 전환하였다. 서방 연합국은 1947년에는 점령 4강국 모두 합의한 이른바 통제명령 54호에 따라 독일 교육 분야의 민주적 전환을 추진하였다.

14) 전종덕, 『독일통일』, pp.81-85 참조.

교육과학부가 설치되었다.[15] 그러나 연방 교육과학부의 업무는 직업교육과 과학연구 지원에 한정되었다. 사민당-자민당 연립정부에서의 교육개혁은 연방 주의 정책과 갈등을 겪으면서 사실상 실패하였다.

통일 후에 동독의 교육제도의 서독 통합을 계기로 다시 교육개혁 논의가 있었지만 동독의 학교제도를 서독의 3단계 제도에 통합하는 것에 그쳤다. 이후 1990년대에 독일에서 교육의 질과 관련하여 교육개혁이 논의되었으나 전체적인 교육제도보다는 개별 학교의 운영에서의 탈관료화와 재량권 확대로 귀결되고 이에 대한 대가로 성과 평가가 도입되었다.

슈뢰더 정부의 교육개혁은 독일의 경제성장과 실업축소와 관련하여 산업입지 경쟁력에 요구되는 노동의 질 제고 및 일자리-직업교육 연합 등을 내용으로 하는 노동시장 개혁상의 직업교육을 중심으로 한 것이었다. 이는 하르츠 개혁에 논의하기로 한다.

이밖에 가족정책과 관련된 개혁은 일과 가족의 양립에 초점을 둔 것으로 세 살 이하의 자녀 양육 에 요구되는 종일학교에 대한 투자 강화, 출산으로 인한 경력 단절 후 재취업에 대한 지원 그리고 미니잡 및 불법노동 퇴치 정책과 연계된 아동양육과 가사도우미 고용 시 가계의 세금혜택 제도 도입 등을 들 수 있다.

---

15) 현재도 연방정부에는 문화부가 없고, 구속력이 없는 연방 주 문화장관 협의체인 "문화장관협의회"(Kultusministerkonferenz. KMK)가 있다.

4. 하르츠 위원회

 2002년 1월 연방회계감사원의 헌신적 감사관 에르빈 빅슬러(Erwin Bixler)가 노동청의 취업알선 통계의 중대한 오류를 발견하여 이를 지적하였다(Vermittlunsskandal). 이후 감사에서 제시된 취업알선의 3분의 1만이 법적 정의("선정과 제의에 따른 알선")에 부합하고 약 3분의 1은 해석상 애매한 부분("빈자리 차지")이었고, 나머지 3분의 1은 이해가 안 되면서도 부분적으로 허위적인 것임이 확인되었다. 그런데 통계조작은 연방회계감사원의 감사 이전에 이미 알려진 것이었다. 1988년 라인란트-팔츠-자르란트 주 노동청 감사관이 여러 차례 이를 지적하였다. 이는 허위적인 일자리 제의와 단기적인 자료에 대한 감사에서 제시되었다. 감사보고서에서 취업알선 통계의 정확도를 25 내지 30%로 평가하였다. 사전에 이미 이를 알고 있던 당시 연방노동청장 야고다(Bernhard Jagoda)는 언론과 여론에서 노동청은 조작으로 비난을 받아 그는 5월에 사임하였다.[16)]

 이를 계기로 폭스바겐사 노동 담당 이사인 페터 하르츠(Peter Hratz) 박사를 위원장으로 하는 "노동시장에서 현대적 서비스 위원회"(Kommission für Moderne Dienstleistungen am Arbeitsmarkt, Hartz Kommission)가 출범하였다.

 위원회는 이해 당사자들 간의 타협을 전제로 한 것이 아닌 정부주

---

16) 연방정치교육센터(www.bpb.de) 및 *Der Spiegel*, 2003. 2. 9 참조.

도의 위로부터의 개혁안 작성을 위하여 독일 노동조합을 대표하는 독일노동조합총연맹(DGB) 등을 배제한 전문가로 구성된 독립위원회로 활동하게 된다. 위원으로 노동조합 관계자도 참가하지만 모두 개인 자격이었다.[17]

그 구성을 살펴보면, 다음과 같다.

페터 하르츠 박사(Dr. Peter Hartz): 폴크스바겐사 노동담당 이사
노베르트 벤젤 박사(Dr. Norbert Bensel): 독일철도(DB) 노동담당 이사
욥스트 피들러 박사(Dr. Jobst Fiedler): 기업 컨설팅사인 롤란트 베르거 전략 컨설턴트사(Roland Berger Strategy Consultants) 전략 상담 담당
하인츠 피셔(Heinz Fischer): 독일은행(Deutsche Bank) 부장
퍼터 가쎄(Peter Gasse): 금속노조 노르트베스트팔렌 지부장
베르너 얀 교수(Prof. Dr. Werner Jann): 포츠담대학 교수
페터 크랄직 박사(Dr. Peter Kraljic): 매킨지 사 이사
이졸데 쿤켈-베버(Isolde Kunkel-Weber): 서비스 노동조합연맹 집행

---

17) 이와 유사한 위원회로 연방 보건사회보험부 장관인 울라 슈미트(Ulla Schmidt)가 정부 대표인 뤼루프 위원회가 있다. 연금형식을 어떻게 새롭게 구성하고 이에 따라 어떻게 조정할지에 관한 안을 내기 위한 위원회로 2002년 11월 21일 위촉되어 2003년 8월 28일 뤼루프 보고서를 울라 슈미트에게 제출하면서 임무를 종료했다. 명칭은 경제학자 베르트 뤼루프(Bert Rürup)의 이름에서 따온 것이다. 공식적으로는 "사회보험제도의 재정 지속가능성을 위한 전문가 페널(Experten-Gremium Kommission für die Nachhaltigkeit in der Finanzierung der sozialen Sicherungssysteme)"이며, 대학교수, 사용자, 및 노동조합 대표로 구성되었다.

위원

클라우스 루프트(Klaus Luft): 골드만 삭스 유럽 부회장 겸 국제 고문
하랄트 샤르타우(Harald Schartau): 노르트베스트팔렌 주 노동사회기
　술부 장관
빌헬름 쉬클러(Wilhelm Schickler): 헤센 주 노동청장
한스-에버하르트 슐라이어(Hanns-Eberhard Schleyer): 독일 수공업중
　앙회 사무총장
귄터 슈미트 교수(Prof. Dr. Günther Schmid): 베를린 자유대학 경제학
볼프강 티펜제(Wolfgang Tiefensee): 라이프치히 시장
에게르트 포쉐라우(Eggert Voscherau): 바스프 사 이사

위원회는 2월에 활동을 개시하여 8월 16일에 본문 340 페이지의 보고서, "노동시장에서 현대적 서비스 – 실업 축소와 연방노동청 개편에 관한 위원회 안"(Moderne Dienstleistungen am Arbeitsmarkt-Vorschläge der Kommission zum Abbau der Arbeitslosigkeit und zur Umstrukturierung der Bundesanstalt für Arbeit)을 발표하였다. 그러나 후에 하르츠 위원장이 한 인터뷰에서 1월부터 베텔스만 재단의 도움을 받았다고 밝혔지만 그 이전부터 슈뢰더 총리가 노동시장 개혁을 준비하고 있었던 것으로 보인다.[18]

뒤에서 살펴 보겠지만 취업알선 스캔들을 계기로 출범한 하르츠 위원회는 단순히 연방노동청 개편안을 내놓는 것에 그치지 않고 아젠다

---

[18] 다국적 미디어그룹인 베르텔스만 유럽합자주식회사(Bertelsmann SE & Co. KGaA)가 출연한 재단으로 재단의 목표를 "사회개혁에 기여하는 것"이라고 밝히고 있다; www.bertelsmann-stiftung.de.

2010 연설에서 밝혔듯이 전후 50여년 만에 노동을 중심으로 한 사회정책 개혁안을 제시하고 있다.

하르츠 보고서가 발표되었을 당시는 9월 22일 총선을 앞 둔 시점으로 사민당의 입장에서는 6월 2일 베를린에서 열렸던 임시 당대회에서 9월 22일 총선에 대비한 선거강령이 채택된 후였다. 그리고 기민련의 콜 전 총리와 관련된 기부금 사건 등으로 네가티브 선거전이 한창인 시점에 나온 것으로 일단 방향을 제시하고 반응을 보면서 실업 문제가 최대 이슈인 총선에서 이슈화한 후 타협 과정을 거쳐 총선 후에 시행하겠다는 슈뢰더 총리의 전략에서 나온 것으로 보인다.[19]

이는 8월 16일 최종보고서 발표회를 독일사용자연합 디터 훈트(Dieter Hundt) 회장도 참석하고 독일노동조합총연맹 위원장 미하엘 좀머(Michael Sommer), 기업단체, 교회 및 대학 대표도 참석한 이벤트를 계획한 것에서 알 수 있다.

또한 최종보고서 발표를 전후하여 하르츠 위원회에 비판적인 〈슈피겔〉의 보도에서도 짐작할 수 있다. 〈슈피겔〉은 발표 전인 2002년 8월 5일자에서 하르츠와 대담에서 "기민련의 경제통 로타르 슈패츠(Lothar Späth)는 하르츠 박사의 위원회를 선전대라 조롱했다. 정권 홍보요원이라는 것에 어떻게 생각하는가?"라고 질문하였다. 이에 대하여 하르츠는 "위원회를 선거운동원이라 보는 것은 지나치다. 독일에서 대량실업 문제는 정치, 노동조합, 기업, 교회 등 어떤 정당을 좋아하느냐에 관계없이 모든 사람에게 해당되는 문제다"라고 답변하였다. 그리고 위원회 출범 이후 상당한 타협이 있었음을 알 수 있다. 즉,

---

19) 3당의 스캔들과 관련해서는 전종덕/김정로, 『독일 사회민주당의 역사』, p.466 참조.

"개혁이 계획되었을 때 항상 일어나는 일이 발생했다. 정부 부처, 협회, 노동조합의 회의론자들이 큰 소리를 내고 상상력 넘치는 폭스바겐 이사의 연구안은 크게 거론하지 않았다. 로비스트의 압력 하에 있는 위원회가 최종적으로 요리한 것은 많은 문제에서 자의반 타의반의 타협이었다"라고 보도하였다.[20]

그러나 엘베 강이 범람하여 작센의 드레스덴이 침수되는 등 수만 명의 이재민이 발생한 100년 만의 최악의 홍수라는 8월 5일-9월 13일 기간 중 발생한 중부유럽의 대홍수가 선거운동 기간의 최대 이슈가 되면서 하르츠 보고서와 노동시장 개혁 문제는 소기의 중심 이슈에서는 밀렸다. 9월 11일 총선 운동으로 논의가 불가능한 연방의회에 법률안을 제출하는 등 제스처를 썼다. 그 결과로 총선 막판의 여론조사에서 보면 특히 실업자들 사이에서 슈뢰더 정부와 슈뢰더 총리 개인에 대한 지지도가 상승하여 선거 며칠 전에 뒤집기에 성공하는 데 슈뢰더 정부의 노동시장 개혁 정책 이슈가 기여했다고 보아야 할 것이다.[21]

2002년 9월 22일 총선에서 슈뢰더 총리의 사민당-녹색당 정부가 재신임 받으면서 하르츠 보고서에 바탕을 둔 노동시장 개혁은 그 실현을 위하여 슈뢰더의 정치생명을 건 험난한 대장정에 들어가게 된다.

---

20) *Der Spiegel*, 32/2002 및 33/2002 참조

21) 포르사(FORSA) 조사에서 투표 1주일 전인 9월 11일까지 사민당+녹색당의 지지율은 기민련/기사연+자민당에 뒤처져 있었다. 5월까지는 그 차이가 10%에 달했다; FORSA의 "이번 일요일 투표가 실시된다면" 조사 결과; 전종덕/김정로, 『독일 사회민주당의 역사』, pp.460-461 및 www.wahlrecht.de. NFO의 총선 여론조사에서 녹-적이 46.5%로 10개월 만에 기민련/기사연-자민당에 앞섰다. 실업자들의 슈뢰더 총리 지지도는 62%였다; *Der Spiegel*, 38/2002(2002년 9월 13일) 참조.

3
하르츠 보고서

하르츠 보고서[1]

노동시장 개혁을 위한 입법화 과정을 살펴보기에 앞서서 노동시장 개혁의 청사진인 하르츠 보고서의 내용을 살펴보아야 할 것이다.

1. 개 요

하르츠 위원회는 보고서 마지막 부분인 전망에서 1997년의 "암스테르담 조약"[2] 에 의해 노동시장정책을 회원국의 공동의 정치적 유럽

---

1) Kommission "Moderne Dienstleistungen am Arbeitsmarkt," *Moderne Dienstleistungen am Arbeitsmarkt* (Kommission, Moderne Dienstleistungen am Arbeitsmarkt," 2002). 이하 하르츠 보고서 관련 내용은 이 보고서에 기초한 것이다.

2) 1997년 10월 2일에 체결되고 당시 15개 회원국이 서명하여 1999년 5월 1일에 발효된 15개 조의 조약으로 경제와 고용에 관해서 제1조 5B항에서 특히 내부의 경계선이 없는 지역 창출에 의해, 경제 및 사회의 결속 강화에 의해 그리고 궁극적으로 이 조약 규정에 따른 단일 통화를 포함한 경제 및 통화 동맹의 창설에 의해 "사회적 진보와 높은 수준의 고용을 촉진하고 균형 있고 지속

정책 기준의 일부라는 것을 밝히고 노동시장 개혁의 중요한 가이드라인이 유럽정책 기준임을 밝히고 있다.

그리고 유럽 전역에서 제기되고 있는 노동시장정책의 현대화에서 경제정책과 구조정책 그리고 사회정책과 같이 이제까지 분리되었던 정책을 통합하지 않고는 고용정책이 성공할 수 없다는 사실이 분명해졌다고 밝히고 있다. 이런 기조는 하르츠 위원회 구성 시의 기조로서 하르츠 보고서는 2002년 8월 16일 11시 거의 400만의 실업자를 2005년 12월 31일까지 3년 안에 약 200만 명 수준으로 줄인다는 목표 아래 경제와 사회정책의 대대적인 개혁 방안을 제시하고 있다.

하르츠보고서 표지

출처: 프리드리히 에버트재단(www.fes.de)

개혁안 제안에 앞서서 위원회는 다음과 같이 현 상황을 진단하고 방안을 전제를 설정하고 있다.

세계경제는 현재 중대한 적응의 어려운 국면에 있다. 세계화,

가능한 개발을 달성"을 그 목적으로 규정하고 있다; www.europarl.europa.eu 참조.

유럽통합, 지식 및 서비스사회로의 이행 등은 기회보다는 위협으로 더 자주 인식된다. 경제적 자극은 현재 외국으로부터 기대할 수 없다. 성장 지향적 개혁은 국내시장에서 그리고 서비스분야의 강화에 두어야 한다.

책임 있는 정책행위는 어디까지 법적 규제와 명령이 필요한지 아니면 급속한 성장에 대한 장애인지에 대한 지속적이고 비판적인 검토를 요구한다. 더욱이 행정행위는 더 효율화되고 가속화되어야 한다. 관료제 타파가 촉진되고 시민 친화적 서비스로 대체되어야 한다. 이를 위하여 법률과 명령은 필요하고도 감당할 만한 규모로 줄여야 한다.

동독지역의 현재 상황은 경제와 사회에 중대한 도전을 제기하고 있다. 경제정책과 노동시장정책에서 대대적인 노력에도 불구하고 지난 해 특히 높았던 실업률을 줄이는 데 성공하지 못했다.[3] 특히 동독에서 태어난 젊은이들 상당 부분이 지속적인 경제활동에 들어가지 못한다는 사실을 나타내는 계속 증가하는 청년실업은 매우 염려스럽다.

새로운 연방 주에서 상황 전개는 대대적 자금 투입에도 불구하고 단지 제한된 효과밖에 거둘 수 없는 적극적 노동시장정책의 한계를 뚜렷이 보여준다. 핵심적 행동은 추가적 일자리의 창출을 통한 새로운 고용기회를 개발하는 것이다.

---

3) 2001년 독일 전체 실업률은 10.2%였고 서독 지역이 7.9%, 동독 지역이 19.4%였다; *Datenreport 2002* (독일연방통계청. www.destatis.de).

분명한 육성전략, 더 좋은 구상 그리고 다양한 정책 분야의 고용창출 실행은 지역의 집행기관 활동의 네트워크 및 최적의 기회를 제공한다. 특히 구조적으로 취약한 지역을 과거보다 더 강력하게 우선순위에 둔다. 특히 고용안정과 고용창출에서 중요한 의미를 가지는 중소기업은 새로운 금융 개념에 의해 저금리 대출 형태로 필요한 자금에 쉽게 접근하게 된다.

지역의 고용과 성장촉진정책은 특히 동독에서 그러면서도 구조적으로 취약한 지역에서 공공 인프라(예를 들어 하수도, 병원, 학교, 유치원, 스포츠 및 문화시설)의 건설을 통해 주어질 수 있다. 여기서 지자체가 이에 필요한 자금에 어떻게 접근할 수 있는지 검토되어야 한다.

국민경제적으로 고용은 사회보험 재정의 핵심대책이다. 상당한 정도까지 이는 보험료에 의해 충당되고 이는 임금총액과 관련된다. 보험료 부담은 오늘날 이미 감당할 수 있는 한계에 도달하여서 수정조치 없이는 더 증가하게 될 것이다. 따라서 노동요소의 부담을 지속적으로 줄이기 위해서는, 전체 사회보장체계에서 근본적인 개혁이 필요하다.[4]

실업을 체감할 수 있으면서도 지속적으로 없애는 것은 실업보험 보험료율을 인하할 수 있다는 것뿐만 아니라. 높은 수준의 고용은 또한 국내의 잠재노동력을 가능한 한 최대한 활용하고 고용구조를 개선하여 노령자의 수요에 맞춘 일자리를 제공함으로써 장기적으로 유지될 수 있다. 이를 위해 인구의 모든 부분

---

[4] 슈뢰더 정부가 추진하던 연금보험 개혁에 관한 법률이 2002년 1월 1일 발효되었다. 이에 따라 연금은 최종소득의 70%에서 64%로 낮춘 것이 주된 내용이었다.

에서 새로운 합의가 생계노동시간 및 평생교육에 기초를 두어야 한다.

이런 진단과 전제를 기초로 보고서 요약 부분에서 노동시장 정책 개혁의 기본구상을 이렇게 밝히고 있다. "자기활동은 유발하고 - 안정은 회복시킨다." 고용지원정책은 노동시장 활성화 정책의 의미로 전환된다. 중심에는 서비스와 지원에 의해 유지되고 보장되는 실업자의 재취업이 있다. 제공되는 서비스 - 기간제노동을 받아들이고 직업교육에 참여하는 것에서 고용까지 - 에 의해 실업자는 재취업 목표라는 의미에서 스스로 취업할 수 있게 된다. 이에 대하여 상담, 관리 및 물질적 보장의 통합체계가 목표에 적합한 행위의 선택을 도와줄 것이다. 즉, 종래의 실업자 지원이라는 수동적 정책에서 자기책임에 바탕을 둔 자조활동 지원을 통한 실업자의 취업으로 정책 기조를 전환한다는 것이다.

이를 위하여 노동청은 빠르고 지속 가능한 (재)고용을 목표로 사용자와 실업자라는 고객 중심의 취업알선 기관으로 개편하며, 이에 따라 관료적 규제 철폐를 통하여 업무를 간소화하고 재량권을 가지고 개별적 수요에 따른 서비스를 제공할 것이다. 실업보험은 실업 상태에서 취업으로 가는 이행기의 소득위험을 보장하는 "고용보험"으로 전환하며, 사회부조와 통합하여 이의 기능을 강화할 것이다.

완전고용을 목표로 한 노동시장정책의 전략 방향은 통화정책, 재정정책, 경제정책, 교육정책, 사회정책과의 협력적 공동노력 속에서 추진하는 것이다. 노동시장정책과 경제정책은 효과적으로 결합되어야 하고, 지역 차원에서 모든 노동시장정책 참여자들의 협력 아래 시행될 되어야 한다. 이를 위하여 새로운 노동청의 핵심 업무는 "지원과 요구"의 의미에서 취업알선과 취업알선 지원 업무 및 실업의 경우 최저생계보장의 통합을 확대하는 것이다. 노동청 업무는 외부나 위탁에 의해 외부 사업자를 적극적으로 활용할 것이다. 연방 노동청의 재정에서 실업보험에 의한 재정은 법적 연방보조금과 주와 지자체의 적절한 분담에 의해 보충되어야 한다. 중기적으로 구조적으로 취약한 지역-특히 신 연방 주-에서는 1차 노동시장의 흡수 능력 부족 때문에 공공 자금 지원에 의한 고용은 불가피하지만, 이는 지역의 기반시설(인프라) 정책과 연계되고 그 재원은 조세가 되어야 한다.

이를 위하여 13개 혁신 모듈을 제시하고 있다. 노동청 개편에서 지역 노동사무소는 일자리센터로 전환되며, 노동시장 관련 상담과 보호 업무(사회복지국, 청소년국, 주택국, 약물중독 및 채무상담, 기간제 일자리 소개 등)를 통합하여 수행하는 기관이 될 것이다. 일자리센터의 취업알선 담당자는 행정 업무와 부수 업무가 면제되고 기업접촉과 담당 기업에서 빈 자리 확보 및 구직자 상담에 집중한다. 중소기업은 일자리센터의 특별한 관리를 받으며, 대기업 상대 서비스는 [주 단위의 새로운 지방 노동청인] 역량센터에 의해 수행된다. 그리고 전용통신망 등 정보통신기술이 활용될 것이다.

근로자는 적기에 일자리센터에 실직 위험에 관한 정보를 제공하여야 하며, 일자리센터에 제 때 정보를 제공하지 못한 근로자는 신고 지체 일수만큼 감액된 실업급여를 지급받게 된다. 보호가 필요한 피부양자나 가족을 특별히 책임져야 하는 실업자는 취업알선에서 우선순위가 부여된다. 젊은이나 중증장애인, 장기실업으로 고통받는 사람들과 같은 표적집단의 취업알선도 중시될 것이다.

일자리의 적정성 기준은 지리적, 물적, 기능적 기준과 사회적 기준에 따라 새로이 규정되고 자발성과 의무를 결합하여 일관되게 적용될 것이다. 실업자가 제의된 취업을 거부하면 그는 거부한 고용이 적정하지 않음을 증명해야 한다.

일자리센터는 쌍방의 적극적인 실습이나 직업교육을 찾는 노력 없이 젊은이가 집에 있으면서 이전급부(移轉給付)를 받는 일이 없도록 하여야 한다. [청년 실업자의 직업교육을 위하여] 추가적 직업교육을 지원하는 새로운 수단으로 개인적 유가증권인 직업교육시간-증권이 도입될 것이며, 할인카드제도, 직업교육시간-증권(AZWP)의 취득, 보조금, 자본금 대한 기부금과 정책수단에 의해 그 자금이 조달될 것이다.

노령근로자의 경제활동참여의 장려를 위하여 임금보험(Lohnversicherung)을 통해 고용을 유지하거나 교량체계를 통해 일자리센터의 실업급여 중단 혹은 관리 중단 정책이 도입될 것이다. 이는 퇴직 후 1년간 노령실업자(55세 이상)에게 사회보험 가입 의무가 있는 고용에서의 저임금으로 인한 소득상실의 일부를 보전해준다. 노령자가 신규 취업 시 실업보험 보험료율이 인하된다. 노령자의 단기 취업 기회가 확대된다. 교량체계는 일시적으로 실업급여 조기 중단이나 일자리센터의 상담 조기 중단을 가능하게 한다. 남녀 노령근로자(55세 이상)는 자신의 희망에 따라 일자리센터의 상담을 중단할 수 있다. 실업급여 대신 그들은 추가비용 없이 계산된 매달의 급부와 사회보장의 완전한 보호를 받는다. 이를 통해 일자리센터는 노동시장을 자유롭게 이용할 수 있는 사람들에게 취업알선 노력을 더욱 집중할 수 있게 된다.

실업부조와 사회부조는 통합되고, 앞으로는 세 가지 급부가 제공될 것이다. 실업급여 I은 원래의 보험급여다. 급여 금액과 청구기간은 원칙적으로 종전 규정에 따른다. 실업급여 II는 실업급여 I 수령 후나 청구요건 미달인 경우에 경제활동 능력이 있으면서 실업상태인 사람의 생계를 보장하기 위해 필요에 따라 지급되는 재정에 의한 급여이다. 실업급여Ⅱ 수급자는 사회보험에 포함된다.[5] 사회복지수당(Sozialgeld)은 경제활동 능력이 없는 사람에 대한 종래의 사회부조에 해당한다.[6]

기업은 자발적인 고용결산서에 의해 자신의 사회적 책임을 표현한다. 여기서 사회적 책임은 고용 창출과 보장을 뜻한다. 고용결산서는

---

[5] 최종적인 하르츠Ⅳ 법률에 따르면,

실업급여Ⅰ은 실업보험에 따른 급여로 사회법전-Ⅲ(SGB)에 규정된 것으로 지급기간은 1년 혹은 노령 실업자에 대해서는 2년이다.

실업급여Ⅱ는 실업급여Ⅰ과 달리 사회법전-Ⅱ에 "구직자 기초보장"(Grundsicherung für Arbeitsuchende)이라 규정되어 있으며, 독일 기본법 1조의 1항의 "인간의 존엄은 불가침이다. 국가는 이를 존중하고 보호하여야 한다"는 규정에 따른 사회적 국가의 의무에 따른 것이다. 이에 따라 사회법전-Ⅱ 1조에 "구직자에 대한 기초보장은 수급권자가 인간다운 가치에 상응하는 생활을 영위할 수 있도록 하기 위한 것이다"라고 규정하고 있다. 그리고 이 기초보장에는 서비스 제공, 금전 급부, 현물 급부가 있으며(사회법전-Ⅱ 4조). 따라서, 급부 기간은 제한 없다. 금전 급부의 경우 2019년 기준으로 1인당 월 3세 이하 245유로에서 성인 424유로까지 지급된다. 그리고 이는 하르츠 보고서의 "지원과 요구"의 원칙에 따라 법률에 수급권자의 의무를 규정하고 있다. 즉, "경제활동 능력이 있는 수급권자 및 그와 생활공동체를 구성하여 살고 있는 사람은 부조의 종식 혹은 축소를 위하여 가능한 모든 것을 활용하여야 한다. 경제활동 능력이 있는 수급권자는 취업을 위한 모든 정책에 참가하여야 하며 특히 취업약정을 체결하여야 한다. 가까운 장래에 일반적인 노동시장에서 취업이 불가능하다면, 경제활동 능력이 있는 수급권자는 그에게 제공된 적정한 일자리를 받아들여야 한다"라고 규정하고 있다(SGB-Ⅱ 2조).

[6] 사회복지수당은 사회법전-Ⅱ 2장 19조 이하에 규정되어 있다.

전체 종업원 구조와 개발에 관해 설명해준다(기술수준, 임시직 비율, 이동과 유연성 지수 등). 적극적으로 고용을 개발한 기업은 실업보험에서 보상금을 받는다.

근로자 파견(Arbeitnehmerüberlassung)에 의해 실업자를 신속하게 1차 노동시장에서 취업시키는 것을 목표로 하는 근로자파견사업부는 실업 축소에서 아주 효과적인 수단이다. 근로자파견사업부의 목표는 채용장벽을 없애는 새로운 형식의 취업알선이다.[7] 독립된 조직 단위인 근로자파견사업부는 새로운 지방노동청[AA-neu]의 위임에 의해 그리고 이를 대리하여 서비스를 제공한다. 이는 단체협약상 임금 구조에 통합된다.

지역 여건에 따라 근로자파견사업부는 다른 서비스업자에 의해 혹은 민간과의 합작기업으로 혹은 민사법상 형식의 기업 단위로서 새로운 지방노동청에 의해 운영될 수 있다. 가능한 곳에서 새로운 지방노동청은 제3자의 개입을 통해 해결을 추진한다. 근로자파견사업부는

---

7) 파견근로(Arbeitnehmerüberlassung)는 기간제 노동(Zeitarbeit)또는 임대노동(Leiharbeit)이라고도 불린다. 한 사용자가 고용한 근로자를 일정한 기간 동안 일정한 임대료를 받고 제3자에게 임대해주는 경우를 말한다. 이 경우 사용자는 임대인이 되고 제3자는 임차인이 된다. 어느 기업이 시간제 노동자를 고용하고자 하는 경우에는 모든 법적 요건을 충족하여야 한다. 요건을 유지하느냐 여부는 전국 단위의 점검기관에 의해 점검된다. 근로자와 관련하여 중요한 점은 다음과 같다: ① "근로자파견법"(Arbeitnehmerüberlassungsgesetz)에 따른 파견근로계약, ② 인사관리 업무 제공, ③ 파견근로자와 정규직 근로자의 동등대우 원칙, ④ 최저 근로조건(최저임금 보장, 보상-무노동 시산에 대한 보상 포함, 휴식, 임금 하한선 준수 및 사회보장보험 지급-연방노동청(Bundesagentur für Arbeit (BA)). "근로자파견법"은 1972년에 제정되었으며, 현재 효력을 가지고 있는 법률은 2017년 4월에 개정된 것이다

민간의 제3자와 경쟁하며, 특히 민간 서비스업자가 특별한 시장 지식을 이용할 수 있는 곳에서 협력한다. 실업자는 근로자파견사업부와 계약체결과 함께 사회보장보험 납부 의무를 가지게 된다. 납부 유예에 의해 단축될 수 있는 수습기간 중에 그는 실업급여 한도에서 실질임금을 받는다. 여기에는 단체협약 상의 근로자파견사업부의 임금이 포함된다. 정규직으로 전환되면, 근로자가 정식 고용관계로 바뀌면, 그는 그 직장에서의 통상적인 임금을 받는다.

실업자의 불법노동을 축소하는 것을 목표로 1인 기업, 가사도우미의 불법노동 축소를 목표로 미니잡 개념이 도입된다. 실업급여를 받는 실업자는 1인 기업 등록 인센티브로 3년 동안 새로운 지방노동청의 보조금을 받는다. 1인 기업의 모든 수입은 10% 일률과세 대상이며, 1인 기업의 수입 상한선은 25,000유로다. 이 이상의 1인 기업은 완전한 사회보험 납부 의무를 부담한다. 가사도우미 미니잡의 소득 상한을 500유로로 올리고 저임금 고용의 보험료 부담을 간소화한다. 소득은 10%의 사회보험 일괄 부과 대상이다. 1인이 신고한 여러 미니잡은 총액으로 500유로를 넘을 수 없다. 미니잡에 대한 규정은 실업자와 경제활동에 참여하고 있지 않은 사람 모두에게 적용된다.

새로운 연방노동청의 조직 개편은 앞으로 두 단계로 이루어질 것이다. 정상에 본부를 두는 조직기구는 일자리센터를 통하여 지역 고객의 요구를 처리하는 지방노동청(181개소)으로 구성될 것이다. 모든 연방 주에서는 취업 지원과 취업 개발 분야에서 독자적인 업무를 가진 역량센터가 설치된다.

새로운 지방노동청은 더 이상 세부적인 지출 관리제(통제과정으로서 자금 지출)가 아니라 합의되고 사전에 결정된 성과가 관리될 것이며,

정보통신기술이 모든 업무처리 전반을 지원할 것이다. 완전고용 목표 달성을 위해, 노동시장, 경제, 사회 정책 기회 업무는 통합되어야 한다. 그래서 새로운 일자리 창출과 새로운 고용기회 개발에 효과적으로 기여할 새로운 정책수단이 마련되어야 한다. [연방 주의] 역량센터는 대기업의 주된 접촉 상대이고, [지자체의] 일자리센터의 중소기업 상담을 지원하며(고용 상담, 입주 지원, 성장기획과 창업 상담), 주정부에 대한 연결점이고, 지역경계를 넘는 기술향상 프로그램을 조정하고 노동시장 동향과 지역 노동시장 연구를 추진하다. 명확한 계획과 일관된 클러스터 전략을 가진 지역에서는 분명히 높은 성장동력 그리고 그 결과, 설립, 입주, 유지를 통하여 평균 이상의 일자리 창출을 달성할 것이다.

고용보조 개념에 의해 실업 자금은 일자리 자금으로 대체된다. 한 기업이 수습기간의 만료 후에 한 실업자를 계속 채용하면, 이 기업은 대출금 형식의 재정지원협약에 대한 선택권을 갖게 된다. 이는 기존 및 신 연방 주의 중소기업에 모두 적용된다. 고용보조금은 새로운 일자리를 창출하고 그에 상응하는 지급능력을 가진 모든 기업이 이용할 수 있으며, 1 근로자 당 매년 10만 유로 한도의 고용보조금(5만 유로는 장려신용, 5만 유로는 후순위 채무)과 100억 유로의 재정수요가 발생할 것이다.

혁신 모듈을 바탕으로 향후 3년 내에 200만 실업자가 취업할 것이라는 야심적인 목표가 설정된다. 실업자 약 2백만 명 축소는 실업급여와 실업부조 196억 유로의 절감효과를 가져온다. 이 절감액의 일부는 1인 기업 및 가족 기업과 근로자파견사업부에서 고용 장려금으로 사용될 수 있다. 실효성 있는 정책(가령 기업 수요에 부응하는 기술 향상)에 유리한 적극적 노동시장정책을 위한 지출 재편은 더 많은 효율성을 가져올 것이다. 실업의 축소는 사회보험료 납부자뿐만 아니라 모든 납세자에게도 도움이 된다. 절감액의 2/3는 사회보험료 납부자의 몫이 되고, 1/3은 세금납부자의 몫이 될 것이다. 경제활동참가능력이 있는 사회부조수급자를 일자리센터와 근로자파견사업부에서 수용한다는 것은 특히 일자리 창출 투자를 위한 자금을 비축해 두어야 하는 지자체에게 도움이 된다.

문제 해결을 정치가나 노조, 기업 혹은 더욱이 실업자에게만 맡겨서 될 일이 아니다. 오히려 자신의 특별한 능력과 자신의 강점에 집중하고 가능한 경우에는 어디서든 협력할 수 있는 모든 사람이 필요하다. 따라서 "국가의 전문가들"의 기여로- 마스터플랜 공동작성은 일자리동맹으로 이어질 것이다. 전문가들 제휴에 의해 구체적 프로젝트의 전국적 네트워크 연합이 형성될 것이다; 결국 실업은 전체 독일의 많은 초석 위에서 프로젝트의 연합을 통해 없어질 것이다.

2. 노동시장정책

자기활동을 유발하고 삶에서 안정 회복을 노동시장정책의 지도원칙으로 설정하고 있다. 이는 "지원과 요구" 그리고 "반대급부 없이 급부는 없다"는 보험논리에서 나온 원칙과 짝을 이루고 있다.[8] 지원

---

[8] "지원과 요구" 원칙(Grundsatz „Fördern und Fordern")은 2003년 6월 1일 아젠다 2010 채택을 위한 사민당 임시 당대회에서 사회정책의 원칙으로 채택되었다; 전종덕/김정로, 『독일 사회민주당의 역사』(백산서당, 2018), p.468 참조.

과 요구 원칙이 지원을 앞세우고 규칙에 어긋난 행동의 경우 이를 제재와 결합하는 것이라면, "자기활동 유발 - 안정 회복" 원칙은 이 업무와 지원에 의해 보호받고 보장받는 실업자의 취업의무를 우선적으로 강조한다.

이어서 노동시장정책은 예방적 정책을 지향한다. 실업은 사람을 낙인찍어 노동생활로의 복귀를 어렵게 만든다. 실업상태가 길면 길수록, 재취업은 그만큼 더 어렵고 비용이 많이 들게 된다. 실업은 발생 전에 미리 대비해야 한다. 예방적 노동시장정책은 노동시간, 교육시간, 직업교육시간 사이에 다리를 건설하고 건너가기 쉽게 만들어서 개인적 고용능력을 유지하고 새로이 하면서 기회균등을 실현하게 된다.

활성화 노동시장정책은 "이행노동시장"(移行勞動市場, Übergangs- arbeitsmarkt) 원칙을 지향한다. 다양한 근로관계 - 전일 근무와 단축 근무, 취업과 가사노동, 직업교육 및 재교육과 취업노동, 자영업과 종속적 고용 - 사이를 사회적으로 안정되고 협력적인 방식으로 바꾸거나, 개인적 생활상태에 따라 다양한 노동형태를 결합하는 것을 가능하게 해줄 것이다. 이를 실행하기 위한 정책수단에는 기술적 장애의 예방적 회피를 위한 기술자격이 필요 없거나 적게 요구되는 고용의 경우 사후 자격 취득, 직무 순환(Jobrotation, 재교육과 재투입)[9], 적극적 사회복지 정책, 이전회사(Transfergesellschaft)[10]와 노동재단(Arbeitsstiftung)[11],

---

9) 근로자에게 계획적으로 2개 이상의 업무 간에 이동시킴으로써 근로자의 업무만족도를 높이고 그를 교차 훈련시키기 위하여 상이한 경험과 다양한 기술에 노출시키는 기법.

10) 이전회사는 사회보장법전 3권 111조에 규정된 노동정책 수단으로 구체적으로 실업의 위험에 처한 기업의 취업근로자에게 최장 12개월 기한으로 새로운 일자리를 알선해주는 것을 그 목적으로 설립한 기업이다.

자영업 이행(移行) 지원과 효율화, 노동시간의 일시적 단축 시 기술교육과 임금보전 지원과 노령 노동자나 기술 수준이 낮은 노동자에 대한 일방적인 보험금 지급 종료 나 조기퇴직 대신 일자리 조정이 포함된다.

예방정책 강화에 초점을 두기 위하여 실업보험을 "고용보험"으로

유사한 명칭으로 고용회사(Beschäftigungsgesellschaft)/구조회사(Auffanggesellschaft)/기량향상회사(Qualifizierungsgesellschaft)/독립기업(betriebsorganisatorisch eigenständige Einheit.: beE)이 있다.

대량해고나 도산이 임박한 경우 정리해고에 따른 근로자의 실업을 피하기 위하여 한시적으로 고용회사로 소속 전환이 가능하다. 이들 기업의 개념은 종종 동의어로 사용된다. 엄격히 말해서 지향하는 목표에 따라 서로 다르다.
- 이전회사(Transfergesellschaft)는 새로운 일자리를 찾는 정리해고 근로자를 지원하기 위하여 설립된 것이다. 따라서 이력, 기술향상, 계속교육, 자립 계획 지원, 그리고 궁극적으로 새로운 일자리로 취업알선에 중점을 둔다.
- 구조회사(Auffanggesellschaft)는 채무불이행 상태에 빠진 기업을 구조하기 위하여 설립된다. 이에 의해 근로자들은 기술향상 기회를 가지고 새로운 일자리를 얻는 데 도움을 받을 수 있다.
- 기량향상회사(Qualifizierungsgesellschaft)는 기능향상과 계속교육에 중점을 둔다.
- 고용회사(Beschäftigungsgesellschaft)는 근로자 임대 조건으로 특별한 업무와 사업을 위하여 다른 기업에 근로자를 파견하기 위하여 설립된다. 이 점에서 근로자파견사업부와 동일하다.
- 독립기업betriebsorganisatorisch eigenständige Einheit. beE), 즉 경영조직상 독립된 단위는 이전회사, 구조회사, 고용회사, 기량향상회사의 법적 형식이다. 어떠한 상품이나 서비스를 제공하지 않기 때문에 사회복지 기관으로써 민사법의 적용을 받는다.

사회보장법전 3권 규정과 관련해서 이들은 동일하게 취급된다; www.gesetze-im-internet.de.
11) 정신적 장애자의 재활 치료, 전문가 서비스 등을 지원하는 공익재단.

발전시켜야 한다. 말하자면, 경제활동 중에 다양한 취업상태 간의 (위험한) 이행(移行)에 의한 소득위험 보장 가능으로 발전되어야 한다는 것이다.

정책수단은 고객 중심으로 정비되어야 한다. 모든 정책이 구직자에게 목표지향적 행동선택지를 열어주고 그 자신의 활동을 유발 즉 강화하는 기본원칙에 따라야 한다. 이를 위해 고객 각자에 관한 정확한 정보와 당사자에게 적합한 정확한 시장 정보가 필요하다. 취업지원 활성화 정책은 제공된 지원에 의해 신속하게 일자리를 찾을 수 있거나 더 높은 임금의 지속 가능한 일자리를 찾을 수 있는 실업자와 전혀 일자리를 찾을 수 없거나 단지 저임금 일자리밖에 찾을 수 없는 현저한 위험에 처한 고용능력과 고용기회가 제한되거나 약화된 근로자에게 집중된다. 그리고 활성화 정책은 개별적 수요만을 겨냥한다. 이에 따라 고객 관리는 다음의 원칙에 따라서 수행된다.

- 취업알선 확률이 높은 고객의 경우, 자동화정보기기 활용,
- 상담이 필요한 고객에 대해서는 특히 이동수단 지원,
- 고용 수요가 있는 직무나 고용 분야에서 필요하거나 해당되는 사용자를 목표로 한 기술능력의 활용도를 높이기 위해서는 근로자파견사업부와 기간제 일자리 제의,
- 장기실업자나 제한된 취업능력으로 장기실업의 위험에 처한 근로자에 대해서는, 자료를 기초로 맞춤형 취업계획이 제공.

고용과 고용지원 정책은 기업과 시장의 요구에 맞추어야 한다. 사용자 측에 대해서도 더 많은 책임이 요구된다. 이는 앞으로 기술 요구뿐만 아니라 그 종업원의 실제 활동기록, 취업기간, 보수 및 빈 일자

리에 대한 기한 내 신고 등의 업무에도 해당된다. 이의 구체적인 내용은 다음과 같다.

- 이동수단 지원에 의한 구직자의 이동 지원과 진입장벽 극복과 미숙련 노동자의 취업을 위하여 사용자에게 인센티브 제공(저비용의 수습기간, 근로자파견사업부의 노동력공급을 통한 해고보호의 무효화). 목표: 지역 간 부조화 문제 해결
- 취업알선 능력 획득(회복)에 목표를 둔 기술향상과 교육훈련 정책; 기업현장과 연계된 짧고 기업에 알맞은 정형화된 재교육. 목표: 기술수준의 부조화 문제 해결
- 근로자파견사업부를 통한 기간제 노동의 잠재력 활용. 목표: 부분적인 노동시장 분야에서 잠재적 노동수요 개발
- 창업 상담 바우처와 역량센터의 지역 참여자 공급 네트워크화의 협력 중심 역할. 목표: 창업자에 대한 공급 효율화

더 좋은 기업적인 서비스 제공을 위하여 법적 요건을 완화하고 규제를 폐지하여야 한다. 이에는 높은 유연성과 더 많은 현장의 재량권, 일관된 각 지역의 구직자와 기업의 수요 지향, 참여자에 대한 투명성 제고와 행정비용 감축이 포함된다. 그리고 이의 실행은 단계적으로 추진된다. 첫 번째 단계에서는 적극적 일자리 지원의 기존 업무가 통합되고, 간소화되며, 가능하다면 패키지화 된다. 종전의 업무규정은 시행일에 폐지되며, 필요하다면 과거의 시행지침은 지정된 날짜에 폐지되고 소수의 공개된 설명서로 대체된다. 두 번째 단계에서는 정책수단이 유연하게 대체가능한 소수의 지원 모듈로 통합된다. 이것은 더 높은 수준의 목표, 기본적인 변수와 기술수준의 명세로 제한된다.

세분화된 표적집단 설정은 폐지된다. 세분화된 표적집단의 정의는 필요 없게 된다. 마지막 단계에서는 법률에 의해 핵심적인 활동 분야를 지향하여 개별 정책수단 세부 지침은 완전히 폐지된다

지역의 다양한 발전은 차별화된 지역적 성장전략과 고용전략을 요구한다. 따라서 노동시장 정책에 지역 고용전략이 포함되어야 한다. 새로운 지방노동청은 관련 집행기관(예를 들어 상공회의소, 단체, 노조, 경제계 및 기업, 교육기관, 지자체, 교회)[12]의 참여 하에 자기 책임으로 전체 노동시장정책을 설계한다. 그리고 자금 사용은 수요 분석과 지역발전을 위한 지역적 목표체계에서 결정된다.

재량권이 확대되는 새로운 지방노동청은 더 이상 재정의 "세부항목"이 아닌 기업적인 포괄예산을 가진다. 이는 단계적으로 실행될 것이다. 노동시장정책의 권한분산 확대와 정책수단과 예산의 단계적 관리 폐지는 새로운 지방노동청이나 단위 조직 및 직원을 위한 국내외적인 벤치마킹과 인센티브 제도와 결합된 이와 병행한 노동시장 정책 통제 도입 혹은 확대 발전과 연계될 수밖에 없다.

---

[12] 사회법전 Ⅲ권의 제21조에 규정된 집행기관(Träger) 정의: 고용지원 정책을 수행하거나 제3자로 하여금 수행하게 하는 개인 또는 법인.

3. 노동청 개혁[13]

(1) 새로운 연방노동청의 전략적 목표와 핵심업무

노동시장정책은 통화, 금융, 경제, 교육, 사회 정책과의 상호 관련 속에서 완전고용목표 달성을 지원한다. 취업알선, 실업보험, 취업정책이 노동시장정책의 핵심이다. 즉,

- 취업알선은 시장의 양측의 정보를 걸러내고, 공급과 수요를 비교하며 성공적으로 일자리를 찾는 데 기여하고,
- 실업보험은 근로자로 하여금 일자리 이전의 위험을 받아들일 수 있게 하여 구직자와 빈 일자리 연결의 적합도와 생산성을 높이며,
- 취업정책은 근로자와 기업의 고용능력을 보장한다.

새로운 연방노동청은 새로운 민간 사업자와 경쟁하면서 노동시장 제1의 서비스 공급자다. 이는 경쟁에 임하면서 경쟁을 촉진한다. 동시에 이는 전문화된 고용업무를 외주주면서 민간 서비스 공급자와 협력한다.

노동시장정책은 새로운 연방노동청의 정책으로 한정될 수 없다. 노동시장정책과 경제정책은 효과적으로 결합되어야 하고, 지역 차원에

---

[13] 연방 노동청은 기본법 87조 2항의 "관할구역이 한 개 주의 영역을 넘는 사회보험 담당기관은 연방직속의 공법상 단체로 운영된다"는 규정에 따라 연방직속 공법상 단체로서, 사회법전-Ⅲ 367조(연방노동청) 1항에 "연방노동청은 자치권을 가지는 연방직속의 법인"이라고 규정되어 있다.

서 이행되어야 한다. 적극적인 정책에서 활성화 정책으로 노동시장정책의 목표 전환이 필요하다. 이를 위해 모든 사회세력과 연방 및 주정부, 지자체, 기업과 노조가 효과적으로 협력해야 한다.

새로운 연방노동청은 노동시장정책의 필요에 맞춰 방향을 설정하고, 빠르고 지속적인 구직자의 (재)고용에 우선 목표를 둔다. 보험가입자 공동체의 이익에 기초한 효율적인 실업보험 설계를 위하여 기존의 법적 규제는 축소되고 행정절차는 간소화될 것이다. 핵심과제와 효율성 제고에 집중함에 따라 중기적으로 실업보험 보험료율 인하가 가능하다.

새로운 연방노동청의 노동시장정책 업무는 앞으로는 사회보장과 더 많은 개인의 자유로운 결정 및 고용정책상의 책임이 조화되도록 하는 방향을 강화할 것이다. 다양한 취업형태 즉, 전일제와 기간제, 유급노동과 가사도우미, 교육과 노동, 자영업과 종속적 고용이 사회적으로 안전하고 합의된 방식으로 갈아타거나 개인의 생활상황의 필요에 따라 여러 노동형태의 결합이 더욱 더 가능해져야 한다. 이를 실현하기 위한 새로운 연방노동청의 조직목표는 다음과 같다.

- 실효성: 다시 독일에서 완전고용을 달성하고 유지하기 위한 고용개발의 지원과 실업 예방 및 실업기간 단축
- 효율성: 중기적으로 보험료율을 인하하고 이에 의해 안정된 취업을 할 수 있는 여유를 창출할 수 있도록 보험료의 경제적 사용
- 고객지향: 고객 만족 향상과 노동시장에서 제1의 서비스 공급자로서 인정받기 위하여 고객인 사용자와 근로자에게 최고의 서비스 제공
- 직원목표: 자기책임 방식으로 연방노동청의 사명에 기여하도록 동기를 부여

새로운 연방노동청은 취업알선, 취업알선 지원, 최소생계 보장이라는 핵심업무에 집중하며, 필요한 경우 업무기록, 재교육과 취업알선의 일괄업무 등 전문적인 업무를 민간에게 일괄적으로 외주도 줄 수 있다. 또한 핵심업무 이외의 업무는 외주 처리되어 보험료 이외의 다른 재원에 의해 그 대가가 지급되거나 발주처에 따라 인력, 조직 그리고 재정에서 분리하여 퇴출된다.

새로운 연방노동청 업무는 미래투자의 성격 혹은 사회정책적 성격이 강하다. 따라서 실업보험료에서 나오는 재정만으로 충당될 수 없다. 재정기반은 더 넓어져야 하고, 연방의 법정 보조금과 주와 지자체의 적절한 분담에 의한 참여확대를 통해 보완되어야 한다. 필요한 재정적, 인적, 물적 자원도 보장되어야 하지만 이는 비용 대비 효과 평가에 바탕을 두어야 한다.

구조적으로 취약한 지역이나 노동시장에서 수요 증가에 적응하지 못하는 사람들에 대해서는 공공지원에 의한 고용이 중기적으로는 필수적이다. 그러나 그 재정은 공공재정에 의해 해결되어야 하며, 이 고용정책은 지자체의 인프라 투자와 강력하게 연계되어야 한다.

이념과 관계없이 유럽의 다른 나라와 같이 공법상의 취업알선 기관, 공익적 취업알선 기관 및 민간 취업알선 기관의 병존을 목표로 노동시장에서 민간 서비스업자(기간제노동 회사, 근로자파견기업, 민간 취업알선 기관)의 참여를 늘려야 한다. 이를 위하여,

- 중증장애인 상담과 장기실업자 취업알선을 위하여 2001년에 전국적으로 도입된 통합전문서비스 사례와 같이 외주 강화
- 민간 취업알선 기관과 경쟁 확대
- "품질보증서"나 인증서에 의한 민간 사업자의 품질 보장

- 민간 취업알선 기관의 새로운 연방노동청의 등록자 및 일자리 데이터 뱅크에 유료로 접근
- 연방노동청과 민간 취업알선 기관은 공동으로 직업교육과정 설계
- 새로운 연방노동청과 민간 서비스업자 사이의 성과를 목표로 한 협력에 대한 인센티브 마련

(2) 일자리센터

구직자와 사용자라는 두 고객을 둔 일자리센터는 지역 노동시장 업무의 중심으로 기업식으로 전환할 것이다. 일자리센터에 노동시장 관련 상담 업무와 관리업무(사회복지, 청소년, 주택, 중독 및 채무상담, 혼합적 근로자파견 업무 등)가 통합되고, 직업-가족-개념에 따른 빈 일자리의 배분을 통해 취업알선 가능성이 높아질 것이다.

정보센터에서부터 고객 관리가 시작되고 전문인력의 부담 완화를 위해 행정업무가 집행된다. 정보고객은 더 많은 자동화정보기기를 활용할 수 있다. 상담고객은 취업알선 담당자를 통해 알맞은 일자리를 제공받게 될 것이다. 취업알선에 상당한 어려움을 가진 사람들인 관리고객은 특별한 교육을 받은 사례별 관리자의 관리를 받게 된다.

관리 대상 기업에 대해서 일자리센터와 취업알선 담당자는 맞춤 서비스 자료를 개발한다. 중소기업은 분야별로 일자리센터에 의해 관리되고, 대기업에 대해서는 고정 담당자를 둔다. 대(大)고객 관리는 [주의] 역량센터가 맡는다.

업무처리에서 기존의 업무분장을 넘어서 취업알선에서 종합적인 고객 관련 업무가 탄생할 것이다. 기본적인 정보, 상담, 관리 서비스는 하나의 지붕 아래 조직되고, 인터페이스 경영(Schnittstellenmanagement)

에 의해 조정된다.[14]

실업부조와 사회부조의 통합에 의해 급부청구 변경 시 노동청과 사회복지부처 간의 "관할변경"(Verschiebebahnhof)[15]이 없어지는 한편, 사회복지부처는 이제까지의 상담 및 관리 업무(예를 들어 건강상담, 채무상담)를 직접 일자리센터로 이관하게 된다.

구직자, 실업자, 취업을 앞둔 청년 관련 업무는 실업급여의 계산과 지급, 노동시장 및 일자리와 직업 상담, 취업능력 회복을 위하여 측면 지원하는 상담과 관리, 기술능력향상정책, 근로자파견사업부에 적절한 근로자 인계 등이 통합되며, 일자리센터는 모든 경제활동 능력을 가진 사람들을 위한 원-스탑 창구 역할을 할 것이며 구체적인 업무는 지역 여건에 따르게 된다.

여러 기관의 업무가 운영기관에 통합되면서 지원기관에서는 재정 책임의 명확한 분리가 수반될 것이다. 필요한 서비스는 지방 노동청 [AA-neu]에서 보험원칙을 준수하면서 지자체와 기타 협력기관에 의해 매매될 것이다.

구직자에 대한 서비스는 다음과 같이 고객을 분류하여 제공될 것이다.

- 정보고객은 자기주도로 일자리 찾기를 잘 할 수 있는 구직자로 이들에게는 일자리를 찾거나 직업전환에 필요한 정보가 제공될 것이다. 이를 위해서는 자동화정보기기가 필요할 것이다.

---

14) 인터페이스 경영(interface manangement)은 인터페이스 내부에 공통의 기능만 규정하고 구체적인 업무는 하위 단위에서는 그 인터페이스 내에 규정되어 있는 방법으로 처리하는 기법.

15) 이 개념은 법적으로 가령 두 개의 사회보험의 경우 한 쪽의 적자를 다른 쪽의 비용으로 상계하는 정책을 뜻한다.

- 상담고객은 일자리 찾는 과정에서 우선적으로 전문적이고 개인적인 취업알선 장애를 찾아내서 이를 해결 서비스를 제공받을 것이다.
- 관리고객은 전문성 결여, 개인적 문제, 사회성 문제나 건강상 문제 등으로 인하여 노동시장 접근의 어려움 취업알선에 상당한 어려움을 가진 구직자다.

정보화는 취업알선 업무 개선의 기초로서 이는 고객 중심으로 결정되어야 한다. 입력 자료에 의해 고객의 상담 및 관리 필요성 여부가 결정될 것이다. 필요에 따라 진행된 심층 정보화에 의해 사실요소(예를 들어 이력) 외에 특히 연성요소(예를 들어 동기, 팀워크 혹은 유연성과 같은 연성기술)도 파악될 것이다.

일자리센터 업무 중심은 취업알선 업무로 시장에서 구직자와 사용자 양 측의 효과적인 결합이 보장되어야 한다. 이를 위해 사용자 관리와 일자리 확보는 구직자의 알선 상담과 밀접하게 연계되어야 한다.

자동화기기를 활용한 가상 노동시장이 구축되어서 임금 보상급부 신청을 포함한 일반업무 처리와 상담은 당사자가 스스로 처리할 수 있어야 한다.

일자리센터의 업무 흐름은 다음과 같다.

정보센터(안내창구)에서 고객관리 업무가 시작된다. 이 부문의 직원은 이에 이어지는 부서 업무의 경감과 개선에서 핵심적 역할을 수행하면서 표적집단별로 그리고 관심사별로 고객을 전문가와 온라인 서비스(자동화정보기기, 사례관리 담당자, 취업알선 담당자, 직업상담 담당자, 급부 상담 담당자)와 연결시켜준다. 또한 실업급여 수령 자격요건을 처리하고 정보를 컴퓨터에 직접 입력하기도 한다.

더 많은 상담과 관리가 필요한 고객(관리고객)은 사례관리 담당자에게 이관된다. 그는 일자리센터에서 개별 사례에서 요구되는 업무 전체를 조정한다. 사례관리자는 넓은 범위의 재량권을 가진다. 심층정보를 기초로 고객과의 구속력 있는 취업약정을 체결한다.

　이어서 담당 기업의 빈 일자리 확보 및 지원자와 빈 일자리를 연결시켜주는 일은 취업알선 담당자의 몫이다. 그는 사용자와 실업자를 관리한다. 규정의 간소화와 재량권 확대로 고객요구에 대하여 더욱더 집중적으로 응할 수 있게 된다. 이를 통하여 빈 자리를 확보하기 위하여 사용자를 체계적이고도 예방적으로 관리하고 정기적으로 접촉하여 잠재적이고 미래지향적인 인력수요를 발굴하고 잠재적인 고용 위험(예: 파산 위험에 처한 기업)을 사전에 대처할 수 있는 것이다. 또한 취업알선 담당자는 구직자와 정기적으로 취업약정에서 정한 자구노력 대해 논의한다.

　조직 구성은 팀 조직으로 할 것이며, 건축 면에서 일자리센터는 다양한 정보기기와 체험설비(일자리 메모, 컴퓨터 단말기, 직업정보센터, 인터넷-바, 카페, 전시실)가 구비된 개방형 공간으로 조성될 것이다.

　고객 서비스 강화를 위하여 이동 서비스가 제공될 것이다.

　새로운 일자리는 중장기적으로 기업에 의해서만 창출될 수 있다. 따라서 개별 사용자의 특정 수요와 요구사항이 파악되어 개별적인 서비스 제공이 가능하다. 취업알선 담당자는 자기 담당 기업에 적합한 업무 내용을 개발할 것이다.

　일자리센터에는 모든 사용자의 담당자가 있을 것이다. 대기업은 인력문제에 관한 결정에서 고정 담당자 활용이 가능할 것이다. 중소기업은 업종에 따라 일자리센터의 팀이 관리한다.

　쉬운 접근과 요구에 대한 신속한 대응을 위하여 서비스 품질기준이 설정되고 직원교육이 실시될 것이다. 기본요건은 다음과 같다.

- 결정적인 것은 고객이 일자리센터를 방문하지 않도록 하는 것이다. 따라서 효율적인 통신망, 인터넷, 자동화기기와 적극적인 출장서비스가 그 접근성 설계에서 필수적이다.
- 출장서비스 제공 시 직원은 휴대용 컴퓨터 및 연방노동청의 내부 통신망과 연결된 이동 장비를 갖추게 된다.
- 온라인에 의한 접근이 보장되어야 한다.
- 서비스 기준은 "좋은 고객실천 규약집"에 규정될 것이다.
- 대(大)고객과 협력기관에게는 "거래규모"(접속 정도와 이용 비중)에 따라 추가적으로 새로운 연방노동청 정보통신시스템과 전용 접속 회선이 제공될 것이다.

그림 3-1 일자리센터 업무 흐름

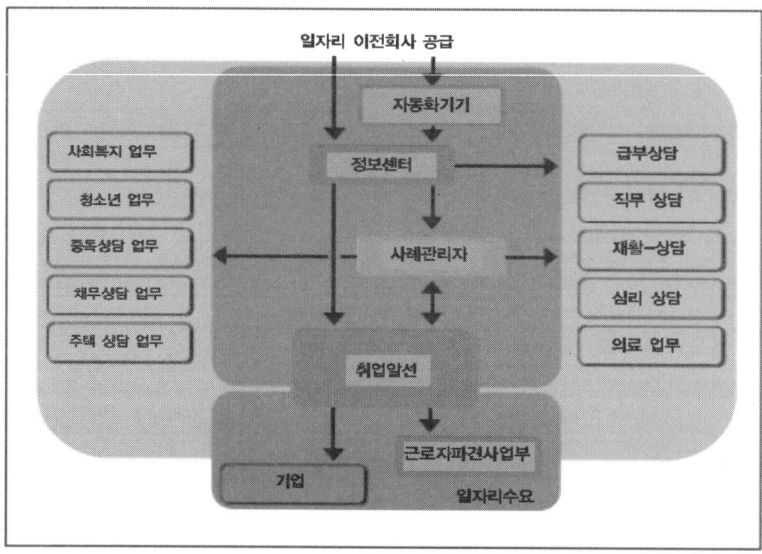

4. 취업알선

(1) 신속한 취업알선

신속한 취업알선을 위하여 근로자는 해고예고 시점에 일자리센터에 등록하여야 한다.[16] 적기에 정보를 제공하지 않은 근로자는 등록 지체일 전체에 대한 실업급여 일괄 감액의 불이익을 감수해야 한다. 이는 업무처리와 서류 간소화, 전문가의 자기책임의 확대, 더 많은 자동화 정보기기, 관리 대상자 축소, 근로자파견사업부 활용, 사용자와 유대 강화 및 일관성 있는 새로운 적정성의 시행에 의해 달성될 것이다.

취업알선은 가족친화적으로 될 것이며 이에 따라 특별한 보호가 필요한 피부양자나 가족 구성원에 대한 특별한 책임을 지고 있는 실업자는 취업알선에서 우선순위에 놓인다. 실업에 처해진 가족을 우선시 하는 것은 취업알선 담당자와 그의 팀에 대한 보상체계에도 반영된다.

기업의 귀책 사유로 인한 해고가 명백한 경우, 기업에게는 고용상담을 통하여 대안으로 생산능력 조정(Kapazitätsanpassung)[17]이 제의될

---

[16] 해고예고기간에 대해서는 독일민법(Bürgerliches Gesetzbuch. BGB) 622조 2항에 근속기간 2년에서 20년에 따라 7개월에서 7개월까지 규정되어 있다; www.gesetze-im-internet.de.

[17] 생산능력능력 조정에는 다음과 같은 것이 있다.
 - 강력 조정: 조립 라인 속도 조정, 교대제 조정

수 있다. 그리고 근로자는 해고 예고기간이 개시되면서 자신의 취업능력을 설명하고 필요한 경우 이를 지원할 수 있도록 일자리센터의 종합적 관리를 제공받는다.

사용자는 근로자가 구직활동 시(상담 면담, 채용 면접) 근무를 면제해 줌으로써, 근로자와 일자리센터의 빠른 재취업 노력을 지원한다. 근로자는 먼저 휴가나 노동시간 비축분을 활용한다. 근무면제 신청은 해고예고기간 내로 제한된다. 입법기관과 단체교섭 당사자에게 이에 관하여 합의할 것이 권고된다. 모든 근로자는 해고예고를 받았을 때나 근로계약 해지 시에 바로 노동청에 등록해야 한다. 노동청에 늦게 등록한 사람은 첫날부터 손해를 감수해야 한다. 보험료 일괄공제 규정에 의해 공제는 급부 개시 시 일당으로 이루어진다.[18]

신속한 취업알선 등을 위하여 새로운 노동청의 취업알선 담당자와 그의 팀에 대한 보상제도로 연결되어야 한다. 보상 규정에 대한 합의가 민간화된 새로운 노동청의 단체협상 교섭 당사자에게 권고될 것이다. 그리고 보상 개념은, 보상과 연계된 취업알선이 질(質)과 수에 따라 명확히 정의되고 이해될 수 있을 때만, 잘 기능할 수 있다.

(2) 새로운 적정성과 자발성

취업알선에서 일자리에 대한 새로운 적정성(Zumutbarkeit)과 자발성

- 근로시간 조정: 연장근로, 단축근로
- 투입 생산요소 조정
- 일정 수준 이하의 근로자와 기계 퇴출

[18] 사회법전-Ⅲ, 2002년 급부규정(SGB Ⅲ Leistungsentgeltverordnung 2002); www.bgbl.de.

이 적용될 것이다.[19] 적정성은 지리적, 물질적, 기능적 기준과 사회적 기준에 따라 그리고 자발성 및 책임과 연계하여 새로이 정의될 것이다. 적정성은 권리와 의무라는 상호성을 포함한다. 취업알선 담당자에게는 실업자에게 그의 관심, 능력과 발전잠재력을 충분히 파악하고 적극적으로 알맞은 일자리를 찾아줄 의무가 있다(공급 의무). 고객에게는 여기에 협력하고 적합한 일자리 제의를 승낙할 의무가 있다(승낙 의무).

지리적 측면에서 수혜자에게 필요한 이동을 결정할 때는 가족상황이 고려되며, 일시적으로 가족과 분리가 필요한 경우에 취업은 보통 적합하다. 특별한 상황에서는 이사도 필요할 수 있다. 지역 이동은 일률적인 교통비 지원을 받을 수 있다.

물질적 측면에서 실업자는 과거보다 수입이 적은 취업을 제의받을 수 있다. 임금보장과 관련하여 노령 실업자는 수입감소분을 부분적으로 보전 받을 수 있다. 그 수준은 이동 의지와 사회적 기준에 따른다.

기능적 차원에서 직군 개념 조건에서 자기 자격에 미달하는 일자리 취업이 적합할 수도 있다. 실업자의 교육수준이나 과거 경력에서 맞지 않는 취업도, 실업급여의 수급을 끝내기 위해서 직업적 지위하락이 불가피하다는 것이 입증되면 적정성을 가지며, 기간제노동이나 근로자파견사업부 취업도 적정하다.

사회적 차원에서 가족에 대한 책임이 없는 젊은이에게는 적정성이 더 넓게 그리고 실업기간이 긴 실업자에게는 더 높게 적용된다.

누구도 제의된 일자리를 수락하거나 혹은 근로자파견사업부에 들어가거나 취업 지원 정책에 참여하는 것을 강요받지 않는다. 그러나

---

19) 적정성은 사회법전-Ⅱ(SGB Ⅱ) 제10조에 규정되어 있다.

제안 받은 기회를 받아들이지 않고 적극적인 협력의지를 전혀 보이지 않음으로써 규정을 위반한다면, 일자리센터는 적당하고 다양한 방식으로 서비스를 줄이거나 결국 중단할 것이다(경력단절기간의 탄력화). "자조활동 유발 – 안정 회복" 원칙의 구속력도 분명하다. 일자리센터는 적합한 취업 제의를 받아들일 의지도 없고 자세도 되어 있지 않다고 생각되는 고객과 어떤 "게임"도 하지 않을 것이다. 고객은 일자리센터의 서비스 이용을 자발적으로 포기할 수 있다.

실업자가 적정한 일자리 제의를 중요한 사유 없이 거부하면, 이제까지의 법적 상태에 따라 실업급여는 일정 기간(보통 12주) 지급되지 않으며, 실업급여 청구기간은 숙려기간만큼 단축된다. 반복되는 경우나 숙려기간 4주일이 경과하면, 현재의 규정에 따라 실업급여 청구권은 모두 소멸된다.

재취업 약정 틀 안에서 합의된 활동을 정기적으로 상호 점검하게 된다. 즉, "자조활동 유발 – 안정 회복" 원칙 의미에서 사례관리자나 취업알선 담당자는 실업자 자신이 가능한 한 적극적으로 활동할 수 있도록 한다. 실업자의 강력한 참여와 자조 의무에 따라 다음의 책임을 진다.

- (기 발생) 실업 등록 지체의 경우 실업급여 감액
- 새로운 적정성과 관련하여 이동에 대한 기대감 제고
- 근로자파견사업부 취업 시 실업급여를 기초로 보수를 받는 수습기간(6개월까지)
- 근로관계 혹은 개인적 사유로 근로자파견사업부에서 해고 시 실업급여 혹은 숙려기간의 단계별 축소
- 재취업약정 불이행 시 제재

5. 청년실업 대책

일자리센터는 어떤 청년도 실습장이나 직업교육장을 찾는 노력 없이 집에서 이전급여를 받지 않도록 할 것이다. 이를 위하여 청년 실업자에게 기존의 직업교육에서 노동시장에 통하는 기술능력개발 모듈이 제공될 것이다.

학교에서 노동세계로 진입하는 청년(제1 문턱)과 직업교육을 시작하는 청년(제2 문턱) 실업자들은 목표를 정한 상담과 보호를 필요로 한다. 현대적 지식사회의 요구는 분명히 더 높은 교육참여를 필요하게 만든다. 이를 위하여,

- 학교제도에서 실습과 관리를 개선하고,
- 노동시장에 통하는 실습제도를 마련하며,
- 직업교육의 틈새를 메우기 위한 직업교육 과목을 확대할 것이다.

구조적으로 취약한 지역 – 특히 새로운 연방 주 – 에서는 취업을 위한 첫 번째는 물론 두 번째 문턱에서도 직업교육장 및 일자리의 수요와 공급 사이의 괴리가 확인된다. 이에 맞추어 이 지역의 청년들에게 양질의 직업교육을 제공할 것이다.

학교나 직업교육에서 실패한 청년들에게는 장기적인 실업 위험에 대응할 수 있도록 이들에게 근로자파견사업부는 경제활동과 기업체 실습에 의해 성공을 얻고 인정받을 수 있는 기회를 제공할 것이다.

청년실업에 대처하기 위해서는 직업교육장 마련과 재정확보가 급

선무이다. 이는 직업교육시간-증권(AZWP)을 중심으로 하는 다각적 자금조달 방안에 의해 이루어질 것이다. 직업교육-증권은 직업교육장 추가 조성과 이에 대한 자금공급 및 목적이 정해진 개인증권에 의한 직업교육 보장이라는 두 가지 목적을 가진다.

　기업형 직업교육은 충분히 유지될 수 있다. 전통적 직업교육 기관의 배제나 기업의 이중적인 직업교육에 대한 재정지원 배제를 피하면서도 추가 참여에 대한 인센티브가 제시될 것이다. 자금은 할인카드 제도, 직업교육시간-증권(AZWP)의 취득, 자금조성과 정책을 위한 노동청 보조금(예: JUMP)과 기부에 의해 조달될 것이다.

　이른바 "직업교육증권" 소유자는 자본시장에서 수탁계정에 의해 직업교육을 보장 받을 것이다. 이를 통하여 직업교육 자금을 조달할 뿐만 아니라 - 직업교육의 경우 필요할 때 - 직업교육장을 이용할 수 있는 것이다.

　실업 상태의 고급인력의 외국 파견과 개발원조가 연계되어야 한다. 독일연방정부는 선진국의 국내총생산의 0.7% 개발원조 계획에 참여하고 있다. 연방노동청의 취업알선과 국제적 국제 취업알선 담당기관인 취업알선본부는 약 35년 전부터 연방의 경제협력개발부(Bundesministerium für Wirtschaftliche Zusammenarbeit und Entwicklung; BMZ)의 위임으로 관심 있는 연수생, 직업교육생, 전문 및 경영인력을 200개의 국제적인 공공 및 민간 기구와 개발도상국의 기구 및 기업의 빈 자리에 공급해 왔으며, 이들의 취업에 관심을 기울여 왔다. "재취업 전문인력"은 물론 경영인력, 정부장학금에 의한 연수생의 취업알선 규모는 더욱 확대되어야 한다. 이와 더불어 노동시장의 세계화에 대한 준비를 위해 전문대학 및 종합대학과 취업알선본부 및 노동청의 대학 팀 사이의 협력이 강화되어야 한다.

6. 노령근로자 대책

 인구변화를 고려할 때 노령근로자의 경제활동 참여를 보장하고 지원해야 한다. 또한 여전히 높은 실업에 처해 있는 노령자에게 희망을 보여주어야 한다. 이를 위하여 두 가지 보완적인 길이 제시될 것이다: 임금보험을 통해 고용체계 내에 잔류하거나 실업급여에서 하차하거나 교량체계를 통해 일자리센터의 관리에서 하차하는 것이다.
 임금보험은 이제까지의 실업보험을 보완하여 노령실업자(55세 이상)를 해고 후 처음 몇 년 동안 임금손실의 일부를 사회보험이 지급하는 저임금 고용으로 대체할 것이다. 노령실업자 재취업에 대한 추가 인센티브가 마련될 것이다. 그리고 교량체계를 통하여 잠정적으로 실업급여 수급으로부터 조기 하차하여 일자리센터의 관리로부터의 하차가 가능하게 될 것이다. 즉, 노령근로자(55세 이상)는 자신의 희망에 따라 일자리센터의 관리로부터 하차할 수 있다. 그들은 실업급여 대신 임금 외 비용이 없는 매달의 급부와 사회보험의 충분한 보호를 받게 된다.
 인구구성의 변화에 따라 2015년까지 거의 3백 만의 노동수요의 증가가 예상되지만, 최악의 경우 거의 7백만 명의 경제활동참가 인구가 줄어들 것으로 추정된다. 따라서 노령자의 경제활동 참가를 높이는 것이 유럽 고용정책의 주요 목표다. 노령자 고용 대책은 고용체계 내 잔류를 보장하고 지원하는 것과 고용체계에서 하차를 가능하게 해주는 것이라는 양 방향에서 이루어져야 한다. 이를 위하여 임금보험은 노령 구직자에게 소득상실은 줄이면서 고용으로 다시 복귀하는 것을 쉽게 해 줄 것이고, 사용자는 노령자 채용에 대하여 추가 인센티브를 받을 것이다. 또한 교량체계는 이행기 중에 노령 실업자에게 고용체계로부터 하차할 수 있는 사회적으로 인정받는 길을 열어줄 것이다.

임금보험은 노령 실업자에게 새로운 취업을 위하여 이행기 중에 소득 보전을 해 줌으로써 저임금 일자리조차도 매력적인 것으로 만드는 새로운 전략이다. 노령 실업자는 이전의 일자리에서 실업 후 새로운 일자리에 취업한 경우에 일정 기간 동안 "임금보험"에서 새로운 급부를 받을 수 있으며, 이 경우 새로운 취업으로부터의 순소득과 실업 개시 이전 산정기간 중의 순소득 간의 차액을 보전해 줄 것이다.

노령자를 고용한 사용자에게는 다음과 같은 인센티브가 제공될 것이다.

- 사용자 부담 실업보험료율 인하
- 기간제 고용의 연령 제한을 55세에서 50세로 인하
- 노령실업자를 위한 교량체계 적용: 55세에 도달한 노령 실업자는 희망에 따라 일자리센터의 관리로부터 나와 사회보험료를 포함한 비용이 소요되지 않는 월간 급여를 받을 수 있다.

7. 실업부조와 사회부조 통합

행정소모와 불투명성을 초래하고 일자리 취업알선의 속도 저하를 막기 위하여 실업부조와 사회부조는 통합되며, 이의 관리도 한 창구로 통합될 것이다. 향후 실업과 관련된 급부는 3가지가 있게 될 것이다.

- 실업급여 I은 보험료를 재원으로 하는 원래의 보험급여다. 청구권은 원칙적으로 이제까지의 규정의 틀에서의 금액과 기간에 따르며, 그 소관은 과거의 사회복지 담당 부처에서 새로운 연방노동청으로 이전된다.
- 실업급여Ⅱ는 실업급여I을 받은 이후나 그 신청조건을 충족하지 못한 경제활동 능력이 있는 실업자의 생계를 보장하기 위해 세금을 재정으로 하는 필요에 따른 급부이다. 실업급여Ⅱ의 수급자는 사회보험 가입 대상에 포함된다. 실업급여Ⅱ의 청구기간은 제한되지 않는다. 이는 새로운 연방노동청의 소관사항이다. 이의 관리는 마찬가지로 일자리센터에서 시행된다.
- 사회복지수당은 지금까지 경제활동 참가 능력이 없는 사람에 대한 사회부조에 해당한다.

지금까지 경제활동능력이 있는 실업자에 대하여 세 가지의 다른 사회보장제도가 있다. 그 중 실업급여는 보험료를 재원으로 하고 있고, 실업부조와 사회부조는 세금을 재원으로 하며 필요에 따라 집행되어

왔다. 사회부조는 연방사회부조법(Bundessozialhilfegesetz, BSHG)에 근거한 것으로 세금을 재원으로 하며 부조 신청자의 필요에 기초한 국가적 사회복지급부다. 보고서 작성 당시 27만 명이 실업급여 혹은 실업부조 이외에 연방사회부조법에 따라 생계를 위해 부조를 받고 있었다. 그리고 두 가지 급부는 서로 다른 두 행정기관에서 처리되었다.

새로운 급부구조에 따라 실업급여Ⅰ은 원래의 보험급여로 금액과 수급기간은 원칙적으로 기존 법령에 따른다.

실업급여(ALG)Ⅱ는 경제활동능력이 있는 수급자에 대한 실업부조와 사회부조의 통합이다. 경제활동능력이 있는 실업자는, 적절한 지원이 있다면 취업할 수 있는 한, 실업급여Ⅱ 신청 자격이 있다. 수급자 자신의 취업 활동은 구속력 있는 취업약정을 기초로 그리고 새로운 적정성을 배경으로 사례관리자와 고객 사이에서 정기적으로 평가되며, 실업급여Ⅱ의 재원은 세금이고 필요에 따른다. 이를 위해 재정상황이 향상되고 실업자의 가족 환경이 고려될 것이다. 경제활동능력이 있는 급부 수급자는 적정성에 상응하는 모든 고용을 받아들여야 한다. 근로자파견사업부의 고용도 적정하다. 일체 금전 급부 신청을 하지 않는 사람에게는 임의 보험 기회가 열려 있다.

사회복지수당은 경제활동 능력이 없는 사람에게만 제공되는 것으로 조직과 재정은 지자체의 책임이며, 사회부조수급자는 계속 사회복지 관계 기관에 의해 관리된다.

기타 업무 간소화와 투명성 제고를 위하여 급여 산정 간소화, 생계수당 등 급부 통합, 장기실업자에 대한 임금보조금 등 각종 임금보조금 통합, 이동 지원과 취업알선 지원금 등의 정액화, 실업자의 질병 시 의료보험 우선 소진, 18-20세 자녀의 자녀수당은 실업여부와 관계없이 지급 등이 시행될 것이다.

8. 일자리 창출 기업 지원

기업의 고용능력의 확보와 지원은 새로운 연방노동청의 예방적 전략의 중심 요소로서, 이를 위해 일자리센터와 주의 역량센터가 기업에게 "고용상담" 서비스를 제공할 것이다.

고용 상담은 이 외에도 어려운 경제상황에 처해 있는 기업에 출발점을 찾아줄 것이다. 여기 제공된 서비스는 필요한 고용이전(Beschäftigungstransfer)[20] 지원에도 도움이 될 수 있을 것이다. 적합한 생산능력 조정에 의해 안정된 경제적 상황에서 미리 대비하기 위한 예방적인 상담이 제공될 것이다.

기업의 사회적 책임 관점에서 자발적으로 사업보고서에 고용결산서를 제출함으로써 기업은 사회적 책임을 공개하는 것이다. 고용결산서는 특히 정규직원과 일시고용의 비율과 변화, 인력의 기술 수준과 교육, 이동성 및 유연성 등을 보여줄 것이다. 목적은 분석가와 언론이 받아들일 수 있는 기업의 인적 역량과 지식 및 능력자본의 평가를 위한 표준화된 비교가능성이다. 그 결과 노동보유가치(Workholder

---

[20] 이전회사(Transfergesellschaft)로 고용이전: 사회법전-Ⅲ(1997.3.) 111조(단기근로자 교량금)에 (간접적으로) 규정된 노동시장정책 기구. 목적은 구체적으로 실업 위험에 처한 기업의 직원을 최대 12개월 신규로 채용하는 것이다. 이의 유일한 목적은 이 근로자를 가능한 한 빨리 새로운 일자리를 얻게 하는 것이다. 교량회사로 이전은 실업 위험에 처한 근로자의 자원에 의한다. 교량회사는 노동 당국과의 긴밀한 협력 하에 법적인 절차에 따라 설립된다.

Value)에 대한 통일된 기준과 비교가능성은 주주가치의 상승에 대한 평가 틀이 될 것이다.

근로자를 추가 고용하거나 근로자를 해고하지 않음으로써 보험사고인 실업에 대한 위험을 줄이는 기업에게는 인센티브가 제공될 것이다. 실업보험 보험료 납부액을 기준으로 전년에 비해 더 많은 보험료를 지출하였다면, 이 기업은 납부 총액의 일정 비율을 보상으로 신청하게 된다. 이 경우 실업보험료 총액을 기초로 보험료 납부액에서 보상에 해당하는 금액을 자체적으로 감액하는 것도 고려될 수 있다.

9. 근로자파견사업부

근로자파견사업부는 실업 축소의 효과적인 정책수단이다. 독립된 사업 조직으로서 근로자파견사업부의 목표는 채용장애를 극복하고, 실업자를 취업알선을 목표로 새로운 형태의 근로자 파견에 의해 신속하게 1차노동시장에 편입시키는 것이다. 새로운 적정성의 규정에 따라 근로자파견사업부에 실업자의 취업 의무가 발생할 것이다. 이에 대한 거부는 급부권리와 연계될 것이다. 실업자의 채용 결정은 근로자파견사업부의 의무이다.

근로자파견사업부는 - 기간제 고용 회사의 경우와 마찬가지로 - 근로자파견법(AÜG)의 제한이 적용되지 않을 때만 효과적으로 운영될 수 있다. 따라서 법의 폐지가 - 단체협약이 체결된다는 전제 하에서 - 계획되어야 한다.21)

근로자파견사업부 근로자를 공익적이고 사회적인 분야에 활용함으로써 이러한 분야가 새롭게 설계될 것이다. 그리고 근로자파견사업부 지붕 아래 근로자파견사업부 근로자는 근로자파견사업부와 협의 하에 잠재적인 사용자와 계약을 (프로젝트와 관련된 과제의 틀 안에서) 스스로 제의할 수 있다. 이에 의해 근로자파견사업부 근로자는 또한 사회보험 가입 의무의 플랫폼으로서 사용자 역할을 하는 근로자파견사업부의 보호 하에 들어가는 것이다. 즉, 근로자파견사업부의 업무는 앞으로 사용자에게 필요한 잠재적 노동력과 연결될 수 있게 해주고, 구직자에게 취업 가능성을 확신하도록 하는 것이다.

근로자파견사업은 다음 세 가지 형태로 운영될 수 있다.

- 시장 방식의 해결방안: 새로운 지방노동청을 통한 공모와 민간 사업자와의 계약 체제,
- 공-사 합작사: 민간 파트너의 참여 확대 하에서 일자리센터의 참여와 기존 근로자파견사업부와 협력 강화,
- 일자리센터 내에 사법상 조직으로서 근로자파견사업부 설치

선정된 실업자는 근로자파견사업부와 계약체결로 그는 사회보험 가입 의무가 있는 일자리에 취업하게 되는 것이다. 최대 6개월 간의 수습기간 동안 그는 실업급여 금액 상당의 순임금을 받는다. 수습기간이 경과하면, 단체협약에 따른 근로자파견사업부 임금을 받게 된다. 또한 파견이 없거나 훈련이나 기업에 필요한 기술향상 정책 참여 기간 중에도 보수가 발생한다. 근로자가 파견대상 업체나 기타 사용자

---

21) 하르츠Ⅰ, Ⅱ 입법에 의해 2003년 1월 1일자로 근로자파견법(Arbeit- nehmerüberlassungsgesetzes) 개정이 있었다. 특히, 기간 제한, 근로자파견기업과 파견 대상기업 고용기간 일치 금지, 최장 2년의 파견기간 제한이 폐지되었다.

와의 정규적 근로관계로 전환되면, 그는 파견 대상 기업의 통상적인 임금을 받게 된다.

실업자는 근로자파견사업부의 직원이 되며, 근로자파견사업부는 근로자파견법에 근거하여 취업알선을 목표로 근로자 파견업을 운영한다. 근로자파견사업부는 파견 대상자와 이른바 근로자파견계약(Arbeitnehmerüberlassungsvertrag, AÜV)을 다시 체결한다. 근로자파견사업부는 근로파견법(Arbeitnehmerüberlassungsgesetz - AÜG) 제1조에 따라 근로자의 동의를 필요로 한다.

파견 대상자에게 긍정적으로 평가받음으로써 취업알선 과정에서 1차 노동시장 고객의 지속가능한 상시직을 얻을 수 있도록 하는 즉, "임시에서 상시"는 근로자파견사업부의 기본적인 성과다.

실업자는 근로자파견사업부 간의 계약체결에 의해 사회보험 가입 의무를 가진 근로계약이 형성되고, 이에 의해 실업이 끝나며 적절한 수입이 확보된다. 목표를 세운 노동력의 활용에 의해 실업자는 일정한 자기긍정을 경험한다.

근로자파견사업을 통해 기업은 노동법상 의무 없이 새로운 근로자를 알 수 있는 기회를 가질 것이다. 인력충원 시의 비용부담을 줄임으로써 기업의 고용 의지가 높아질 것이다. 질병과 휴가로 인하거나 최성수기의 인력부족은 단기적으로 취업알선을 목표로 하는 근로자파견에 의해 해결될 수 있다. 중소기업에서 규모가 작은 특별한 업무(예를 들어 인력관리)는 근로자파견사업부에 의해 처리될 수 있다.

근로자파견사업부는 근로자파견법(AÜG)의 제한이 적용되지 않는다면, 효과적으로 일할 수 있다. 따라서 법률의 폐지가 - 단체협약 체결 전제 하에 - 준비되어야 한다.

10. 1인 기업, 가족 기업

2002년에 약 3,500억 유로의 불법노동 매출이 예상된다. 독일에는 약 500만의 "불법노동자"가 존재하고 있다. 약 350만의 가정이 가사도우미를 이용하는 반면에, 이 분야에 등록된 사회보험 가입 의무를 가진 근로관계는 4만 건이다.

불법노동 문제를 극복할 수 있는 방안으로 1인 기업 개념은 실업자의 불법노동을 줄이고, 미니잡은 가사도우미의 불법노동을 줄이는 데 목표를 둔다.

실업자는 1인 기업 등록 인센티브로서 3년 동안 새로운 지방노동청의 보조금을 받는다. 1인 기업의 모든 수입은 10% 일괄 과세될 것이다. 1인 기업 수입의 한도는 25,000유로이다.

불법노동에서의 소득을 합법화하기 위해, 가사도우미 미니잡의 소득 상한선을 500 유로로 높이고 저임금 고용 시의 보험료 징수를 간소화한다. 사회보험료율은 소득의 10%로 한다. 가정은 가사도우미 고용에 대하여 세금공제 기회를 갖게 됨으로써 불법노동은 더 이상 유리하지 않게 된다.

소기업과 수공업기업은, 1인 기업 소유자와 정규 근로자의 1:1 고용 의무를 활용할 수 있다. 가사도우미의 경우에는 어떠한 제한도 없다. 원칙적으로 규정은 배제효과가 일어나지 않도록 설계되어야 한다.

가족 기업은 함께 일하는 가족구성원에 의한 1인 기업의 단순한 확장이다. 도입단계에서 미니잡 규정은 가사도우미만 해당된다. 노동시장에 대하여 긍정적인 효과가 있다면, 추후에 다른 직업군으로 확대가 고려될 수 있다.

불법노동에서 벗어나서 1인 기업이나 미니잡을 등록할 수 있도록 하는 인센티브가 마련될 것이다. 불법노동 수요가 있는 가계에게 더 유리하지 않도록 세금공제는 설정되어야 한다. 세금공제는 무엇보다 미니잡의 고용과 사회보험 가입 의무가 있는 정규적인 근로자의 고용 및 1인 기업과 가계의 도우미 서비스 기관/기업에게도 적용될 것이다.

11. 자금조달과 예산 절감

3년 안에 2백만의 실업자를 취업시킨다는 목표 아래 고용보조금 개념에 의해 실업 자금은 일자리 자금으로 대체될 것이다. 수습기간 경과 후 기업이 실업자를 장기적으로 채용한다면, 기업은 대출의 형태로 일괄 자금 중에서 선택하여 지원받을 수 있다. 기업의 신용평가에 따라 지원신용(차입금)과 후순위 채무(전환사채)가 제공될 것이다.

예산 절감 면에서 전반적인 효과와 전망은 다음과 같다.

노동시장의 역학은 짧은 기간의 개인적 실업이라는 유연한 부분과 장기실업의 "경직된" 부분으로 나누어진다. 따라서 노동시장정책에서 적절한 정책에 의하여 개인적 장기실업화를 막거나 혹은 특별정책에 의해 장기실업을 관리하는 것이 합리적이다. 2000년 중반 모든 "실업 사례"의 거의 35%가 13주 이내의 실업인 반면, 모든 사례의 20%가 1년이 넘은 장기실업으로 전체 실업의 거의 2/3를 차지하였다.

〈그림 3-2〉 실업기간별(주) 분포, 2000년 6월

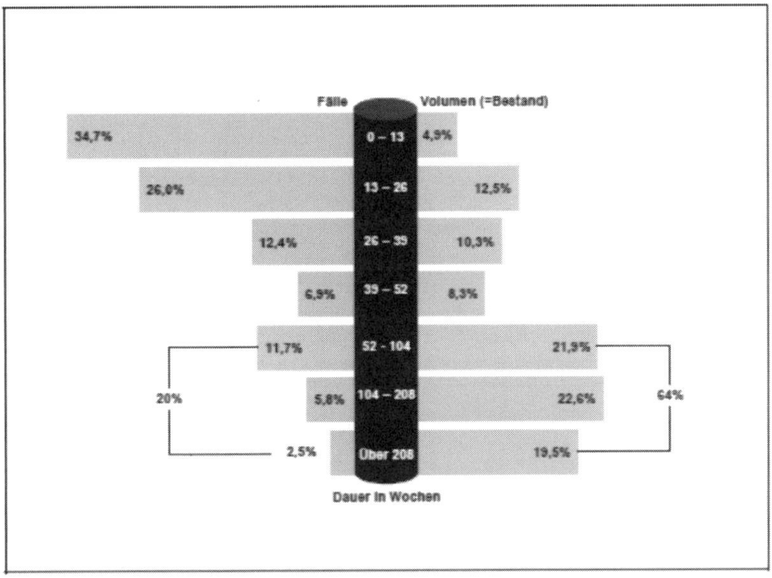

	Fälle		Volumen (=Bestand)
	34,7%	0 – 13	4,9%
	26,0%	13 – 26	12,5%
	12,4%	26 – 39	10,3%
	6,9%	39 – 52	8,3%
20% {	11,7%	52 - 104	21,9%	} 64%
	5,8%	104 – 208	22,6%
	2,5%	Über 208	19,5%

Dauer in Wochen

하르츠 위원회 안은 실업기간의 단축(특히 장기실업 축소)과 혹은 실업으로 진입 축소("뉘른베르크에 대한 보급은 없다")라는 2개의 출발점에서 시작하고 있다. 두 가지 출발점을 위해 위원회는 실업기간을 공략하든 아니면 실업으로의 진입을 공격하는 전략을 개발하였다. 부분적으로 두 차원에 동시에 영향을 주는 전략, 즉 장기실업의 축소에 대한 위원회 제안의 강력한 레버리지 효과를 기대하고 있다. 실업(진입) 위험의 축소는 무엇보다 고용정책의 과제이자 도전이면서도, 노동시장에서 효과적인 (재)취업을 목표로 하는 노동시장정책의 과제이자 도전이기도 하다.

위원회 안의 "핵심"은 근로자파견사업부(PSA)다. 이는 무엇보다 구직자의 고용과 능력향상을 맡음으로써 실업으로부터 빠른 탈출에 작

용한다. 근로자파견사업부가 취업을 알선을 목표는 약 50만의 실업자 인수이며, 그 중 1/3에서 절반 사이가 근로자가 파견 대상 사용자에게 "접착"되어 남는다는 것이다. 따라서 실업대책 효과는 15만에서 25만 명이 될 것이다. 하지만 (잠재적) 장기실업자에 집중함으로써 평균 실업기간은 더욱 단축되고, 더 큰 정도로 임금보상이나 노동시장정책의 다른 적극적 정책 지출이 절감될 수 있을 것이다. 그러나 근로자파견사업부와 일자리센터도 예를 들어 노동시간 상담과 근로자 파견을 통해 기업에게 초과근무를 피하고 이를 탄력적인 노동력으로 대체하면서 실업으로 진입 축소에 영향을 줄 수 있다. 따라서 근로자파견사업의 실질적인 실업자 축소효과는 대략 25만-35만 명일 것이다.

국제적 비교에서 기간제노동의 잠재력은 사라지지 않았다. 평균적으로 유럽 이웃나라에서는 경제활동 참가자의 1.4%가 기간제노동을 하고 있으며, 독일에서는 약 35만 명으로 경제활동참가인구의 0.9% 이자 모든 근로자의 1.3%(1995년에는 0.63%)에 해당된다. 1990년대 이후 기간제노동은 빠른 성장을 보이고 미래에는 매년 10%의 성장으로 더욱 늘어날 것이다. 이러한 성장은 아마 두 가지 조건 하에서 더욱 가속화될 수 있다.

하나는 오늘날 기간제노동 기업에서 기존의 차별이 없어지고 파견대상기업 근로자와 비교하여 노동조건이 동등해지는 경우다(가령 단체협약 등). 또 하나는 새로운 연방노동청이 직업으로서 기간제노동과 현재 부분적으로 이미 좋은 협력관계를 강화하고 특별한 업무를 이전하는 경우다. 기간제노동 기업의 긍정적인 성장동력은 무엇보다 그 취업알선-효과로 나타난다. 시장에 대한 익숙한 지식을 기초로 이들 기업은 인력으로 인한 성장의 어려움을 인지하고 극복할 수 있다. 민간 부문의 기간제노동에서 어려움이 나타나면, 노동청이 취업능력이 있는 실업자의 풀을 활용할 수 있도록 기업과의 네트워크가 만들어진다. 독일의 기간제노동 기업은, 근로자파견 대상 기업의 경우 약 30%가(일부 시장 분야에서는 훨씬 더 많이) "접착되어" 남는다고 보고하고 있다. 2005년 말까지 가능한 고용효과는 따라서 10만에서(연간 10% 성장) 20만 명대로 추산된다.

빠른 취업알선과 새로운 적정성은 고용증가에 더욱 기여할 수 있을 것이다. 고객집단으로서 사용자를 더 주목하고, 고용상담에 의해 취업알선 상담의 전문성을 제고하여 체계적으로 지역화된 기술수준 진단에 의해 과거보다 분명히 더 많은 빈 일자리가 확보될 것이다. 노동시장정책과 클러스터 형성, 지역적 네트워크화, 목표를 정한 인프라 투자에 의한 지역의 고용정책이 강력하게 결합된다면, 신속한 취업알선과 새로운 적정성을 통한 고용효과는 25만 명까지 올라갈 수 있을 것으로 보인다.

가사도우미 수요촉진과 결합된 1인 기업과 가족 기업 그리고 미니잡의 혁신은 잠재적 고용을 더욱 실현할 것이다. 독일에는 약 500만 명의 "불법정규노동자"가 있다. 500만 명의 불법정규노동자 중 40%가 1인 기업과 가족 기업의 고용으로 전환될 수 있다면, 200만 명의 고용이 이루어질 것이다. 실업등록에 의해 그 중 10-25%가 활용되고 지속 가능하다는 것이 입증된다면, 가능한 고용효과는 20-50만 명으로 추산된다.

"뉘른베르크에 대한 보급은 없다"(실업으로 빠질 필요가 없다)[22]: 근

---

22) 뉘른베르크에 대한 보급은 없다(Kein Nachschub für Nürnberg): 뉘른베르크에 본부를 둔 연방노동청 산하의 일자리센터와 고용개발 개발역량센터는 실업을 피하거나 새로운 종업원을 속성으로 훈련시켜서 고용할 수 있도록 사용자를 지원해주는 것을 의미한다. 이를 위하여 노동청에 새로운 업무 방식이

로자와 사용자는 실업보험료 납부를 분담한다. 최고율이 급여총액의 6.5%인 공동으로 부담하는(그리고 합의에 의한 비용 조정에 의해) 높은 보험료율은 여러 해 전부터 이미 노동비용에 부담이 되었다. 실업으로의 진입을 5% 낮춘다면, 12만 명 근로자에게 부과되는(대응 자금 없이) 보험료 총액 절감 효과가 있다고 추정하고 있다. 여기서 모두 5-10만 명의 고용 증가가 있을 것이다.

고용보조금은 부족한 자기자본이 종종 고용장애가 되는 중소기업을 목표로 한다. 심도 있는 고용상담과 연계시키고, 경우에 따라서는 기업 친화적인 기술향상과 연계시켜서, 특히 구조적으로 취약한 지역에서 이런 정책수단이 실업자 고용의 동인이 될 것이다. 이것만은 지원조건으로 인하여 더욱 지속 가능성을 가질 것이다. 이런 정책수단에 대한 부족한 경험과 낯설음 때문에 아마 출발이 지연될 수 있다.

안의 첫 번째 모듈은 통합조직 형태인 일자리센터 구성에 포함되어 있는 것으로서 앞으로는 실업자 외에 경제활동 능력이 있는 사회부조수급자도 일자리센터의 표적집단에 포함된다. 2000년 말에 경제활동을 할 수 있는 나이지만 경제활동에 참가하지 않는 사회부조수급자가 약 95만 명이다. 이 정책에 의해 실업에서 벗어나는 숫자가 대략 12-23만 명대라고 조심스럽게 추산되고 있다.

노령자에 대한 한시적 고용을 쉽게 하고 임금안정과 보험료 축소 등 "교량정책"의 부담완화 효과를 실제적으로 평가하는 것은 쉽지 않

생긴다. 참여 기업은 성과급여로 보상 받는다. 연말에 전년 대비 더 많은 고용보험료를 납부하고 더 많은 종업원을 보유한 기업은 환급 받는다. 같은 수의 종업원을 유지하고 있는 기업―아무도 해고하지도 않은 기업―도 환급금을 받는다. 물론 새로운 일자리를 창출한 기업보다는 적은 금액이다. 작은 기업이 대기업보다 더 많은 보상을 받는다. 계산은 일자리센터가 한다.

지만, 노령근로자의 1/4에서 1/3이 보고서가 제의한 정책의 긍정적인 영향을 받는다면, 노동시장에서 부담 경감효과에 의해 15-20만 명 실업자가 줄어들 수 있을 것이다.

2005년 말까지 실업자 2백만 명 축소는 노동행정의 "효율성 혁명" 외에, 경제정책상 적절한 조건과 모든 사회집단의 자조 과정 참여에 의해 이루어져야 한다. 연간 실업자 감소는 "급부" - 특히 실업급여와 실업부조 -를 상당히 절감할 것이다. 이런 임금보상 급여로 2001년 거의 374억 유로가 지출되었고, 2002년에는 최소한 382억 유로가 지출될 것으로 전망된다. 도시와 기초자치단체는 2000년에는 경제활동 능력이 있는 사회부조 수급자에 대한 기존 생계 지원에 대략 48억5천만 유로를 지출하였다.

이러한 금전 급부에는 적극적 고용지원에 대한 지출도 들어간다. 2001년 노동행정은 적극적 노동시장정책 업무에 219억 유로를 지출했다. 2002년 IV에는 여기에 221억 유로가 계획되어 있다. 이는 연방 노동청 전체 지출의 거의 40%에 달한다. 그 중 대부분, 즉 거의 2/3가 취업 항목의 재량 급부 성격을 가진다(2001년 집행 139억 유로; 2002년 예산 142억 유로). 또한 1/3(2001년 집행 80억 유로; 2002년 예산 79억 유로)이 적극적 노동지원 기타 의무와 재량 급부에 지출되었다.

실업에 대한 지출을 일자리 자금으로 전환함으로써(예산의 활성화), 즉 효율적인 정책으로 그리고 자본시장에서 추가 자금 동원을 통한 적극적 노동시장정책 지출에 의해 관련 목표의 자금조달도 가능할 것이다. 현재의 급부 기준에 따른 약 400만 명의 실업자에 대한 실업급여와 실업부조 비용만으로도 약 392억 유로에 달한다. 그 중 —정확하게 말해서—보험료 납부자가 2/3(실업급여), 그리고 납세자(연방)가 1/3(실업부조)를 부담한다. 현 상황에서는 연방노동청이 또한 실업자

10만 명에게 간접비용을 고려하지 않고도 거의 10억 유로를 지출한다.

실업자 200만 명 축소 목표의 달성 시 연방노동청의 예산도—다른 전제조건 없이—약 196억 유로가 경감될 것이다(그 중 2/3는 보험료 납부자, 1/3은 납세자). 실업의 축소는 따라서 보험료 납부자는 물론 모든 납세자에게도 이익이 되고, 이는 전체 재정을 근본적으로 크게 줄이는 경감효과를 가져온다. 또한 근로자파견사업부에 고용되는 50만 명과 1인 기업 및 가족 기업에 고용되는 50만 명을 고려하면, 재정적 부담완화효과는 약 135억 유로로 줄어들 것이다.

12. 실업 해결을 위한 사회적 연대

위원회는 실업은 공동체의 사회적인 노력에 의해서만 줄일 수 있으며, 이의 해결에 사회 모든 부문 특히 모든 부문의 전문가 참여가 필요하다는 전제 하에 필요한 참여 마스터플랜을 제시하고 있다.

> 실업은 "다른 사람"의 문제일 수 없는 우리 모두의 문제이다. 우리가 이 사회에서 어떤 일을 하고 어떤 지위에 있든 간에 실업은 "우리의" 문제이자 "나의" 문제이다. 우리는 우리와 함께 적극적으로 문제해결에 참여할 준비가 되어 있는 연대를 추구한다.
> 이를 위해 우리는 "전문가 연합"을 결성하고자 한다. 자기의 역량을 통하여 우리 사회에 기여할 수 있는 "전문가들"은 우리에

게 사회에 의미 있고 부분적으로 주어진 과제로부터 실업자의 취업을 창출하는 데 기여할 수 있는 모든 사람이다.

이런 전문가 집단으로 연방과 주 그리고 지자체의 직업 정치인 11,000명, 연방노동청 직원 90,000명, 기업인 – 경영자 1,700,000명, 노동조합과 직장협의회 상근자 80,000명, 기업 및 사용자(사용자) 단체의 대표 72,000명, 학자 1,318,000명, 학교의 교수 인력, 교사와 사회교육자 1,868,000명, 성직자 53,000명, 단체 및 협회 545,000개, 언론인 89,000명, 예술가 260,000명, 무료 복지시설의 책임자 60,000명, 실업자운동단체와 자력부조집단 800개를 들고 있다.

이들 전문가 연합에 의해 전국적인 구체적 프로젝트 네트워크가 구축될 것이며, 실업은 독일 전역의 수많은 프로젝트의 연합에 의해 제거된다는 것이다. 프로젝트연합의 의미는 실업 극복을 위한 예상된 처방에 대한 상치되는 입장을 극복하여야 한다는 것이다. 즉, 실천과 경험은 오래 전부터 "학파"의 "순수 이론"은 문제의 해결에 이르지 못한다는 사실을 가르쳐주었다. 높은 잠재력을 갖고 있는 수백만의 실업자를 동시에 고용과 성장의 잠재력과 결합시키는 것이 실제적으로 효과적일 수 있다는 것이다.

4
본격적 개혁-아젠다 2010

▮ 본격적 개혁-아젠다 2010

Ⅰ. 개혁 1단계

    제3장에서 기술한 하르츠 보고서에 기초한 노동시장 정책 개혁은 2단계, 즉 하르츠Ⅰ, Ⅱ 법률과 Ⅲ, Ⅳ 법률의 입법 과정으로 나누어서 추진되었다.
    이런 입법 과정에 앞서서 슈뢰더는 사회 정책 개혁을 집권 이전부터 철저하게 준비하였다. 우선 인적 면에서 여기에 적합한 인물을 배치하였다. 1998년 4월 사민당 당대회에서 총리후보로 지명되면서 차기 노동복지부(Bundesministerium für Arbeit und Sozialordnung) 예비장관에 발터 리스터(Walter Riester)를 지명하였다. 그는 독일 최대 노동조합인 금속노동조합(IG Metall) 부위원장 출신으로 노동조합 안에서, 그는 독자적으로 현대화를 추구하던 인물이다. 당시까지 16년 동안 당내의 사회정책 전문가로서 콜 정부 사회정책 비판을 주도하고, 콜 정부의 연금개혁안에 반대하여 사민당이 만든 1996년 '연금개혁위원회' 위원장으로서 1997년 5월 연금 급부 삭감이 아닌 구조개혁을 내용으로 하는 보고서를 제출했던 루돌프 드라이슬러(Rudolf Dreißler) 연방의원을 배제하고 그를 기용한 것이다. 그리고 1기 총리 취임 직후인 1999년 3월 11일 사민당 당수이자 재무장관인 오스카 라퐁텐이 사임하였다. 사임이라기보다는 사실상 퇴진시켰다. 그는 1959년 고데스베르크 강령을 채택한 당대회 이후 당내에서 마르크스주의와 마르크스주의자들이 청산된 이후 당내 좌파의 주류인 케인즈주의를 대표하는 인물이었다. 사실 그는 산업계와는 긴장 관계에 있었다. 그의 퇴진은 조세개혁에 대비할 뿐만 아니라 당내의 좌파를 압박하는 것이었다. 그 후임으로 슈뢰더와 같은 사회주의청년단(JUSO) 출신 한스 아이헬(Hans Eichel)을 임명하였다. 그리고 취임 후 복지연금부 장관에는 당내 우파의 여성의원인 울라 슈미트(Ulla Schmidt)를 지명하였다. 의료보험 개혁을 맡을 보건장관 직은 연정 파트너인 녹색당에게 주었다.

라퐁텐의 사임으로 구심점과 방향을 잃은 당내 좌파는 와해되었다. 좌파는 1년 후인 2000년 6월에 30년 동안 당내 좌파의 중심이었던 '프랑크푸르트 그룹'(Frankfurter Kreis)이 '민주좌파 포럼 21'(Forum Demokratische Linke 21)로 대체되었다. 이후 좌파 포럼의 신임 위원장인 30세의 연방의원 안드레아 날레스(Andrea Nahles)[1]는 슈뢰더 정부와 타협하였다.

일련의 과정을 거쳐 슈뢰더 총리는 라퐁텐 후임 당수로 선출되는 등 당과 정부를 완전하게 장악하였다.[2]

---

1) 그녀는 2017년 사민당 총선 패배 후 당수로서 당권을 잡았다.
2) 슈뢰더 총리의 입법 준비 과정에 대해서는 전종덕/김정로, 『독일 사회민주당의 역사』, pp.439-442 참조. <차이트> 지는 슈뢰더 정부의 인적 구성에 관해서 이른 바 68세대 남성 지도자를 중심으로 한 완벽한 슈뢰더 추종자로 구성

정책 면에서 전술하였듯이 1998년 4월 당대회에서 채택된 선거강령에서 자기책임을 강조하는 차기 정부의 정책 개혁 방향을 제시하였다. 그리고 선거 승리 후 녹색당과의 연정합의와 총리 취임연설에서 구체적인 안을 제시하였다. 그리고 1999년 6월 17일 영국의 토니 블레어 노동당 출신 총리와 함께 유럽: 제3의길/신중도"(Europe: The Third Way/Die Neue Mitte)를 발표하여 신중도 개혁의 대강을 밝혔다. 이에 따라 2000년 7월 14일 조세개혁법을 그리고 2001년 1월 26일 연금개혁법을 확정지은 것은 3장에서 기술한 그대로다.

2002년 1월에 연방 회계감사원의 2000년 노동청 취업알선 스캔들 발표를 계기로 사회정책 개혁의 핵심인 노동시장 정책 개혁안 작성을 위하여 2월에 하르츠 위원회를 발족시켰다. 그 해 8월 16일 하르츠 보고서가 발표되었다. 이어서 9월 22일 총선의 최대 쟁점화를 목표로 9월 11일 연방의회에 노동시장 개혁법률안을 제출하였다. 총선 승리 후 집권 2기에 들어간 슈뢰더 총리는 2003년 3월 14일 연방의회 시정 연설을 통하여 연방공화국 수립 이후 최대의 정책 개혁을 위한 아젠

된 것으로 보았다. 녹색당 역시 당수 요시카 피셔를 중심으로 이들과 모든 것을 함께 하는 사람들이었다. 이들은 2차 세계대전 동안에 태어났고 아데나워-시대의 경제성장기에 성장했으며, 60-70년대의 상승이동 기회를 활용하여 위를 향해서 일을 한 사람들이었다. 게하르트 슈뢰더(Gerhard Schröder), 당의 슈뢰더의 분신인 프란츠 뮌테페링(Franz Müntefering), 발터 리스터(Walter Riester), 볼프강 클레멘트(Wolfgang Clement), 한스 아이헬(Hans Eichel), 보좌관 베르트 뤼루프(Bert Rürup, 연금개혁 관련 뤼루프 위원회 위원장)와 페터 하르츠(Peter Hartz), 그리고 배후에서 함께 일을 추진한 일련의 슈뢰더 추종자들, 무엇보다 그의 총리실 수장이고 다음 세대의 사민당 지도자로 현 연방 대통령인 프랑크-발터 슈타인마이어(Frank-Walter Steinmeier)를 들 수 있다; Marc Neller, "Rot-Grün – Die Privatisierer," *Die Zeit* 26. Oktober 2010 참조.

다 2010 개념을 발표하였다. 그리고 6월 사민당 당대회에서 아젠다 2010을 채택하였다. 이어서 11월의 당대회에서 하르츠Ⅲ, Ⅳ 법률안을 채택하였다.

이런 과정을 거쳐 슈뢰더 정부와 사민당은 하르츠 법률안을 4개로 나누어서 입법화에 나섰다.

먼저 하르츠I법은 노동시장의 현대적 서비스에 관한 첫 번째 법률이다. 독일 전국의 181개 지방노동청(Arbeitsamt)을 일자리센터(Job-Center)로 개편하였다. 일자리센터는 각종 노동관련 서비스를 제공하는 지역센터로서, 기존의 연방노동청(BA)의 취업알선이라는 기본적인 업무 외에 상담과 보호 업무를 통합하였다. 연방노동청에 기간제로 파견노동자를 채용하기를 원하는 기업에게 근로자를 파견할 수 있는 근로자파견사업부(Personal Service Agenturen, PSA)를 설치하여 실업자를 기간제로 고용하여 1차 노동시장으로 연결될 수 있는 다리를 제공하도록 하였다. 이외에도 재교육을 위한 바우처 제도 도입, 실업자 등록 의무화, 실업급여의 수급요건 강화, 실업부조와 실업급여가 일반적 임금과 연계되어 상승하지 않게 한다는 등의 내용을 담고 있다.

하르츠Ⅱ법은 사회보험 지급과 미니잡에 대한 과세, 1인 기업(Ich-AG) 형식의 개인자영업 창업을 위한 경제적 지원, 주 노동청인 역량센터 설립에 관한 내용을 다루었다. 자영업자에 대한 규제를 대폭 완화하여 자립형 창업인 '1인 기업'을 지원하는 규정을 두고 있다. 이는 월 소득 400유로 이하의 미니잡과 800유로 이하의 미디잡을 노동시장과 사회보장체계에 통합하여, 노동시장을 유연화하고 근로형태의 유연화를 통하여 고용을 촉진하는 데 목적을 두고 있다.

하르츠Ⅲ법은 연방노동청(Bundesanstalt für Arbeit)을 현대적이고 고객지향적인 서비스 제공기관으로 개편하기 위한 법적 기본 틀을 제공하는 것이다. 기존 연방노동청을 민간기업 방식으로 운영되는 공공기관(Bundesagentur für Arbeit)으로 개편하여 고객 센터를 설치하고 실업자들을 정보 고객, 상담 고객, 보호 고객으로 나누어 관리하고, 실업급여의 수급 요건 강화 등의 내용으로 하고 있다.

하르츠Ⅳ법은 장기실업자에게 실업부조와 사회부조를 통합한 실업급여Ⅱ를 지급한다는 것과 실업급여Ⅱ를 보유 재산 등을 평가하여 원칙적으로 생활에 필요한 수준의 급여를 지급하며, 등록된 실업자와 공법상 계약을 체결하여 적정한 일자리 제의를 거부할 경우 급여를 삭감하는 제도로서 지자체와 공동(일부는 지자체 단독)으로 일자리센터에서 관리하도록 하는 것이다. 가장 논란을 일으키고 엄청난 사회적 반발과 사민당의 내분의 원인이 되었을 뿐만 아니라 사민당의 총선 패배와 슈뢰더 총리의 실권의 계기가 되었다.

1. 하르츠Ⅰ. Ⅱ 법률안 제출

(1) 법률안

총선으로 재신임을 확보한 후인 2002년 11월 5일 슈뢰더의 적-녹 연립정부는 하르츠Ⅰ, Ⅱ 법률안(Entwurf eines Ersten Gesetzes für moderne Dienstleistungen am Arbeitsmarkt 및 Entwurf eines Zweiten Gesetzes für moderne Dienstleistungen am Arbeitsmarkt)을 연방의회에 제출하였다.

연립여당은 두 법률안의 제안 사유를 이렇게 적고 있다.

- 수출 지향 경제에 바탕을 둔 독일은 계속되는 세계경제 위기의 영향을 크게 받고 있다. 이는 실업자 감소의 정체로도 표현되고 있다. 지난 회기에 이미 사민당과 녹색당은 특히 조세개혁, 연금개혁 및 노동시장정책수단 개혁법(Gesetz zur Reform der arbeitsmarktpolitischen Instrumente, Job-AQTIV-Gesetz)에 의해 더 많은 성장과 고용 조건을 지속적으로 개선하였다. 1998년 이후 취업자 수는 약 120만 명 증가하였다. 그러나 이는 이에 상응하는 실업자 감소로 이어지지 못했다. 특히 고용행태의 변화로 과거에 실업자로 등록되지 않았던 사람들이 취업에 나섰기 때문이다.
- 연방정부의 하르츠 위원회 설치는 노동시장에 새로운 질서를 창출하기 위해서는 수많은 행동 분야를 포함한 종합적 접근방식이 필요하다는 것을 분명히 한 것이다. 고용정책에 대한 커다란 도전은 차원이 다르다. 이는 문제 극복에서 고려되어야 한다. 먼저 이는 기존 실업의 신속하고도 지속 가능한 축소와 실업의 방지에 관한 것이다. 그리고 또한 이는 미래의 연령구조와 국내 노동력 규모의 관점에서 노동력의 공급과 수요의 양적 및 질적 균형에 대한 대비가 필요하다. 마지막으로 이는 적합한 정책 패키지에 의해 독일의 국제적 산업입지 경쟁력 유지에 기여하고 이를 강화하는 것에 관한 것이다.

결국 더 많은 고용을 위하여 더 많은 성장이 필요하다. 수출지향의 독일 경제는 성장을 위하여 국제적 산업입지 경쟁력을 유지하고 이를 강화하여야 한다. 이를 위하여 종합적인 접근방식이 필요하다는 것이다. 이에 따라 제출된 법률안 심의를 위하여 이어서 11월 7일 연방의회에서 1차 독회가 있었다.3)

볼프강 클레멘트(Wolfgang Clement) 경제노동부 장관이 입법 취지 등에 관해 발언하였다.4) 그는 이 두 법률안이 대대적인 독일 노동시장 구조개혁으로 나아가는 법률 패키지의 첫 번째로서 하르츠 위원회의 결과물에 바탕을 둔 것이라고 말했다. 그리고 하르츠 위원회가 지금까지의 정파적 입장을 극복하고 사회집단 사이에서 합의를 이끌어 내는 데 성공하였음을 강조하였다. 이 위원회의 제안에 따라 일부 조치는 이미 시행에 들어갔다고 밝혔다. 즉, 연방노동청의 신임 이사회가 이 기관의 활동을 더 효과적이고 효율적으로 만드는 작업을 진행 중에 있고, 개발은행(KfW)5)이 이미 고용보조금 모델을 제공하고 있

---

3) 하르츠 I 법률안(Entwurf eines Ersten Gesetzes für moderne Dienstleistungen am Arbeitsmarkt), 하르츠 II 법률안(Entwurf eines Zweiten Gesetzes für moderne Dienstleistungen am Arbeitsmarkt) 내용에 관해서는 Deutscher Bundestag, 'Drucksache 15/25' 및 'Drucksache 15/26' 참조; www.bundestag.de

4) 2002년 10월 16일 사민당과 녹색당은 연정협상을 통하여 "실업과의 싸움에서 갈등에 의한 손실을 피하고 하르츠 위원회의 안을 가능한 한 하나하나 신속히 실행하기 위하여" 노동과 경제 정책부처를 통합하기로 합의하였다. 이에 따라 연방경제노동부(Bundesministerium für Wirtschaft und Arbeit)가 출범하였고 합의에 따라 장관은 사민당의 클레멘트가 맡게 되었다. 경제노동부는 2005년 총선 후 기민련/기사연의 앙겔라 메르켈(Angela Merkel) 총리 정부에서 연방경제에너지부(Bundesministerium für Wirtschaft und Energie) 및 연방노동사회부(Bundesministerium für Arbeit und Soziales)로 개편되었다; 사민당-녹색당 연정합의문(ERNEUERUNG-GERECHTIGKEIT-NACHHALTIGKEIT), www.spd.de 참조.

5) 1948년 마샬플랜을 집행하기 위하여 설립된 독일 정부 소유의 개발은행

고, "일자리를 위한 자본" 사업에 따라 특히 중소기업이 실업자를 고용하도록 인센티브를 주고 있다고 말했다.

법률안의 주요 내용으로 2004년 초까지 실업부조와 사회부조를 새로운 실업급여Ⅱ로 통합할 것이다. 이는 전체적으로 재정을 고려하여야 하기 때문에, 지자체 재정개혁 위원회의 결과를 기다려 보고 2004년 1월 1일부터 노동능력을 가진 사람들에게서 실업급여와 사회부조의 최종적인 통합을 시행하겠다는 것이다.

그리고 개혁의 두 가지 목표는 고용정책을 중심으로 신속하고 지속 가능한 취업알선을 위한 근본적인 조건의 혁신과 연방노동청과 연방의 재정건전화에 두고 있다고 밝혔다. 그런 의미에서 실업자의 취업을 알선을 1주일 단축하면 11만 5천 명의 실업자가 감소하고 이는 약 10억 유로의 절감에 해당된다는 의미다.

이런 취지에서 법률안 내용에 다음 사항이 포함되었다고 발언하였다.

- 전국적으로 일자리센터 설치
- 해고예고 접수 후 근로자의 즉시 등록을 의무화하고 지체 시 실업 급여에서 불이익
- 해고 예고를 한 사용자의 이에 상응한 책임
- 실업자의 자기노력 강화
- 이동수단 지원
- 근로자파견사업부(PSA) 설치: 기간제 및 파견 노동. 이 경우 파견 대상 기업 정규근로자와 동일노동 동일임금 지향

(Kreditanstalt für Wiederaufbau).

- 노령 근로자 지원: 55세 이상 근로자 임금보장. 노령 실업자 고용 시 임금 보전. 교량수당(Brückengeld) 도입
- 가사도우미를 대상으로 한 500유로 이하의 미니잡 지원: 불법노동의 방지와 합법화 유도.
- 자영업 지원: 1인 기업 및 가족 기업
- 탈규제, 유연성 및 재정건전화

1차 독회에서 나타난 야당의 입장은 자민당과 과거 동독의 사회주의통일당(SED)의 후신인 민사당(PDS)을 제외하고는 기본 취지에 공감하고 있었다. 물론 자민당은 신자유주의적 입장에서 규제철폐를 통한 정부의 역할 축소와 노사관계의 완전 자율화를 주장하였고, 민사당의 경우는 동서독 지역 간의 격차, 동독 지역의 상대적으로 높은 실업률, 신설 주의 저개발과 재정 취약이라는 관점에서 접근하고 있어서 기본 취지 자체에 반대하는 것은 아니었다.

칼-요제프 라우만(Karl-Josef Laumann) 의원, 다그마르 뵐(Dagmar Wöhrl) 의원, 요하네스 징하머(Johannes Singhammer) 의원 및 로베르트 호흐바움(Robert Hochbaum) 의원이 발언하였다. 이들의 발언을 통해 나온 기민련/기사연의 입장을 보면 뒤에서 살펴보겠지만 사용자연합의 주장처럼 하르츠 보고서에서 당초 제안하였던 것보다 후퇴했다고 비판하면서 그보다 더 나아가서 친기업적 접근을 할 것을 요구하고 있다.

근로자파견사업부에 대한 하르츠 보고서의 원래 계획은 기간제 근로자에게 엄격한 단체협약 이하의 임금을 지급하여 사용자에게 매력적인 것으로 만들려는 것이었으나, 정부 제출 법률안은 [파견 대상 기업의] 통상임금과 단체협약을 파견 근로자 모두에게 적용하는 것이

다. 그리고 파견노동에 관하여 파견기간을 12개월에서 24개월로 늘릴 것을 주장하였다. 클레멘트 장관이 법률안 소개에서 인용하였듯이 기민련 당수 메르켈 의원은 본의 <제네럴 안차이거>(General-Anzeiger) 지와의 대담에서 근로자파견사업은 민간기업이 맡아야 한다고 말하면서, 이는 고용업무의 국영화를 목적으로 한 것이라 주장했다

이들 의원들의 발언은 고용보조금인 "일자리를 위한 자본"(Kapital für Arbeit) 정책의 경우 실업자를 고용한 기업에게 제공되는 신용은 실효 이율 5,5%다. 게다가 실업자를 고용하고 긍정적으로 평가될 때만 받을 수 있다는 것이었다. 그리고 이 사업과 관련하여 개발은행의 연간 50억 유로 지출은 숨겨진 국가부채다. 이는 이미 풍부한 자금을 가진 기업을 위한 정책이지 자금력이 약한 창업 기업을 위한 정책이 아니다. 탈규제가 절실하다. 규제 비용의 90%는 중소기업이 부담하고 있다. 2천개의 연방 규정과 8만5천개의 지침이 소기업의 생존을 어렵게 하고 있다고 주장하였다.

노령 근로자 정책은 교량수당은 조기은퇴 사태가 발생할 것이다. 법률안에서는 [적정성과 관련하여] 이동성에 관한 이야기가 많다. 이는 이주(migration)다. 동독 젊은이들에게 이주수당을 주겠다는 것이 아닌가? 결국 동독에서 청년을 포함한 인력유출을 초래할 것이다.

자민당의 라이너 브뤼데를레(Rainer Brüderle) 의원은 단체협약 제도의 개혁을 요구하였다. 한 기업의 종업원의 75%가 산업별 단체협약의 상위 규정과는 달리 비밀리에 결정한 자체 규정을 가지고 있다. 동독 지역에서는 모든 근로관계의 70%가 현행 단체협약법 밖에 있다. 하르츠 개혁은 근로자파견사업부에만 집중하고 있다. 해고보호에 의해 소기업에 장애물을 높일 것이다. 이 법률안은 해고보호를 국유화와 사회화에 가깝게 하려고 한다는 것이었다.

민사당의 게지네 뢰취(Gesine Lötzsch) 의원은 사회부조 수급 실업자의 절반이 동독 지역에 거주하고 있다는 동독의 현실을 바탕으로 한 입장에서 실업부조와 사회부조의 통합이 급부 퇴보로 이어질 것을 우려하였다. 하르츠 개혁에 의해 동독에는 젊은 전문인력이 남아 있을 수 없을 것이라고 말했다

연립여당 녹색당의 테아 뒤케르트(Thea Dückert) 의원은 이는 노동시장정책에 새로운 개념을 도입하려는 것으로 녹색당이 2년 전에 개발한 "유연안정"(Flexicurity) 접근 방식, 즉 노동시장에서의 유연성과 실업에 처한 사람의 사회적 안전을 결합하려는 것이라고 주장하였다.[6] 말하자면 사용자에게는 유연성을 근로자에게는 일자리의 안정을 준다는 것이다. 하르츠 위원회가 이런 선상에서 신자유주의적인 것과 구조적으로 보수적인 것인 서로 상충하는 이해를 하나의 접근방식으로 결합시키는 데 성공했다고 주장하였다.

이런 의미에서 근로자파견의 경우 파견 대상 기업의 입장에서 기회와 매력은 저임금에 있는 것이 아니라 보통 시간 외 근로가 필요한

---

[6] 이는 노동시장에서 유연성과 안정성을 동시에 향상시키려는 유럽연합의 통합적인 고용전략이다. 사용자의 유연한 노동력 요구와 노동자의 안정 요구 - 즉, 장기실업에 처하지는 않을 것이라는 것에 대한 믿음 - 를 절충하려고 노력하고 있다. 유럽연합은 회원국 공동의 유연안정 원칙을 개발하여 유럽연합 고용정책의 핵심인 다음 4가지 요소에 의해 회원국이 어떻게 시행할 수 있는가를 모색하고 있다;
 - 유연하고 신뢰할 만한 협약
 - 종합적인 평생학습 전략
 - 효과적이고 적극적인 노동시장정책
 - 현대적 사회보장제도; "European employment strategy- Employment guidelines" 참조; ec.europa.eu

어려운 상황에서 이 상황을 극복하기 위하여 다른 사람을 고용할 기회를 가질 수 있다는 데 있다. 이는 "유연안정"의 실행이다. 파견근로자는 완전한 해고보호를 받을 수 있고, 이들을 파견 받는 사람은 유연성을 가질 수 있다는 것이다.

사민당의 클라우스 브란트너(Klaus Brandner) 의원은 근로자 파견과 관련하여 네덜란드 모델에 바탕을 둔 것으로 사용자의 오랜 탈규제 요구와 노동조합의 오랜 차별금지 요구를 결합할 것이라고 발언하였다. 이에 따라 사용자가 주장해 오던 "근로자파견법"에서 계약기간 일치 금지(Synchronisationsprinzip), 기간제한 금지(Befristungsverbot)와 고용반복 금지(Wiedereinstellungsverbot) 규정을 없애며, 동일노동 동일임금 원칙은 중요하지만 예외와 예민한 조정은 단체협상 당사자들에게 맡겨야 한다고 주장하였다.[7)]

이날 연방의회에는 기민련/기사연 '작은 일자리 활성화 법률안' (Entwurf eines Gesetzes zur Aktivierung kleiner Jobs, Kleine-Jobs-Gesetz), 기민련/기사연의 칼-요제프 라우만(Karl-Josef Laumann), 다그마르 뵐(Dagmar Wöhrl), 볼프강 뵈른센(Wolfgang Börnsen) 의원 등의 '취업알선 기관에 대한 최적 지원 및 요구 법률안'(Entwurf eines Gesetzes zum optimalen Fördern und Fordern in Vermittlungsagenturen, OFFENSIV-Gesetz)과 자민당의 '더 많은 일자리를 위한 행동' 동의안이 함께 제출되었다. 두 하르츠 법률안과 함께 모두 연방의회 경제노동위원회(Ausschuss für Wirtschaft und Arbeit)에 회부되었다.

---

7) 연방의회 1차 독회의 발언 내용에 관해서는 *Deutscher Bundestag*, 'Plenarprotokoll 15/8'(2002.11.7). 참조; www.bundestag.de.

(2) 노동조합의 입장

연방의회에 하르츠 제1, 제2 법률안이 제출되고, 이에 대한 1차 독회가 있던 날 독일에서 가장 강력한 노동조합연맹인 금속노동조합연맹(IG Metall)이 "요약과 평가"(Zusammenfassung und Bewertung)라는 제목의 문건을 발표하여 노동조합의 입장을 밝혔다. 노동자 보호 완화와 급부의 축소에 대한 반대를 담은 이 문건의 내용을 살펴보면 다음과 같다.

노동조합은 하르츠 보고서가 제시한 정책을 근본적으로는 노동시장정책이지만 부분적으로 구조정책으로 파악하였다. 그리고 노동조합의 입장에서 정부가 제출한 하르츠 제1 및 제2 법률안의 핵심 요소를 파견노동, 급부권, 적정성, 새로운 자영업(1인 기업), 500유로 일자리 및 임금보험과 교량체계로 보았다.

- 먼저 상업적인 파견노동 확대가 하르츠 안의 핵심이다. 파견근로자에게 임금을 포함하여 파견 대상 기업의 근로조건 적용(근로자파견법 3조 1항 G)과 근로자파견법의 규제(Synchronisationsverbot, Beschränkung der Überlassungsdauer, Befristungsverbot, Wiedereinstellungsverbot) 완화를 내용으로 하고 있다.
 전국적으로 동일한 단체협약이 적용되도록 전국적인 홀딩컴퍼니를 설립하라는 노동조합의 요구와는 부합되지 않으며, 민간 근로자파견기업을 우선시하고 어떤 단체협약에 관한 규정도 제시하지 않고 있다. 근로자 파견이 임금 덤핑의 길을 열거나 기업에 고용의 위험 줄여주는 것이 되지 않도록 근로자파견법의 보호조항 유지를 요구한다.
- 연립여당의 정보에 의하면 실업급여, 실업부조, 생계비 급부 개혁 정책으로 58억 4천 억 유로를 절감하려는 것이다. 이 중 25억 유로가 실업부조다.

  법률안의 규정은 일률적인 급부 축소에 관한 것으로 이는 연방 정부와의 협상에서 제외되어야 한다. 금속연맹은 급부 축소에 반대한다. 임금대체급부는 사회보험을 보장하고 구직의 기초를 마련하는 역할을 한다. 특히 이는 임금 수준 유지에 기여한다. 위헌의 우려에서 실업부조 및 이른 바 실업급여Ⅱ 축소에 반대한다.

- 독신 실업자가 이동이 적정한 거리 내에서 3개월 이내에 취업하지 못하면, 이동이 원칙적으로 적정하다고 규정하고 있다.

  독신 실업자의 이동성 확대는 직업선택의 자유(기본법 12조)와 재산권 보호 문제를 제기한다. 기존 임금 수준에 대한 압력을 증대시키고, 더욱 더 실업자에게 임금이 낮은 지역에서 일할 것을 강요하게 된다.[8] 하르츠 위원회의 "기능상 적정성" 표현은 법률 안에 포함되지 않았다. 지금까지 기본적으로 임금 수준과 직장까지의 거리가 적정성 평가의 기준이었다. 일자리 안정 도입에 의하여 이 기준의 보완이 필요하다.

- 새로운(유사) 자영업과 임금저하 전략(1인 기업. 가족 기업. 미니잡)은 연소득 25,000유로 이하에 대하여 1차 년도 600유로, 2차

---

[8] 독일 기본법 12조(직업선택의 자유)는 ① 항에 "모든 독일인은 직업, 직장, 직업훈련장을 자유로이 선택할 권리를 가진다. 이 권리는 법률에 의해 또는 법률에 근거하여 규제할 수 있다"고 규정하여 직업선택에 직업, 직장, 직업훈련장을 포함시키고 있다.

년도 360유로, 3차 년도 사회보험료 10%를 일률적으로 부담시키는 것을 내용으로 하고 있다.

지금까지 완전한 사회보험 가입 대상 고용을 이 새로운 고용형태로 전환하기 위하여 인센티브를 제공하는 것은 위험하다. 소액의 사회보험을 납부하는 규제에서 벗어난 노동시장 분야가 출현할 것이다.

- 법률안에 하르츠 위원회 안의 교육시간증권이 채택하지 않은 것을 환영한다. 그러나 재교육 증명에 의해 재교육의 질 경쟁이 커질지는 의문이다.
- 임금 보험과 교량제도를 내용으로 하는 노령 근로자 정책은 55세 이상 노령 근로자에 대하여 임금 상실 분의 1/2을 보조금으로 지급하고, 55세 이상 근로자 채용 사용자 사회보험 납부를 면제하며, 노령 근로자 조기 은퇴 시 55세에서 60세까지 교량수당 지급하며, 50세부터 개관적인 사유 없이 기간제 고용이 가능하도록 하고 있다.

가장 중요한 것은 기존 직장에서 근로자의 고용유지다. 임금보험으로 사용자의 부담을 면제해주는 것은 분배정책의 근거에서 반대해야 한다. 그리고 노령 실업자 고용 시 사용자의 사회보험료 면제는 동등 재정 부담 원칙에 위배된다. 객관적인 근거 없이 기간제 취업 연령을 낮추는 것은 기존 노동자의 고용을 기업이 유지하도록 하기 위한 것이 아니다. 이는 해고보호 완화다. 교량제도는 환영한다. 낮은 수준의 교량수당은 받아들일 수 없다. 60세부터 감소된 연금(법에 따르면 18% 감액) 지급은 절대 반대다.
- 개발은행은 이미 고용보조금 사업을 시행되고 있지만, 지자체 인프라 강화 계획이 아직 개시되지 않고 있다.

- 자금조달 방식은 지금까지의 연방노동청 자금조달 방식 그대로다. 보험금과 연방의 부채로 충당하겠다는 것이다.
- 8월 20일 위원회 보고서의 긍정적 요소의 강화와 급부 축소, 지리적 적정성 규정의 완화, 파견노동과 해고보호의 규제완화 및 단체협상 자율 제한은 금지를 요구한 금속연맹의 입장에서 다음 사항은 수정되어야 한다.

  파견근로자의 동등대우의 법적 규정이 있어야 한다.

  근로자파견법의 보호규정이 삭제되어서는 안 된다. 특히 기간 일치 금지(Synchronisationsverbote), 파견 기간 제한(Beschränkung der Überlassungsdauer)은 유지되어야 한다.

  실업 시 그리고 직업재교육 참여 시 급부 축소는 철회되어야 한다. 실업부조 축소는 헌법 위반이 우려된다. 기초보장으로서 필요에 따른 기본보장은 실업보험 제도에 포함되어야 한다.

  기간제 근로연령 50세로 인하는 해고보호제도의 완전한 완화다. 이는 철회되어야 한다.

  노령 실업자 고용 시 사용자의 사회보험료 면제는 동등 재정 부담 원칙에 위배된다. 이는 받아들일 수 없다.

  낮은 수준의 교량수당은 받아들일 수 없다. 60세부터 감소되는 (법에 따르면 18% 감액) 지급은 절대 반대다.
- 이런 내용의 수정이 없다면 동의할 수 없다.[9]

사용자 측의 입장에 관해서는 뒤에 하르츠 Ⅰ 및 Ⅱ 법률 발효 후

---

9) IG Metall-Vorstand, "Gesetzentwürfe der Regierungskoalition 'Moderne Dienstleistungen am Arbeitsmarkt' Zusammenfassung und Bewertung," www.igmetall.de.

에 나온 독일사용자연합(Bundesvereinigung der Deutschen Arbeit-geberverbände, BDA)의 2002년 사업보고서(Geschäftsbericht 2002)에서 살펴보기로 한다. 앞으로 살펴볼 연방의회 제2, 3차 독회나 연방상원 토론에서 나타나듯이 연방경제노동부 장관을 비롯한 정부는 노동조합 및 사용자 연합 등과 계속적인 대화와 협상을 가지면서 입법화에 임했다.

(3) 경제노동위원회 권고안

앞에서 언급하였듯이 연방의회가 경제노동위원회에 법률안을 회부함에 따라 위원회는 토의를 거쳐 11월 13일 권고안을 채택하였다. 위원회는 야당의 법률안과 동의안을 부결시키면서 기업의 입장을 반영한 야당의 주장을 상당히 수용한 권고안을 채택하였다.
즉 하르츠Ⅰ 법률안 내용을 다음과 같은 취지로 수정하였다.

- 건설업에 근로자파견 금지 예외를 허용하는 단체협약이 파견기업 및 파견 대상 기업에도 적용되도록 근로자파견법을 개정하고, 이외에 최초의 근로자파견 전에 파견 기업이 최소한 3년간 건설업 기업이었다는 것을 입증하도록 한다. 남용으로부터 보호는 외국의 파견기업에도 적용된다;
추가적으로 근로자파견법 개정에 다음 사항을 명시한다.
단체협약 및 개별합의에 대한 예외 규정에 의해 최초 6주 동안 파견 기간 중 파견근로자의 동등대우 원칙에서 벗어날 수 있다;
6주 동안 예외 조건으로 최소한 순임금이 실업급여액 수준으로 지급되어야 한다;

최초 6주 동안 적용되는 예외는 파견기업과 파견 대상 기업 간에 반복적으로 합의될 수 없다;

근로자파견법에 새로운 법이 도입되기까지 유예기간을 1년 연장된다. 동시에 단체협약 당사자들은 신속하게 단체협약 체결에 의해 전반적으로 파견근로자 노동조건 대한 새로운 규정을 정할 수 있는 기회가 주어진다. 이 경우 단체협약 규정 발효와 함께 특히 기간제한 금지, 재계약 금지, 기간 일치 금지 및 파견 기간 제한은 삭제된다.

- 시간제 및 기간제 노동법(Teilzeit- und Befristungsgesetze) 14조 3항의 연령 기준 인하는 3년으로 제한된다. 그 후 58세 연령 기준이 다시 적용되어야 한다. 동시에 위원회에서 결의된 수정안에는 신규 고용인 경우 3항에 따른 노령 근로자에 대한 무기한 설정에 대하여 2항에 따른 최장 2년의 전체 기간이 우선 적용된다는 것이 고려되어야 한다. 50세 연령 기준에 의해 근로자가 48세부터 장기간 기간제로 고용되는 데 두 가지 연령 기준이 선택적으로 사용될 수 있다. 만 52세로 연령 기준을 명확히 규정함으로써 이른바 합산된 무기한이 만 50세 이후에 비로소 허용될 수 있도록 하여야 한다.
- 실업자가 등록하지 않았거나 등록을 지체한 경우 실업급여 감액은 실업급여 1일 지급율의 1/2로 하여 감액 시에도 실업자의 사회보험 보호가 유지되도록 한다.
- 향후 조치에서 먼저 계획된 연방노동청 개편과 관련하여 주 노동청의 사회정책 상 보조금의 관할은 유지된다.
- 노령 근로자 임금보험은 50세 근로자로 확대된다. 보험금에 대한 2중 청구와 근로자파견사업부 고용 시 불평등 대우를 방지하

기 위하여 근로자파견사업부 고용 시 임금보험 청구는 금지된다.
- 지금까지 실업부조를 받아 온 근로자의 직업재교육 시 생계비 금액은 기존의 경우에는 변경되지 않는다. 새로운 규정은 새로운 경우에만 적용된다.

그리고 하르츠Ⅱ 법률안은 다음과 같은 취지로 수정되었다.

- 위원회의 수정에 의해 저임금 가사도우미 고용과 기타 저임금 고용이 동시에 일어나는 경우에 사회법전 4권 8a조 1항의 혜택이 적용되지 않는다. 동시에 사회법전 4권 8조 내지 8조a의 합산 규정은 수납기관(Einzugsstellen)에 의해 검토될 것이다. 사회법전 5권 및 6권은 수정 사항에 따를 것이다
- 세법 개정은 다음과 같이 한다.
개정에 의해 가계에서만 이루어지는 저임금 고용의 임금도 면세된다. 저임금 고용의 합산 시에 사회보험법에 의한 이런 고용 조건이 더 이상 적용될 수 없음이 확정된다면, 수납기관이나 연금보험 기관이 사용자에게 보험가입 의무 결정을 알려준 시점에 비로소 보험가입 의무의 효력이 발생하게 된다. 이 시점은 또한 임금에 대한 조세의무 발생시점이기도 하다.
가사도우미 이용에 대해서 세금 감면이 적용된다. 이 경우 노동시장 정책에 근거하여 내국인 가계에서 가사도우미 고용관계가 이루어진 경우에만 세금 감면이 적용된다. 위원회에서는 자녀의 보호와 돌봄 역시 가사 관련 활동임을 분명히 하였다. 소득세법 35a조 1항에 가사 관련 고용관계에 대한 세법상 지원이 규정된

다. 지원액은 고용관계의 종류에 따르며 사회법전 10권 8a조 의미에서의 저임금 고용 시 360유로를 한도로 지출의 10%이며 법정 사회보험 납부 의무가 있는 고용관계에 대하여는 1,200유로를 한도로 지출의 12%다. 소득세법 35a조 2항에 따른 세금 감면은 근로관계 조건에 들지 않는 가사 관련 활동에 적용되어야 한다. 세금 감면 금액은 480유로를 한도로 지출의 8%다.

가계는 가사 관련 고용과 가사도우미를 위한 지출에 대하여 세액공제를 받는다. 이 감면은 소득세 산정뿐만 아니라 선납액 확정 시에도 적용된다. 조세 감면이 소득세 산정뿐만 아니라 임금세액공제에도 적용될 수 있도록, 39a조 1항 5호 c도 개정되며, 이에 의해 세금 감면이 세액공제로 전환되어 임금의 세액공제로서 세무기관의 카드에 기재된다.

임금에 대한 일률 과세가 시행될 것이다. 가계에서 저임금 고용의 새로운 임금 기준에 따라 일률 과세 기준은 325유로에서 500유로로 상향된다.
- 일자리센터가 구직자뿐만 아니라 직업교육을 원하는 사람도 관리할 수 있도록 할 것이다.[10]
- 그리고 Ⅱ법률안은 연방상원의 동의가 필요하다.

이렇게 경제노동위원회에서 의결된 수정안이 연방의회로 넘어가서 다음 절차가 진행되게 되었다.

---

10) 연방의회 경제노동위원회 권고안(Beschlussempfehlung)에 관해서는 *Deutscher Bundestag*, 'Drucksache 15/91 (2002.11.14)' 참조; www.bundestag.de.

(4) 전문가 검토의견

연방의회 2, 3차 독회를 살펴보기에 앞서서 이 권고안이 나온 후인 11월 16일 발표된 연방경제노동부 자문위원회(Wissenschaftlichen Beirats beim Bundesministerium für Wirtschaft und Arbeit)의 자문보고서를 살펴보기로 한다. 하르츠 보고서와 당시까지의 입법 과정 전반에 관한 학계 전문가들의 의견으로 자세히 들여다 볼 필요가 있을 것이다. 튀빙겐 대학의 법학 교수 베른하르트 뫼셸(Wernhard Möschel)을 위원장으로 하는 연방경제노동부 학술 자문위원회는 먼저 하르츠 위원회가 당초의 위임 범위를 넘어서 실업과 싸움을 위한 근본적인 개혁을 제의한 것을 환영한다고 평가하면서 다음과 같이 의견을 제시하였다.

- 근로자파견사업부(PSA) 설치를 회의적으로 본다. 연방노동청 예산 축소와 실업자 축소라는 두 가지 목표의 동시 달성이 불가능하게 만들 것이다. 실업자를 줄이지 못하거나 많은 보조금에 의해 일자리를 창출하거나 둘 중 하나를 선택하여야 할 것이다. 11월 15일의 [경제노동위원회 채택] 법률안은 전자의 입장이다. 당초 하르츠 위원회 안은 후자에 가깝다.
1안은 공개 내지 숨은 실업자를 합친 580만 명의 1%의 지원은 잘 해야 시험적 방안이다. 이는 장기실업자나 기술 수준이 낮은 사람들에게 집중하여야 할 정책이다. 그러나 근로자파견사업부가 경쟁에 놓이면서 오히려 기능이 좋은 근로자에게 관심을 가질 것이다.

2안에 따르면 근로자파견사업부가 지급할 임금비용은 단체협약에 따른 임금의 70% 수준으로, 이는 원래 임금의 35% 수준이다. 기업이 근로자파견기업과 협의할 인센티브가 더 커지게 된다.

기업은 정상적인 노동시장 대신 근로자파견사업부에서 인력을 구할 것이다. 임금비용이 1/3이기 때문이다. 근로자파견사업부에서 정상임금의 100%를 받는 계약 하일지라도 근로관계의 보조금에 의해 사용자는 근로자파견사업부에서 직원을 채용할 것이다(하르츠 위원회의 계산 예 50%를 기초로). 근로자파견법의 금지 규정이 폐지되면 이 효과는 더욱 커질 것이다.

부정적인 효과는 근로자파견법의 금지조항에 의해 현실적으로 제어될 수 없다. (새로이 추가된 사회법전 Ⅲ권의 37c조) 이 경우 근로자는 자기 회사에서 해고된 후 근로자파견사업부에 의해 보조금을 받으면서 다시 고용될 뿐만 아니라(회전문 효과) 여러 기업을 전전할 수 있다. 세율 인상이 불가피하고 고용에도 부정적 영향을 줄 것이다.

근로자파견사업부에 고용된 인력의 임금은 특별한 단체협약에 의해 결정될 것이다. 보조금이 있는 한 근로자파견사업부가 충분한 저임금으로 합의할 의지를 가지지 않을 것이다. 근로자파견사업부와 노동조합은 납세자의 비용으로 더 높은 임금에 합의할 것이다.

전체 임금정책 면에서 노동조합은 지금까지 지나친 임금 요구가 일자리 자체를 파괴할 수 있다고 우려하였지만, 앞으로는 그런 우려가 줄어들 것이다. 협상 시 노동조합이 획득한 것이 최소한 부분적으로는 근로자파견사업부의 몫이 될 것이다. 임금비용이

상승한다. 거시경제적으로 보조금은 노동조합과 사용자가 제3자 즉 납세자의 비용으로 합의할 수 있는 상황을 초래할 것이다.
- 근로자파견사업부 설치의 핵심적 문제는 사회부조 개혁 없이 근로자파견사업부를 도입한다는 것이다. 사회부조 개혁이 없는 한, 접착효과는 일어나자 않을 것이다.
- 13개 모듈 중 첫 번째로 제시한 것이 일자리센터 설립이다. 지역 차원에서 노동시장 및 구직자와 사용자 업무가 일자리센터로 통합되며, 이에 더하여 보건과 주택 관련 업무도 취급할 것이라는 것이다. "요구와 지원"의 관점에서 실업자를 집중 관리한다는 것은 환영한다. 그러나 업무 집중도가 떨어질 수 있는 우려된다.

일자리센터의 재정은 실업보험의 문제가 아니라 전 사회의 문제다. 보험료 납부자와 국가 간의 재정 책임의 적절한 분담이 유지되어야 한다. 일자리센터와 국가의 취업알선 관계는 더 강화되어야 하고 민간 기관의 활동은 억제되어야 한다.

- 실업급여, 실업부조 및 사회부조 개혁은 실업부조와 사회부조의 통합을 내용으로 하고 있다.

현재 경제활동능력이 있는 실업자에 대한 3가지 사회보장제도가 병존하고 있다. 실업보험에 의한 실업급여는 원칙적으로 실업보험을 재원으로 하고 있다. 근로자의 보험가입기간과 연령에 따라 6 내지 32개월 간 지급된다. 금액은 순근로소득의 60 내지 67%다(가정에 최소 자녀 1인이 있다는 것에 따른다). 실업부조(Arbeitslosenhilfe)는 필요 시 사실상 기간의 제한 없이 지급되며, 금액은 순근로소득의 53 내지 57%로 연방세를 재원으로 한다. 사회부조(Sozialhilfe)는 개인의 실제 수요를 바탕으로 하여 과거의 소득과 관계없이 지급된다. 개인별로 객관적인 빈곤과 주관적인 필요에 의해 지자체에 의해 지급되며 상당 부분 지자체가 그 재정을 부담한다.

현행 실업보험의 효율성 문제와는 무관하게 필요에 따른 두 가지 사회보장제도-실업부조 및 사회부조-의 병존은 비용과 경제 면에서 정당화하기 어렵다. 자원 낭비와 수급자의 1차 노동시장 재진입에 장애물이라는 것을 하르츠 위원회는 알고 있다.

통합계획에 따르면, 실업급여(현재 실업급여 I)는 가입자의 보험료를 재원으로 하고 있고 그 급부 수준은 일반적으로 하향 조정되지 않을 것이다.

경제활동 능력이 있는 실업자에 대한 실업부조와 사회부조는 실업급여 II로 통합된다. 실업급여 I를 받은 후 혹은 자격요건을 충족하지 못한 경우에만 경제활동 능력이 있는 사람에게 생계 보장을 위한 급부로 이 급여가 지급된다. 경제활동 능력에 대해서는 일자리센터가 의료기관과 협력하여 결정한다. 실업급여 II는 세금을 재원으로 하고 필요에 따르며 이에 더하여 가족 관계가 고려된다. 경제활동 능력이 있는 사람이 노동시장에 진입하는 데 필요하다고 보이는 모든 서비스는 일자리센터에서 제공된다. 이는 경제활동능력 있는 모든 실업자의 일원화된 접촉창구다. 하르츠 위원회 보고서는 이는 연방, 주, 지자체 간의 부담 배분에 관한 합의라는 지자체의 재정개혁을 전제로 하고 있다.

지금까지의 사회부조(연방사회부조법 Bundessozialhilfegesetz에 따른 생계비 지원)는 보고서 계획상의 사회복지수당(Sozialgeld)에 해당된다. 이 급부는 경제활동 능력이 없는 사람에게만 제공된다. 조직 및 재정은 지자체의 책임으로 존치된다.

사용자와 기관의 관리비를 줄이고, 고객친화성을 제고하며, 이런 방식으로 취업과정을 지원하기 위하여 위원회는 이른바 등록증(Signaturkarten) 도입을 제안하였다. 이에 의하여 업무 부서에서 필요한 자료의 축적과 디지털 형식으로 검색이 가능하게 된다. 이외에 직원의 취업알선 이외의 업무에서 벗어날 수 있도록 업무와 관리의 간소화를 위한 일련의 보완정책이 계획되었다. 그래서 예를 들면 원칙적으로 과거 12개월 평균임금에 기초하여 실업급여 금액을 산정하고 급부 수급 기간 중에 노동임금 총액 변화에 따른 연례적인 기준임금 조정을 금하도록 제안하였다.

필요에 따른 사회급부의 통합은 위에서 말한 행정간소화 맥락에서 환영할 만하지만, 고용에 대한 효과와 납세자의 비용은 상당한 정도까지 아직까지는 명확하게 결정되지 않은 개략적인 개념에 좌우된다. 그래서 위원회는 노동정책의 성공에 가장 잘 도달할 수 있는 방안을 다음과 같이 지적한다.

(1) 50세 이상 실업자에게도 12개월 이상 실업급여 I 의 지급 중단. 국가의 부조 지급 기간과 금액 축소가 실업자 개인의 실업기간에 큰 영향을 준다는 것이 경험적으로 입증되었다.

장기적이고 관대한 재정지원제도 속에서 실업자의 활동 촉진은 개인의 지원과 제재에 맡겨져 있다. 고용정책이 성공을 거둔 주의 경험은 인센티브와 양립할 수 있는 이전급부의 설계다. 여기서도 중요한 것은 급부권한과 연방노동청 규정의 간소화다.

(2) 실업급여Ⅱ를 얼마로 할 것인지 명확하지 않다.

연방의회에서 배우자의 소득과 재산을 엄격하게 고려하는 지금까지 제도 유지 하의 실업부조 수정은 옳은 방향이다.

경제활동 능력이 제한적인 사람에 대한 사회부조는 절대빈곤과 노숙자를 방지할 수 있는 수준으로 축소되어야 한다.

산입에서 제외되는 추가 소득의 상한선은 이전소득의 삭감 없이 순소득이 현재의 사회부조 금액 수준에 도달할 수 있을 정도로 확대되어야 한다. 그래야 비로소 기본금액은 점차 없어지고, 이에 의해 이전소득 삭감율 인하가 결실을 얻을 것이다. 이에 의하여 단체협상 당사자들은 새로운 일자리가 충분히 발생할 수 있도록 기술 수준이 낮은 사람들에게 시장에 따른 임금을 주는 데 합의할 수 있을 것이다.

(3) 위기에 처한 장기실업자의 관리와 취업알선을 담당할 기관이 어딘지 명시되어야 한다. 국제 경험상 현장 관계와 지역간 경쟁을 가장 잘 활용할 수 있는 가능한 한 분권화된 기관이 맡는 것이 좋을 것이다. 실업부조와 사회부조는 올바르게 통합되어야 한다. 위기에 처한 사람에 대한 실업부조 폐지가 되어서는 안 된다.

- 가사도우미 분야의 미니잡을 확대한다고 하지만 세법과 사회법에서 이미 배려하고 있다. 현재 안의 내용은 가사도우미에 대하여 저임금 기준을 325유로에서 500유로로 상향하고, 소득은 면세로 하고, 10%의 일률적 사회보험을 부과한다는 것이다. 이는 의료보험과 연금보험으로 동일하게 배분하고 있다. 그리고 가사도우미

사용자는 지출의 10%, 연간 360유로 한도로 세액 공제를 받게 된다. 불법노동 방지를 위하여 세제 혜택을 주고 있다.
이 전략에 대하여 자문위원회는 반대한다.
필요한 세율 인하와 배치되며, 불법노동 폐지 목표는 정당화하기 어렵다. 혜택은 일반적이어야 하며 설득력 없는 근거에서 이런 고용관계로 한정하고 있으며, 지금까지의 불법노동은 상존할 것이다. 이에 더하여 해당되는 사람 일부의 경우, 즉 연간 소득 3,600유로 이하인 경우 사회보험금 부담은 완전히 그리고 다른 모든 사람의 경우에는 상당한 정도로 보전되는 세금에 의한 보조금은 합법화 효과에 역작용한다. 세무당국과 사회보험은 거의 혹은 전혀 추가 수입을 얻지 못한다.
공제액과는 반대로 각 면세한도는 결국 실효세율이 이 이상으로 되는 불이익을 가지게 된다. 그 결과 이 이상의 소득을 얻는 데 대한 인센티브는 극히 줄어든다. 이런 결과에 대응하기 위하여 하르츠 위원회는 501-1,000유로 구간에 단계적인 사회보험료 인하를 제의하였다. 그러나 이는 한편으로 사회보험 수입을 더욱 악화시키고 다른 한 편으로는 소득총액 1,000유로 사람들(약 42%)에게 완전한 보험가입으로 전환을 의미한다. 이 분야만 사회보험의 52%에 달한다.
현행 사회부조 지급률이 바뀌지 않는다면, 법정 미니잡을 받아들이는 것이 최소한 사회부조 수급자에게는 더욱 더 매력적이지 못할 것이다. 이 수입-월 70유로 이상-은 곧 사회부조 자격자의 85 내지 100%에 달할 것이기 때문이다.
이에 대한 가장 강력한 이의는 325유로 이하 수입 해당자의 75%가 여성, 학생 등으로 이 수입은 이들에게 보조수입이라는 것이다. 짧은 시간을 이에 투입한다. 대부분 저소득 독신 가정에서 살고 있지 않다.

이 정책의 표적 집단은 독신 내지는 기술이 낮은 가계의 주된 소득자여야 한다. 이들은 저임금 고용자의 12% 정도다.

그런데 "필요하다"고 분류되지 않는 사람들에게 혜택의 중요한 부분이 돌아가고 있다는 것이다. 이는 전형적인 무차별 지원(Objektförderung)의 모든 부정적 특징을 보여주고 있다. 표적 집단 지원(Subjektförderung)이 더 효율적이고 비용이 더 적게 든다.

이는 실업의 본질적인 해결에 기여하지 못하고 하르츠 계획에서 이질적이다.

- 사회법전 Ⅲ권 421i조로 신설되는 노령 근로자의 임금보험은 근로자파견사업의 보조금과 같은 문제점을 가지며, 임금보장이 회전문 효과를 촉진시킬 것이다. 노동조합은 혜택을 확보하자마자, 임금 인상으로 나갈 것이다.

사회법전 Ⅲ권 421l조에 따라 5년 동안 실업급여의 50%까지 지급하고, 연방노동청이 사회보험료 부담하는 내용의 교량수당은 55세에 달한 근로자의 은퇴 욕구를 야기할 것이다.

자문위원회는 두 정책이 시간적으로 곧 한계에 다다를 것으로 본다. 하르츠 보고서에도 언급된 인구구성 변화를 고려했는지 의문시된다. 장래에 충족될 수 없는 기대와 요구를 상승시킬 것이다. 특히 부정적인 것은 조기은퇴의 도입이다. 이는 근로자와 사용자 측의 문제를 5년 내지 10년 뒤로 미루는 것이다.

- 12번째 혁신모듈인 고용보조금 정책은 첫째 목표를 고용 인센티브를 주어 실업자 축소 기여에 두고, 둘째 목표를 중소기업의 금

융자금 활용 기회 제공에 두고 있다. 2000년 1월 1일부터 연방정부가 개발은행과 협력하여 "일자리를 위한 자본" 정책으로 시행하고 있다.

개발은행은 충분한 신용평가와 지속 가능한 실업자 고용을 조건으로 신용을 공여하고, 대출은 실업자 고용 1인당 10만 유로로 개발은행이 50%, 기업의 주거래은행 50%를 분담하며, 무담보로 이를 중개하는 주거래은행은 면책이다.[11]

이 정책에 의해 실업자에 대한 추가적인 일자리가 얼마나 창출되는가? - 고용효과. 그리고 이 결과에 따른 비용은 누가 부담하는가?

기업은 자본조달 비용 절감으로 자본집약적 생산으로 나감으로써 고용 축소로 나아갈 수 있다.

기업의 좋은 신용평가란 조건에 따른 부정적 효과가 예상된다. 이런 기업은 자본시장에서 자금조달에 별 문제가 없기 때문이다. 신용평가가 좋지 않는 기업에 근거 없이 신용이 공여될 수 있는 우려가 있으며, 대출한 은행은 바젤Ⅱ에 기초한 위험평가에 따라 자신의 대출 부분에 대하여 이율을 높임으로써 개발은행 대출의 이자 인하 효과가 상쇄될 수 있다.[12]

---

11) 자세한 내용에 관해서는 www.kfw.de/DE/DIE20%Bank/Aktuellesausder-KfW/KapitalfrA.jsp.Stand 1.11.2002. 참조; 연방경제노동부 자문위원회 보고서의 주.

12) 바젤Ⅱ: 결제은행(BIS)의 기존 자기자본협약((바젤1)을 보완하여 은행 내부 전산시스템의 오류, 직원들의 부정행위, 예상하지 못한 외부 사고 등으로 인한 금융손실을 반영한 운영 리스크에 대하여 자본금을 적립하도록 요구하는 협약으로 2007년 말부터 시행하기로 한 자기자본협약.

비용은 다음 두 가지 요소에 달려 있다: 개발은행이 대출이자를 어느 정도까지 보조해 주느냐 그리고 신용위험을 얼마나 추정하여야 하느냐?

- 결론: 하르츠 개혁은 실업 관리 개선에 대한 긍정적인 계기와 경제적으로 비생산적이고 재정적으로 위험한 정책 양자를 모두 포함하고 있다.

근로자파견사업부 설치로 5만 명 규모 고용은 노동시장에 의미 있는 부담완화를 가져다주지 못한다. 그런 효과를 내기 위하여 이를 충분히 확대한다면, 연방노동청 예산에 상당한 부담을 줄 것이다.

일자리센터가 기본적으로는 취업알선 효율성을 개선할 것이다. 그러나 추가적이거나 이와 관련 없는 일로 과부하가 걸려서는 안 된다.

행정의 효율성 제고를 위한 실업부조와 사회부조를 실업급여Ⅱ로 통합한다는 것은 기본적으로 환영할 만하다. 향후 입법 과정에서는 이 급부의 설계와 실업급여Ⅰ의 지급기간을 구직자에게 최상의 인센티브를 줄 수 있도록 개혁하는 것이 중요하다.

가사도우미 분야에서 저임금 고용의 소득 상한선 확대는 노동시장 문제를 해결하지 못하고 사회보험 기초를 약화시키는 것으로 거부되어야 한다.

교량수당에 의하여 조기은퇴를 쉽게 한다는 것은 인구구성 변화의 관점에서 잘못된 방향의 정책이다.

고용보조금은 실업자의 재취업에 그다지 영향을 주지 못한다. 부정적인 효과로 인하여 근로자파견사업부와 마찬가지로 재정적인 위험을 가질 것이다.[13]

2. 하르츠 I. II 법률 성립

(1) 연방의회 2, 3차 독회 및 조정위원회

1차 독회 후 노동시장의 이해 당사자 단체들과 연방정부 간의 대화와 협상이 계속되었고, 그리고 앞서 살펴본 경제노동부 자문위원회의도 15일부터 시작되었다. 이를 반영한 야당의 의견을 대폭 수용한 경제노동위원회 권고안이 나왔기 때문에 11월 15일의 2, 3차 독회에서 큰 쟁점은 없었다.

여기서 토론의 중심은, 녹색당의 뒤케르트 의원이 "하르츠의 핵심은 근로자파견사업과 기간제 일자리"라고 말했듯이 파견노동을 둘러싼 것이었다. 동일노동 동일임금 원칙의 적용과 근로자파견법상의 규제조항, 즉 기간 제한, 파견기업과의 계약기간과 파견 대상 기업과의 고용기간 일치 금지, 최장 2년의 파견기간 제한 규정을 둘러싼 것이었다. 권고안은 파견기업과 근로자 간의 기존의 단체협약을 1년의 유예기간 동안 유지하기로 하였다. 그리고 실업자가 파견근로자로 고용된 경우 입사 후 6주의 수습기간 동안 차별적 임금 적용이 가능하도록 하였다.

위에서 언급한 근로자파견법 상의 규제에 대하여 경제노동부 장관

---

13) Wissenschaftlichen Beirats beim Bundesministerium für Wirtschaft und Arbeit, "Die Hartz-Reformen-ein Beitrag zur Lösung des Beschäftigungsproblems?" (2002.11.16); www.bmwi.de.

이 계속적인 검토로 폐지할 수 있다는 자세를 취하였으며, 실제로 이는 폐지되어 2003년 1월 1일부터 발효하게 되었다.

근로자파견사업부 설치에 대하여 야당은 기간제 일자리의 국영화며 인민소유기업(VEB. volkseigener Betrieb) 일자리와 유사하다고 주장하였다. 이에 대한 타협안은 권고안에서는 우선 조달방식을 적용한 경쟁입찰에 의한 민간업자와 계약하고, 불가능한 경우 연방노동청의 지분 참여, 그리고 마지막으로 연방노동청의 출자에 의한 민간 기업 설립 3가지 방안을 규정하고 있다.

연방의회는 3차 독회에서 앞에서 언급한 경제노동위원회의 권고 내용을 수용한 법률안 표결에 들어가서 이를 가결하였다.

연방의회에서 의결된 법률안은 연방상원에 송부되었다. 11월 29일 연방상원에서 두 법률안 동의를 위한 토론과 표결이 있었다.

연방상원의 토론에서 대체로 연방의회, 경제노동위원회에서 제기되었던 문제의 반복적 거론으로 새로이 제기된 문제는 없었다. 그러나 연방상원은 그 구성이 연방의회와 다르기 때문에 반드시 출신 정당의 입장과 일치하지 않는다. 자기 주(州)의 이해 특히 재정 문제에 대해서는 소속 정당과 배치되는 입장일 수도 있다. 특히 구조적으로 취약한 동독지역 연방 주의 경우가 두드러지며, 사민당과 민사당 연립정권인 동독 지역의 메클렌-포어폼메른 주와 같은 경우가 대표적이라 할 수 있을 것이다.

메클렌-포어폼메른 주의 헬무트 홀터(Helmut Holter, 민사당, 주 노동건설부 장관) 의원은 하르츠 위원회가 신 연방 주 문제는 충분히 고려하지 않았다면서, 신설 주와 베를린의 노동부 장관들이 연방노동부 장관을 만나서 하르츠 법률을 위한 재정지출이 특히 장기실업자의 개별적인 취업능력을 지원하기 위한 필요한 자금을 최소화하고 있다는 우려를 표명하였다고 말했다. 그의 발언은 동독 지역의 입장을 대표하고 있는 것으로서 다음과 같이 요약할 수 있다.

- 동독 지역에는 일자리, 수주 및 기업유치를 위한 공세적 정책이 필요하다.
  "노동시장정책수단 개혁법"(Job-AQTIV-Gesetz)의 필요성도 동독 지역에서는 떨어진다. 기술향상과 취업알선 촉진이 문제 해결의 계기가 되지 않는다. 1차 시장에 일자리가 없다. 2차 노동시장의 부담은 점점 더 커지고 있다.
- 실업자와 사회부조 수급자 비용을 절감한다는 것은 실업자와 신 연방 주를 희생시켜 실업 문제를 해결하겠다는 것이다.
  실업급여와 사회부조 통합은 복지 축소 정책이다.
  장관은 실업급여Ⅱ는 사회부조보다는 많고 실업부조보다는 높다고 말했다. 메클렌-포어폼메른 주에서는 실업자 중에서 실업급여 받는 사람보다 실업부조를 받는 사람이 많다. 실업부조보다 훨씬 낮은 월 소득이란 당사자 특히 배우자의 고려 대상인 재산의 기준 인하를 의미한다.
- 교량체제로 동독 전 지역에서는 노인 빈곤 위험이 발생할 것이다. 실업급여Ⅱ는 실업부조 특히 사회부조를 받는 국민을 위한 것도 신 연방 주를 위한 것도 아니다.
- 적정성 강화는 젊은이와 능력 있는 사람들이 신 연방 주를 떠나도록 하여 산업입지로서의 매력을 떨어뜨린다. 이미 학생의 거의 반이 장래 희망을 동독 지역이 아닌 남부나 서부에 두고 있다.
- 적극적 노동시장 정책이 없다면 2.3 년 내에 동독의 전 지역이 사회적 초점 지역이 될 것이다.

헤센 주의 (기민련) 의원의 발언처럼 독일 정부와 연방의회 및 연방상원이 다루고 있는 것은 "200년 전 베를린에서 프로이센의 위대한 개혁가가 놀랄만한 제목 하에 만들었던 기본원칙 문제에 관한 것"이다. 그래서 "국가 활동의 한계를 새로이 설정한다는 것에 관심을 가져야 한다. 시민에게도 미래에 국가의 과제가 무엇인가? 사적인 급부는 무엇인가? 우리가 함께 부담하여야 하는 사회보장제도는 무엇인가? 비스마르크 시대에 출범한 근본원칙 하의 사회보장제도가 21세기 상황에서 어떻게 개혁되어야 하는가? 라는 질문을 제기하여야 하는 것이다."[14]

이 날 회의에서 연방상원은 권고안을 의결하고 이 두 법률안을 공동으로 심의하기 위하여 기본법 77조에 따라 연방의회와 연방상원 의원으로 구성되는 조정위원회(Vermittlungsausschuss)를 설치하기로 하였다.[15]

조정위원회는 앞에서 살펴본 경제노동위원회의 권고안에 대한 연방상원 토론에서 제기된 연방 주의 의견과 산업계의 입장에 바탕을 둔 야당의 요구를 더욱 수용한 하르츠 제2 법률안 권고안을 의결하였다. 주요 수정 내용은 다음과 같다.

- 저임금 고용 기준을 325유로에서 400유로로 수정하고 이에 따른 관련 사회법전 및 규정 수정. 특히 사용자의 세액공제 상한을

---

14) 제2장 주4)에서 언급한 1881년 11월 17일 독일 제국의회에서 독일제국의 비스마르크 총리가 아픈 빌헬름 1세를 대신하여 사회보장제도 도입에 관한 칙서를 발표한 것을 말한다.

15) 연방상원 회의에 관해서는 Bundesrat, 'Plenarprotokoll 783' (2002.11.29) 참조; www.bundesrat.de.

1,200유로에서 2,400유로로 상향
- 월 소득 401유로에서 800유로 구간(미디잡) 신설 및 이에 대한 혜택
- 교량수당과 창업보조금에 대한 세법상 혜택 삭제
- 2003년 1월 1일 일률적인 법률 발효를 일부 규정에 대하여 발효시점을 달리함.16)

(2) 하르츠 I, II 법률 확정

하르츠 I 및 II 법률 동의를 위하여 2002년 12월 20일 연방상원 본회의가 열렸다. 조정위원회에서 충분한 조정에 의해 합의가 있었지만 제1 법률안의 근로자파견사업과 미니잡 등에 관한 반대의견이 제기되었다.

이 날 표결에서 연방상원은 하르츠 II 법률에 대해서는 동의하였지만 I 법률안에 대해서는 동의를 거부하였다. 그러나 같은 날 연방의회가 상원의 I 법률안 동의거부를 다수결로 각하함으로써 하르츠 I, II 법률안이 법률로 성립되고, 관보에 게재되어, 일부 조항을 제외하고는 2003년 1월 1일부터 발효하게 되었다.17) 이로써 8월에 하르츠

---

16) 하르츠 II 법률안 조정위원회 권고안 내용에 관해서는 *Deutscher Bundestag*, 'Beschlussempfehlung des Vermittlungsausschusses' (Drucksache 15/202, 2002. 12. 17) 참조; www.bundestag.de.

17) 연방의회의 연방상원의 하르츠 I 법률안 동의거부에 대한 각하 표결에 관해서는 *Deutscher Bundestag*, 'Plenarprotokoll 15/17' (2002.12.20) 참조; www.bundestag.de. 독일 기본법 제77조 4항은 "… 연방상원이 다수결로 [법률안 동의] 거부를 의결한 경우, 연방의회는 다수결로 이를 각하할 수 있다. 연방상원이 3분의 2의 다수결로 의결한 경우에는 연방의회는 3분의 2의 다수결

보고서 발표 후 시작된 하르츠 개혁의 첫 단계가 마무리되었다.

하르츠 I, II 법률 확정과 발효에 대하여 독일사용자연합(BDA)은 2002년 사업보고서를 통해서 이 두 법률을 평가하면서 사용자 연합으로서 자기들의 입장을 이렇게 표현하였다.

> 노동조합은 물타기를 시도하였다.
> 연방의회와 연방상원은 조정 과정에서 사용자연합이 제기한 여러 가지 이의를 고려하였다.
> 특히 원래 가사도우미로 국한하기로 하였던 이른바 미니잡에 관한 새로운 규정에 의해 1999년 이후 상당한 제한이 있었던 "작은 고용관계"에 중요한 개선이 있었다.
>
> 또 달리 긍정적으로 평가되는 것은 연립정부가 규정한 해고예고기간 중 관료적인 근무제외 및 새로운 조기은퇴 선택지로서 "교량수당"이 제외되었다는 것이다. 그렇지만 개혁 작업은 필요에 상당히 못 미쳐서 부분적으로는 잘못된 점을 강조하고 있다.
>
> 기간제 일자리 분야에서는 하르츠 위원회의 안과 법률 간에는 분명한 차이가 있다. 위원회는 기간제 일자리 기업에 대한 강력한 규제완화를 염두에 두고 있었으나 입법 과정에서 노동조합의 대대적인 압력으로 인하여 크게 후퇴하였다. 기간제 일자리에 대한 과도한 일부 규제는 없앴지만, 고용 첫날부터 임금과 기타 노동조건에서 정규 근로자와 기간제 근로자의 동일 대우 원칙이 이

로 각하를 의결할 수 있다'라고 규정하고 있다.

에 대한 보상으로 적용되게 되었다. 다만 실업자의 취업인 경우에는 최장 6주일 동안 낮은 임금 지급이 허용되었다. 기간제노동 분야에서 이런 임금 규정은 단체협약에 의해서만 달라질 수 있게 되었다. 이는 기간제노동 비용 상승과 대대적인 관료주의 증대의 원인이 될 것이다. 동시에 지금까지의 기간제노동에 대한 제약의 폐지는 완전히 약화되었다. 새로운 규정은 기술이 낮은 사람과 장기실업자를 희생시킬 것이다. 지금까지 기간제 일자리는 이들에게 1차 노동시장에서의 취업에 아주 좋은 기회였다.

단체협약의 기회는 아주 줄어들었다. 사용자의 협상력은 노동조합에 비해 약화되었다. 기간제노동에 대한 단체협약은 협약 당사자들에 의해서라기보다는 법적 규정에 의해 외부에서 정해질 것이다. 사용자연합은 최소한 2004년 1월 1일까지 유예기간을 확보할 수 있을 것이다.

기간제노동에 관한 법적 규정에 의해 근로자파견사업부의 의미는 별로 없게 되었다. 파견 첫날부터 파견 대상 기업 근로자와 동일한 조건을 보장해주어야 하기 때문에 근로자파견사업부에는 연방노동청의 대규모 보조금이 필요하게 된다. 위원회 안은 파견 6개월 동안은 과거에 받던 임금에 기초하여 결정되어야 한다는 것이었다. 법률안은 이를 6주로 규정했다. 이 정책은 실패하거나 비용 부담자에게 추가 비용을 부담시킬 것이다.

실업급여와 실업부조의 개혁은 주변부 분야에만 영향을 주고 행정비용 증가로 이어질 것이다. 사용자연합과 연방정부 전문가들이 오래 동안 요구해온 것처럼 지급기간을 12개월로 제한하는 규정이 없다. 하르츠 위원회 안의 이런 급여 지급기간 단축과 일률지급은 노동조합의 개입에 의해 최종보고서에 빠졌다. 이 급부의 매년 증액만 취소되었다. 실업급여와 사회부조는 급부 기준 산정 시 소득과 재산을 고려하기로 한 타결에 의해 당초 취지에 조금은 접근했다. 실업자에 대한 생계비 계산 규정에 의해 과도한 관료제가 초래되었다. 위원회는 두 급여의 통합에 의해 일괄 계산을 제의했다. 실업 신고 지연 시 실업급여 감액은 번거롭고 행정비용 증가로 이어질 것이다.

지역 이동(이주)의 적정성의 경우 실업자는 실업 상태에 들어간 지 3개월 이내에 조기 취업 기회가 좋지 않는 경우 거주지 이전 의지가 있어야 한다. 이 원칙은 가족을 가진 실업자를 예외로 하면서 상대화 되었다. 긍정적인 요소는 제의된 일자리 거부를 정당화할 중요한 사유의 입증책임의 전환이다. 그러나 입증책임의 전환 제한은 이의 한계이기도 하다. 위원회안과는 반대로 실업자의 자기노력 부족에 따른 경력 단절기간 산입을 금지시켰다.

계속교육에서 하르츠 법률의 핵심은 계속교육 증명과 정책 및 재교육기관 인증제 도입이다.

1인 기업자의 법정 연금보험 포함은 자영업과 배치될 뿐만 아니라 불법노동의 이점을 없애기 위하여 관료주의와 세금 부담을 줄인다는 모델의 실제 목표와 배치된다. 4년간 실업급여 지급 유예기간은 실업자들의 경유지가 될 수 있다. 1인 기업에 대한 조세 특례 대신 앞으로는 모든 중소기업에 대하여 원칙적으로 비관료적인 회계와 조세 규정이 적용되어야 한다.

불법노동과의 싸움을 위하여 미니잡을 가사도우미로 제한한 것은 이 정책의 한계를 보여주고 있다. 2003년 4월부터 저임금 고용의 기준을 월 325유로에서 400유로로 상향하고, 사용자에게 일률적으로 25%의 조세를 부담하기로 하였는데, 이는 면세되는

400유로짜리 부업이 가능하게 할 것이다.

노령 근로자 문제에서 긍정적인 점은 기간제 노동을 52세 이상으로 확대한 것이다. 그러나 4년으로 제한함으로써 이의 규정의 효과가 상대화되었다. 유럽의 기간제 및 차별금지 정책노선에 부합하는지 불분명하며, 법적 확실성도 필요하다.

실업급여의 재설계나 조기 연금 수령 시 높은 활인에 의한 조기 은퇴의 유인을 제거하는 근본적으로 종합적인 개혁이 필요하다.

연방노동청 개혁에서 결점은 사용자와 근로자, 보험료 납부자의 실질적인 자치 대신 연방, 주, 지자체가 개입하는 3원화된 이사회가 존속한다는 점이다. 이사회의 감독 및 관리 권한은 감사위원회에 못 미친다. 특히 상임이사는 이사회에 의해 임면되지 않고 연방정부에 종속되어 있다.

연방노동청의 자치행정 행위가 아닌 연방노동부 전문적인 감독 하에 있는 취업알선 통계 기록에서 오류가 발생함에도 불구하고 연방정부의 수많은 감독과 개입 권한은 상존하고 있다. 이에 의해 정치도구화 및 불투명한 감독 책임 위험이 발생할 수 있다. 그러나 개편은 긍정적이다. 경영정책을 경제성과 효율성에 맞추면서 2003년 예산은 30억 유로 감축되었고 처음으로 보조금이 없어졌다. 이는 장기적으로 보험료율 인하로 이어질 것이다.

사용자의 입장에서는 연방정부가 권한을 내려놓는 것이 중요하다.[18]

근로자파견법의 제한, 실업부조와 사회부조의 통합 등 예민한 사항

---

[18] Bundesvereinigung der Deutschen Arbeitgeberverbände, *Geschäftsbericht 2002*, (Bundesvereinigung der Deutschen Arbeitgeberverbände, 2003), pp.13-20; www.bda.de.

은 제외시키거나 미니잡 사용자의 세제 혜택의 상향 조정, 발효 시점을 뒤로 미루는 등 노동조합과 사용자 및 야당의 요구를 대폭 수용한 법으로 이는 하르츠 위원회의 당초 제안보다 상당히 후퇴하였지만 개혁의 첫 걸음으로서의 의미가 더 크다고 하여야 할 것이다. 노동조합, 사민당 당내 좌파, 사회 그리고 야당과 사용자의 이해가 날카롭게 대립하는 하르츠 개혁의 2단계, 즉 하르츠Ⅲ 특히 Ⅳ 법률이 기다리고 있었다.

II. 개혁 2단계

1. 아젠다 2010

2003년 3월 14일 슈뢰더 총리는 90분에 걸친 긴 연방의회 연설에서 이미 시행에 들어간 연금과 조세 개혁과 2002년의 하르츠Ⅰ, Ⅱ 법률을 포함한 종합적인 개혁 계획으로서 "변화를 위한 용기"(Mut zur Veränderung)라는 제목의 "아젠다 2010"을 발표하였다.

원래 "아젠다 2010" 개념은 2000년 3월 포르투갈 리스본에서 열린 유럽 의회에서 나온 유럽연합의 2000-2010년 기간 발전 전략 내지는 개념(리스본 전략, 리스본 아젠다 혹은 리스본 프로세스)에서 나온 것이다. 이는 유럽연합을 2010년까지 "더 많고도 더 좋은 일자리, 사회적 결속과 환경에 대한 존경심을 가진 지속 가능한 경제성장 능력을 가진, 세계에서 가장 역동적인 경쟁력을 가진 지식기반 경제"로 만든다는 개념에서 출발하고 있다.[19]

슈뢰더 총리는 연설을 통하여 전체 개혁의 원칙과 대강을 밝혔다. 이의 주요 내용은 다음과 같다.

독일은 구조적 원인에 의한 성장약화와 싸워야 한다. 높은 수준의 임금 외 비용이 근로자에게는 더 이상 감당할 수 없는 부담이 되었고 사용자들에게는 더 이상의 고용 창출에 장애가 되고 있다. 투자와 소비지출이 격감하여서 특히 독일 주식시장에서만 지난 3년 동안 7천억 유로가 말 그대로 사라졌다.
독일은 정치적으로나 재정적으로 [유럽연합에] 결정적인 기여를 하고 있다. 우리는 유럽연합 재정에 4분1을 제공하고 있다. 우리는 유럽 금고에 매년 약 70억 유로 이상을 지출하고 있다. 유럽 내에서 그리고 유럽에 대한 우리 독일의 책임에 따라 살아가기 위하여 우리는 내부적으로 변화하겠다는 의지를 가져야 한다. 사회적 시장경제로서 우리가 현대화하든가 아니면 사회를 한쪽으로 밀어부칠 시장의 힘에 의해 우리가 현대화될 것이다. 우리의 사회는 50년 동안 사실상 변화가 없었다. 노동비용과 같은 일부 분야에서 오늘날 사회보장 정책은 심지어 부정의의 원인이 되고 있다. 1982년에서 1998년 기간 동안 노동 외 비용만 해도 34%에서 42%로 증가하였다.
그 결과 사회적 국가의 개혁과 혁신이 불가피하게 되었다. 이는 이를 종식시키는 문제가 아니라 사회적 국가의 본질을 유지하는 문제에 관한 것이다. 그래서 우리는 대대적인 개혁을 필요

---

19) 'PRESIDENCY CONCLUSIONS-LISBON EUROPEAN COUNCIL, 23 AND 24 MARCH 2000,' www.consilium.europa.eu.

로 하고 있는 것이다.

우리는 연금보험의 두 번째 지주인 사적 보험을 도입하였다. 기초연금과 노령보험의 지붕 아래 두 번째 지주로서 이러한 사적 보험을 두는 것을, 유럽의 여러 나라는 여전히 이를 도입하고 있지 않다. 없애는 것은 말할 것도 없고, 정부의 지도 아래 그런 개혁은 시작된 적이 없다.

우리는 시민과 기업이 모두 560억 유로를 절감하는 다단계 조세개혁을 결정하였다.

우리는 이 나라에서 본격적인 개혁에 들어가면서 외면할 수 없는 에너지 정책, 가족분야, 국적법은 물론 이민 법령을 현대화하였다.

우리의 아젠다 2010은 광범위한 구조개혁을 포함한다. 이것은 10년 안에 복지와 노동에서 독일을 다시 정상에 올려놓을 것이다. 이것을 통해 세대 간 정의가 확보되고 우리 공동체의 토대가 강화될 것이다.

여기서는 무엇보다도 세 가지 영역이 중요하다: 첫째 "경제와 예산"이다. 심각한 경제상황으로 인하여 안정과 경기부양 그리고 조세경감 사이의 새로운 균형을 마련할 수밖에 없게 되었다. 여기서 우리는 부채에 의해 비용을 미래세대에게 전가하는 일방적이고 이기적인 비용절감에 나서지는 않을 것이다. 이것은 결코 책임 있는 길이 아니다.

지자체의 재정 및 투자역량을 지속적으로 강화해야 한다.

공급측면의 우리의 구조개혁에 대한 보완이 필요하다. 양자는 상호의존적이다: 구조개혁 없이 모든 수요 진작은 일어나지 않는다. 경기회복 없는 개혁은 공허하다.

최저세율은 1998년의 25.9%에서 15%로, 최고세율은 53%에서 42%로 낮아질 것이다.

이자소득에 대하여 원천과세 제도를 도입하고, 이를 통해 외국에 예치된 돈이 처벌 없이 되돌아오도록 할 것이다.

노동과 경제, 이것이 우리 개혁의제의 핵심이다. 역동적으로 성장하는 경제와 높은 취업률은 지급능력이 있는 사회국가와 잘 기능하는 사회적 시장경제의 전제조건이다. 우리는 일할 수 있고 일하려는 모든 사람이, 또한 그런 가능성을 가진 사람이 이러한 목표를 포기하지 않기를 바란다.

우리는 "일자리를 위한 자본"(Kapital für Arbeit) 프로그램을 개시하였다. 우리는 실업자의 취업알선 조건을 근본적으로 개선하였다. 우리는 구직자의 권리와 책임에 새로운 균형을 부여했다. 노동시장을 더욱 더 유연하게 만들기 위한 상당한 노력을 경주하였다.

실업과 싸우기 위한 이런 기본조건을 더욱 분명히 개선할 것이다. 우리의 취업알선 제도는 명백히 취약하다. 완전고용의 시대에 이것은 중요하지 않았다. 그래서 잘못을 수정하지 못한 채 토론만 하면서 20년간 보냈다.

우리는 하르츠 개혁 이상으로 노동시장을 열고, 불법노동을 추방하며 충분한 직업교육장을 마련하려는 우리 노력을 강화할 것이다. 그러나 다음의 사실 또한 분명히 해야 한다: 비록 우리가 하르츠 개혁안을 법률적으로 신속히 시행했음에도 불구하고, 이에 상응하는 개혁이 노동시장에 정착하기까지 시간이 걸릴 것이다.

나는 일할 의지가 있고 일할 수 있는 사람이 사회복지관청에 가는 반면에, 노동시장을 전혀 활용하지 않는 사람이 실업부조를 수령한다는 것을 받아들일 수 없다.

우리에게는 책임과 서비스가 한 기관 통합되는 것이 필요하다. 이에 의해 우리는 일할 수 있고 일하려는 사람의 기회를 높일 수 있다. 그래서 우리는 실업부조와 사회부조를 통합할 것이며, 나아가 통상적으로 사회부조 수준에 상응하는 금액으로 단일화 할 것이다.

일자리를 받아들인 장기실업자에게 일정한 시간 동안 이제까지의 15%의 이전급여보다 더 많이 지급할 것이다. 이것은 일자리를 받아들이는 데 대한 인센티브가 되어야 한다.

12개월 이상 실업에 처해 있는 우리 사회의 사람들에게 분명한 신호를 줄 것이라고 생각한다. 그러나 앞으로 누구도 부담을 주면서 사회에 의지하는 것이 허용되어서는 안 될 것이다. 적정한 일자리를 거부하는 사람에 대해서는 - 우리는 적정성 기준을 변경할 것이다 - 제재가 고려되어야 한다.

우리는 경제적으로 어려운 시기에 기업에 사회보험 가입 의무가 있는 고용이 유지될 수 있도록 사회복지를 개편하여야 한다. 연령이나 취업기간 등의 엄격한 기준에 따른 사회복지 선택 대신 장래에는 근로자대표와 사용자 간에 그 우선순위가 결정되고 이는 구속력을 가져야 할 것이다. 이것은 기업에게 예측가능성을 높여주고 새로운 고용에 대한 장애를 낮출 것이다.

불법노동을 사회에서 추방하는 것은 도덕과 연대의 명령이면서도 이는 또한 사회적 경제적 이성의 명령이기도 하다.

우리 국민경제를 위해 기업연합과 대기업은 확실히 중요하다. 그러나 성장동력은 중소기업이고 앞으로도 그렇다. 중소기업은 높은 임금 외 비용과 관료적 규제에 불만이다. 따라서 우리는 앞으로 중소기업을 위하여 분명한 개선조치를 취할 것이다. 우리는 기장(記帳)의무를 줄이고 또 이것으로 세금부담을 인하하도록 중소기업 세법을 과감하게 간소화할 것이다.

연방정부, 국가기관은 민간 금융기관을 대신할 수 없다. 연방정부는 단지 보완적으로 활동할 수 있을 뿐이다. 따라서 우리는 "일자리를 위한 자본" 프로그램과, 신용평가 시 자기자본에 포함될 수 있는 이른바 후순위 대출(Nachrangdarlehen)에 의해 기업을 위한 신용조건을 개선하였다. 그러나 장기적인 자금조달은 민간 기관을 통해 이루어져야 한다.

단체협약에서 적합한 타협을 통해 필요로 하는 유연한 조건이 마련되어야 한다. 이것은 단체교섭당사자들에 대한 요구이고 또한 그들의 책임이다. 기본법 제9조는 협상자율에 헌법상 지위를 부여하고 있다. 그러나 이것은 권리일 뿐만 아니라 책임이다. 왜냐하면 제9조는 단체협상 당사자들에게 이와 동시에 경제와 사회 전체에 대한 책임을 질 의무를 부과하고 있기 때문이다.[20] 여기서는 누구도 전체 사회적 발전을 넘어서는 개별적 이익을 대표할 수 없으며 해서도 안 된다.

우리는 공동결정권을 침해하지 않으며, 산업별 단체협약(Flächentarifverträge) 또한 없애지 않을 것이다. 산업별 단체협약도 유연하게 다루어진다면 한 산업에서의 동일한 경쟁조건을

---

20) 기본법 9조(결사의 자유) 3항은 "노동과 경제 조건을 보호하고 지원하기 위하여 단체를 결정할 권리는 모든 사람과 모든 직업에 보장된다. 이 권리를 제한하거나 방해하려는 합의는 무효이며, 이를 목적으로 한 어떤 조치도 위법이다"라고 규정하고 있다.

창출한다. 산업별 단체협약은 기업과 근로자들에게 예측 가능성을 제공하고 생산성을 지속적으로 향상하도록 할 것이다.

어려운 시기에 기업이 더욱 일할 수 있도록 만드는 데 기여하는 것은 직장협의회와 노동조합이다. 당연히 노동조합은 변화되고 혁신되어야 한다. 그러나 토론에서 밝혀져야 하겠지만, 노동조합은 복지와 안정을 위해 너무나 많은 것을 챙기기 때문에, 우리가 종종 기민련/기사연과 자민당으로부터 역사적으로 유례가 없이 뻔뻔하다고 비난을 듣게 된다.

기업의 책임이 좋은 연간 성과에 머무는 것만이 아니라는 것은 사회적 시장경제의 핵심 존재가치에 속한다. 기업은 또한 사회적 책임을 가진다.

사회에 전체적으로 유익한 사회적 급부비용이 언제나 계속해서 노동 요소에 부담이 되는 것은 중단되어야 한다.

우리는 제도 개편과 관료주의의 폐지를 통해 상당히 절감할 수 있다는 것은 확실하다. 그러나 현재 이미 젊은이들에게 부담을 주고 우리나라의 미래기회를 가로막는 지원과 급부를 정리하는 것은 무조건 필요하다.

오늘 우리나라에는 구조변화가 필요하다. 우리는 평화롭고 공정한 세계에서의 좋은 삶에 대한 미래 세대의 기회를 경직성으로 방해해서는 안 될 의무가 있다. 이것은 우리가 변화에 대한 용기를 필요로 하는 이유이다. 우리나라는 다시 유럽에서 신뢰의 중심이 되어야 한다 - 우리를 위해, 그리고 유럽을 위해.[21]

---

21) Gerhard Schröder, *Mut zum Frieden und zur Veränderung* (Plenarprotokoll 15/32, den 14. März 2003); www.bundestag.de

1기의 연금 개혁과 조세개혁을 계속 추진하며, 2002년에 1단계 개혁인 하르츠 I 및 II 법률 성립으로 성과를 본 하르츠 개혁을 중심으로 전반적인 사회개혁을 본격적으로 추진하겠다는 것이었다. "앞으로 누구도 부담을 주면서 사회에 의지하는 것이 허용되어서는 안 될 것이다. 적정한 일자리를 거부하는 사람에 대해서는 – 우리는 적정성 기준을 변경할 것이다 – 제재가 고려되어야 한다"고 천명하여 실업문제 해결에도 개인의 책임을 요구하며, 특히 유연화를 목표로 하는 노동시장 개혁을 바탕으로 앞 장에서 이야기하였듯이 "독일연방공화국 수립 이래 최대의" 사회개혁을 강력하게 밀고 나가겠다는 강력한 의지를 표명하였다.

요구와 지원(Fordern und Förder)[22], 기브 앤드 테이크(Geben und Nehmen) 원칙, '자기부담과 자기책임'이 핵심 개념인 동시에 이의 실현에는 투자증가와 경기활성화가 관건이었다. 그리고 슈뢰더는 독일 사회의 낡은 전통을 비판하면서, 노동시장 유연화, 사회보장제도 개혁, 세율 인하 및 세제 개혁, 관료주의적 규제 철폐 등을 골자로 하는 사실상 사회적 국가에 대한 재 정의를 요구하고 있었다.

노동시장 개혁조치에는 노동청을 취업알선을 중심 업무로 하는 관료조직에서 공공법인으로 개편하고, 과도한 고용보호를 완화하며, 실업급여 수급기간을 단축하고, 실업부조와 사회부조를 통합하며, 단체협약에서 산업별 단체협약 외에 기업별 협약도 가능하도록 하고, 고용창출을 지원한다는 것 등이 포함된다. 그리고 사회보장제도의 개혁

---

[22] 복지수혜자들에게 요구해야 할 것은 요구하고, 지원이 필요할 때는 지원한다는 의미의 "지원과 요구" 원칙(Grundsatz Fördern und Fordern)은 2003년 6월 1일 아젠다 2010 채택을 위한 사민당 임시 당대회에서 사회정책의 원칙으로 채택되었다; 전종덕/김정로, 『독일 사회민주당의 역사』, p.468 참조.

조치로는 퇴직연금수령 개시 연령을 65세에서 67세로 상향 조정, 연금지급율을 최종소득의 70%에서 67% 그리고 64%로 인하, 자기책임에 근거한 사적 연금보험 도입, 의료보험제도 개혁 등이 있으며, 또한 경제활성화 조치로는 수공업을 촉진하기 위해 수공업법 제정, 중소기업 세부담 완화 등의 조치가 있다. 이런 개혁을 통하여 국가부채 급증이라는 재정 문제를 타개하려는 것이다. 핵심은 서로 연계되어 있는 노동시장과 사회보장제도를 개혁하여 재정문제를 타개하려는 것이었다. 어찌 보면 개혁의 내용은 기존의 독일식 '사회적 국가' 체제, '사회적 시장경제'에서 일종의 '시장 경제로의 전환'이라는 충격으로도 보였다.

이에 대하여 야당 기민련의 앙겔라 메르켈(Angela Merkel) 당수는 "독일이 국가 위기(inneren Verfasstheit)에 처해 있다"는 전제 하에 개혁에 기본적으로 동의하면서 사회정책에 개인의 자기책임, 더 많은 민영화, 세율 인하와 국가의 역할 축소를 주장하였다. 기술공학, 디지털화 그리고 정보사회가 이 세계를 극적으로 변화시키고, 세계화를 가속화하고 있는 상황에서 아일랜드는 유럽의 빈국에서 가장 희망적인 나라 중 하나로 변했고, 미국은 10여 년 전부터 평균 이상의 경기회복을 유지하고 있으며, 중국, 홍콩과 대만 모두 세계화의 기회를 활용하고 있는데, 독일에는 시간이 멈췄다는 것이었다. 2010년까지 유럽의 정상에 설 것을 목표로 제2의 건국정신이 필요하다는 것이었다.

[이를 위해] 1단계로 즉각적으로 노동시장, 보건정책, 세율 인하와 관료주의 철폐 정책을 취해야 한다.
미래에 대한 투자를 위하여 그리고 일자리를 위하여 투쟁하여야 할 첫 번째 과제는 특히 높은 기술에 있는 것이다… 두 번째 과제

는 사회가 실업자와 취업자로 분리된 것을 극복하는 것이다. 독일에는 일자리를 위한 기업의 연대가 그것도 그런 연대를 받아들이는 기업이 이후에 노동조합 본부의 불만을 고려할 필요가 없도록 할 법적으로 보장된 연대가 필요하다. 이러한 합의에 들어간 사람들에게 법적 안정이 필요하다. 그래서 우리에게는 단체협약법과 기업기본법 개정이 필요하다.

일관된 성과 인센티브가 필요하다. 이 땅에서 일하는 사람은 일하지 않을 때보다 더 많이 가져야 한다.

실업부조와 사회부조의 통합에 동의한다.

단순하고 투명하며 실질적으로 낮은 세율의 조세제도가 필요하다. 국제적 경쟁 속에 있다는 것, 독일의 사회제도가 노동 요소와 연계되어 있다는 것, 그리고 이로 인해 우리의 노동이 비싸고 따라서 비교적으로도 일자리 창출이 어렵다는 것과 관련되어 있다. 바로 이런 이유에서 임금 외 비용이 40% 이하로 축소되어야 한다.

사적 연금 장려에 관해서 아주 냉정하게 말하겠다. 우리가 계속 집권하였다면, 우리도 이 길을 택했을 것이다. 원칙적으로 옳다. 우리가 비판하는 것은 귀하의 정책 탓에 관료주의적 괴물이 나타날 것이라는 것이다.

현재 이미 인구의 30%가, 전제가 복잡하지 않다면, 국가가 지원하는 [사적 보험] 노령연금을 이용할 의지가 있다는 것이다. 이것이 핵심이다. 우리는 항상 이 분야에서 관료주의 축소에 기여할 태세가 되어 있다.

국민을 신뢰하여 국가의 역할 축소를 실현하여야 한다… 국가의 [지출] 비율을 [국내총생산의] 40%에 접근시켜야 한다… 국민을 신뢰하고 국민이 스스로 삶을 설계할 수 있는 창의력을 믿어야 한다.

[공공예산 건전화] 이는 성장에 의해서만 가능하다. 그래서 모든 성장능력이 강화되어야 한다. 우리는 민영화하여야 한다.

[결론적으로] 미래에 대한 일관된 투자, 성과 인센티브의 일관된 추진과 이에 대한 모든 정책의 검토, 취업자와 실업자 간의 사회적 차별의 극복, 국제적 비교에서 노동의 경쟁력 확보와 국가 [지출] 비율의 [국내총생산] 40% 이하로 축소. 이것이 독일이 유럽 내에서 실질적으로 정상의 자리를 확보하느냐 아니면 현재에 머물 것이냐를 결정할 것이다… 재량, 자기책임, 더 많은 숨쉴 공기…

귀도 베스터벨레(Guido Westerwelle) 의원 역시 메르켈과 같은 입장에서 "시민에게 더 많은 자유, 더 많은 자금과 더 많은 기회"를 줄 것을 요구하였다.[23]

그러나 연방의회와는 달리 사민당 내의 좌파, 노동조합, 경제학자 등 지식인 사회는 이에 대하여 반발하였다. 서비스노동조합의 프랑크 브지르스케(Frank Bsirske) 위원장은 슈뢰더를 배신자(Verrat)라 비난하였다.[24]

아젠다 2010 개혁안의 승인을 위한 6월 1일로 예정된 사민당 임시 당대회를 앞두고 당내, 외에서 개혁안에 반대하는 목소리가 커지고 항의 집회의 규모도 커지고 있었다. 물론 개혁의 과감한 추진을 요구하는 흐름과 함께 사회를 양분하고 있었다

---

23) 앙겔라 메르켈, 귀도 베스터벨레 등 의원들의 발언에 관해서는 앞의 연방의회 의사록 참조.

24) *Der Spiegel*, 2003.3.15.

당내 문제를 해결하기 위하여 슈뢰더는 개혁안을 임시 당대회에 제출하는 대신 사민당 기반의 지지 확보를 위해 지역 위원회 소집하여 대응하였다. 슈뢰더는 독일 사회의 낡은 전통을 비판하면서 사실상 사회적 국가에 대한 재 정의를 요구하고 있었다. 이는 1996년 당시 사민당 당수 오스카 라퐁텐이 물가 안정, 성장, 높은 수준의 고용과 대외수지 균형을 목표로 하는 사민당이 대연정에 참여하였던 1967년에 제정하였던 "안정과 성장에 관한 법률"이 정책원칙이라는 것에 대한 수정과 1989년의 베를린 강령의 사회에 대한 국가 책임의 수정을 요구하고 있었다. 그러나 5월에도 여론조사 상 사민당 당내에서 슈뢰더의 개혁정책을 지지하는 당원은 51%에 불과하였다. 48%는 이에 반대하고 있었다. 이후 당권에 도전하는 지그마르 가브리엘(Sigmar Gabriel)의 표현처럼 사민당은 점차 위기에 빠져들고 있었다.[25]

이런 분위기에서 기민련의 메르켈 당수는 기부금 사건[26] 이후 처

---

25) *Der Spiegel*, 2003.5.23.

26) 1999년 11월 5일 기민련 재무책임자 발터 라이슬러 키프(Walther Leisler Kiep)가 1991년 무기거래상 칼하인츠 슈라이버(Karlheinz Schreiber)의 기부금 100만 마르크 탈세 혐의로 아욱스부르크 검찰에 출두하면서 드러나기 시작한 사건으로, 그 후 헬무트 콜 전총리가 TV 대담에서 1993-1998년 사이에 불법적으로 200만 마르크를 받았음을 시인하였다. 2001년 1월 베를린 행정법원은 기민련이 스위스 비밀금고에서 헤센 주 당으로 간 1800만 마르크를 신고일 이후에 회계 보고한 혐의로 기민련에 4100만 마르크의 벌금형을 선고하고, 이후 베를린 지방법원 이 사건 조사 종결에 동의함으로써 사건 처리는 끝났다. 그러나 2015년 쇼이블레 재무장관이 언론에 밝힌 바로는 사민당의 집권을 우려한 당시 서독 전경련이 관련된 플리크 그룹 사건으로 1954년부터 진행된 뿌리가 길며 천만 마르크 이상이 드러나지 않은 규모와 범위에서 훨씬 더 큰 사건이지만 전모는 밝혀지지 않았다. *Der Spiegel*, 2000.9.11; Handelsblatt, 2001.3.2.

음으로 기민련 지지자들 앞에 모습을 보이기 시작하였다.

독일 독일노동조합총연맹(DGB) 위원장 좀머(Michael Sommer)가 2002년 6월 사민당 당대회에서 조세와 연금 개혁 등 사회개혁과 관련하여 종전까지 적-녹을 더 이상 신뢰하지 않는다는 것에서 태도를 바꾸었지만, 서비스 노동조합 위원장의 반발처럼 노동시장 개혁이라는 근본적인 문제와 맞닥뜨리게 되었다.

5월 23일 400명의 학자들의 "아젠다 2010 반대 호소문"(Aufruf von über 400 Wissenschaftlern gegen "Agenda 2010") 발표가 있었다. 그리고 다음날 250명의 경제학자 및 정치학자들의 과감한 개혁을 요구하는 지지 성명이 있었다.

이 두 가지 문건이 아젠다 2010을 내용으로 하는 슈뢰더 정부의 전반적인 개혁 정책에 대하여 이후 일어나는 찬반의 입장을 잘 요약하고 있다.

먼저 베를린 자유대학의 저명한 정치학 교수인 엘마 알파터(Elmar Altvater) 박사를 비롯하여 400명이 서명한 사회정의와 연대에 기초하여 사회적 국가의 강화를 요구하고 있는 이 호소문의 주요 내용은 다음과 같다.

폐지 대신 사회적 국가 개혁-실업자 제재 대신 실업과의 투쟁

근본적으로 아젠다 2010은 복지제도에서 급부의 대대적 축소에 집중되어 있다. 이에는 무엇보다도 실업급여 수급기간의 단축, 실업부조의 사실상 폐지, 적정성 규정의 강화, 해고보호의 완화 및 연금 수준의 추가 하향이 포함되어 있다. 야당, 경제 및 사용자 단체, 많은 학술 자문기구와 많은 언론에게는 이런 축소가 여전히 충분하지 못하다. "더 적은 사회적 국가 = 더 많은 고용"이라는 구호 아래 사회적 국가의 핵심요소 폐지를 위한 경쟁이 시작되었다. 그래서 앞으로 정부와 협상에서 기민련/기사연은 단체협약법, 단체협상자율 개입 및 사회부조 축소를 강제하려고 한다.

한편으로는 잘못된 처방을 가지고 작동하고 다른 한편으로 보수적인 로비단체의 압력에 굴복하는 정책은 용기도 없고 개혁을 지향하지도 않고 있다. 계획된 축소는 사회정의의 원칙을 훼손하고 사회적 국가의 근본을 위험하게 하면서도 어떠한 일자리도 창출하지 못한다. 우리는 사회적 국가가 더 이상 재정적으로 감당할 수 없고 성장약화와 실업의 원인이라는 테제에 반대한다.

- 대량실업의 지속은 일자리 부족의 결과지 일할 의지의 결여 탓이 아니다. 실업자에게 더욱 더 압력을 가함으로써 노동시장의 위기가 해결된다고 믿는 사람은 실업자와 싸우는 것이지 실업과 싸우는 것이 아니다. 실업급여 수급기간 단축 및 사회부조 수준으로 실업부조와 사회부조의 통합은 실업자 가계의 심각한 소득감소로 이어지고 이미 높은 해당자들의 빈곤 위험을 더욱 악화시킬 것이다.

- "어떤 가격"에도 일자리를 받아들이게 하기 위하여 실업자들을 물질적 조건의 압박 하로 몰아넣는 정책은 독일에서도 저임금 경제의 확산을 조장할 것이다. 이런 사태 발전은 시급하게 요구되는 양질의 서비스 강화에 반하며 전체적으로 더 많은 고용이 아닌 노동시장에서 문제 많은 구축효과(Verdrängungseffekten)를 초래할 것이다. 더 좋은 보수의 보장된 일자리는 더 나쁜 보

수의 불안정한 일자리에 의해 대체될 것이다. 고용관계의 노동조건과 임금조건은 전체적으로 위험하게 될 것이다.
- 해고보호의 완화는 새로운 일자리 창출 없이 이미 낮은 수준에 있는 소기업에서 보호 수준을 더욱 저하시킬 것이다. 기업과의 합의에 의한 단체협약 규정의 자의적인 적용 제외는 노동과 임금에서 최저 기준을 보장하는 산업별 단체협약의 핵심 기능을 무력화할 것이다.
- 현 재정위기의 원인은 사회적 국가제도와 주장과 같이 이의 과도한 급부에 있는 것이 아니다. 재정적자는 우선 통일 후 사회보험 재정과 만성적인 노동시장 위기의 결과다. 실업의 증가는 지출 증가를 야기하여 보험료와 세수를 감소시켰다. 그러나 기업, 고소득자와 자산보유자들의 세부담 완화에 집중된 작년의 조세정책 역시 재정위기에 기여하였다. 특히 거래세, 법인세 및 종합소득세 세수가 무너졌다.
- 사회보험제도에서 재정 문제와 보험료 부담 증가는 급부 배제(사적 보험과 관련) 혹은 자기 부담 인상(진료비, 의약품 등)에 의해 해결되지 않는다. 이에 의해 재정을 보험가입자 특히 환자에게 부담을 전가할 뿐이다. 보험가입자에게만 의존하는 의료비 재정은 보건제도 상의 지출증가에 아무것도 변화시키지 못한다. 이는 기업에 유리한 재분배일 뿐이고, 사용자와 근로자의 동일 재정 부담 원칙을 약화시킬 것이다.

제시된 방안은 사회적 형평에 기초한 사회적 국가와 그 토대를 위협할 것이다. 높은 고용 수준과 강화된 사회적 국가는 전혀 모순되지 않는다. 이를 달성하기 위해서는, 실제로 "개혁"이라 부를 만한 경제정책, 재정정책 및 노동시장과 사회정책이 필요하다. 이에는 특히 다음 사항이 포함되어야 한다.
- 실업을 축소하고 사회적 국가를 보장하기 위하여, 경제 및 재정 정책에서의 전환이 시급히 요구된다. 공공투자는 축소 대신 강화 되어야 한다. 공공투자 정책에 의해 인프라와 환경의 현대화 및 교육제도의 강화에 착수할 수 있다. 사회보장 축소에 의한 중, 저소득 계층의 구매력을 제한하는 대신, 민간소비의 안정과 확대가 필요하다.
- 부자만이 가난한 국가를 먹여 살릴 수 있다. 조세와 지출에 의한 부담은 그러나 재정적인 지급능력에 기초하여야 한다. 따라서 사회정의의 원칙에 기초하여 기업 및 고소득자와 재산이 공공과제의 재정을 더욱 더 분담하는 조세개혁이 요구된다.
- 노동행정과 취업알선의 효율화는 필요하지만 이것만으로는 불충분하다. 실업부조와 사회부조의 통합은 급부의 저하 없이 이루어져야 한다.
- 실업급여 수급기간 단축, 연금 수급 연령 상향조정과 연금 감액 대신, 노령자에게 적합한 기업의 인력정책의 변화가 필요하다.
- 성장에 의해서만 실업이 축소될 수 없다. 노동시간 정책에서 현재의 제자리걸음은 극복되어야 하고 다양한 형태의 개별적 그리고 일반적인 노동시간 단축으로 대체되어야 한다.
- 사회보장제도의 재정기반 확보는 한편으로 사회정의에 기초한 합리화 수단의 활용을 요구하고 있다. 전체 주민이 그 재정에 기여한다 하지라도 그 때 비로소 장기적으로 연대적인 보험제도가 살아남을 수 있다. 재정 문제 특히 연금보험과 의료보험의 재정 문제와 관련하여 보편적인 경제활동참가자 보험을 지향하여야 한다.[27]

사민당 당내의 좌파를 비롯한 전통적인 좌파의 수요에 중점을 둔 진단과 요구였다. 이에 대하여 슈뢰더 총리는 1998년 11월 10일 취임사에서 "현대 재정, 경제 정책에서 공급 지향이냐 수요 지향이냐의 논쟁은 무의미하다, 둘은 모순되지 않는다. 우파나 좌파의 경제정책이 아닌 현대의 사회적 시장경제 정책을 지지한다. 시장 개방과 규제완화, 혁신과 미래 산업 지원을 통하여 상품, 새로운 시장, 새로운 거래 방법 공급 조건을 개선하겠다"는 실용주의적 입장을 유지하고 있었다.28) 이는 또한 1999년 6월 17일 영국 노동당의 토니 블레어 총리와의 공동선언 "유럽: 제3의 길/신중도"(Europe: The Third Way/Die Neue Mitte)에서도 경제정책에서 수요 측면을 중시하고, 분배와 국가의 역할이 강조되는 사회적 국가에서 자기책임과 자기주도를 강조하면서 공급 측면 중시 정책으로의 전환 요구에서도 확인된다.29)

5월 24일의 노벨 경제학상 수상자인 본 대학의 라인하르트 젤텐(Reinhard Selten) 교수 등이 서명한 "과감하게 개혁에 나서라"(Den Reformaufbruch wagen!) 제목의 지지 성명은 경제의 세계화와 내국시장화한 유럽을 조건으로 재정적자, 대량실업 앞에서 성장을 위하여 과감한 개혁을 요구하고 있다. 이 성명의 주요 내용은 다음과 같다.

---

27) Prof. Dr. Elmar Altvater 외, "Aufruf von über 400 Wissenschaftlerinnen und Wissenschaftlern am 23.05.2003,"; www.archive.org..
28) 전종덕/김정로, 『독일 사회민주당의 역사』, pp.434-435.
29) 앞의 책, p.431 참조.

"과감하게 개혁에 나서라"
정책 결정자들에게 대한 250명 이상의 경제학자들 아젠다 2010 실행 호소

[독일의] 극히 높은 실업과 사회보장제도의 재정 위기는 경제, 노동, 사회 정책의 개혁을 요구하고 있다. 그럴 경우에만 기술의 진보, 세계화와 인구구성의 변화에 동반된 사회, 경제적 도전은 극복될 수 있다.

더 이상 주저하거나 개별적 이익집단의 기득권 보호자들에게 양보한다는 것은 독일을 경제적 정체의 심연으로 더욱 몰고 갈 뿐이다. 지금 일관된 행동이 없다면, 다른 나라에서 오래 전에 시작된 조정과정과의 연계가 결국 상실될 위험에 처할 것이다. 개혁은 사회정의에도 기여할 것이다. 시간을 지연시키거나 필요한 변화를 방해하는 사람들은 실업자들의 일터로의 복귀를 막고 사회보장제도를 붕괴의 위험으로 몰고 있다. 사회의 연대가 필요한 바로 그 사람들이 이의 영향을 받을 것이다. 이를 넘어서 아무런 결정도 내리지 못하는 정치가 계속된다면 장래 세대의 미래 전망이 위험하게 될 것이다.

개혁세력을 결집하여 회의론자들의 저항에 대항하여 이미 시기를 놓진 현대화를 관철하기 위한 정치적 지도력이 요구된다. 지금 신속하고도 일관되게 필요한 개혁으로 나선다면, 성장과 완전고용으로 복귀 그리고 사회보장의 지속 가능성 창출은 가능할 것이다.

노동시장에서 역작용하는 인센티브를 없애라

실업급여의 최장 수급기간을 18개월로 제한하는 계획, 사회부조 수준으로 실업부조와 사회부조의 통합 및 적정한 취업 제의 거부 시 급부 축소는 단순한 일자리를 더 매력적으로 만들어서 일자리를 받아들임으로써 실업자가 다시 임금을 받을 수 있게 하는 전제조건이다. 해고보호의 개혁은 기업의 고용 장애를 없애는 데 기여할 것이다. 이런 혁신의 희생자가 사회적 약자라는 주장은 틀렸다. 높은 실업이 전혀 자연의 법칙 아니라 역작용하는 인센티브에 있다는 것을 알 수 있다.

더 많은 세대 간 정의가 있어야 한다

지속 가능한 연금정책 노선은 세대 간 정의가 되어야 한다. 조기은퇴 인센티브의 폐지와 은퇴연령의 상향조정이 재정지원제도(kapitalgedeckter Systeme) 확대와 같은 종합적 개혁을 대체하는 것이 아니다. 그러나 이는 사회보장제도의 재정을 장기적으로 보장하여 미래 세대의 부담을 완화시켜주기 위하여 시급히 요구된다. 임박한 인구구성 변화에서 노령자의 경험과 생산력이 필요하기 때문에 또한 이의 수정이 요구된다. 이에 더하여 노령 근로자의 고용 시 기업의 위험에 대응하기 위하여 유연한 임금제도는 유의미하다.

보건 분야의 독점은 타파되어야 한다

의료보험 간의 경쟁 도입은 지금까지 공급 분야에서 의미 있는 비용 감소를 방해하여 온 협회 구조의 타파만큼 필수불가결하다. 이는 환자의 자기부담 상향조정, 소득과 보험료의 연동 폐지 혹은 보험가입자 확대에 의해 보장되는 필요한 정책과 함께 추진되어야 한다.

이주 노동자의 규제
독일은 인구와 경제의 관점에서 이민자를 합목적적으로 선정하면서 동시에 이민자 수를 탄력적으로 설정할 수 있는 정책수단을 필요로 한다.

거시경제적 보완정책을 마련해야 한다
단기적 조정 문제의 충격을 흡수하기 위하여 추가적인 거시경제적 부양 정책이 포기되어서는 안 된다. 구조개혁과 거시경제적 부양 정책이라는 이중 전략은 사회정책의 현대화 노력을 용이하게 만들 것이다. 이 경우 인프라 투자와 인적 자본 구축 자금의 확대가 우선시되어야 한다. 국가의 소비적인 지출의 축소와 보조금 축소에 의해 국가 예산에 새로운 여유를 줄 수 있을 것이다. 전체 경제 상황에서 일시적으로 높은 신규 채무는, 자동안정 정책이 작동되는 한에서, 새로운 경기부양 정책의 정당화 근거가 되지 못한다. 여전히 생각할 수 있는 것은 절감과 보조금 축소에 의한 중기적이고도 지속 가능한 국가예산 건전화다.

연방정부가 의도하고 있는 경제정책, 노동시장정책 및 사회정책 변화의 방향은 더 많은 노동시장의 효율성과 더 많은 개인의 결정의 자유를 특징으로 하고 있다. 개혁의 첫 걸음이라는 의미에서 아젠다 2010에 포함된 접근방식은 필요한 결의를 가지고 실행되지 않거나 개혁정책에서 여론주도권을 잡기 위한 정당정치적 싸움 속에 좌초한다면, 성공하기 어려울 것이다.

야당의 개혁 개념은 아젠다 2010과 거의 같다. 연방정부의 개혁안에 대한 과반수를 넘는 광범위한 사람들이 정책을 지지하고 있음을 알 수 있다. 연방의회와 연방상원에서 현대화 과정의 또 다른 후퇴를 초래할 전략적 행동의 포기를 요구한다. 현재의 개혁의 성공에 독일의 미래 전망이 결정적으로 달려 있다.[30]

그러나 반대와 찬성의 성명 모두에서 표현되고 있듯이 노동조합이나 경제계 등 이해당사자들의 로비는 계속되고, 이런 와중에서 여론조사에서 기민련/기사당 45% 전후, 사민당 30% 초반의 지지율은 다음 정권을 노리고 있는 야당은 물론이고 사민당 내부도 좌파를 중심으로 한 아젠다 2010 반대로 조용하지 않았다. 더구나 슈뢰더 총리는 사회적 국가 개념의 재 정의를 요구하고 있어서 사민당의 기본가치 문제와 연결되면서 사민당 좌파의 반발은 간단한 문제가 아니었다.

독일노동조합총연맹의 미하엘 좀머(Michael Sommer) 위원장은 "개혁-아젠다 2010"에 대한 비판을 새로이 하였다. 독일 상공회의소(Deutsche Industrie und Handelskammertag, DIHK)는 개혁안을 "최저안"(Minimalkonzept)이라 불렀다. 상공회의소 연합 의장 루트비히 게오르크 브라운(Ludwig Georg Braun)은 "공공재정과 사회보장제도의 회생을 위한 더 분명한 후속 조치가 따라야 한다.

기민련의 라우렌츠 마이어(Laurenz Meyer) 사무총장은 개혁안은 가능한 한 신속하게 연방의회에 상정해야 한다고 말했다. 정부의 구상이 바른 방향으로 간다면 기민련은 거부하지 않을 것이라고 말하지만, 이후 야당의 입장은 무조건의 동의가 아니었다.[31]

---

30) Reinhard Selten 외, "Den Reformaufbruch wagen!"; www.iab.de

정부는 2004년에 소득세를 10% 인하하고 이를 부분적으로 연방부채로 충당하겠다는 입장을 내놓았다. 야당이 원칙적인 개혁 지지 입장을 밝혔지만, 조세개혁, 재정 건전화 등과 관련하여, 야당이 집권하고 있는 "구조적으로 취약"한 동독 5개주 등의 주정부의 입장에서 개혁은 취약한 재정을 더욱 어렵게 만들 수 있는 것이었다. 이런 입장은 사민당이 집권한 주의 경우도 마찬가지였다. 사민당과 민사당의 연립 주정부 하의 메클렌부르크-포어폼메른 주의 경우 연방상원에서 실업부조와 사회부조 통합에 반대표를 던질 것임을 공공연하게 밝히고 있었다. 이들 주는 보상을 요구하고 있었다. 그리고 패키지로 움직이고 있는 감세를 내용으로 하는 조세개혁과 재정건전화를 위한 보조금 삭감은 구조적으로 취약한 연방 주 특히 동독 지역 5개주에 직접 영향을 주는 내용이었다. 2005년 시행을 목표로 슈뢰더 정부가 추진 중인 조세개혁과 관련하여 2003년 6월 30일 <슈피겔>이 조사한 연방 각주의 입장을 보면 다음과 같다.

- 바덴-뷔르템베르크(기민련/자민당 연립): 게르하우스 슈트라타우스(Gerhard Stratthaus, 기민련) 주 재무장관. 극히 혼란스럽다. 시민에 대한 세 부담 완화는 시급하지만 자금조달 정책이 없다.
- 바이에른(기사연): 에드문트 슈토이버(Edmund Stoiber) 주지사. 분명히 말하지만 기민련/기사연이 집권한 주는 반대할 것이다.
- 베를린(사민당/민사당 연립): 클라우스 보버라이트(Klaus Wowereit, 사민당) 시장. 내각의 결정을 환영하지만, 우리의 세입손실을 충당할 대담한 보조금 축소에 대한 대안을 기대한다.

---

31) *Der Spiegel*, 2003.6.1.

- 브란덴부르크(사민당/기민련 연립): 브란덴부르크 주는 조세개혁으로 2,600억 유로의 결손이 발생될 것이다. 이는 절감에 의해 커버되지 못한다. 마티아스 플라체크(Matthias Platzeck. 사민당) 주지사와 외르그 쇤봄(Jörg Schönbohm. 기민련) 부지사는 보전을 요구하였다.
- 브레멘(사민당/기민련): 브레멘 역시 보전을 요구하고 있다.
- 함부르크(기민련/자민당 연립): 올레 폰 보이스트(Ole von Beust. 기민련) 시장은 "원칙적으로 감세는 좋은 신호다. 그러나 감세로 우리가 부채에 빠지지 않도록 주의하여야 한다. 그래서 부채나 주의 희생에 의한 감세는 받아들일 수 없다"라고 말했다.
- 헤센(기민련): 코흐(Koch) 주지사 연방정부가 새로운 부채에 의한 감세보다 더 좋은 재정방안을 생각하지 않는 한, 반대라고 강조.
- 메클렌-포어폼메른(사민당/민사당 연립): 지그리트 켈러(Sigrid Keler. 사민당) 재무장관은 조심스럽게 입장을 밝혔다. "주에서는 일단 지켜보아야 한다. 2004년 주 예산에 추가 부담이 1억 7천만 유로 정도 더 발생할 것이다. 이제 보조금이나 지출 축소를 검토해야 한다.
- 니더작센(기민련/자민당 연립): 크리스티안 불프(Christian Wulff. 기민련) 주지사 반대 입장. 연금, 노동법, 단체협상법에서 "합리적인 개혁"에 이를 때만 동의할 것이다.
- 노르트라인-베스트팔렌(사민당/녹색당 연립): 17억 유로에 달하는 주와 지자체의 세수 부족을 어떻게 할 것인가에 대한 연방정부의 대답이 없다면서 페어 슈타인브뤼크(Peer Steinbrück. 사민당) 주지사는 회의적인 입장이다. 주지사는 상원에서 반대로 위협하려고 하지는 않는다.

- 라인란트-팔츠(사민당/자민당 연립): 게르노트 미틀러(Gernot Mittler. 사민당) 재무장관은 "낙관적 분위기를 만들기에 적절한 용기 있는 조치다"라고 말했다. 이제 보조금이 축소될 때다.
- 자르란트(기민련): 페터 뮐러(Peter Müller)) 주지사 원칙적으로 반대한다고 말했다. 이로 인해 자르란트는 1억 유로를 추가 지출하여야 하기 때문에 대응 재정정책이 있어야 한다.
- 작센(기민련): 작센은 이 정책으로 내년에 3억 유로의 세수 부족이 예상된다고 호르스트 메츠(Horst Metz. 기민련) 재무장관이 말했다. 연방정부가 어떤 보전책도 내놓고 있지 않다. 이 개혁정책이 현재의 재정상황을 극복할 수 없을 것이다.
- 작센-안할트(기민련/자민당 연립): 주와 지자체의 재정 보전을 주장하고 있다. "세수부족에 대한 보전이 보장되지 않는다면, 동의할 수 없다"라고 볼프강 뵈머(Wolfgang Böhmer. 기민련) 주지사가 말했다. 그는 2억 6천만 유로의 세수부족을 예상했다.
- 슐레스비히-홀슈타인(사민당/녹색당 연립): 하이데 지모니스(Heide Simonis. 사민당) 주지사는 모든 주에 대한 공평한 대우를 요구했다. 조세개혁으로 2억 유로의 격차가 발생할 것이다. 절감에 의해 해결될 수는 없다.
- 튀링겐(기민련): 디타 알트하우스(Dieter Althaus) 주지사는 총리의 재정보완책이 매우 불분명하다고 말했다. 기본적으로는 제안에 공감한다. 이에 의해 경기부양이 가능하기 때문이다. 예산상으로 주와 지자체가 불이익을 받아서는 안 된다.[32]

---

32) *Der Spiegel*, 2003.6.30.

앞으로 살펴보겠지만, 이런 입장은 연방상원의 법률 동의안 표결 시에 바로 나타나게 된다.

이런 분위기 속에서 6월 1일 아젠다 2010 승인을 위한 사민당 임시 당대회가 열렸다. 아젠다 2010은 80% 이상의 지지에 의해 사민당의 정책으로 승인 받았다.

그러나 이 대회에서 이 결의안 기본방향과는 배치되는 안건이 많이 제출되었다. 2004년까지 최고세율을 인하하지 말 것, 부유세 재도입, 상속세율 인상, 유한회사의 자본이득에 대한 면세 폐지, 유럽 차원에서 토빈세 도입 노력, 밑에서 위로의 재분배 중단, 투자 소득세 25% 공제 중단, 외국 거주 독일 시민에 대한 과세 요구 등의 내용을 담고 있었다. 사실 이 제출안은 정부 또는 사민당 의원단으로 이관되었을 뿐 당대회에서 추가 논의는 없었다. 승인된 안에는 연금 개혁에서 사민당의 정책노선인 노후의 생활보장(Lebenssicherung) 기준은 실종되었다. 그리고 "모든 성장이 진보적인 것은 아니다"라는 베를린 강령과 배치되는 성장 우선의 논리에 대한 검토 과정도 없었다. 당의 노선 갈등이 바닥에서 달아오르고 있지만, 전체적으로 당은 좌경화 복귀라는 베를린 강령은 물론이고, 이번 안건에서 전제하고 있는 마르크스주의를 청산한 고데스베르크 강령에서도 한참 벗어나 있다. 11월 보쿰에서 열리는 임시 당대회에서도 나오는 이야기지만 사민당은 슈뢰더 총리를 비롯한 정부 주도로 이루어지고 있는 개혁 내용에 관해서 잘 알고 있지 못하였다. 그래서 당대회에서 나오는 반대 의견도 원론에서 더 나가지 못하였다. 이는 사회 일반의 경우도 마찬가지였다. 조세개혁에서 두드러졌지만 슈뢰더 총리는 야당과의 타협, 직접 이해당사자인 연방 주 정부와의 타협에 공을 들이고 사민당에 대해서는 전술적으로 접근하여 당대회에서 "현실을 잊으려고 하는 사람은 현실

금속노동조합연맹 파업 (2003. 6)

출처: 노동자의 힘(arbeiterinnenmacht.de)

을 제쳐놓는 사람이다"라면서 전투적 연설을 통해 개혁안을 승인하지 않을 수 없는 분위기로 몰고 갔다.[33]

6월 10일 역시 연립여당인 녹색당이 당대회에서 90% 이상의 찬성 속에 이 정책을 승인하였다. 녹색당 당대회에서는 전제를 단 부유세 부활이 있었지만, 가능한 한 도입하겠다는 전제를 달고 있어서 아무도 이의 시행을 바라고 있는 것 같지는 않았다.

연립정부를 구성하고 있는 두 정당이 모두 당론을 채택하였지만, 앞에서도 언급하였듯이, 노동조합의 움직임을 비롯한 사회적 분위기와 야당의 정략적 입장으로 인하여 하르츠 법률안 제출에 앞서서 노동조합은 물론이고 야당, 그리고 연방 주와의 입장 조율은 쉽지 않았다.

---

33) 전종덕/김정로, 앞의 책, p.468.

우선 노동조합과 관련하여 6월 2일 독일 최대의 산업별 노동조합연맹인 금속노동조합연맹(IG-Metal)이 동독 지역에서 파업에 들어갔다. 동독 지역에서도 현재의 주 38시간 노동 대신 앞으로 서부 지역과 같이 주 35시간 노동시간 적용에 반발하였다. 즉 임금 저하에 반발한 것이다. 그러나 냉담한 여론 속에 4주 만인 6월 28일 금속연맹 클라우스 츠비켈(Klaus Zwickel) 위원장이 "쓰라린 진실은 파업이 실패했다는 것이다"(Die bittere Wahrheit ist: Der Streik ist gescheitert)라면서 파업 실패를 알렸다. 이후 금속노동조합연맹은 이 실패의 책임을 둘러싸고 몇 달 동안 내분에 들어가서 지도부가 부재한 상황이 벌어졌다. 이 여파가 노동조합 전체로 확산되면서 조합원 탈퇴가 이어졌다. 이런 진통 끝에 금속노조연맹의 새로운 지도부는 2개월이 훨씬 지난 9월에 가서야 가까스로 구성될 수 있었다. 이런 노동조합의 상황은 이후 개혁안 조율 과정에서 노동조합의 입지 약화에 결정적인 영향을 주게 된다.

사용자연합은 2003년 시행에 들어간 근로자파견사업부 즉시 폐지를 요구하고 나섰다. 괴너(Reinhard Goehner) 회장은 노동청의 보조금에 의한 임금 덤핑을 비난하였다. 즉, 실업자 관리를 위하여 근로자파견사업부가 실업자 1인당 월 1,000유로를 지원받고 있다. 란트슈타트(Randstad), 아데코(Adecco)와 맨파워(Manpower) 등의 기업이 근로자 파견사업을 하고 있지만 상시직으로 알선해주지 못하여 보조금을 받지 못하고 있다. 괴너 회장은 변호사에게 보낸 서신에서 이렇게 말했다. "실업보험에서 지급되는 보조금이 개별적인 근로자파견사업부 운영기관에 의해 목적과 달리 사용되어, 근로자파견사업의 고용자들은 지원을 받지 못하는 근로자파견 기업보다 훨씬 저임금에 처해 있다." 근로자파견사업부가 보조금을 바탕으로 한 임금덤핑으로 민간 근로자파견사업 업체와 불공정한 경쟁을 벌이고 있다는 것이다.

여론조사에서 기민련/기사연은 45% 이상 상승세의 단단한 여론 지지를 받고 있고, 연립여당이 20% 중간 대의 정체 내지는 하향세를 보이고 있었다.34) 이는 다음 선거에서 집권 기대를 상승시키는 한편으로 당내 지도권 경쟁이 조장되면서 당론 통일에 차질을 가져다주고 있었다. 조세개혁을 둘러싼 기민련 당내 싸움은 슈뢰더 정부에 협조를 이야기하고 있는 메르켈 당수와 반발하고 있는 헤센 주지사 롤란트 코흐(Roland Koch) 간의 총리 후보 경쟁으로 발전되었다. 여기에다 철옹성 같은 지지에 경제적으로 탄탄한 바이에른 주의 기사연의 당수인 슈토이버(Edmund Rüdiger Stoiber) 지사는 "신규고용을 위하여 해고보호를 대담하게 완화하고 기업에 더 많은 재량권을 주는 것이다. 기업은 앞으로 직장협의회의 동의 아래 단체협약에서 벗어날 수 있어야 하고 일자리가 보장된다면, 노동시간도 그래야 한다"라고 주장하면서, 대담한 신자유주의적 개혁을 요구하면서 기민련의 메르켈 당수와 대립각을 세웠다.35)

야당은 전 대통령 로만 헤르초크(Roman Herzog)를 위원장으로 하

---

34) 그렇지만 8월 28일 Forsa 여론조사에서 사민당의 지지률 하락세와는 달리 슈뢰더 총리의 3연임 찬성이 51%에 달했다; *Der Spiegel*, 2003.8.28. 알렌스바흐연구소(Institut für Demoskopie Allensbach) 여론조사(Allensbach- Umfrage für das Wirtschaftsmagazin "Impulse")에서 시민의 거의 반(45%)이 슈뢰더의 연방정부가 독일에서 가장 중요한 개혁원동력이라 꼽고 있다. 이어서 슈뢰더가 설치한 노동시장 및 사회보험 개혁위원회(34%), 사민당(32%), 기민련/기사연(23%), 녹색당(20%), 자민당(13%) 순으로 꼽고 있었다; *Der Spiegel*, 2003.9.17. 이를 배경으로 슈뢰더는 아젠다 2010을 둘러싼 사민당 당내 갈등 시마다 퇴진하겠다는 뜻을 표명하였다.

35) *Der Spiegel*, 2003.9.29.

는 "사회보험 위원회"(Kommission Soziale Sicherheit)를 구성하여 사회보험 개혁안을 9월 29일 발표하였다. 이는 기민련의 전통적인 사회정책 개념과의 결별을 요구하면서, "복지제도는 한계에 왔다." 경제성장이 없다면, 적자는 메워지지 않을 것이다. 케이크 분배 문제가 아니라 케이크 키우기 문제라고 하는 전제 하에서 이 보고서의 핵심 내용은 다음과 같다.

- 법정 의료보험은 임금액과는 완전히 분리되어야 하고 264유로 정액 보험료에 의해야 한다. 1990년대 헬무트 콜 총리에 의해 도입된 요양보험은 현행 형식에서 탈피하여 사적 보험으로 대체되어야 한다.
- 치과 치료는 근로자가 추가로 보험에 가입하고 의료보험금은 사용자가 추가로 보험에 가입하여야 한다. 시민보험은 거부되었다.
- 연금에서 은퇴연령 67세에 찬성하고 있다. 실업보험에서는 일자리 지원을 줄이고, 실업 첫 달에 실업급여 25% 감액한다.[36]

기민련/기사연 당내에서 헤르초크 안에 대하여 슈토이버와 당내의 노동세력을 중심으로 반발이 있었지만, 10월로 들어가면서 메르켈이 당론을 수습해가면서 10월 13일 기민련 집행위원회에서 헤르초크 안을 채택하였다.

이미 메르켈 당수는 헤르초크 보고서가 나오기 전에 8월 초에 기민련의 전략과 이미지 전환을 원한다면서, 당이 더 이상 컨텐츠가

---

36) Kommission Soziale Sicherheit, *Bericht der Kommission, "Soziale Sicherheit" zur Reform der sozialen Sicherungssysteme*; www.kas.de.

없는 당으로 보이지 않도록 낡은 사회정책과 결별하는 개혁을 촉구하였다. 의료보험 논쟁에서 기사연의 복지 개혁 전문가인 호르스트 제호퍼가 요구하는 것과 같은 시민보험을 거부하고, 치과개혁에 관한 합의된 안이 자기에게 분명한 우선순위이며 모델이고, 목표는 모든 시민에게 동일한 일률적인 보험료라고 밝혔다. 연금개혁에 대하여도 단호한 지속을 호소하였다. 1999년에 그녀는 전통적인 사회정책을 따르는 사람이었지만, 4년 후인 지금 그녀는 기초연금 도입을 고려해볼 수 있다고 말한다. "우리는 제도변화를 생각해보아야 한다"는 것이다. 그리고 기민련 사회정책의 목표는 개인의 책임을 더 많게 하고 노동요소의 부담을 대폭 완화시키는 것이다. "장기적으로 2010년에서 2030년 사이에 국제적으로 경쟁력을 유지하기 위하여 임금 외 비용을 30% 이하로 낮추어야 한다"고 메르켈은 말했다.

사회보험 개혁과 관련하여 슈뢰더 정부는 사회보험 개혁안 마련을 위하여 2002년 11월 21일 경제학자인 베르트 뤼루프(Bert Rürup) 교수를 위원장으로 하는 "사회보험 제도 재정의 지속가능성을 위한 위원회", 이른바 "뤼루프 위원회"(Rürup-Kommission)를 구성하였다.

위원회는 연금보험, 의료

뤼루프 보고서

출처: 독일연방노동사회부

보험, 요양보험 등 사회보험
안정을 위한 여러 정책 제안한 보고서를 2003년 8월 28일 발표하였다. 하르츠 위원회는 달리 뤼루프 위원회는 여러 정파를 지지하는 26명의 전문가들로 구성되어 있었다. 의료보험 개혁안에 대하여 상반되는 두 개의 안을 제시하듯이 이들은 단일안을 제안하는 것이 아니라 합의가 되지 않는 경우 복수의 안을 제시하였다. 야당의 헤르초크 위원회는 뤼루프 위원회와 같은 시기에 야당인 기민련의 사회보험 정책안을 수립하기 위한 위원회로 뤼루프 위원회의 이런 구성과 운영으로 인하여 때로는 양 보고서가 제시한 안이 유사하기도 하다.

뤼루프 보고서의 주요 제시안은 다음과 같다.

- 연금보험
    보험료에 의한 지금까지의 제도 유지
    법정연금보험 지급 연령 65세에서 67세로 상향
    지속가능 요소 추가. 근로자의 총소득의 최고 22%까지 보험료율 인상 포함(2008. 19.9%)

- 의료보험
    재정수입 측면의 안정과 지출 측면의 안정 논의
    지역의 정치적 긴급성과 장기적인 효과에 따라서 일부 전문가들은 재정수입 측면(뤼루프, 라우터바흐)을 일부는 지출 측면의 정책을 제안하였다(라펠휘센).

- 시민보험
    시민보험은 기본적으로 기존의 연대체제 유지

a) 과거에 포함되지 않던 단체로 확대(공무원, 자영업, 사보험 가입자…)

b) 보험료 산정에 다른 소득(자본 소득…) 포함 그리고 이를 위하여 산정 기준소득 인상. 소득에 따라 보험료는 연간 5,100유로를 상한으로 하여 계속 인상. 이 수준에서 고정.

목표: 보험료 납부자를 늘리고 지금까지 소득의 일부가 연대 보험료 산정 대상이었던 사람들의 보험요률 인상에 의한 법정 의료보험료 인하와 임금 외 비용 축소. 보험조합의 지출을 제한하는 국가의 법적 수단 유지.

1인당 일률 보험료: 모든 성인과 어린이에게 동일한 보험료율 적용(뤼루프 보고서: 어린이 1/2)

착안점: 현재 모든 성인 1인당 평균 월 210유로. 현재 이보다 더 많이 내는 사람은 경감하고, 더 적게 내는 사람은 더 부담. 최대 210유로 최소 14%로 하고 차액은 재정에서 보조

과도조치: 사용자 부담은 총임금에 가산하여 과세. 이후 단체협약에 따르도록 하고, 의료보험료도 임금협상에서 다루기로 한다.

목표: a) 임금과 의료보험료의 분리. 이에 의해 임금 외 비용 가축과 노동시장에 긍정적 효과. b) 지출 측면에 제한 없음. 최저보험료(현재 월 210유로)와 추가 보험료에 의한 추가 서비스로 이전. 이에 의하여 의료 서비스 부문의 "성장력" 강화.

- 요양보험

  목표: 모든 세대에 동일하게 부담 배분

2005년부터 매년 보험료율을 물가인상분과 실질임금 인상율의 1/2만큼 인상. 이로 인해 장기적으로 지속 가능한 요양 제공 가능.

현재 총소득의 1.7%인 보험료율은 종전과 같이 요양이 필요한 사람에 대하여 1.2% 사용된다. 0.5%는 노령기의 필요를 위하여 비축.

환자의 자기결정권 확대. 이를 위하여 모두 보험으로부터 일정한 예산을 받는다. 이는 자신이 결정한 자신의 요양에서 추가 서비스에 사용된다.[37]

뤼루프 보고서의 안과 야당의 헤르초크 보고서를 바탕으로 연립정부와 야당은 의견을 조율해나갔다.

2. 정부의 개혁안 발표와 개혁의 산통

개혁 입법화 과정으로 8월 12일 슈뢰더 정부는 지금까지의 개혁 내용을 담은 개혁 패키지를 결정하여 발표하였다.

기민련의 메르켈 당수는 "단호한 전체적 구상"을 전혀 제시하지 못했다고 비판하면서, 적-녹 연립의 파산이다. 개혁은 연방 주에 부담

---

[37] Kommission für die Nachhaltigkeit in der Finanzierung der sozialen Sicherungssysteme, *Bericht der Kommission für die Nachhaltigkeit in der Finanzierung der sozialen Sicherungssysteme*; www.bmas.de.

을 전가할 뿐이다. 이외에도 기민련/기사연은 자유직업인과 자영업자 관리 계획을 거부했다.

노동조합총연맹 좀머 위원장은 취업알선과 관련된 적정성 강화를 비판하였다. 즉, 적정성 규정은 장기실업자가 현실에서 모든 일자리를 받아들여야 한다는 것이 아니라 이는 실업자가 사회보험 가입의무가 없는 자리도 받아들여야 한다는 의미다. 노동조합이 노동시장에서 "지원과 요구" 맥락에 원칙적으로 반대하지 않는다. "그러나 우리는 무엇이 적정하고 무엇이 적정하지 않는지 잘 들여다보아야 한다. 나는 의원들에게 우리가 만드는 단체협약을 한번 자세히 살펴볼 것을 권한다. 고용 유지를 위하여 우리는 많이 생각하여야 하지만 안정과 법적 보장도 있어야 한다."

이와 아울러 노동시장에 대한 하르츠 개혁의 기시행된 부분도 비판하였다. "일자리를 위한 자본"은 돌아가지 않고, 1인 기업은 이상한 형태의 고용이 정규 고용을 대체하며, 근로자파견사업부는 대기업의 같은 기관과 경쟁하고 있다. 지금까지의 결산은 매우 나쁘다."

현실의 관점에서 지금까지의 개혁 과정에서 나타난 정당과 노동조합의 여러 주장에 대한 대중들의 반응은 실망이었다. 앞에서 언급하였듯이 노동조합 탈퇴가 이어지고, 기존의 주요 정당의 탈당도 가속화되고 있었다.

사민당은 2002년 전반기에 26,500명 탈당으로 사상 최대를 기록하였다. 6개월 동안 23,172명(3.3%)이 탈당하여 6월말 현재 사민당 당원명부에 등재된 당원수는 670,722명이었다. 기민련과 자민당 역시 탈당이 이어져서 기민련은 2,500명(0.4%), 자민당은 798명(1.2%)을 기록하였다.38)

슈뢰더 총리가 표현하였듯이 일종의 "국가위기"에 빠지고 있었다.

사민당의 당내 좌파는 아젠다 2010에 반대하여 "민주사회주의"(Demokratischer Sozialismus)를 위한 투쟁에 나섰다. 이미 연방의원 7명(Christine Lucyga, Florian Pronold, Ottmar Schreiner, Sigrid Skarpelis-Sperk, Rüdiger Veit, Klaus Wiesehügel, Waltraud Wolf)이 당의 정책 변경을 요구하며 서명운동을 벌여 2만 5천 명의 서명을 받았다. 당원의 10%인 67,000명의 서명에 도달하지 못하여 실패하였지만, 사민당에서는 지금까지 없었던 특별한 사건이었다. 2003년 4월에 일부 당원들이 '우리가 당이다'(Wir sind die Partei)라는 명칭의 온라인 사이트를 개설하여 서명 작업과 함께 당 정책 변경을 요구하였다.[39]

"민주사회주의"는 20세기 초에 프롤레타리아 독재에 관하여 레닌, 트로츠키와 대립하면서 칼 카우츠키가 만들어낸 개념으로 볼세비키의 테러와 의식적으로 거리를 두고 "민주사회주의" 개념에 의해 사민당은 폭력을 통하여 그 목적을 관철하지 않겠다는 것을 분명히 하고자 한 것이라면서, 올라프 숄츠(Olaf Scholz) 사민당 사무총장은 그런 "민주사회주의"란 용어가 "시장경제와는 다른 "경제조직 형태가 있을 수 있으며, 이는 더 합리적일 수 있는 것"처럼 당을 오도할 수 있다고

---

[38] 사민당은 통일 전인 1977년에 당원수가 100만 명을 넘어섰었다. 이후 통일 후인 1990년에도 94만 3천 명에 달하였지만, 계속 탈당자 수가 늘었으며, 2003년, 2004년 탈당자 수의 비율이 6.2%, 6.9%로 대폭 상승하였다. 2016년 말 현재 43만 2천 명으로 1990년 대비 54.1% 감소했다. 기민련 역시 당원수가 1990년에 78만 9천 명이었으나 2016년 말 현재 35만 7천 명으로 1990년에 비해 45.3% 감소다; Oskar Niedermayer, "Parteimitglieder in Deutschland: Version 2017 NEU," www.polsoz.fu-berlin.de. 참조.; 노동조합 조직율 역시 1991년 40%(취업자 37%)에서 2002년 15% 대로 감소한다; Detatis, *Datenreport 2016* (Statistisches Bundesamt. 2017). www.ststis.de.

[39] www.spd-velbert.de 참조.

보았다.

이런 탈당 사태와 당내 노선 갈등을 앞에 두고, 그리고 정부가 하르츠Ⅲ, Ⅳ 법률안 제출을 앞 둔 상황에서 1989년 마르크스주의를 사회민주주의 여러 뿌리 중 하나로 부활시킨 베를린 강령 작성에 참여했던 당내의 원로 이데올로그 에어하르트 에플러(Erhard Eppler)는 언론과의 인터뷰에서 이렇게 말했다.

> 사회민주주의는 유럽연합에서 미국식 신자유주의의 대안이다. 사회정의란 개념은 구약 및 신약과 관계가 있지, 마르크스와는 관계없다. 사회정의는 사회에서 정의로운 관계에 관한 것이다. 정의는 삶에 대한 동등한 기회에 대한 권리다. 이는 1989년 베를린 강령에 규정되었다.
> 공정한 불평등과 불공정한 평등을 사민당은 오랜 동안 받아들였다. 노동자가 CEO보다 적게 받는다는 것이 사민당에게는 논쟁거리가 되지 않았다. 문제는 어느 정도까지의 불평등이 공정하며 어디에서부터 불공정한가이다.
> 우리의 사회보험제도의 문제점은 우리의 가난에서 오는 것이 아니라 우리가 너무 노령화되고 자녀가 너무 적다는 데서 오고 있다. 우리는 부유한 나라에 살고 있다. 독일에서 이렇게 많은 것을 이처럼 소수에게 상속한 적이 없다. 우리에게 곧 자기가 물려받은 재산만 관리해야 하는 계층이 발생하게 될 위험이 우리 자녀들의 15%가 빈곤 속에서 자라고 있다는 것만큼이나 나에게는 씁쓸하다. 분배의 불평등 문제는 진지하게 무시될 수 없다.
> 나는 슈뢰더의 아젠다가 장애물을 넘도록 그를 도왔다. 필요하기 때문이다. 우리는 경제는 세계에서 움직이고 우리의 정책은

국내에서 움직이기 때문에 우리가 이런 괴로운 결정을 하여야 된다는 것을 알고 있다. 국민국가는 세계적으로 움직이는 투자 자본을 놓고 경쟁하고 있다. 그 결과 법인세 인하를 놓고 재무장관의 파멸적인 경쟁이 일어나고 있다. 그래서 어디서나 국가재정이 혼란에 빠져 있다.

오늘날의 구호가 더 이상 이럴 수는 없다. "만국 노동자여 단결하라!"가 아니라 "만국 재무장관이여 단결하라!" 그리고 단결할 의지가 없다면, 최소한 기업에 어떻게 과세할지에 관하여 합의하라. 문제는 시장에 유리한 정책을 어떻게 완전하게 폐지할 것인가가 아니다. 문제는 거기서도 존중되는 의지를 가지고 세계적으로 움직이는 자본에 정책적으로 어떻게 맞설 것인가이다. 잘 하면 유럽에서는 가능하겠지만 국내적으로는 더 이상 가능하지 않다.

노년기에 내가 가장 관심을 가지고 있는 것은 유럽이 미국이나 일본 모델에 대한 대항 모델을 만들 수 있는 능력을 가지고 있는가 여부다. 그래서 나는 슈뢰더를 크게 지지해왔다. 그가 이를 만들어낼 것으로 알기 때문이 아니라 메르켈 사람들은 이를 할 수 없으며, 이를 원하지도 않는다는 것을 확실히 알기 때문이다.

결정적인 문제는 이렇다. 대대적으로 국가의 힘의 정책을 맡고 있는 근본적으로 신자유주의자들인 미국의 네오콘이 국가 특히 사회적 국가의 전통으로 유럽에 남아 있는 것을 모두 분쇄할 것인가 아니면 유럽이 회복하여 스스로 일어설 수 있는가이다. 2천년의 역사, 상이한 법적 개념과 자신의 정의 개념을 가지고 반격할 것인가? 우리는 시장이 사회정의를 낳는 것이 아니라 정치가 시장에 규칙과 조건을 정해주면서 정치가 시장을 낳는다고 생각한다.

이 주제를 열정적인 동시에 세심하게 다루는 사민당 지도부가 — 기민련-자민당은 아니고 — 이에 귀를 열어둘 것이라고 생각한다. 유럽 모델은 아마도 사민당과 녹색당이 이에 관하여 기민련과 타협에 합의할 때만 나올 수 있다.

사민당 같은 정당이 매번 새로운 강령을 가질 수는 없다. 새로운 것을 만들려고 한다면, 신자유주의적으로 조직된 경제 세계화에서 발생하는 압박을 강령에 집어넣는 대신 신자유주의에 대한 대응책을 찾아야 한다.[40]

경제의 세계화, 유럽 단일 시장화, 인구의 노령화 시대에 특히 세계적으로 움직이는 자본 앞에서 국내적인 정책으로 맞선다는 것은 이제 불가능하며, 유럽적인 차원에서는 가능할 수도 있다. 따라서 신자유주의를 규제할 수 없다. 유럽식 모델을 찾아야 한다는 것이다. 이를 위해서는 기민련과 타협하여야 한다는 것이다.

3. 하르츠Ⅲ, Ⅳ 법률안 제출

어떻게 보면 어수선해 보이지만 기민련의 앙겔라 메르켈이 조세개혁을 둘러싼 기민련/기사연 내의 갈등을 수습하면서 주도권을 잡아가

---

40) *Der Spiegel*, 2003.9.1.

듯이, 각 정파와 이해 당사자들의 입장이 대체로 정리되고 있는 이런 상황에서 슈뢰더 정부는 2003년 9월 5일 "노동시장에서의 현대적 서비스를 위한 Ⅲ 법률안"(Entwurf eines Dritten Gesetzes für moderne Dienstleistungen am Arbeitsmarkt. 하르츠Ⅲ 법률안)과 "노동시장에서의 현대적 서비스를 위한 Ⅳ 법률안"(Entwurf eines Dritten Gesetzes für moderne Dienstleistungen am Arbeitsmarkt. 하르츠Ⅳ 법률안)을 연방의회에 제출하였다.

10월 15일 연방의회에서 1차 독회가 있었으나 토론 없이 경제노동위원회로 회부하였다. 당일 경제노동위원회는 권고안과 함께 Ⅲ, Ⅳ 법률 수정안을 결의하여 공개하였다. 그 동안 연립여당과 야당 간에 타협을 위한 접촉이 꾸준히 진행되어 왔음을 의미한다. 연립정부가 법률안을 제출할 때 야당에서도 대응 법률안과 제안을 내놓았다. 즉, 기민련/기사연은 기초보장법률안(Entwurf eines Gesetzes zur Sicherung der Existenzgrundlagen(Existenzgrundlagengesetz – EGG))과 실업부조와 사회부조 통합의 헌법적 근거를 마련하기 위하여 106b조를 신설하는 기본법 개정안을 제출하였고, 자민당의 디르크 니벨(Dirk Niebel) 의원 등은 실업부조와 사회부조를 지자체의 고용지원 사회보장수당으로 통합(Arbeitslosenhilfe und Sozialhilfe zu einem beschäftigungsfördernden kommunalen Sozialgeld zusammenführen)하자는 안과 연방노동청 개편안을 제출하였다.

위원회가 검토한 야당의 대응법률안이나 안 모두 기본 취지에서 슈뢰더 정부의 하르츠Ⅲ, Ⅳ 법률안 제안 취지와 같다고 볼 수 있을 것이다. 노동시장 정책과 관련하여 야당의 경우 해고보호의 완화나 근로자파견에서 규제 내지 제한의 대폭 축소나 폐지, 파견근로자의 임금 차등화, 단체협약의 적용 제외 확대, 취업알선에서 적정성의 강화 등 보다 더 사용자 입장을 더욱 반영하자는 것이었다. 그리고 사회보장 급부 문제는 사회적 국가의 근본 문제와 주 내지는 지자체의 재정과 직접 관련되는 문제로 연방의회 위원회의 검토와 수정 이상의 사회적 폭발성을 가지고 있다.

다음과 같이 요약할 수 있는 경제노동위원회의 검토의견과 권고안이 하르츠Ⅲ, Ⅳ 법률의 핵심과 쟁점 그리고 향후 타협의 방향을 잘 보여주고 있다.

(1) 경제노동위원회 검토의견

경제노동위원회는 법률안과 야당의 제안 사유를 이렇게 정리하고 있다.

하르츠Ⅲ 법률
하르츠Ⅲ 법률은 하르츠 위원회의 제안 시행을 계속하기 위한 것이다. 이에 의해 특히 노동시장 정책이 설정되고 확장될 것이다. 연방노동청을 효율적이고도 고객지향적인 서비스 기관으로 전환하고 연방노동청 인력을 취업알선에 집중시키고자 한다. 노동시장 정책 이용을 간소화하고 노동시장 정책의 예방적 접근방법을 지속적으로 개발하며. 노령자의 고용안전 강화와 청년의 고용 잠재력 개발을 기하고자 한다.

하르츠Ⅳ 법률
위원회는 현행 실업부조(Arbeitslosenhilfe)와 사회부조(Sozialhilfe)의 병존이 비효율적이고 불투명하지 못하며 시민 친화성이 적다고 보았다. 그래서 법률은 구직자의 기초보장과 취업 시 도움이 필요한 사람을 집중적으로 보호하기 위하여 경제활동능력이 있는 부조가 필요한 사람을 위하여 실업부조와 사회부조를 통합하고자 한다.

연방정부의 1차 빈부보고서는 특히 가족이 빈곤의 위협을 받을 수 있다는 결론에 도달하였다. 이에 의해 법률안에는 소득과 연계된 실업급여Ⅱ 도입이 포함되어 있다. 이는 자녀수당 및 실업급여Ⅱ 혹은 사회복지수당의 자녀 몫의 주택수당과 함께 자녀의 평균적인 수요를 커버할 것이다. 더욱이 주택수당법률이 행정 비용 축소로 개혁될 것이므로 이전소득 수급자는 주택수당을 받지 못할 것이다. 주택수당은 개별적인 급부법률에 의해 충당될 것이다.

기민련/기사연 제출 기초보장법률안

현행 사회 및 실업부조 제도는 급부와 일자리를 충분히 결합시키지 못하고 있어서 의존과 실업을 조장하고 있다. 효과적인 부조제도, 실효성 있는 노동 인센티브 및 과도한 이중규제와 관료주의 제거를 위한 선결조건은 법률안에 규정된 실업부조와 사회부조의 사회부조 수준으로 통합과 모든 취업알선, 관리 및 급부 업무의 지자체로의 이관이다. 이 법률안의 개념은 부조를 구하는 사람과 그 가족의 취업알선, 상담, 관리와 보호 및 필요한 금전적 급부의 지급이 지자체에 의해 합목적적이고도 최선으로 수행될 수 있다는 생각을 바탕으로 하고 있다. 지자체의 투명성, 분권화된 운영, 현장 친화성은 연방행정의 여러 파트로 나누어지고 중앙집중화된 기구보다 더 좋은 법 집행을 보장할 것이다.

기민련/기사연 기본법 개정안

연방법률상 지자체의 기관으로 실업부조 및 사회부조 수급자의 고용지원 통합제도 도입과 결부된 재정을 연방 주를 경유하여 지자체로 이전하기 위해서는 헌법상 근거를 필요로 한다. 이 근거는 연방과 주 간의 지속 가능하고도 역동적인 부담 형평을 보장할 것이다. 기본법 106b조 신설에 의해 업무가 특정된 재정규정이 정해짐으로써 연방의 재정 형평 의무의 근거가 제공될 것이다.[41] 재정 흐름의 변화는 업무 이관의 변화에 부합하게 된다.

자민당 의원 제안

연방의회는 연방정부에 실업부조와 사회부조 통합을 규정한 법률안을 요구하여야 한다. 이는 [보고서]의 핵심 포인트 14에 따라 설계되어야 한다. 그럼으로써 실업부조는 사회부조와 함께 하나의 급부(복지수당)를 가지는 하나의 제도, 단선적 처리절차와 간소화된 행정으로 통합되어야 한다. 경제활동 능력을 가진 사람을 위한 복지수당 제도는 종래의 사회부조와 실업부조 수급자의 단일화된 자격으로 이어질 뿐만 아니라 1차 노동시장에서 고용을 받아들이는 조건을 확연하게 개선할 것이다. 복지수당 책임은 지자체의 종래 사회부조 담당기관으로 이관되어야 한다.

자민당 의원 제안

연방의회는 연방정부에 [보고서]의 핵심 포인트 16 정책 하에서 노동시장 개혁을 규정한 법률안을 요구하여야 한다. 연방노동청

---

41) 기본법 106조는 연방, 주, 지자체 간의 세수입의 배분을 규정하고 있다.

은 현재의 형태를 해체하고 서비스와 고객 중심의 보험기관으로 개편되어야 한다. 이 경우 보험기관의 서비스는 실업 위험 보장을 12개월로 제한되어야 한다. 더욱이 국제 업무와 지역 경계를 넘는 취업알선 국내 업무 준비를 위하여 연방노동시장 기구가 업무 영역에서 연방경제노동부 산하 기구로서 설치되어야 한다. 노동시장 정책은 지자체의 일자리센터에 이관되어야 한다. 노동시장정책에 대한 연방의 1차적 책임은 연방의 자금 분배에 의해 보장되어야 한다.

(2) 경제노동위원회 수정안

위와 같은 검토 의견에 따라 위원회는 법률안을 수정하였으며, 주요한 내용은 다음과 같다.

- 하르츠Ⅲ 법률안

연방노동청의 지역구조
중간 수준의 지역 담당 이사 형식의 필요 여부를 결정하여야 한다고 하지만, 대부분의 주는 중기적으로 중간 단위의 기관 상실을 우려하고 있어서, Ⅲ 법률에서는 기존의 법적 지위를 유지하도록 하고, 주의 동의를 조건으로 Ⅳ 법률에서 최종적으로 규정하기로 한다.

노동시장 지원의 수정
노동시장 지원(사회법전 3권 266조)은 지원 가능성을 "지원 강화"

로 확대한다. 현 법률안에 따른 자재비 및 근로자 능력향상 비용 외에 노동시장 제공자에게 귀속되는 임금 외 비용, 즉 사용자의 사회보험 분담금도 지원되도록 한다. 이의 확대로 많은 기관 특히 복지 분야의 기관 특히 새로운 연방 주의 복지 분야 기관의 자금사정을 고려하고 기존 지원구조의 붕괴를 막을 것이다.

노령 근로자의 시간제 노동(부분 은퇴) 지원 개정
노령 근로자 시간제노동 법률 개정법 발효를 통하여 실제의 우려를 고려하여, 새로운 규정은 지원 급부 산정 시 처리 과정 간소화를 유도하고, 발효를 2004년 7월 1일로 반년 연기함으로써 단체협상 당사자들이 단체협약의 현 법적 상황을 충분히 이해할 수 있을 것이다.. 이에 더하여 임금 공제 계획은 새로운 법률로 무난하게 전환될 수 있을 것이다.

취업 복귀자 지원 법규의 명료화
실업급여와 생계수당을 일원화된 지급률로 운영하여, 육아나 피부양자 돌봄으로 일을 중단하거나 실업인 여성과 당사자의 취업을 위하여 재교육 참여 시 급여를 받지 못할 수 있다는 우려를 해소한다.

- 하르츠IV 법률안

경제활동 능력
  - 질병이나 장애로 정상적인 취업이 불가능한 사람 명시(8조 1항)

외국인 노동자의 기본적인 급부권
- 노동허가를 보유하고 있거나 장래에 보유하게 될 외국인 근로자의 사회법전 2권에 따른 원칙적 급부권 명시하고, 이에 의해 저임금 취업 외국인도 급부자격 가짐(8조 3호)

취업알선 시 적정성
- 자녀 돌봄이 보장될 때만 자녀를 가진 가족의 경우 일자리를 받아들이는 것이 적정하다는 것 명시(10조 1항 3호)
- 관련 단체협약상의 최저 임금 규정이 없거나 현지의 관행적 임금 규정이 없는 경우 일자리가 적정성이 없음을 명시하여, 임금 압박이나 임금 덤핑 방지(10조 1항 5호)

급부 산정 시 고려되는 재산
- 활용될 수 없는 재산으로 고려에서 면제되는 금액은 연간 배우자 1인당 200유로, 상한은 배우자 1인당 13,000유로(12조 3항)
- 장애인 보유 재산 산입 제외(12조 3항)

사회부조
- 연방사회부조법 19조 1항에 따른 일자리 창출 가능한 경우 급부 보완(16조 3항)
- 구직자의 기초보장 분야에서 복지기관의 충분한 지원(17조 1항)
- 사회부조 기관의 노동청과 협력 의무 명시(18조 1항)
- 한부모의 자녀에 대한 추가수요 인정(21조 3항)
- 15-25세의 경제활동능력을 가진 부조가 필요한 사람으로서 의

무 위반으로 실업급여Ⅱ 급부를 받지 못하는 사람은 생계를 위하여 현물 및 금전 급부를 받는다는 것 명시(31조 5항)
- 1차 친척 및 그 이상 친척42)에 대한 생계비 청구는 청구가 있을 때만 가능하고(33조 2항 1호), 미성년자의 부모에 대한 그리고 최초 직업교육43)을 마치지 않은 25세 이하 사람의 양친에 대한 부양청구는 예외로 한다.
- 구직자에 대한 기본보장은 사회보험 급부가 아니라 국가의 사회보장 급부로 수정(22조)

노령근로자
- 이행기 중의 노령 근로자는 노동시장을 이용할 필요가 없다. 따라서 사회법전 3권 428조의 내용은 사회법전 2권으로 이전된다(65조 4a)

위원회는 야당의 법률안과 제출안을 부결하고 연립여당이 제출한 하르츠Ⅲ, Ⅳ 법률안 수정안을 연립여당의 찬성으로 의결하여, 연방의회의 입장과 요구 사항을 묶어서 권고안을 결의하였다. 그 주요 내

---

42) 독일 민법전(Bürgerlichen Gesetzbuch: BGB), 형법(Strafgesetzbuch: StGB) 등에 따른 가족의 범위:
1차 친척: 부모, 자녀
2차 친척: 형제자매, 조부모, 손자녀
3차 친척: 숙모/숙부, 조카/질녀, 증손자녀, 증조부모
43) 최초 직업교육(Erstausbildung/erstmalige Berufsausbildung)은 자녀수당, 교육비 공제 등과 관련하여 소득세법(Einkommensteuergesetz. EStG)에 규정되어 있다. 소득세법(Einkommensteuergesetz. EStG) §32 Abs. 4 Satz 2, §9 Abs. 6 Satz 2, §10 Abs. 1 Nr. 7 참조.

용은 다음과 같다.

먼저 근로자파견사업에 대하여,

> 하르츠 I 법률에 의해 근로자파견법이 개정되고 근로자파견사업부가 만들어짐으로써 근로자 임대의 새로운 모델이 만들어졌다. 근로자 파견에 대한 많은 금지와 제한이 없어짐으로써 근로자 파견이 유연한 노동시장 도구로서 발전되는 한편, 실업자들은 노동시장에 참여할 기회를 가지게 되었다. 또한 현행법 발효시부터 파견 대상 기업의 근로자들과 파견 근로자들의 동등대우 원칙은 파견근로자의 특수한 상황을 고려하고 있어서 파견근로에 좋은 평가를 가져다주고 있다.
> 이에 따라 근로자파견법의 적용 경험과 불법노동투쟁법률의 효과를 2005년부터 매 4년 보고할 것을 요구하고 있다.

하르츠Ⅲ, Ⅳ 법률에 따라 목표 관리가 필요한 노동시장정책과 관련하여,

> 연방노동청의 현대와 과정은 모든 관계자의 새로운 사고를 필요로 하는 노동시장 정책의 새로운 운영을 필요로 하며, 앞으로는 자세한 법적 규정, 법적 및 사실상의 지시와 승인 대신 연방노동청의 통제는 우선적으로 연방정부와 연방노동청 간의 목표약정에 의하여 이루어질 것이다. 동시에 연방노동청의 책임은 강화될 것이다… 이를 위하여 [연방노동청은] 조직의 자율권 내에서 목표 약정을 이행하여야 한다. 재량권 확대는 규제 축소와

연계되어야 한다. 실적지표에 기초한 연방정부의 효율적이고 투명한 관리와 유의미한 보고제도가 필요하다. 더욱이 직원들의 목표 달성 동기를 향상시키기 위하여 인센티브가 설정되어야 한다.

구조적으로 취약한 지역에 대한 노동정책 시행에서,

> 노동시장 상황은 더욱 차별화되고 있다… 신 연방 주 실업률은 구 연방 주의 2배에 달하며, 구 연방 주에서도 구조적으로 강한 주와 취약한 주 사이가 분명히 다르다… 노동시장 정책은 각 지역의 특성을 고려하여야 한다. 취약한 지역에서 공공자금에 의한 고용은 양과 질에서 강한 지역에 비해 훨씬 중요성이 크다. 취약한 지역의 따라서 인프라에 대한 영향을 주는 우선순위 설정이 계속되어야 한다.
> 따라서 구조적으로 취약 지역의 특별한 문제를 충분히 고려하여야 한다. 특히 공공지원에 의한 고용, 고용 연계 인프라 지원, 일자리 창출 정책(Arbeitsbeschaffungsmaßnahmen. ABM)은 특히 중요하다.

취업 복귀자 지원과 관련해서는,

> 가족과 직장의 양립은 적극적인 일자리 지원 서비스 설계 시에 특히 중요하다… 3세까지 자녀 양육이 보장된다… 요양자에게 자발적인 추가 돌봄 제공이 규정되어 있다. 현행 법 및 계획된 법률안을 결합시켜서 지금까지 법에 따른 재교육 비용 인수 외

에 특별한 규정 없이도 직업재교육 시에 실업급여 자격이 충족될 수 있게 된다… 새로운 보험 가입 의무 규정에도 불구하고 재교육 시 실업급여 수급 자격이 발생하지 않는 경우 생계비로 유럽 사회기금에서 생계수당이 제공된다.

[이들에게] 지원 기회 이용이 보장되어야 하고, 특히 연방노동청은 적절한 정책에 의해 직업 복귀자에게 지원 특히 유럽 사회기금에 관하여 조언하고 급부조건 충족 시에 급부를 받을 수 있도록 하여야 한다.

경제활동 능력을 가진 부조가 필요한 사람의 개별적 필요에 대한 충분한 고려에 관하여,

연방의회는 자기주도를 지원하고 자기책임을 요구하는 구직자의 기초보장 지침을 지지한다. 이런 맥락에서 연방의회는 사례관리 담당자와 부조가 필요한 사람의 계획상의 1:75 비율에 의해 신속하고도 맞춤형의 취업알선을 통한 경제활동 능력을 가진 부조가 필요한 사람의 자기주도가 지원되어야 한다.

지원 원칙이 사회법전 2권 2조에 포함된 요구 원칙에도 최소한 동일한 비율이 적용되어야 한다. 이 경우 경제활동 능력을 가진 부조가 필요한 사람의 개별적 권리와 필요가 충분히 고려되어야 한다.[44]

---

[44] 경제노동위원회의 법률 수정안 및 권고결의에 관해서는 *Deutscher Bundestag*, 'Drucksache 15/1728'(Beschlussempfehlung des Ausschusses für Wirtschaft und Arbeit (9. Ausschuss). 15.10.2003 참조; www.bundestag.de.

위원회의 법률안 수정안과 권고안은 비록 야당의 반대가 있었지만, 정당 간 대체적인 타협은 이루어진 것이다.

이처럼 연방의회에서 연립여당과 기민련/기사연의 아젠다 2010 개혁 타협 흐름에 대하여 파업 실패로 전력이 약화되기는 하였지만 노동조합의 반발과 반개혁 입장을 분명히 하고 있는 민사당 및 사민당 좌파는 반발하면서 새로운 흐름을 모색하고 있었다. 즉, 연방의회 경제노동위원회의 결의가 있고 법률안에 대한 제2, 3 독회를 하루 앞둔 10월 16일 금속노동조합연맹은 사민당과의 협력 중단을 위협하였고, 민사당의 로타르 비스키(Lothar Bisky) 당수는 사민당의 오스카 라퐁텐 전(前)당수에게 긴밀한 협력을 제의하였다. 라퐁텐의 사회, 재정, 평화 정책이 민사당의 견해와 매우 유사하다면서, 비스키는 "그는 현재 사민당보다 우리 당이 더 자신의 입장에 동조하고 있음을 알 것이다"라고 말했다. 이후 2007년에 이들은 협력이 아니라 결합하여 좌파당(Die Linke) 창당으로 나가게 된다.

4. 연방의회 및 연방상원의 입법 과정

연방의회는 10월 17일 경제노동위원회의 법률 수정안 및 권고결의안을 놓고 독회를 개최하였다. 연립여당과 야당이 시각의 차이를 보이면서 점차 쟁점이 부각되었다.

먼저 클레멘트(Wolfgang Clement) 연방경제노동부 장관이 법률안 취지에 대하여 발언하였다. 그는 하르츠 I, II 법률에 의해 도입되어 시행에 들어간 1인 기업, 실업에서 자영업으로 가는 길인 교량수당,

미니잡, 미디잡, 기간제 일자리, 파견노동 모두가 비관주의자들의 예상보다 더 성공을 거두고 있다고 평가했다.

노동법 분야 개혁에 착수하여 해고보호를 좀 더 유연하게 하고, 실업보험 개혁에 들어갔다. 그리고 특히 실업부조와 사회부조 통합을 다룰 것이다. 실업과의 싸움을 위하여 연방노동청 업무를 취업알선에 집중하도록 인력과 조직의 목표를 설정하고 연방정부와 목표 약정을 체결하며 추가 업무에서는 배제시키고자 한다.

하르츠Ⅳ 법률의 또 다른 목표는 실업부조(Arbeitslosenhilfe)와 사회부조(Sozialhilfe)의 통합이다. 한편으로는 국가의 복지제도로서 실업부조와 다른 한편으로는 지자체의 복지제도로서 사회부조인 이 두 제도가 병존하면서 아주 모순되고 때로는 상충하기도 한다. 통합의 목적은 모든 구직자를 겨냥한 정책수단 역할을 할 수 있게 하는 것이다.

이는 지원과 요구 원칙의 결합이다. 우리는 일자리를 제공 받은 구직자가 이를 받아들일 것을 기대하여야 한다. 실업부조나 사회부조 수급자 여부에 관계없이 사람들이 실업에서 벗어나서 재취업할 수 있도록 인센티브를 마련하는 것이다.

동시에 다음 사항이 적용되어야 한다. 적정한 일자리를 거부한 사람은 납세자와 보험료 납부자의 공적 부조를 받을 수 없다. 각 개인에게 적용되는 이런 적정성 원칙이 적용되어야 한다. 이것이 연대 원칙의 표현이다. 공동체의 보호를 받을 권리를 주장하는 사람들은 보호를 받아야 하는 동시에 공동체의 부담을 줄이기 위하여 할 일을 하겠다는 의지가 있어야 한다. 그래서 적정한 일자리를 받아들여야 하는 것이다.

이런 적정한 일자리는 당연히 독일 내에 적용되는 단체협약 테두리 내에서 움직여야 한다. 단체협약이 없다면, 임금은 지역의 통상적인 임금 범위 내에서 움직여야 한다. 누구도 임금 덤핑이 조장되는 것을 원하지 않는다.

청년 실업 문제에 관해서는 일자리 적정성 관점에서 특히 중요하다. 우리의 목표는 현재 실업 상태에 있으면서 실업부조와 사회부조를 받고 있는 이들 청년들이 빠른 시간 내에 기술향상, 취업 준비 정책, 실습, 일자리나 기타 능력향상을 위한 기회를 제공받아야 한다는 것이다.

노동시장 개혁, 연방노동청과 노동시장의 개편 그리고 노동시장에 대한 새로운 사고와 태도에서 야당과 입장 차이가 있다. 야당 즉, 기민련/기사연과 토론에서 핵심적으로 두 가지가 다르다. 이는 특히 실업부조와 사회부조 통합 시 연방노동청과 지자체 간의 업무 분장 문제에 관한 것이다. 이 업무 관할은 연방노동청에 있어야 한다.

향후 대립과 타협 그리고 의회 밖에서 하르츠 반대운동의 쟁점이 될 의제를 제시하였던 것이다. 즉, 해고보호, 실업부조와 사회부조의 통합, 일자리의 적정성과 관련한 임금 문제, 연방노동청과 지지체 간의 업무 관할 문제 등이다.

이에 대하여 야당의 주장은 일부 공감과 상당 부분 반대 의견이었다. 먼저 헤센 주지사인 기민련의 롤란트 코흐(Roland Koch)는 강력하게 반론을 폈다.[45]

실업부조와 사회부조의 통합에는 공감한다.

재정 문제는 기민련/기사연 집권 주나 사민당 집권 주 모두 받아들일 수 없다. 연방은 부가세 재분배를 계획하고 있으나, 지자체에 돌아가는 자금은 줄어든다. 이 분배는 문제가 거의 없는 주에 유리하다. 거래세를 분배하여 필요가 없는 주에 자금을 주고 다른 주에는 충분한 재정 부담 능력이 없는 과제를 주겠다는 것이다. 또한 지자체는 재정위기에 몰려 있다.

일정 분야에서는 현재의 임금 구조로는 고용을 논할 수 없다. 장관은 여전히 우리가 국가 또는 대규모 단체협약 당사자들이 임금을 결정할 수 있는 경제에 살고 있다고 생각하고 있다. 구직자 시민에게 중요한 것은 재정, 노동조합, 단체협약이 아니라 취업할 수 있느냐다. 시장에서 통용되는 가격의 일자리를 받아들여야 하는 모델을 제의한다. 새로운 최저임금 도입에 의해 노동시장을 봉쇄하려고 한다.[46] 노동시장을 개방해야 한다.

지자체의 책임을 기초로 연방노동청과 긴밀하게 협력하는 모델을 지지한다.

그는 재정 문제를 제기하였다. 특히 지자체가 재정 위기에 처해 있

---

[45] 코흐 주지사는 당내의 차기 총리 주자로써 개혁 반대 입장의 선봉에서 서서 당내애서 앙겔라 메르켈 당수와 각을 세우고 있었다.

[46] 그러나 독일에서 2013년 당시의 기민련/기사연-사민당 연립정부가 합의하여 법정 최저임금제도를 도입하여 2015년 1월 1일부터 시행에 들어갔다. 시행 협상에서 사민당은 모든 산업의 전국적인 시행에 찬성하였으나 기민련/기사연 반대하였다. 우편법에 의해 우편 분야는 적용이 제외되었다 2년 경과기간 동안 단체협약에 의한 전국적 최저임금 적용 제외가 허용되었다.

다는 것이다.47) 적정성과 관련하여 클레멘트 장관이 이야기하는 단체협약상 임금이나 지역의 통상적 임금에 반대하고 있다. 그리고 새로운 복지급부 업무는 지자체가 맡아야 한다고 주장하고 있다.

기민련/기사연의 요하네스 징하머(Johannes Singhammer) 의원은 "약하게 물타기 된 하르츠Ⅲ, Ⅳ 개념"을 언급하면서 이미 협상과정을 통하여 당초보다는 상당히 타협적으로 되었다는 것을 전제하면서 발언하였다.

> 실업의 근본적 원인은 성장의 부재다. 일자리 재분배가 새로운 일자리를 만들어내지 못한다.
> 오늘 법률안 결정을 위해서는 2가지 조건이 충족되어야 한다. 단순한 실업 관리나 일자리 배분이 아니라 경제성장의 새로운 방향을 원한다.
> 관료주의의 추가를 바라지 않는다. 더 신속하고도 효율적인 경쟁과정의 구축을 원한다.
> 실업부조와 사회부조 통합에 찬성한다. 이 사업은 지자체가 주도해나가기에 더 적합하다. 연방노동청은 실업급여Ⅱ를 받게 되는 새로운 고객 80-90만 명을 담당하여 개별적인 기준을 맡기에 적합하지 않다. 10-15만 명의 인력이 증가하는 괴물기관이 될 것이다.
> 지역의 통상적인 임금과 관련하여 우리가 요구하는 고용 시 단

---

47) 2002년 독일의 공공부채는 1조 2천 532억 유로였다. 그 중 7천 786억 유로가 연방, 3천 848억 유로가 주, 898억 유로가 지자체의 부채였다. 2002년 지자체의 예산지출 총액은 983억 1천 600만 유로였다; Statistisches Bundesamt, *Datenreport 2004* (독일연방통계청; www.detatis.de, 2004).

체협약 이하의 임금 지급은 반사회적이라고 말하고 있다. 단체협약 이하 임금으로 오직 하나 있는 일자리에 고용된 새로운 연방 주의 창고 노동자가 다른 실업자가 자신의 세금과 부담금으로 계속 실업급여를 받을 수 있도록 한다면 이것이 반사회적인가?

기민련/기사연의 칼-요제프 라우만(Karl-Josef Laumann) 의원 역시 임금과 관련하여 적정성 문제를 제기하였다.

지난 수십 년 동안 [독일의] 단순구조의 일자리는 저임금 국가로 빠져나갔다. 이동성이 떨어져서 독일에 남아 있는 사람들 중에 이런 일자리가 필요한 사람들이 있다. 현대적인 산업, 서비스 및 지식산업 사회에서 이들은 일자리를 찾아야 한다. 국가의 보호를 받는 일자리뿐만 아니라 1차 노동시장에서도 이는 보장되어야 한다. 하루 8시간 일하는 이들이 실업자일 경우보다 더 많이 받아야 한다. 저임금 분야가 경제정책상 우리에게 결정적인 상승효과를 가져다주지는 않겠지만 일정한 비율의 인구에게 사회의 완전한 구성원으로서 노동생활에 참여할 수 있도록 이런 일자리를 유지하여야 한다. 저임금이 비도덕적인 것은 아니다. 문제는 너무 많이 거두어간다는 것이다. 평균적인 임금소득자로부터 임금의 50%를 거두어가는 것이 저임금 분야에서 일하는 것보다 더 비도덕적이다.

자민당의 귀도 베스트벨레(Guido Westerwelle) 의원은 신자유주의적 입장에서 정부 법률안에 비판적이었다.

적정성이란 무엇인가? 단순한 임금의 일자리는 적정하지 못하다는 확신에서 뒷문으로 최저임금을 도입하고 있다. 제안된 법률안 10조 1항의 현지의 통상적인 임금 혹은 단체협약상 임금 언급은 이를 거의 공개하고 있다. 이보다 낮은 임금으로 노동시장으로 복귀한다는 것은 적정하지 못하다는 것이다. 우리의 시각에서 전체적으로 정책상의 차이는 이렇다. 수백만 명이 하는 일을 받아들이는 것은 인간존엄에 반하는 것이 아니다. 인간존엄에 반하는 것은 실업 상태에 머물고 있어야 할 때다. 말하자면 스스로 삶을 만들어간다는 것은 자기실현의 일면이다. 비록 낮은 임금을 받을지라도 사회부조보다는 일하는 것이 낫다는 것이다.

하르츠 법에 의하면 실업자가 실업급여 II보다 낮은 임금의 일자리를 제의 받으면 이를 거부할 수 있어야 한다는 것이다. 주에서 제공된 일자리는 어느 것이든 원칙적으로 적정한 것으로 보아야 한다.

네덜란드의 사회적 국가의 전통은 독일이 따라갈 수 없다. 규칙이 완전히 다르다: 단순하고, 간결하고 누구나 계산할 수 있다. 6개월 실업 후에는 더 낮은 수준의 일이라도 받아들여야 하고, 12개월 실업 후에는 더 낮아진다. 18개월 실업 후에는 모든 일자리가 적정하다.

그는 이어서 사민당의 헬무트 슈미트 전 총리의 말을 빌어서 "임금 결정에서 전국적인 효력을 가진 단체협약은 없어져야 한다: 이를 위하여 단체협약법(Tarifvertragsgesetz)의 "일반적 구속력"(Allgemeinverbindlichkeit) 규정은 폐지되고 기업기본법에 경영자와 근로자대표회의 간에 임금, 노동시간과 노동조건에 관한 경영합의를 금하는 조항을 폐지하여야 한다"고 주장하였다. 실업자에게 모든 일자리는 적정성을 가진다는 것이며, 독일 노사관계의 중요한 축인 단체협약 자율의 수정을 주장하였다.

이런 야당 의원들의 입장에 비하여 연립여당 의원들은 클레멘트 장관의 입장을 두둔하거나 타협적인 자세로 나섰다.

녹색당의 테아 뒤케르트(Thea Dückert) 의원은 연방노동청과 지자체의 업무 분장과 관련하여 양자간 협력을 강조하였다. 아젠다 2010은 투자와 일자리 창출이 목표며 하르츠 법률은 이의 일부다라고 전제하고 적정성과 관련한 임금 문제에 대한 야당의 입장은 임금 덤핑을 의미 있는 것으로 만들자는 것이라 비판하였다.

> 코흐 의원의 이야기는 독일에서 임금덤핑을 의미 있게 하자는 것이다. 실업자에게 헌법상 권리인 최저생계비 이하를 지급하자는 것이다. 실업자가 일자리를 받아들이기만 한다면 최저생계비 이하로도 임금을 지급할 수 있다는 것이다.
> 이는 사회부조 수급자와 실업자를 조금도 돕지 않겠다는 것이다. 이는 경제적으로 말이 안 된다. 수공업자에게 전국적으로 절대적인 악영향을 주려는 것이기 때문에 지자체의 투자를 약화시킨다.
> 추가기준 없이 지자체가 90만 내지 150만 명에게 취업 기회를 줄 수 있다고 가정하면 이는 현재에 비해 5배다. 이를 할 수 있다면, 지자체가 매년 69억 유로를 부담하여야 한다.
> 지자체가 오늘날 수공업자, 소규모 서비스 공급자나 기업으로부터 많은 서비스를 제공받을 때, 실업자가 이를 수행할 때 이는

돌아갈 것이다. 즉, 어디나 개량이 필요한 지자체 내의 학교, 수영장, 도서관은 수공업자가 아닌 구직자에 의해 일이 처리될 것이다. 그렇지 않다면, 이 제안은 전혀 만들어지지 않을 것이다. 이는 반사회적이고 비경제적이며 수공업에 해를 끼칠 것이다. 전국적으로 저임금 분야를 구축하려고 한다. 자금은 어떻게 조달하라는 것인가? 임금 하락이 초래되는 메카니즘에 의해 소규모 수공업은 궁지에 몰리게 된다.

사민당의 클라우스 브란트너(Klaus Brandner) 의원은 야당의 개념은 임금 쥐어짜기와 압박, 구조적 개혁의 거부에 있다고 주장하였다.

하르츠Ⅲ, Ⅳ는 노동시장을 더 유연하게 설계하려는 이 정부의 과제의 마침표다. 이는 노동자, 사용자, 새로운 노동청-유연성과 안정의 개념에서 최상의 예다-에도 적용된다. 우리는 장기실업자들에게 괜찮은 수준에서 그러면서도 완전한 사회보험이 적용되는 포괄적인 안정을 제공할 것이다. 우리는 모든 장기실업자들의 빈곤으로부터의 안전을 바란다. 이에 의해 부조가 필요한 자녀들을 빈곤으로부터 끌어낼 것이다. 이것이 사회정의 개념이다.
유연성은 지원과 요구, 주고 받기(geben und nehmen), 급부와 반대급부를 의미한다.

지자체에 실업부조 업무를 모두 맡겨야 한다는 것에 대하여는,

지자체에게 모든 실직자 부조 기회를 마련하라는 법적 의무는

지자체 차원에서 거의 해결할 수 없는 요구가 될 것이다. 전체적으로 현 상황에서 지자체에 300만의 고용관계를 설정하는 것으로 이는 함부르크 같은 대도시 하나에서도 최소 5-6만 명을 위한 2차 노동시장을 가져야 한다는 것이다. 이는 함부르크 시 정부의 현 고용인력과 거의 같은 규모다.

하르츠 개혁 자체를 반대하는 구 동독 지역 출신인 민사당의 페트라 파우(Petra Pau) 의원은 연립여당과 기민련/기사연이 거대한 파괴연합을 구성하고 있고 노동조합은 반대하지만 저항하지 않는다고 비판하였다. 구 동독 지역의 입장에서 이 개혁에 반대하고 있다.

오늘의 결정에 의해 신 연방 주에서만 180억 유로의 구매력이 사라질 것이다. 자르란트나 바이에른의 오베르프랑켄 군(郡) 같은 구 연방 주 여러 지역에서도 사정은 비슷할 것이다. 이는 가난한 사람들에게 부담을 주고 지금까지 괜찮은 사람들에게 계속 유리할 것이다.
우리나라에는 여전히 기업의 사회적 의무와 모두에게 동일한 삶의 기회 명제가 있다. 구체적인 예를 들겠다. 여기 베를린의 라이니켄도르프에 이름 있는 기업이 있다. 작년에 주문 부족으로 전문직을 해고하였다. 같은 전문직들이 종전의 반의 임금으로 다시 계약을 맺었다. 직원으로서 아니라 1인 기업으로서이다. 적-녹 요술 가방이 썩은 두꺼비임이 드러났다. 자민당에는 즐거운 일이고 당사자에게는 독이다.

경제적 기반이 취약한 신 연방주의 경우 사회부조 수준으로 실업부조와 사회부조의 통합은 심각한 구매력 상실로 이어지면서 악순환의 시발점이 될 것이라는 비판은 여야를 막론하고 신 연방 주 대표들의 입에서 자주 나온다. 특히 연방상원에서는 자주 듣게 되는 비판이다.

이 날 하원의 두 법률안 표결은 연립여당의 찬성으로 가결되었다. 표결에 앞선 의원들의 발언 역시 본 회의 발언에서 벗어나지 않지만, 찬성한 경우에도 문제점을 솔직하게 지적하고, 특히 신 연방 주 출신 의원들의 경우 보다 현지 상황을 적나라하게 표현하고 있다.

녹색당의 한스-크리스티안 슈트뢰벨레(Hans-Christian Ströbele), 틸로 호페(Thilo Hoppe), 프리드리히 오스텐도르프(Friedrich Ostendorff), 페터 헤틀리히(Peter Hettlich), 빈프리드 나하트바이(Winfried Nachtwei), 클라우디아 로트(Claudia Roth. Augsburg), 빈프리드 헤르만 (Winfried Hermann), 유타 뒴페-크뤼거(Jutta Dümpe-Krüger), 이르민가르트 슈베베-게리크(Irmingard Schewe-Gerigk), 페트라 젤크(Petra Selg) 의원 등은 서면으로 이렇게 입장을 표명하였다.

아젠다 2010 맥락에서 하르츠Ⅲ, Ⅳ 법률안을 우리는 매우 비판적으로 본다. 그러나 우리는 이들 법률안에 동의한다.
긍정적인 점은 한부모가 사회부조에서 벗어나서 실업급여Ⅱ 수급자가 되면서 적극적인 노동시장 정책 수단을 향유하고 사회보험에 편입된다는 점이다.
그러나 다른 많은 실업부조 수급자들이 상당한 소득을 상실할 것이다. 유감스럽게도 이를 우리는 받아들여야 한다. 그러나 우리는 장래에 실업자들에게는 취업도 단체협약 상 및 지역의 통상임금 이하의 미니잡도 적정하다는 것을 막을 수 있을 것이다.
특히 사회부조에서 현행 법률과 비교하여 분명한 개선이 있을 것이라는 것은 우리에게도 역시 결정적인 것이다.

개혁 사업은 우리 사회보험제도의 근본구조의 개념적 변화를 포함하고 있다. 우리는 이를 환영한다. 그래서 실업부조와 사회부조의 통합은 당사자와 관계 기관에 편의를 가져다 줄 것이다. 다른 구조적 변화 역시 필요하다. 이에는 연방노동청 개편, 연방노동청과 지자체 사회 상담기관의 네트워크와, 지자체의 사회부조 부담 완화, 일자리지원법의 간소화 및 사회부조의 개혁이 포함된다. 구조개혁이 실제로 어떻게 작동할 것인가는 현실이 보여줄 것이다. 특히 새로운 일자리센터가 이에 해당된다. 취업알선에서 연방노동청의 현재 역량과 지자체의 역량을 결합시킬 것이 모든 관련자에게 요구되고 있다. 우리는 더 효율적인 취업알선을 희망한다. 우리는 이에 의해 현재의 실업자들이 대대적으로 고용될 것이라는 희망이 이루어질 것인가에 대해서는 회의적이다. 왜냐하면, 취업알선 문제만 있는 것이 아니라 무엇보다도 일자리가 부족하고 이런 구조적 변화에 의해 새로운 일자리가 거의 창출되지 않을 것이기 때문이다.

유감스럽게도 구조적 변화는 적극적인 긴축정책과 연관되어 있어서 법령은 거의 절감 법률로서만 인식되고 있다. 특히 우리는 개혁 노력이 연방예산 절감과 직접 연계되는 것에 대하여 비판적이다. 또한 우리는 사회보험료율의 급격한 인상과 동시에 소득세 및 부가세 세율 인상을 피하기 위하여 절감이 불가피하다고 본다. 이는 저소득자에게 상대적으로 더 큰 부담을 줄 것이기 때문이다. 무엇보다도 부담의 공정한 배분 문제가 존재한다. 법률안은 먼저 우리 생각으로 전혀 미래 지향적이지 못한 정책을 담고 있다. 이에는 특히 다음의 내용이 포함되어 있다. 즉,

이른바 미니잡과 기타 근로관계에 대한 적정성 규정, 연금보험에 고려되는 재산, 과거의 사회부조 규정에 따른 부모와 자녀 간의 부양 의무, 25세 이하의 청년에 대한 제재 강화 및 배우자 소득 산입 시의 제한적 규정. 그래서 우리는 빠른 시간 내에 이런 점에 대한 우리의 비판과 개선 요구를 제시하는 것이다.

타협은 미니잡과 기타 근로관계에서 임금 덤핑이 일어날 수 없도록 하는 것이다. 현행 단체협약 혹은 현지의 통상적 임금에 따른 지급만이 적정하기 때문이다. 개인이 저축한 노후대책에 대한 세액공제는 연간 400유로-이 금액도 적다-로 2배 증액되어야 한다. 1차 친척은 동거하지 않는 한 실업급여Ⅱ 지급의 전제로서 부양의무 대상이 될 수 없다. 종속적 노동허가(Arbeitsmarktzugang)를 가진 외국인에 대한 실업급여Ⅱ 자격은 인정되어야 한다.

25세 이하 청년이 이른바 협력하지 않는 경우 강한 제재 위험에 처한다는 것은 여전히 적정하지 못하다고 본다. 청년들이 직업교육과 일자리(교육 우선권과 함께) 자격을 가지고 있는 경우도 그렇다. 이외에 청년들은 제재 시 주택수당 외에 충분한 생활이 가능하도록 "현물급부"도 받는다. 그럼에도 불구하고, 심한 "반(反)-인센티브"에 의해 청년들을 다룬다는 것은 도저히 우리의 인간상(像)에 부합하지 않는다.

실업급여Ⅱ 수준을 사회부조 수준으로 저하시키는 것을 우리는 용인하기 어렵다. 그러나 우리는 이 규정 자체에 의해 많은 실업부조 수급자들이 실업부조로부터 과거보다 더 많이 받을 것임을 간과하지 않는다. 주된 희생자들은 과거에 더 좋은 급여의 취업을 하던 더 많은 실업부조 수급자들이다. 이 점은 연방예산의 재정 상황에 따를 것이다. 과거의 많은 조세인하에 비추어 이 주장은 설득력이 없어 보인다.

우리는 국민들의 부담이 절감되고, 조세 및 의무부담금이 더 공정하게 분배된다는 것, 즉 특히 대자산가와 대기업으로부터 더 거두어들여야 한다는 것에 동의할 것이다.

우리 요구의 상당 부분은 충족되었다. 이는 전체 패키지 중 중요한 사회 부분을 개인화된 예산(persönlichen Budget)[48], 정률 실물급부, 임대료를 고려한 정률 주택수당 도입, 모든 3 종류의 영주 지위에 모든 외국인 참여 등 과거의 사회부조 규정에 비하여 개선된 설계로 더 이상의 참사를 막고 있다.

구 동독 지역 작센 출신의 기민련 만프레트 콜베(Manfred Kolbe) 의원은 이렇게 반대 입장을 밝혔다.

고용에 인센티브를 주고, 고용 거부에 대하여 제재를 가하는 취지에 동의한다.

델리츠-아일렌부르크-토르가우-리자(Delitzsch-Eilenburg-Torgau-Oschatz-Riesa, 작센 북부의 군)에서 직접 선출된 대표로 이들 법률안에 동의할 수 없다. 내 지역구에는 일자리가 없기 때문에 인센티브가 올 수 없다. 작센에 금년 여름 실업 등록자는 40만

---

48) 장애인 복지제도의 경우 현금급부로 통상적인 서비스나 현물급부를 보완한다. 개인적 예산은 현금 급부다. 수급자에게는 현금이 지급되거나 개별적 목적의 바우처가 발급된다. 이에 의해 장애인은 현물급부 대신 자신의 재활 서비스와 일회성 서비스를 자신이 개인적으로 구입할 수 있다. 2008년부터 법제화되었다; 연방노동사회부(www.bmas.de).

명이지만 등록된 빈 자리는 18,000개다.

실업부조와 사회부조 통합이 동독 지역에 부당하게 타격을 준다. 작센에서만 약 18만 명의 실업부조 수급자가 대대적인 소득삭감을 당할 것이다. 이미 생활을 크게 줄인 사람들에게 타격을 주어서 이들의 사회생활 참여를 거의 불가능하게 만들 것이다. 소득 상실에 의한 구매력 상실이 작센에서만 3억3천만 유로에 달할 것이다. 이는 지역의 중산층에게 타격을 줄 것이다.

동독 지역에서 일자리 창출을 위한 추가 인센티브는 눈에 띄지 않는다. 오히려 "동독지역 공동체 과제"에 따른 경제지원과 세법상 투자공제는 줄어들었다. 그 결과 동으로부터 서로의 대량 탈출이 일어날 수 있으며, 이는 우리나라의 내부 통합을 위하여 용인되어서는 안 된다.49)

11월 7일 연방상원에서 연방의회에 의결된 두 법률안에 대한 동의를 위한 회의가 있었다. 반대 입장을 살펴보면, 연방상원에서는 정당보다는 연방 주의 상황에서 나온 입장 표명이었었다.50)

---

49) 연방의회 2, 3차 독회 및 표결에 관해서는 *Deutscher Bundestag*, 'Plenarprotokoll 15/67 (neu) (17. Oktober 2003) 참조; www.bundestag.de.

50) 기본법 51조 연방상원은 각 주 정부의 구성원으로 구성되며, 각 주정부가 임면된다. 주는 최소 3표의 의결권을 가지고, 인구 200만 이상 주 4표, 600만 이상 주 5표, 700만 이상 6표의 의결권을 가지며, 각 주는 통일적으로 의결권을 행사한다. 2003년 당시 연방 각주의 집권당은 다음과 같다: 바뎀-뷔르템부르크(기민련-자민당 연립); 바이에른(기사연); 베를린(사민당-민사당 연립); 브란덴부르크(기민련-사민당 연립); 브레멘(사민당-기민련 연립); 함부르크(기민련-쉴리당-자민당 연립); 헤센(기민련); 메클렌부르크-포어폼메른(사민당-민사당 연립); 니더작센(기민련-자민당 연립); 노르트라인-베스트팔렌(사민당-녹색

헤센의 코흐 주지사(기민련)는 10월 17일 연방의회에서의 강경한 입장과는 달리 상당히 타협적인 태도를 보였다.

연방 주와 시 및 군 특히 현재 일자리를 갖지 못하고 구직 중에 있는 사람들에게 유리한 타협에 관심을 가지고 있다. 어떤 점에서는 타협에 접근하고자 하고 어떤 점에서는 극복하기 어려운 장애를 앞에 두고 있다.

타협 모색은 일반적 의미에서 노동법 문제, 궁극적으로는 재정정책 문제와 연관된 것이다. 성장할 것이냐 아니냐는 우리가 여기서 변화에 성공하느냐에 달려 있기 때문이다. 핵심에는 노동시장이 경제발전에 더 낫게 그리고 더 유연하게 응할 수 있느냐가 미래에 추가적인 성장, 새로운 경기상승과 더 많은 일자리와 고용 그리고 이에 의한 실업 축소와 사회부조 수급자 축소 여부를 결정할 것이다.

실업 상황은 도시- 대도시, 중소도시-와 농촌 지역, 신구 연방주 마다 다르다. 그래서 고용 문제 해결은 분권적인 전략 개발 책임에 의한 접근이 필요하다. 연방노동청의 개편은 연방 구조 내에서 주로 업무가 어떻게 나누어지느냐(하르츠Ⅲ), 지자체 차원에서 그 책임이 어떻게 인식되느냐(하르츠Ⅳ)의 문제인데, 법률안에서 연방으로의 집중화 경향이 강하다.

지자체는 업무 제공이 무슨 뜻인지, 재원은 있는지 문제에 대

당 연립); 라인란트-팔츠(사민당-자민당 연립); 자르란트(기민련); 작센(기민련); 작센-안할트(기민련-자민당 연립); 슐레스비히-홀슈타인(사민당-녹색당); 튀링겐(기민련). 2003년 11월 7일 연방상원 회의에 관해서는 Bundesrat, Plenarprotokoll 793, (7. November, 2003) 참조; www.bundesrat.de.

하여 매우 민감하다. 분권화된 업무를 제공하는 자는 자신의 지출에 따라 이에 필요한 재정 보전에 대한 보장을 받아야 한다. 지자체를 포함한 주와 연방정부 간의 거래세 배분(Umsatz-steuerverteilung) 문제는 노동시장 문제를 훨씬 넘어서는 문제다.[51] 현재 정파를 막론하고 조세 개념에 관한 논의는 직접세에서 간접세로 넘어가고 있다. 이 경우 결국은 연방 정부의 몫이 커질 것이다.

연방정부는 노동시장 문제와는 무관하게 연방 주의 미래를 위하여 타협을 보고자 한다. 주에서 이 업무를 이행한다는 것은 지자체 재정 파탄으로 이어질 것이다. 더구나 지금은 우리는 여기서 진행되고 있는 정책에 의해 지자체의 생존보장을 위하여 이미 많은 문제에 직면해 있다.

실업부조와 사회부조의 통합, 일자리센터의 운영과 강화 정책에서 현장의 지자체 정부에서 사민당과 기민련은 활용할 수 있는 많은 경험과 공통점을 가지고 있다.

하르츠 법률과 조세 및 연방 주, 지자체의 재정 문제와 연계시키겠다는 의지를 보였다.

연방상원 의장인 구 동독 지역인 작센-안할트의 볼프강 뵈머(Wolfgang Böhmer, 기민련) 주지사는 구조적으로 취약한 작센-안할트 주의 입장에서 이렇게 말했다.

---

[51] 기본법 206조 4항은 "…거래세 수입이 자치단체에 귀속하지 않는 한 연방과 연방 각 주에 공동으로 귀속된다(공동세). 소득세와 법인세 세입에 대하여 연방과 각 주는 각각 1/2씩 균분한다. 거래세에 대한 연방과 연방 각 주의 배당액은 연방상원의 동의가 필요한 연방법률로 정한다…"고 규정하고 있다.

작센-안할트 주는 가장 실업률이 높은 지역이며, 실업자의 약 60%가 실업부조 수급자다.

연방정부가 제시한 하르츠Ⅲ, Ⅳ가 시행된다면, 우리는 부담할 수 없다. 현재 실업부조를 받는 많은 사람들이 앞으로 현재보다 적은 돈을 받을 것이며, 노동기관으로부터 전혀 돈을 받지 못하는 사람도 발생할 것이다. 지자체가 저임금 일자리를 제공하려고 한다 해도 지자체 재정 개편이 필요하다. 역시 조세정책 문제로 돌아가게 된다.

현 안대로 하르츠Ⅲ, Ⅳ가 시행된다면, 내년에 작센-안할트 주에서만 약 1억4천만 유로의 구매력이 상실될 것이라 추산된다. 타협을 막고 있는 것은 연방상원의 다수파가 아니라 다음 몇 년 동안 실업이 높을 것으로 예상되는 연방 주를 끌어들일 수 있는 분야로 움직여 나갈 의지 부족에 있다.

발터 되링(Walter Döring. 자민당) 바덴-뷔르템부르크 경제부 장관은 임금의 적정성 문제와 노동시장 유연화를 주장하였다. 지역의 통상적인 임금의 적정성이 최저임금으로 고착되었다면서 저임금 분야가 가능한 조건이 마련되어야 한다고 주장하였다. 그리고 다음 3가지를 요구하였다.

첫째, 조기은퇴 흐름을 막아야 한다. 60-64세의 고용에서 독일은 20.8%고 영국은 38%다. 인구구성 변화가 급속하고, 또 연금보험에 가장 큰 부담을 준다.

둘째, 노동시장의 실질적인 유연화. 해고보호 기준을 5명에서 20명으로 상향하여야 한다.

셋째, 기업과 그 종업원은 임금 결정에서 더 많은 재량권을 가져야 한다. 이런 맥락에서 유리한 해석의 원칙(Günstigkeitsprinzip) 관련 규정이 필요하다.52)

바이에른 주의 크리스타 슈테벤스(Christa Stewens, 기사연) 의원은 연방 주 노동청의 필요성을 주장하면서 실업급여Ⅱ 업무는 지자체가 맡아야 한다고 주장하였다.

그런데 기민련, 기사연, 자민당 소속 상원의원은 조세정책, 지자체 재정 문제, 노동행정의 분권화, 저임금 분야 가능 조건 등을 요구하면서 법률안을 다시 검토, 수정하기 위한 연방의회와의 조정위원회 소집을 요구했다.

이런 반대 의견에 대하여 클레멘트 연방경제노동부 장관은 이렇게 답변하였다.

> 기민련/기사연 수뇌부가 저녁에 아젠다 2010에 의해 제기된 문제를 서로 논의하기로 주지사들과 합의했다는 소식을 이 회의 전인 오늘 아침에 듣고서 이를 매우 환영한다. 그래서 하르츠에만 한정하지 않고 지자체 재정과 관련하여 조기의 조세개혁, 사회보장 제도와 노동시장 개혁에서 수공업 개혁에 이르는 분야에 관해 논의할 수 있는 것이다.
> 실업부조와 사회부조의 통합이 지자체의 재정에 영향을 주며, 이는 연방과 연방 주 간의 돈의 문제다.
> 하르츠Ⅰ, Ⅱ의 성과로 20만 명 이상이 일부는 교량수당에 의해

---

52) 결국 단체협상 자율의 변화를 요구하고 있다.

일부는 실업급여에 의한 1인 기업에 의해 자립하였다. 이들 기업의 2/3이 처음으로 고용을 창출하였고, 여전히 존속하고 있다는 점이다. 미니잡은 제 역할을 하고 있다. 조기은퇴와 관련하여 2008년까지 은퇴연령을 68세까지 끌어올릴 목표를 가지고 있다. 하르츠Ⅲ, Ⅳ와 관련하여 우리는 타협할 생각이 있다.

장기실업자에 대한 관할을 지자체로 넘기는 것이 현실적이라고 생각한다. 지자체가 이를 거부하는 것은 재정적 이유에서뿐만 아니라 과부하가 걸리기 때문이다. 연방노동청과 지자체와 관계는 대등한 입장에서다.

해고보호 완화와 관련하여 이 완화가 노동시장 문제를 해결한다는 증거는 세계 어디에도 없다. 덴마크와 네덜란드를 보라. 덴마크에는 해고보호가 없다. 그렇지만 노동시장은 성공적이다. 네덜란드는 독일처럼 해고보호가 강하다. 그렇지만 노동시장은 성공적이다. 나는 이를 노동자의 기본적인 권리라고 본다.

[단체협약] 개방조항을 언급하고 있는데 사실 우리는 단체협약과 경영협약 간의 관계를 이야기하고 있는 것이다. 단체협약 당사자 간의 자유로운 해결책이 더 나을 것이다.

이어서 프란츠 퇴네스(Franz Thönnes) 연방보건사회보험부 의회담당 차관은 일자리 창출정책 축소 요구와 공공고용 강화 요구에 대하여 이렇게 답변하였다.

기민련/기사연의 대안은 유사해 보이지만 중대한 차이가 있다. 그래서 거부한다. 이 법률안은 거의 모두 면세 사회급부-실업부조, 사회부조, 기초보장-를 하나로 묶어서 지자체의 관장으로 하고 있다. 이 방향으로 결정한다면, 우리는 지자체의 과부하, 새로운 관할변경, 취업알선의 이중구조, 개헌이 필요한 재정구조, 공공이 지원하는 고용 분야의 상당한 확대 위험이 발생할 수 있다. 클레멘트 장관이 표현하였듯이 나도 이해할 수 없는 것은 기민련/기사연 일부가 일자리 창출 정책의 과감한 축소를 요구하면서도 법률안에서 공공 고용 분야가 크게 강화되어야 한다는 것이다. 이의 재정은 연방의 부담으로 귀결되고 "지원과 요구"는 "요구"로 축소되는 것으로 연방정부가 받아들일 수 없다.

연방상원은 토론을 마무리하고 연방의회와의 조정위원회 구성을 결의하였다. 이 결의를 두고 <슈피겔> 지는 "연방상원의 다수파인 기민련/기사연이 적-녹의 노동시장개혁 뜻밖에도 조정위원회에 회부하였다"라고 보도하였다.[53]

당시 상황을 보면, 노동조합의 경우 금속노조의 5월 파업이 실패하였고, 10월 21일 사무직 노조에서는 프랑크 브지르스케(Frank Bsirske) 위원장이 재선되었지만, 노동조합의 상황은 최악이었다. 재정문제로 아젠다 2010에 대한 저항을 거의 포기한데다, 상당수의 조합원은 슈뢰더의 아젠다 정책이 옳다고 생각하고 있었다. 11월 1일 독일노동조합총연맹 조직 동원으로 베를린에서 있었던 하르츠 반대 집회가 외견상 성공을 거두고 월요시위로 계속되지만 노동조합의 투쟁력은 이미 상실되어 있었다.

그리고 앞의 주) 48의 수치에서 확인할 수 있듯이 연방 주와 지자체, 특히 구조적으로 취약한 구 동독 지역의 재정상황은 말 그대로 위

---

53) *Der Spiegel*, 2003.11.7.

기였다. 주와 지자체에 대한 슈뢰더 정부의 재정 보전 약속과 재정개혁을 위한 조세개혁에 기민련 주지사들이 점점 귀를 기울이며, 기민련 주지사들이 주 의회에 조세개혁 찬성 의사를 알리고 있어서, 연방정부의 감세 정책에 대한 연방상원에서 과반수 찬성이 점점 더 가능해 보인다는 전망까지 나오고 있었다.

이런 조건 하에서 사민당을 포함한 좌파 진영도 내부 균열의 양상도 보이고 있었다. 지금까지는 2차례 총선을 통하여 입증되었듯이 연방정부와 연립여당은 어쩌면 슈뢰더 총리의 대중적 인기와 카리스마로 개혁을 추진해왔다. 그러나 사민당 내 좌파는 하르츠Ⅲ, Ⅳ 법률안 제출을 계기로 내놓고 사민당의 기본가치(Grundwerte) 문제를 제기하였으며, 크리스티네 루시가(Christine Lucyga) 의원 등 7명이 반대 서명운동까지 하였다. 그리고 라퐁텐 전 당수도 공개적으로 반(反) 사민당 행보에 나섰으며, 동독 지역 중심의 민사당의 움직임 등. 적-녹연립 진영 내부의 갈등도 심심찮게 되었다. 슈뢰더 총리가 때때로 사임하겠다는 위협으로 배수진을 쳤지만 이의 약효도 이제 사라지고 있었다.[54]

그리고 2004년에는 지방선거를 비롯하여 유럽의회 선거 등 여러 선거가 예정되어 있었다.

이런 조건 하에서 슈뢰더 총리 1기 정부에서 보았듯이 조세, 복지,

---

[54] 2002.9.22 총선 이후 사민당의 지지율은 지속적으로 하향세였다. 연방의회에서 사민당-녹색당 의원 표만으로 연방의회에서 하르츠Ⅳ 관련 법률안이 통과된 10월 19일 직후인 10월 28일 포르자(Forsa Institute) 조사에서 사민당 지지율은 24%로 떨어지고 1주일 후에는 23%라는 충격적인 결과까지 나왔다. 이런 20%대 지지율 추세는 2004년에도 이어졌다; 전종덕/김정로, 『독일 사회민주당의 역사』, p.472 참조; www.wahlrecht.de.

노동 개혁을 근본적으로 반대하지 않는 기민련/기사연 등 야당은 일정한 타협을 통하여 개혁의 성과를 공유할 필요가 있었다. 그리고 앞에서 언급하였듯이 2002년 이후 사민당 당원 탈당 흐름만 있는 것이 아니라 기민련 당원 역시 탈당하고 있었다. 기성정당 지지율의 동반 하락의 위험도 안고 있었다. 다행히 연방상원 회의 무렵에는 기민련 당내 갈등이 대체로 정리되어가면서 앙겔라 메르켈이 지도력을 굳히고 있었다.

이런 야당 내 사정을 <슈피겔> 지는 이렇게 보도하였다.

> 정부와 야당 연방상원을 감세 계획을 놓고 이상한 논쟁의 무대로 삼고 있지만 사실은 이미 타협 모색하고 있다.
> 감세로 인한 결손을 어떻게 보충할 것이냐에 관해서는 연방정부가 당초 160억 유로의 80%를 차입으로 보충할 생각이었으나 야당은 최대 25%를 수용하고자 했다.
> 기민연은 노르트라인-베스트팔렌의 사민당 주지사 페어 슈타인브뤼크의 3년 내 158억 유로 보조금 삭감안을 두고 그와 협상하고 있다. 슈뢰더 총리가 이 금액을 개혁에 활용하고자 한다. 코흐와 슈타인브뤼크의 보조금 폐지 협상에 들어가고, 연방상원에서 기민련/기사연 주지사들은 일단은 정부안을 만장일치 거부하기로 어렵게 합의하였다.
> 기민련의 내부 합의로 감세는 25%까지 채무로 충당할 수 있다. 감세의 큰 부분이 세제혜택 폐지로 충당되어서는 안 되고 다른 부분 가령 보조금 폐지로 충당되어야 한다.
> 조세개혁은 노동시장 개혁과 연계되어야 한다. 여기에는 해고 보호 완화와 단체협상 자율성 제한 요구가 포함된다.

야당이 20명 이하의 기업으로 완화하자는 해고보호 완화도 타협 가능하다는 입장이다.

당 지도부와 정부의 핵심인물들은 장기실업 문제를 사소한 문제로 본다. 기민련/기사연은 임금을 낮춰서 이 문제 집단이 "지역의 통상적인 임금" 이하 임금의 일자리를 받아들여야 한다는 것이다. 슈뢰더의 한 측근은 "우리 사이에 싸움은 없다-그리고 다른 편과의 싸움도 없다"고 말한다.55)

이런 배경에서 클레멘트 장관은 적극적인 타협 의지를 표명하였고, 연방상원에서 조정위원회 소집을 결의한 것이다.

5. 하르츠Ⅲ, Ⅳ 법률 확정

11월 7일 타협의 신호탄인 "뜻밖의" 연방의회와 연방상원의 조정위원회가 소집되어 공개적인 타협안 작성 절차에 들어갔다. 이에 맞추어 슈뢰더 총리의 사민당은 11월 17일에서 19일 사이에 보쿰에서 임시 당대회를 개최하여 "미래 우리의 길"(UNSER WEG IN DIE ZUKUNFT)이란 결의를 채택하여 사민당의 개혁안을 다시 확인하였다.

아젠다 2010 개혁안은 지난 6월 베를린 임시 당대회에서의 내용과 그다지 다르지 않았다. 그런데 이번에는 비록 날카롭지는 않지만 당 강령과 기본가치에 관한 안건이 상당히 나왔다. 그리고 당 대표부

---

55) *Der Spiegel*, 2003.11.10.

선출 과정에서 예상외의 결과가 나왔다. 슈뢰더 당수는 80.8%의 지지로 재신임을 받았다. 그런데 문제는 당집행위원 투표에서 개혁을 지휘하고 있는 경제노동장관 볼프강 클레멘트(Wolfgang Clement)는 56.7%, 사무총장인 올라프 숄츠(Olaf Scholz)는 50.8%를 득표하여 망신을 당했다.56) 슈뢰더와 당의 의원단 대표 뮌테페링은 이를 조직적 쿠데타로 보고 젊은 지크마르 가브리엘(Sigmar Gabriel)을 주모자로 보았지만, 달리 할 수 있는 것이 없었다.

아직 당 지도부의 노선을 대놓고 비판할 수 있는 분위기는 아니었다. 예전의 활력을 되찾지 못한 것이다. 이 날의 상황을 가브리엘은 "아무도 슈뢰더 연설의 보호막 아래서 나오지 않은 것은 비겁하다. 비판은 사회정의에 대한 바람, 최고세율에 대한 공격 경고, 부유세 재도입 요구 사이의 어딘가에 있었다. 결국은 사회적 국가의 현대화에 대한 정당화였다"고 표현했다.

언론은 당 대회의 연설, 토론, 안건 모두 비현실적인 것으로 보았다. 그리고 개혁논쟁에서 당은 분열되었다. 더 이상 좌우가 아니라 다양한 이익집단으로 때로는 목적을 위하여 일시적으로 연합하기도 하는 예측 불가능한 조직이 되었다는 것이다. 90년대 이전 각 그룹마다 숙고된 논리와 정책 대안을 가지고 논쟁을 벌이면서 타협해나가던 분위기는 찾아볼 수 없었다. 그러면서 아젠다 2010, 특히 하르츠 개혁안을 계기로 사민당은 노선을 중심으로 재편되고 있었다.57) 어떻게 보면 사민당 내의 이런 사정이 여야 간의 타협을 더 쉽게 만들었을

---

56) 임시 당대회에 관해서는 SPD, 'Bundesparteitag Bochum 2003, 17-19. November 2003' (www.spd.de) 참조.

57) 전종덕/김정로, 앞의 책, pp.469-470; *Der Spiegel*, 2003. 11. 18; *Die Zeit*, 2003.11.20.

수도 있다.

기민련 역시 12월 1일 당대회를 열고 강경노선을 완화하여 타협 기반을 만들었다. "복지제도는 한계에 왔다" 경제성장이 없다면, 적자는 메워지지 않을 것이다. 케이크 분배 문제가 아니라 케이크 키우기 문제다"라는 슬로건 아래 9월에 발표되었을 때 당내에서 반발이 컸던 헤르초크 위원회의 기민련 복지정책개혁안은 이 날 당회에서 당의 정책으로 채택되었다. 골자는 "법정 의료보험은 임금과 완전히 분리되어야 하고 264유로 정액 보험료에 의해야 한다. 1990년대 헬무트 콜 총리에 의해 도입된 요양보험은 현행 형식에서 탈피하여 사적 보험으로 대체되어야 한다. 법정연금은 확실하게 감액되어야 한다"는 것이었다. 물론 당내의 노동 세력을 중심으로 정액보험이 노령자에게 일방적으로 불리하다는 취지의 반대가 있었다.[58]

사민당과 기민련이 각기 당내 절차를 통하여 타협 준비를 완료하고, 12월 16일 조정위원회에서 하르츠Ⅲ, Ⅳ 법률안에 대한 타협안이 채택되었고 12월 19일 연방의회에서 표결이 있었다.

이날 하르츠 법률을 최종적으로 결정짓는 연방의회에서는 표결에 앞서서 조세, 경제, 노동시장 정책 개혁에 대한 종합적인 토론이 있었다. 여기서 슈뢰더 총리, 사민당의 원내대표인 사민당의 프란츠 뮌테페링(Franz Müntefering) 의원, 기민련의 앙겔라 메르켈 당수, 녹색당의 크리스타 자거 원대 공동대표, 귀도 베스터벨레 자민당 당수 등 여당과 야당 수뇌부의 발언이 있었다.

이날 뮌테페링 의원의 발언을 보면 3월 14일 아젠다 2010 발표 이후 및 최종적으로 조정위원회에서 여야 및 연방 주와 협상의 주요 의

---

58) CDU, 'Protokoll, 17. Parteitag der CDU Deutschlands' 참조; www.kas.de.

제와 각각의 입장 및 타결안 내용을 명확하게 알 수 있을 것이다.

 사회적 국가의 본질적인 것은 확보되었다. 이는 노령연금과 보건 분야에 해당된다. 인구구성의 변화라는 변화된 조건 하에서 혁신은 불가피하다.

지자체는 시급히 필요한 투자자금을 더 많이 가지게 되었다. 조세가 더 공정해졌고, 고소득자는 과거보다 재무장관실을 들릴 필요가 줄어들었다.

경제활동 능력을 가진 사회부조 수급자는 노동시장에 더 가까이 접근할 수 있게 되었다. 사회부조 제도, 수공업 법령과 연방 노동청이 현대화 되었다.

조세개혁이 선도하고 기초공제가 7,664유로로 인상되었다. 모든 납세의무자의 28%가 세금을 전혀 납부할 필요가 없고 소득세 최저 세율이 16%라는 의미다. 2005년으로 계획되었던 90억 유로 조세경감이 지금 실현되었다. 이는 납세자와 소득세 분포도의 최하위에 있어서 전혀 세금을 납부할 필요가 없는 사람들에게 큰 이득이다.

[조정위원회에서] 야당은 단체협약법을 무너뜨리고자 하였다. 단체협약법이 무너져야만 다음 단계의 조세개혁으로 나갈 수 있다고 야당은 2주 전에 말했다. 우리는 두 가지, 단체협약법과 단체협약 자율 및 조세개혁 대부분을 그대로 추진하기로 하였다. 야당은 해고보호를 20인 고용 기업으로 완화해야 한다는 것을 조건으로 했다. 보조금 축소에 반대하여 왔다. 추가적인 부채는 없어야 한다면서도 주와 지자체에 더 많은 자금이 가야 된다는 요구가 얼마나 뻔뻔스러운가? 연방상원 의원들은 농업 보조금

축소에 강력하게 반대하고 있다. 현재 계획된 자가소유 공제 30% 축소가 기민련/기사연 상원의원의 눈물겨운 관심 대상이다. 야당은 실업부조와 사회부조 통합에서 이를 지자체화 하고자 하였다.

거래세를 완전히 폐지하고자 하였지만 우리는 이에 동의하지 않았다.

수공업 법령을 그대로 두고자 하지만 우리는 여기에 새로운 규정을 도입하고자 한다.

독일이 저임금 국가가 된다면, 복지를 유지할 수 없다. 코흐 지사가 말한 체코의 예에 따르는 시간 당 3.75유로로 가는 길은 틀렸다. 올바른 길은 저임금에 의해 가능한 것이 아니라 미래를 담보해주는 것 즉 젊은 사람들의 머리와 심장에 더 많이 투자하는 것에 의해 가능하다. 우리나라에 필요한 연구, 기술 및 새로운 기업에 투자하는 것이다.

크리스타 자거 녹색당 원내대표는 이를 보충하면서 적정성 문제에 관해서 양보했음을 인정하고 있다.

기민련/기사연 탓에 시민들의 부담이 더 줄어들지 않을 것이다. 기민련/기사연 탓에 필요한 보조금 폐지-심지어 경제적으로 손해가 되는 보조금-더 늦어질 것이다. 기민련/기사연 탓에 노동자의 권리 보장은 줄어들 것이다. 기민련/기사연 탓에 지자체는 지자체 재정구조 개혁을 어떻게 추진할 것인가에 대한 확신이 줄어들 것이다.

지자체에게는 50억 유로의 부담이 경감될 것이다. 실업부조와 사회부조의 통합으로 장기실업자의 희생은 종결될 것이다. 시민은 150억 유로의 부담이 경감될 것이다.

처음으로 보조금 폐지가 착수될 것이다—특히 환경에 유해한 자가보유 주택수당, 통근수당 등.

야당은 감세와 조세혜택 축소에는 반대다. 보조금 폐지에 반대하면서 연방재정만 빼앗아가려 한다.

일자리 제의에서 적정성 타협은 가슴 아픈 점이다. 우리는 실업자인 숙련 노동자가 재취업을 위하여 우선 문지기가 되기를 기대할 수 있다고 생각한다. 이 점에서는 차이가 없다. 우리는 누구든지 익숙한 정해진 단체협약상의 임금을 계속 받기를 원한다. 아니 우리가 이야기한 것은 현지의 통상적 임금 수준이다. 여러분이 이 규정을 역전시켜버린 것이 이 나라를 앞으로 나가게 하는 것이 아니라 시민들에 더 많은 불안과 불확실을 가져다준다.

세계화에 대한 대응은 임금이 아니라 사람들의 창의력, 아이디어, 좋은 직업교육에 있다. 청소년 지원이 구조적인 노동시장 개혁만큼이나 중요하다는 것을 사람들에게 인식시켜야 한다.

조정위원으로 참여했던 기민련의 노르베르트 가이스(Norbert Geis) 의원은 조정위원회에서의 타협에 상당한 만족을 표하였다.

타협은 대단하다. 타협에는 양자의 핵심적 생각이 들어 있다. 기민련과 기사연 간의 합의의 문제가 아니라 연방의회와 주지사들 간의 공동의 이익에 관한 것이다. 주지사들은 개혁 패키지에 대하여 유보적이었다. 이는 세율 인하에 의한 세수감소를 받아들여야 하는 문제이기 때문이다. 우리가 포기하지 않는 핵심은 새로운 채무를 가능한 한 낮게 유지하여야 한다는 것이다. 우리는 최종적으로 25%가 아닌 30%에서 합의했다. 30%는 자체적으로 흡수 가능한 수준이다.

우리는 조세개혁과 노동시장의 구조개혁 착수를 연계시키는 데 성공했다.

지자체는 선택모델을 가지게 되었다. 지자체는 장기실업자 관리를 자신의 소관업무로 받아들일 수 있게 되었다.

당초 정부가 제의한 적정성의 강화와 해고보호의 완화를 감세와 연계함으로써 중요하게 새로이 경기를 부양할 수 있게 되었다.

물론 우리는 몇 가지 점에서는 투쟁하였다. 특히 이는 대기업의 손실 억제에 해당된다. 많은 기업이 최근에 경제 상황으로 인하여 많은 손실을 냈다는 것을 우려해야 한다. 손익계산서에서 이런 기업은 당연히 오래 동안 손실을 상쇄할 만한 이익을 내지 못했다. 그러나 과세에서 우리는 제한적일지라도 이들 기업이 이익을 낸 것처럼 처리해 왔다. 재정적으로는 맞을지 모르지만, 기업경영과 국민경제적으로는 맞지 않다. 그러나 우리는 이런 법령을 전체적인 타협을 위하여 받아들였다.

이는 기업의 외부자금조달에 대해서도 마찬가지다. 여기서 우리는 과오를 범했다. 이 법령이 오래 가지는 못할 것이다. 은행이 주식회사에 제공한 신용에 대한 이자를 우리는, 주주가 개별적으로 보증한 경우, 이를 이익으로 취급하였기 때문이다. 이자-현금 흐름도-를 이익으로 취급한다는 것은 근본적으로 부당하다. 그래서 나는 이 법령이 장래에는 존속하지 못할 것이라 생각한다. 그러나 우리는 이 안을 전체적인 타협을 위하여 받아들였다. 우리에게 중요한 주제는 지자체의 재정상황 개선이었다. 지자체가 파산 상태라는 것을 우리 모두 알고 있다. 지자체의 부채 총액은 매년 증가하고 있다. 우리는 연립여당에게 특별정책, 긴급정책을 제의하였지만 이를 받아들이지 않았다. 이 법령은 지자체의 재정 상황 개선에 충분하지 못하다. 그래서 우리는 지자체를 어떻게 받아들일 것인가에 대한 생각을 계속하여야 한다. 기민련/기사연은 타협에 동의한다. 그러나 여전히 대개혁이 우리를 기다리고 있다. 즉 연금보험 및 요양보험 개혁, 연방제 개혁 등.

귀도 베스터벨레 자민당 당수 역시 조정위원회에서의 타협에 상당한 만족을 표하면서 이렇게 말하고 있다.

조정위원회에서 성과를 낸 것을 환영한다. 이는 건전 재정을 위한 조세개혁과 특히 노동시장 개혁으로 이는 올바른 방향을 보여주고 있다.
보조금 폐지에 관해서는 말하지 말라. 현 연립정부는 예산 구멍을 메우기 위하여 조세 예외조항을 폐지할 생각이 없다. 1달 전 석탄의 날에 총리가 석탄에 160억 유로 보조금을 약속했다. 이와 동시에 교육을 축소시킬 것이다. 이것이 독일의 현실이다. 해고보호는 특별한 보호에 관한 것이다. 5명에서 10명으로 기준을 올리자는 것이다.
장기적인 사회부조 수급자를 취업시키기 위해서 모든 합법적인 일자리는 적정하다. 수백만 명이 단체협약 임금 이하를 받고 있다. 이들은 세금과 부담금을 납부하여야 한다. 이 세금과 부담금으로 살아가는 사람들 즉 장기적 사회부조 수급자들에게 단체협약 임금 이하의 일자리는 연립여당은 적정하지 못하다고 말한다. 이는 우리 시각에서 정의의 문제다. 모든 합법적인 일자리는 계속 사회부조를 받고 있는 것보다 더 좋다. 이것이 우리의 접근방식이고 올바른 방향이다.

향후 12개월 이내에 단체협약 당사자 간에 단체협약과 기업법 간에 새로운 균형에 대한 타결이 있기를 기대한다. 우리나라가 점차 엄격한 산별 단체협약 구조를 버리고 더 많은 사업장 단위의 협약으로 나가야 하는 것이 필요하다. 기업 내에서 합리적으로 규율될 수 있는 것-경영진과 대다수의종업원 간-이 상근 전임자의 간섭 없이 여기서도 규율될 수 있어야 한다.

비교섭단체인 민사당의 페트라 파우(Petra Pau) 의원은 연방의회와 연방상원의 다수파에 의한 타협은 사기며, 양자 간 주고받기의 주요 내용인 조세개혁과 노동시장 개혁은 반사회적이라 비판하였다.

오늘 연방의회 다수파의 슈뢰더 총리와 연방상원 다수파의 메르켈이 합의한 결과를 토의하고 있다. 갑자기 10억 유로가 사라지고, 그 사이에 이는 새로운 부채로서 그리고 역시 지자체에 다시 등장하였다. 민법상 이는 사기(Schieberei) 행위다.

최소한 최대 패배자가 셋이 있다. 구직자, 지자체 및 동독 지역이다. 이에 더하여 사민당 좌파가 지금까지 획득한 모든 것이 사라졌다. 해고보호가 약화되어 실업자들이 압박 받게 되고, 단체협상 자율은 더욱 위협 받게 되었다. 조정위원회 구성 전에는 반발하였지만 오늘 동의한 사람들은 놀라지 않을 것이라고 생각한다.

이 조세개혁에는 승자와 패자가 있다. 승자는 지금까지 잘 벌던 사람들이다. 대부분의 사람들은 얻은 것으로 진료비, 의료비 및 기타 상승분을 충당할 뿐이다. 실업자와 해당자들은 사회복지수당을 잃게 되고 소득이 좋은 사람들은 예산지원법에 의해 추가 소득을 얻게 된다. 반사회적 조세개혁은 반사회적 노동시장 개혁과 연계되어 있다.

사회부조 수급자는 들것에서 떨어지고 실업자는 밀려난다. 그리고 경제기적이 올 것이다. 사회부조와 실업부조의 통합은 수십만 명에게 특히 동독 지역에 영향을 줄 것이다.

게하르트 슈뢰더 총리는 이제 아젠더 2010의 개시로 독일 병은 끝났다고 선언하면서 수년 내 독일이 유럽과 세계의 정상에 복귀할 것이라고 자신감을 보이면서 연방상원의 다수파에게 감사를 표했다.

"독일 병"(deutsche Krankheit)이란 말은 없어질 것이다. 해외의 투자자에게도 매력적으로 될 것이다.

급변한 경제조건은 세계화라는 개념에 감추어진 것과 관계있다. 연금제도는 우리 사회의 급변하는 인구구성과 관계있다. 그래서 세대 간 협약이라고 부를 수 있는 노령자와 청년 간의 관계 조정이 필요하다. 이를 연금에서 시작하였다.

아젠다 2010 결정으로 개혁이 끝난 것이 아니고 계속되어야 한다.

우리는 보건제도도 함께 개혁하였다.

노동시장 개혁에서 해고보호 약화는 구호임이 드러났다. 일자리가 있는 사람은 지금까지와 같이 보호 받는다. 기업 측의 유연성 요구와 노동자 측의 보호 간의 합리적인 균형이 필요하다. 이는 보장될 것이다. 많은 보호를 받고 노동시장 밖에 머무는 것보다 보호를 적게 받으면서 1차 노동시장에 다시 들어가는 것이 더 좋다고 말했다. 법률안은 정확히 그렇다.

단체협상 당사자들이 움직이기 시작하였으며 경영의 요구와 산별 단체협약의 유지의 필요성 간의 새로운 균형 설정이라는 도전에 응할 것이다.

[이 개혁 과정은] 다음 단계의 개혁에서 다루어야 할 핵심 과제를 위한 자원과 자금을 마련해 줄 것이다. 이는 무엇보다도 교육과 직업교육 분야에 관한 것이다. 연방은 통일된 기준 마련에 대한 제한적인 권한 밖에 없다. 국제적으로 경쟁력 있는 교육제도를 유지한다는 것은 국가적 과제로, 능력 배분의 관점에서 연방 주에 그 중심이 있다. 그렇지만 이는 여전히 국가적 과제로서 우리는 아젠다 2010 조건에서 수년 내에 다시 유럽의 정상에 그리고 이에 의해 세계의 정상에 복귀할 수 있어야 한다.

연방상원 다수파가 우리가 오늘 마련하는 것을 성공할 수 있도록 도와주는 것에 감사드린다. 연방제 개혁 조건에서 구조를 실질적으로 생각하여야 할 것이다.

앙겔라 메르켈(Angela Merkel) 기민련 당수 역시 만족하고 있음을 보여주었다.

기민련/기사연은 국가적 책임을 인식하고 있기 때문에 타협에 성공할 수 있었다.

연방 주의 이익을 단기적으로는 매력적으로 보이는 당략보다 우선시하였다. 이를 보건개혁 논의에서 보여주었다. 코흐 및 슈타인브뤼크 주지사가 보조금 폐지에 참여하여 안을 제출하였다. 기민련/기사연이 보조금 폐지에 참여하지 않는다는 주장은 맞지 않다.

연방정부가 제출한 법률안의 적정성은 사민당-녹색당이 원했던 것과는 달리 규정되어 있다. 연방정부 제출안이 반사회적이고 타당하지 못하다고 말하지는 않을 것이다. 그래서 우리는 적정성에 관하여 연방정부가 결정한 것 이상을 도입하지 않았다. 유감스러운 것은 실업급여Ⅱ를 받는 사람이 재취업할 기회를 가지게 된다는 것을 납득시키지 못했다는 것이다. 우리에게 요구와 지원이 실현될 수 있도록 실질적인 저임금 분야가 필요할 것이다.

장점이 단점보다 크기 때문에 기민련/기사연은 타협에 동의한다.

사람들이 2004년 1월 1일부터 감세를 기대할 것이라는 것이 자주 거론되었다. "오른 쪽 주머니, 왼 쪽 주머니 원칙"(linke Tasche, rechte Tasche)이 득세하지 않도록 하였다. 보조금 폐지의 실제 목적은 2005년에 통근수당과 자가주택 수당을 다시 주려고 하는 것이 아닌가? 여러분은 환경세로 사람들의 출근을 비싸게 만들었다. 세계화 시대에 통근자들에게 일정액의 통근비를 보전해 주는 것이 합리적이다.

기민련/기사연과 전체 야당이 개혁에 방향과 결의를 제공하고 있음이 분명하다. [연립여당은] 연방총리의 길에 마지못해 그리고 우리나라에 필요한 속도보다 느리게 따르고 있다.

해고보호에 대한 입장은 무엇인가? 총리가 말했듯이 일자리를 가지지 못한 사람들이 복귀할 수 있는 기회를 주기 때문인가? 나는 총리의 의견에 동의한다. 이는 노동시장을 더 유연하게 만들어서 400만 실업자들에게 자신과 가족의 미래를 위한 기회를 가질 수 있게 한다는 것을 확신한다.

협상에서 우리는 감세, 구조개혁, 건전 재정 3화음을 관철시키는 것이 중요했다. [연립여당 안은] 감세정책으로만 갔지 구조정책에는 더 나가지 않았다. 그래서 이 화음을 가능하게 한 세력이 바로 우리다.

뮌테페링 의원, 우리는 단체협약에 끌려 다니고 싶지 않았다. 단체협상 당사자들이 합의에 도달하여야 했다. 우리의 과제는 법적 규정을 만들고, 이 법적 규정에서 단체협상 당사자들에게 우선권을 주는 것이다. 유감스럽게도 우리는 이를 추진하지 못했다. 총리와 우리가 이를 할 수 없었다. 이것이 나라에는 좋은 일이 못 된다. 그래서 이 나라를 밀고 나가기 위하여 할 일이 아직 많은 것이다.

그래서 다음 사항은 여전히 옳다. 오늘날 실질적으로 중요한 개혁정책이 여전히 우리 앞에 놓여 있다는 것을 숨길 수 없다. 우리가 실질적으로 다시 유럽의 정상에 복귀하려고 한다면, 이 나라를 더욱 더 현대화하고 혁신하는 데 성공하여야 한다.

우리나라에 혁신정책이 필요하며, 교육과 직업교육이 우리가 시급히 필요로 하는 핵심 부분이라는 총리의 발언을 잘 들었다. 연방교육부 장관이 수업료 금지를 폐지함으로써 우리나라를 교육입지로 만드는 정책을 시작할 수 있을 것이다.

연방정부는 본격적인 구조개혁을 거부하고 있다. 내년에 개혁에 관해서 진지한 토론을 하고자 한다. 총리는 이산화탄소 배출 할당에 의해 모든 산업을 밖으로 몰아내려고 한다. 이 토론은 진지할 것이다. 화학 산업, 기초소재 산업, 자동차 산업의 보호에 관한 것이기 때문이다. 기민련/기사연은 과거에 그랬던 것처럼 미래지향적 산업입지 독일의 대변자가 될 것이다.[59]

요약하자면, 앙겔라 메르켈의 발언처럼 기민련/기사연은 감세, 구조개혁, 건전재정을 명분으로 연립야당과 협상에 나서서 특히 지자체의 재정, 노령연금, 의료보험 등에서 기본적인 타협을 이끌어내면서 노동시장정책 개혁에서 연립여당 측으로부터 상당한 양보를 얻어낸 것이다. 즉, 해고보호의 완화, 저임금 일자리 조건을 보장하는 임금에 관한 적정성의 강화, 단체협약 자율의 수정 등 독일연방공화국 수립 이후의 노사관계의 기본방향 전환의 물고를 튼 것이다. 그리고 하르츠 보고서를 바탕으로 한 슈뢰더 총리의 노동시장정책 개혁의 당초 전략은 이해 당사자들의 개입을 최소화한 하향식 개혁 추진이었다. 실업급여Ⅱ 업무 관할과 관련하여 지자체가 이 업무를 수행할 모델을 선택할 수 있게 함으로써 연방노동청 개혁에서 핵심 중의 하나인 일자리센터 운영을 지자체가 독자적으로 맡을 수도 있게 한 것은 당초 전략에서 상당히 후퇴한 전형적 사례 중 하나다.

하르츠Ⅲ, Ⅳ 법률 표결에서 민사당 2표 반대를 제외하고 전원이 찬성함으로써 거의 사실상 만장일치로 의결하였다. 그리고 이어서 연방의회 최종 의결에 앞서서 연방상원에서는 조정위원회 타협안에 대

---

59) *Deutscher Bundestag*, 'Plenarprotokoll 15/84', (19. Dezember 2003) 참조.

하여 코흐 주지사가 타협에 이르지 못했다고 보고하고 연방의회에서 의결한 하르츠Ⅲ에 대하여 다수결로 반대하였다. 이는 그 결과를 미리 알고서 하는 의례적 행위이면서도 해를 넘기면서 장기간 협상과 힘겨루기로 이어지는 실업부조와 사회부조를 통합한 실업급여Ⅱ의 관할과 관련된 소위 "지자체 선택법률"(Gesetzes zur optionalen Trägerschaft von Kommunen nach dem Zweiten Buch Sozialgesetzbuch (Kommunales Optionsgesetz) 싸움을 예고한 것이다. 이는 슈뢰더 총리가 언급한 연방제 개혁이라는 독일 정치 체계의 근본적인 문제와도 관련된 것이기도 하다. 어쨌든 연방의회에 있었던 하르츠Ⅲ 법률 연방상원의 이의에 대한 기각 동의안 표결에서 기민련/기사연, 자민당은 앞의 표결에서와는 달리 기각 동의안에 전원 반대하였다.[60]

이른바 하르츠Ⅲ, Ⅳ 법률은 이 날 성립되었지만 슈뢰더 총리 정부의 당초 계획과는 달리 이로서 완결된 것이 아니라, 여야 타협에 의해 실업급여Ⅱ 관할 문제 중심으로 한 이른바 "선택법률"이 성립되어야 아젠다 2010의 기본적인 패키지가 완결되는 것이다.

6. 지자체 선택법률

정당과 연방 주 그리고 지자체의 타협을 통하여 2003년 연말에 하르츠Ⅲ, Ⅳ 법률은 일부 조항의 발효는 경과조치에 따라 시기를 달리

---

60) *Bundesrat*, 'Plenarprotokoll 795', (19. Dezember 2003) 및 *Deutscher Bundestag*, 'Plenarprotokoll 15/84', (19. Dezember 2003) 참조.

했지만 대부분의 조항은 2004년 1월 1일부터 발효되었다. 그러나 11월 1일의 베를린 10만 시위를 계기로 구 동독 지역을 중심으로 한 하르츠 반대운동은 확산되고 있었다.

또한 2003년 3월 14일 슈뢰더 총리의 연방의회 연설을 통하여 아젠다 2010 계획 발표 후 수면 하에서 움직이기 시작한 사민당 내 좌파의 반발은 앞에서 언급한 그대로다.

비록 투쟁력을 크게 상실했다고는 하지만 독일노동조합총연맹과 사민당의 관계도 최악의 상태였다. 각종 선거를 앞둔 2004년에 들어오면서도 사민당의 당원 이탈과 지지률 하락은 계속되었다. 당 지도부에 대한 반발은 당내 우파로 확신되면서 슈뢰더 당수에 대한 사임 요구로 이어졌다.

슈뢰더 당수는 2003년 자신이 거듭하던 퇴진 위협을 결국 2004년 2월 6일 현실로 옮길 수밖에 없었다. 이 날 그는 당수직 사임을 발표하였다. 이 발표에서 그는 사민당의 원내대표인 뮌테페링에게 당수직을 물려주겠다는 뜻도 함께 밝혔다. 역할 분담을 통하여 당 조직을 장악하고 당의 현 노선을 유지하겠다는 이야기였다. 3월 21일 베를린에서 신임 당수 선출을 위한 사민당 임시 당대회가 열렸다. 이 날 뮌테페링은 95.11% 득표로 새로운 당수로 선출되었다. 슈뢰더 총리는 연설을 통하여 "지도부 교체가 우리의 정책이 필요하며 옳다는 사실을 바꾸는 것은 아니다. 그래서 프란츠 뮌테페링과 나는 하나다. 결정된 것이 바뀌지는 않을 것이다. 우리는 아젠다 2010의 길을 갈 것이다. 개혁은 필요하다. 이는 사민당의 노선이며, 혁신이고 정의다"라고 밝혀 당의 노선이나 아젠다 2010의 수정이나 후퇴가 아님을 분명히 했다. 뮌테페링도 개혁의 후퇴는 있을 수 없다고 말한다. 그는 개혁 과정을 더 지원하려고 한다고 말하면서 당내 논쟁 중지를 요구했다.[61]

이 당대회는 지도부의 교체와 당 노선의 변경이 아니라 당 지도부의 이원화와 아젠다 2010에 대한 당의 노선 재확인이었다.

이런 상황 하에서 연립정부는 하르츠Ⅳ 법률 입법화 과정에서 실업급여Ⅱ의 업무 집행기관에 관하여 야당과 타협을 실행에 옮기기 위하여 "사회법전 2권에 따른 지자체의 업무 집행 선택에 관한 법률안"(Entwurf eines Gesetzes zur optionalen Trägerschaft von Kommunen nach dem Zweiten Buch Sozialgesetzbuch) 이른바 "지자체 선택법률안"(Kommunales Optionsgesetz)은 사민당의 임시 당대회 후인 3월 30일 연방의회에 제출되었다.

이 법률안의 주요 내용은 다음과 같다.

> 하르츠Ⅳ 법률에 의해 2005년 1월 1일부터 실업부조와 사회부조가 구직자의 기초보장(실업급여Ⅱ)이라는 단일 급부로 통합되며, 새로운 업무는 노동청과 지자체에 의해 분리된 집행기관에 의해 수행될 것이다. 지자체 집행기관은 주거비와 난방비, 채무상담, 사회심리 상담, 약물중독 상담, 자녀 돌봄과 가족의 가정 내 요양을 맡을 것이며, 노동청이 실업급여Ⅱ(주거비 제외), 사회복지비, 사회보험료 및 고용을 맡을 것이다. 업무의 통일적인 집행을 위하여 업무집행기관은 업무팀(Arbeitsgemeinschaften)을 구성할 것이다. 업무팀은 사회법전 2권에 따라 노동청의 업무를 집행할 것이다. 지자체 집행기관은 사회법전 2권에 따라 자신의 업무를 업무팀에 이관하게 된다.

---

61) SPD, *Protokoll Außerordentlicher Parteitag der SPD-Deutschland 2010 – Werte und Ziele für unser Land* 참조; www.spd.de

이런 일반 원칙을 바탕으로 하르츠Ⅳ 법률 타협 시의 여야 간의 타협에 의하여 지자체의 요청에 따라 지자체가 독립된 업무 집행기관이 될 수 있는 선택규정을 두고 있다.

사회법전 2권 6a조 규정에 따라 2005년 1월 1일부터 지자체의 요청에 의해 사회법전 2권에 따라 지자체 부서를 연방기관으로 업무를 수행할 수 있는 기회를 줄 것이다. 이 경우에 업무팀에 관한 조항은 적용되지 않는다. 지자체 부서에게는 주의 최고기관의[62] 동의 하에 사회법전 2권 6조 1항 1호의 업무를 수행하는 것이 승인될 것이다.

지자체 부서는 조직상 연방노동청의 원칙에 구속된다. 연방노동청에 적용되는 기준이 조직상 지자체 부서에도 적용된다. 지자체 부서는 업무 수행을 위하여 필요한 자료를 이용할 수 있다. 원칙의 구체적 개념은 목표약정에 의한다. 지자체 부서의 결정과 행위는 연방노동청에 귀속될 것이다. 자금 배정은 예산의 형식을 취할 것이다. 이는 전체 예산에 의해 취업과 인건비 및 행정에 필요한 자금의 공동 산정을 통하여 이루어질 수 있다. 이 경우 최종적인 잔여 예산은 다음 Ⅳ에 부분적으로 그리고 목적 이월이 가능할 것이다. 연방회계감사원은 사회법전 2권에 따라 급부 제공에 대하여 감사권을 가진다.

---

62) 주 행정조직법(Gesetz über die Organisation der Landesverwaltung (Landesorganisationsgesetz - LOG)) 5조는 주 정부, 주지사, 주 각료를 주 최고기관으로 규정하고 있다.

지자체에 업무 위탁 기간은 사회법전 2권 6a조 4항에 따라 5년이다. 이 기간 종료 후 지자체는 이의 승인을 다시 신청을 할 수 있다. 지자체의 업무 수행 선택은 자신의 결정에 구속된다. 원칙적으로 조직상 업무 수행이 5년의 기간 종료 전에는 종결될 수 없다. 연방경제노동부는 사회법전 2권 규정에 합당한 업무 수행이 장기간 진행되지 않는 등 중대한 사유가 있는 경우, 승인을 철회할 수 있다.

지자체 부서는 사회법전 규정에 따라 연방기관으로서 업무를 수행한다. 연방은 비용을 부담한다. 지자체 부서와 연방노동청 지역 담담 이사 간에 목표약정이 체결된다. 승인 받은 지자체 부서에게는 체결된 목표약정 범위 내에서 고용 업무를 수행하고 제3자와 협력하여 이 서비스를 제공하는 경우 명시적으로 재량권이 부여된다.

그리고 실업부조와 사회부조를 연방 재정에 의한 구직자 기초보장으로 통합되면서 이의 지급과 관련하여 기존 규정이 개정되거나 신설된다. 수급 자격과 관련하여, 필요공동체(Bedarfsgemeinschaft)에 세대를 같이하여 살고 있는 부모, 혹은 세대를 같이하여 살고 있는 경제활동 능력이 있는 미혼의 미성년 자녀의 한 부모, 세대를 같이하여 살고 있는 이들의 한 부모의 배우자를 포함시키고 있다.[63]

---

[63] 사회법전 2권에 따른 법적 개념으로 사회법전 2권은 특별한 인적 및 가족 관계를 가지고 동거하는 사람들로서 긴급 시에 서로 물질적으로 서로 지원하여야 하고 생활의 수요를 공동으로 충당하여야 하는 사람들의 공동체라 정의

지자체 집행기관과 협의하여 노동청은 모든 경제활동 능력이 있는 부조가 필요한 사람과 고용에 요구되는 서비스를 약정하여야 한다. 고용약정에는 사회법전 2권에 따라 경제활동 능력이 있는 부조가 필요한 사람과 함께 필요공동체에서 살고 있는 사람들이 어떤 급부를 받을 것인가가 약정될 수 있다.

부조의 필요성 극복을 위하여 실업자인 경제활동 능력이 있는 부조가 필요한 사람은, 사회보험 가입 대상 혹은 자영업인 경제활동을 받아들인 경우에 일반 노동시장에서 취업에 필요하다면, 취업수당을 받을 수 있다. 이의 보충에 의해 취업수당이 자영업인 경제활동 참여 경우에도 지급될 수 있다는 것을 분명히 하고 있다.

연말에 통과된 법 규정의 오류를 수정하여 의무 위반 반복 시 실업급여Ⅱ가 매번 기본급부에서 백분율로 감액되어 단계적으로(의무 위반에 따라 100분의 10 내지 30) 감액된다고 개정된다.

사회법전에 따른 업무 수행을 위하여 급부 집행기관은 일자리센터 내에 업무팀을 설치할 것이다. 업무팀에 대한 감사는 연방경제노동부 관할이다. 업무팀에 대한 감사 외에 상임이사의 선정 등 업무팀에 포함되는 개별적 업무 집행기관에 대한 감사도 있으며, 업무팀의 행위가 노동청의 행위인 한에서(가령, 취업 기본급부 승인), 이는 연방의 감사대상이다. 업무팀의 행위가 지자체 집행기관의 행위인 한(가령, 주거비 승인), 이는 지자체를 관할하는 연방 주의 감사 대상이다.

하고 있다.

사회법전에 따른 업무 관련 비용은 연방이 부담하기로 규정에 명시하고 있다. 연방은 급부가 연방노동청에 의해 제공되는 한에서, 행정비용을 포함하여 구직자 기초보장 지출을 부담한다. 이에 근거하여 연방회계감사원(Bundesrechnungshof)은 급부 제공을 감사한다. 자금 배정 시에 경제활동 능력이 있는 기초보장 급부자 수를 기초로 한다. 사용하지 못한 자금 중 1/2은 다음 회계연도로 이월 가능하다. 이월 가능한 자금은 당해 연도 전체 예산의 10/100을 초과하지 못한다.

연방회계감사원의 감사권과 관련하여 지자체 부서에도 적용된다. 기관대여에 의해 이 부서는 연방청의 기관에 포함되기 때문이다.[64] 연방청 및 지자체 부서와 마찬가지로 업무팀이 급부 제공에 관계하고 있기 때문에, 연방회계감사원이 감사할 수 있는 것이다.

알뜰한 자금 활용에 대한 추가적인 인센티브로 전체 예산 중 사용되지 않은 자금의 1/2이 목적과 연계되어 노동청 또는 지자체 집행기관이 다음 IV에 사용할 수 있게 규정하고 있다(목적 이월).[65]

---

64) 기관대여(Organleihe) 계약에 의해 독일 공법상 독립된 행정기구의 한 기관이 다른 기관에 대여되는 것을 말하며, 이 경우 대여된 기관의 행위는 외적으로 대여 받은 기관의 행위가 된다. 재정관리법(Gesetz über die Finanzverwaltung, Finanzverwaltungsgesetz - FVG) 5b조에 연방이 주에게 건설 업무를 위탁(Übertragung von Bauaufgaben)하는 경우에 관하여 규정하고 있다.

65) 법률안에 관해서는 연방노동사회부 홈페이지(www.bmas.de) 및 연방노동청 홈페이지(www.arbeitsagentur.de) 참조.

이런 내용의 법률안을 제출하면서, 연립정부는 "구직자의 기초보장 비용 부담에 관한 사회법전 2권의 규정은 이 법률에 의해 변경되지 않는다. 이 법률에 근거하여 지자체 기관이 노동청 업무를 수행한다면, 이들 기관에 대한 연방의 재정지원은 계속된다. 노동청에 적용되는 자금 배분 기준은 지자체 기관에도 적용된다. 이에 의해 이 법률은 공공재정에 직접적으로 재정적인 어떠한 영향도 주지 않는다"는 것을 전제로 "지자체가 사회법전 2권에 따라 노동청 업무를 집행할 기회를 갖도록 한다"는 목적에 따라 "지자체 기관에 의한 노동청 업무의 선택적 집행"을 위하여 법률을 제정한다고 그 목적을 밝혔다. 그러나 야당은 3월 31일 12월 조정위원회에서의 당초 합의와 다르다고 협상 파기를 선언하였다. 양자의 입장 차이는 4월 2일 1차 독회에서 분명하게 나타났다.

먼저 클레멘트 장관이 법률안과 그 동안 야당과의 협상에 관해 이렇게 설명했다.

> 이는 노동시장 개혁의 핵심적인 부분 즉 실업부조와 사회부조를 구직자 기초보장 형태의 서비스로 단일화하는 관한 것으로 장기실업자가 기관 간 그리고 급부 간을 전전하는 것을 방지할 것이다.
>
> 연방경제노동부, 연방재무부 전문가들이 지자체의 재정정책에 관하여 주, 지자체와 논의를 하고 있으나, 재정정책에 대한 기대와 전망에 관하여 상당한 이견 차이가 있다.[66]

---

66) 지자체연합(Deutscher Städte-und Gemeindebund)은 찬반이 나누어졌다. "성급한 결정은 구직자와 지자체에 부담이다"라는 부제의 2004년 3월에 내놓은 자료(Argumentationspapier zum Optionsmodell - Hartz Ⅳ)는 이 법률안에 규정

총리, 재무장관, 물론 나는 지자체에 유리한 25억 유로를 약속한다. 지자체는 장기실업자에게 유리한 취업알선 업무를 수행할 기회도 가질 것이다.

소위 기관임대 제도에 의해 이를 시행할 것이다. 지자체는 현지의 노동청과 체결하게 되는 목표 약정 범위에서 상당한 재량권을 가질 것이다.

기민련/기사연은 지자체에 적절한 자율권을 주기 위하여 기본법 개정이 더 낫다고 생각하여, 기본법 120a조 수정을 원한다.

된 업무팀 구성에 대한 찬성과 반대에 대한 지자체 입장의 근거를 제시하였다.
찬성 근거:
- 장기실업과의 싸움에 대한 연방노동청과 지자체의 공동 책임
- 업무팀 강화
- 같은 눈높이에서 협력
- 원스탑 서비스 가능: 중복구조를 피하면서 공동업무부서 활용 가능
- 실업급여Ⅰ에서 실업급여Ⅱ로 이행(移行) 더 용이하게 조직 가능
- 전산망의 공동 이용
- 직원 공동 교육
- 직업교육에서 사례관리까지 공동수행 가능
- 해당자를 위하여 집행기관의 핵심능력 투입

반대 근거:
- 상당한 재정 위험: 업무팀에 의해 제어 가능
- 군의 경우 새로운 구조 구축 필요성
- 지역경계를 넘는 노동행정 손실
- 해당자에게 피해를 주는 노동시장정책과 고용정책의 분리 심화
- 장기실업 위험의 지자체화
- 장기실업과의 싸움에서 국가가 빠져나갈 위험

이런 반대 근거는 뒤에서 살펴볼 공청회에서도 그대로 표현된다; portal-sozialpolitik.de.

이는 결국 연방 대신 주가 재정 분야의 업무를 인수하겠다는 생각에 바탕을 두고 있다. 지자체와의 관계에서 주가 연주하고 연방을 값을 치러야 한다는 것이다. 우리는 기본법 106조에 관해서도 논의하였다.

결국 실업부조와 사회부조의 통합인 연방의 재정에 의한 구직자 기초보장 업무를 연방노동청과 지자체 어디가 관장하느냐의 문제로, 연방과 지자체 간의 협상에서 연방이 지자체에 25억 유로를 약속하였다는 것이다. 그리고 야당과의 협상에서는 이외에 주의 위상에 관한 것이 주요 논의 대상으로 야당은 지자체 업무에 대한 주의 관여를 보장하기 위하여 연방과 연방 주간의 위임업무 수행 시 부담 조정과 이 경우에 연방상원의 동의를 규정하고 있는 기본법 120a조 개정을 요구하고 있고, 연방, 주, 지자체 간의 세수입 배분을 규정하고 있는 기본법 106조에 관한 논의도 있었다는 것이다. 그리고 야당 의원의 발언에서 나오지만, 지자체 선택 법률안의 독일 정치체제의 기본 철학 중 하나인 연방제와 부딪히는 것이기도 하다.

야당은 연방정부의 법률안은 2003년 12월 조정위원회 합의를 위반한 것이라 반발하고, 기본법 개정을 주장하였다. 연립여당이 실업급여Ⅱ 업무 관장을 연방노동청의 전속이 아니라 지자체의 선택에 따르겠다고 양보하면서 시작된 "지자체 선택법률" 입법 과정을 통하여 야당은 이 업무 집행기관의 재정은 연방이, 운영은 주의 개입 하에 지자체의 자치행정으로 시행을 관철하겠다는 의도를 가지고 있었던 것이다.

헤센 주지사인 기민련의 롤란트 코흐 의원은 합의 위반이라 비판하면서 이렇게 발언하였다.

이 법률안은 12월 조정위원회의 합의 위반이다.
독립적인 연방노동청과 독립적인 지자체의 업무에 관한 것이다. 사민당은 지자체 의회가 만장일치로 동의한다면, 지자체의 선택을 선호한다는 입장이었다.
사회부조와 실업부조의 통합에는 기본법 개정이 필요하다. 지자체에 새로운 업무를 설정하기 때문이다. 교통수당 배분을 위해서도 기본법 106조 개정이 필요하다.
장관은 기본법 120조 개정을 언급했다. 우리는 기본법 106조나 120조 개정을 협상할 의지가 있다.

내년에 지자체에 25억 유로를 주겠다고 약속했다. 이것이 협력의 조건이다.
우리는 4천 개의 규칙을 가지고 10만 명 이후에 13만 명의 직원을 거느린 중앙조직이 이런 개별적인 지원을 지역에서 달성할 수 있는 최적의 방법으로 수행할 수 있다고 생각하지 않는다. 원칙적으로 주에서 분권화된 해결책이 중앙집중화된 것보다 더 효율적이고 시민친화적이며 결국 더 실효적이라고 확신하기 때문이다.

기민련의 칼-요제프 라우만(Karl-Josef Laumann) 의원 역시 연방노동청의 중앙집권식 운영과 비대화를 비판하면서, 지자체에 의한 업무집행을 요구하였다.

연방노동청은 돈을 주는 능력만 가지고 있지 사람들을 돌볼 능력은 가지고 있지 않다.

헌법을 개정하는 경우에만 지자체 기관을 합리적으로 규율할 수 있을 것이다. 이 큰 업무에 우리는 연방에서 지자체로 자금 이전에 더 확실한 방법이 필요하다. 동물보호도 기본법에 넣었는데 이를 개정하지 못할 이유가 무엇인가?[67]

지역에 많은 문어발을 뻗어놓고 일하면서 결국에는 뉘른베르크와 베를린의 중앙의 통제를 받는 연방청보다 시장, 지방의회가 이 문제를 -물론 민주적 통제를 받으면서- 더 잘 해결해나갈 수 있다는 것을 믿지 않는가?

이 정부의 지난 2년 동안 도입된 연방노동청에 3-4만개의 일자리가 만들어지면, 다시 지방화하기가 완전히 어려워질 것이라고 우려한다.

시간이 있을 때, 즉 3차 독회 때까지 수정하자. 기본법을 개정하자. 얼마나 많은 지역에서 유능한 지자체 정치인들에게 이 업무에 관한 다양한 당원수첩을 제공하였는지 놀랄 것이다. 연방노동청이 현재의 9만 천 명 직원 외에 3만, 3만 5천, 4만 명을 추가하지 않도록 해야 한다. 전 세계에서는 기관을 더 작게 그리고 더 잘 운영할 수 있게 만드는 것에 관해서 논의되고 있다. 지자체와 노동청 간의 협력이 이루어질 것이지만 지자체가 더 이상 다양한 구상과 혁신으로 노동시장 정책을 마련하지 않을 것이다. 지자체 현지의 고용회사가 노동청과 계약을 체결하여 이 업무가 진행될 것이다. 지자체 의회에는 어떤 위원회도 더 이상 노동시장 정책을 맡지 않을 것이다. 혁신은 실종될 것이

---

[67] 2002년 7월 26일 기본법 개정에서 국가의 환경보호(자연적 생활기반 보호) 의무 규정인 20a조를 개정하여 동물 보호 의무를 추가하였다.

다. 결국에 가서 모든 것이 연방노동청에 의해 처리되게 할 것이기 때문이다.

자민당의 디르크 니벨 의원은 연방노동청의 업무 과부하와 노동청과 지자체 간의 갈등을 우려하고 있다.

1월 1일부터 연방노동청이 실업급여Ⅱ를 원칙적으로 관장할 것이다. 예외로 지자체와 함께 업무집행기관을 만드는 경우, 지자체가 처음에는 이에 참가하려고 할 것이다. 갈등이 없다면 이 기관은 잘 돌아갈 것이다. 그러나 결정적인 것인 경우에는 연방청이 업무를 지시할 것이고, 대부분의 지자체는 이를 원하지 않을 것이다.

자민당의 오토 프리케(Otto Fricke) 의원은 이 업무 집행과 관련하여 지자체 선택법률안에 규정된 기관대여(Organleihe)의 취약점을 지적하면서 이 역시 중앙집권적 업무 집행이란 점을 지적하고 있다.[68]

기관 대여란 업무를 언제든지 회수할 수 있다는 이야기가 아닌가? 근본적인 조건이 변화면, 연방청이 계약을 해지할 수 있다는 것이다. 근본적인 조건이 지자체에게 불리하게 변해도 이 법률안에 따르면 계약을 해지하지 않을 수도 있다는 것 아닌가?[69]

---

[68] 당초 선택법률안이 구상하고 있는 사회법전 2권에 따라 승인 받은 지자체의 집행기관(zugelassene kommunale Stellen)은 기관대여 개념에 기초하고 있다.
[69] 법률안에 따르면, 연방경제노동부는 승인을 철회할 수 있다. 취소는 사회법전 2권 규정에 합당한 업무 수행이 장기간 진행되지 않는 등 중대한 사유가

25억 유로를 말하는데, 가족부 장관은 자녀 돌봄에 15억 유로가 필요하다고 한다. 그런데 이 예산이 어디서 나오는가? 지자체를 안정시키기 위하여 기본법 개정을 생각해보아야 한다. [통합경제지역에 관한] 127조도 해당된다.[70] 전체로서 업무 관할을 지자체에 이관하는 것이 올바르고 합리적일 것이다.

연립여당인 녹색당의 테아 뒤케르트 의원은 야당이 주장하는 조정위원회 합의 내용을 부정하면서, 야당이 노동시장 개혁을 반대하고 있으며 이 업무에 관하여 주가 지자체에 개입하려 한다고 비판하였다. 그리고 어떤 경우든 2005년부터 두 부조의 통합을 시행하겠다는 입장을 밝혔다.

조정위원회에서 기본법 개정이 결정되지 않았다. 결정된 것은 지자체의 담당 기관과 연방노동청이 목표약정을 체결한다는 것이다. 선택법률안에 결정된 것이 모두 포함되어 있다.
기민련/기사연은 개혁이 필요하다고 말하지만 실은 이를 막으려고 한다. 라우만(Laumann) 의원은 실업자의 관점에서는 항상

있는 경우에만 가능하다.
70) 기본법 (경과규정) 127조에서 말하는 통합경제지역(Vereinigtes Wirtschaftsgebiet)이란 2차 대전 후 4강국의 점령 기간 중 미국과 영국의 점령지역의 경제를 통합하여 단일 경제권으로 운영하기 위하여 미국과 영국 간 합의(Memorandum of Agreement between the United States and the United Kingdom)를 말하며, 1947년 1월 1일 발효한 하였다. 이는 1949년 5월 23일 발효된 독일연방공화국(서독) 기본법 133조에 연방은 통합경제지역의 관리상의 권리와 의무를 승계한다고 규정하여 서독의 법률이 되었고 127조에 의해 효력 범위가 확대되었다.

매우 친근하다. 비공개 자리에서는 실업부조와 사회부조 통합을 1년 연기할 수 있다고 말한다. 무슨 일이 일어날 지 잘 알기 때문에 그는 웃는다. 그렇게 되면 노동시장 정책은 혼란에 빠지고 개혁은 저지된다. 이것이 그가 바라는 것이다. 장기실업자들을 인질로 삼는 것이다.

지자체의 25억 유로 부담 경감이 무슨 의미를 가지는가? 지자체가 이를 필요로 하기 때문에 우리는 시행할 것이다. 지자체에 25억 유로 부담경감과 두 부조의 통합을 2005년 1월 1일부터 시행할 것이다.

예산과 관련하여 목표 약정을 기초로 지자체는 최대한의 재량권을 가지고 독자적으로 행동할 것이다. 지자체 간의 경쟁과 비교가 가능할 것이다.

여러분은 자금이 주에 유입되어야 하며 지자체에 조건을 부과할 수 있는 것을 제안하고 있다.

카린 로트(Karin Roth, 에슬링겐 출신) 사민당 의원은 선택법률에 의해 지자체가 일자리센터를 독자적으로 운영할 수 있음을 강조하였다.

조정위원회에서 대등한 입장에서 대등한 책임과 권한을 가진 집행기관 테두리 내로 서로 다른 권한이 들어와야 한다는 데 합의했다. 그래서 선택법률에 의해 지자체는 선택할 수 있는 것이다.

장관이 이미 말했다. 우리는 취업알선이 단일 기관에 의해 수행되기를 원한다고. 우리는 일자리센터에 의해 장기실업자의 취업알선 속도가 빨라지기를 원한다.

지자체가 더 좋은 복지 인프라 망을 가지고 있다는 것을 알고 있다. 그러나 연방자금을 조건 없이 지자체에 내보낼 수는 없다. 연방의 정치적 재정책임 때문에 자금이 올바르게 사용되도록 하여야 한다. 이런 한에서 나는 목표 약정은 이 지출의 관리를 위하여 올바르고도 현대적인 정책 수단이라고 생각한다.

한스-베르너 베르틀(Hans-Werner Bertl) 사민당 의원은 집행기관의 조직구조는 두 가지 부조의 통합 보장과 효율성에 기초하여야 된다는 점을 강조하였다.

상이한 급여 집단이 서로 협상하여 조직구조를 만들어낼 수 없다. 이 조직구조는 한 기관에서 우리나라 사람들 특히 장기실업자들에게 적합한 지원을 줄 수 있는 데 기여하여야 한다.
사실 하르츠Ⅳ 규정에 의해 권한이 사회보장제도의 두 구조로 통합이 보장될 것이다. A 지자체나 B 지자체가 선택모델 아니면 업무기관 중 어느 것을 선택하든 마찬가지라고 생각한다. 중요한 것은 지역의 전문가가 결국 협력하면서 사람들에게 원스탑 서비스를 제공하는 것이다.[71]

2003년 12월 조정위원회 합의 위반이라는 야당의 반발 속에 이 법률안은 모든 상임위원회에 회부되었다. 경제노동위원회는 심의에 앞서서 4월 26일 전문가들이 참석한 공청회를 열었다. 이 공청회는 독일노동조합총연맹, 독일사용자연합, 연방노동청, 독일 시 협의회, 독일 지자체 연합, 독일 군 협의회, 전국 자원봉사 복지 협회, 독일 노

---

71) *Deutscher Bundestag*, 'Plenarprotokoll 15/103'(2004.4.2).

동단체 협회, 연방노동청 노동연구소, 공공 및 민간 복지 연합 등 기관과 단체 그리고 에리히 피파(Erich Pipa. 마인-킨치히 군 의회 복지위원회 위원), 요아힘 비란트 박사(Joachim Wieland. 요한 볼프강 괴테(프랑크푸르트) 대학 법학 교수), 프리드리히 뮐러(Friedrich Müller. 에르랑겐 복지 사업부(GGFA)[72], 마를리스 브레데호르스트(Marlis Bredehorst. 쾰른 시 복지 담당), 부르크하르트 힌체(Burkhard Hintzsche. 뒤셀도르프 시), 클라우스 라이스 박사(Klaus Reis. 프랑크푸르트 전문대학 사회사업 교수) 등 개인 전문가들이 참석하였다. 이들은 이해당사자의 입장에서 아니면 제3자의 입장에서 의견을 개진하였다.

각각의 의견의 요점을 보면 다음과 같다.

우선 기관/단체 중 독일노동조합총연맹(DGB)은 선택법률을 비생산적이라고 보고 선택법률에 대하여 특별한 의견을 제시하지는 않았다. 그러면서, 모든 조직적 고려의 최고 목표는 장기실업자의 취업과 사용자에 대한 서비스 개선에 두어야 한다. 이 업무는 연방노동청과 지자체의 업무 분장에 의한 협력에 의해서만 수행될 수 있다. 현지의 업무 설계의 재량 하에 연방노동청과 지자체의 권한의 결합을 가능하게 만들 업무팀의 구성이 고용 성과의 개선의 올바른 길이라는 의견이었다.

독일사용자연합연합(Bundesvereinigung der Deutschen Arbeitgeberverbände. BDA)은 새로운 사회법전 2권에 규정이 개혁 필요를 크게 지나쳐갔다고 비판적인 입장을 표명하였다. 그리고 전통적인 입장인 중앙집중적 행정에 대하여 비판적이었다. 진정한 통합은 전체적으로 부조를 필요로 하는 사람들에 대한 급부 제공 창구가 일원화되어야

---

72) 에어링겐 시의 자회사(Tochter)로서 일자리센터 내에서 사회법전 2권의 수급 업무를 관장하고 있다; www.ggfa.de.

한다. 현지 사정에 가깝기 때문에 지자체가 상응하는 자금을 대가로 실업급여Ⅱ 책임을 인수하여 한다. 지자체가 독자적인 집행기관을 선택할 수 있어야 한다. 노동청은 취업알선 분야에서 지원활동을 할 수 있을 것이다.

　연방노동청은 사회부조 업무 집행기관의 충분한 업무 능력을 확보하고 사회법전 2권의 업무를 현황을 극복하여 중단기적으로 연방노동청으로 업무 반환에 대응하기 위하여 가능한 엄격한 승인요건 적용을 선호한다는 것으로 장기적으로 연방노동청이 업무 전체를 맡아야 한다는 입장이었다.

　독일 시 협의회와 지자체 연합(Deutscher Städtetag, Deutscher Städte- und Gemeindebund)은 재정부담 경감 연간 25억 유로와 지자체의 업무 수행 시 재량권 보장을 요구하였다. 약속된 연간 25억 유로가 업무팀 및 선택모델의 재정기초에 대한 근본적인 수정 없이 사실상 집행될 수 없다. 그래서 입법부에 필요한 법적 규정 마련을 요구하고 있다. 선택된 지자체 부서에 의한 연방노동청 업무 수행은 가능한 한 최대의 독립성을 가져야 한다. 지자체 부서의 자율성은 현지에서의 목표약정에 의해 더 잘 보장될 수 있을까 여부에 대한 의문이 제기된다. 예산과 정액지급과 관련하여 지적할 점은 선택의 경우 5년간의 이행의무를 고려할 때 지자체 집행기관이 지자체 예산에 계산할 수 없는 재정적 위험을 초래할 수 있다는 것이다.

　지자체의 압도적 다수를 차지하는 군 협의회(Deutscher Landkreistag)는 공정한 조건이라면, 사회법전 2권 6a조의 선택을 활용할 의지가 있다는 것이다. 그러나 지자체가 자기책임 하에 설계할 수 있는 업무는 헌법상 충분한 재정이 보장된 경우에 인수될 수 있다는 것이 강력하게 전제된다. 따라서 기관대여는 고려될 수 없다. 이에 더하여 현재의 법률안은 지자체의 자치행정권을 약화시키고 따라서 논의의 대상이 될 수 없다. 선택은 지자체가 그 구성의 자유를 가지는 지자체의 업무집행기관으로서 설계되어야 한다. 헌법상 요구되는 충분한 재정보장을 위하여 독일 군 협의회는 기본법 106조 8a항의 부담에 기초한 특별보상안을 제출하였다. 이는 선택한 지자체에게 연방위원회가 예단 없이 보장한다는 것이다.

전국 자원봉사 복지 협회(Bundesarbeitsgemeinschaft der Freien Wohlfahrtspflege)는 지자체의 업무 확실한 법적 기초와 충분한 재원이 우선적으로 포함되는 인수 조건 개선을 요구하고 있다. 지자체에게는 독자적인 업무집행의 재량권이 주어져야 하며 이에 의해 지역 노동시장에 대한 지자체의 행위능력과 책임이 강화되어야 한다. 활성화 목표-특히 청년- 수치는 더 높게 설정되어야 하고 이에 따라 더 높은 고용급부가 계획되어야 한다. 청년 담담 부서는 장애 청년의 교육, 직업 및 사회적 통합 책임을 앞으로도 맡아야 한다. 다른 노동시장 관계자들에 추가하여 자원봉사 기관도 업무팀 구성에 참여시켜야 한다는 입장으로 지역 현장에서 업무를 수행하는 당사자의 이해를 표현하고 있었다.

연방노동단체협회(Bundesarbeitsgemeinschaft Arbeit e. V.)는 미래의 노동시장정책이 지역에 뿌리를 내려야 하고 현지의 결정권과 이의 전략적 행위를 강화하는 것이 필요하다고 보고 있다. 선택법률은 지자체가 위임 받은 업무를 자치행정 권한 틀 내에서 자기 책임 하에 그리고 자기 고유의 의무로 집행할 수 있도록 보장하여야 한다. 목표 약정 외에 지역의 특수성을 고려한 충분한 재정이 보장되어야 한다. 다음 IV로 불용 자금을 목적 이월하기로 결정한다면 이는 환영 받을 것이다.

연방노동청의 노동연구소(Institutes für Arbeitsmarkt- und Berufsforschung, IAB)의 의견에 따르면 연방노동청이 지자체의 선택에 의한 집행기관보다 더 효과적이고도 효율적인 해결방안이 되느냐 여부에 관하여 어떠한 근거도 없다는 입장이었다.

공공 및 민간 복지 연합은 지자체 예산 25억 유로 경감 전망을 옹호하고 있다. 노동청과 지자체 간에 구속력있는 계약 체결 제안을 강조했다.

에리히 피파(Erich Pipa, 마인-킨치히 군 의회 복지위원회 위원)은 지자체의 업무 집행을 중앙집권식으로 조직된 연방노동청과 경쟁하도록 한다는 당초의 구상에 배치되는 선택법률은 맞지 않는 것으로 거부되어야 한다는 의견을 내놓았다. 기관대여는 자유로운 지시권한, 조직의 독립성, 유연성과 비관료적인 행위가 포기될 것이기 때문이다. 노동시장에서 벗어난 사람들의 취업 성공의 근본적인 기초는 지자체의 자체적 인프라의 유연하고도 창의적인 설계일 것이다. 기관으로서 지자체는 그러나 노동시장에서 서비스 구축 시에 연방노동청의 기준에 구속될 것이라는 의견을 제시하였다.

요아힘 비란트(Joachim Wieland) 교수는 지자체 경험의 최적 활용이라는 전제 하의 지자체 선택법률을 효과가 적을 것으로 보았다. 단순히 연방에 인적 및 물적 자원을 활용할 수 있게 하는 대신 지자체에게 자체적인 행정업무 집행기관이 될 수 있는 선택을 할 수 있게 하는 것이 더 바람직할 것이라고 보았다.

프리드리히 뮐러(Friedrich Müller, 에어링겐 복지사업부)는 충분하고도 지속적인 재정지원이 있는 경우 지자체 집행기관은 선택권의 행사에 의해 그리고 이에 따라 주어지는 고용 성과 및 재정 효과와 관련한 지역적 설계 능력에서 연방노동청 집행기관과 그 혼성기관에 비하여 우위가 기대될 수 있다고 전망했다.

마를리스 브레데호르스트(Marlis Bredehorst, 쾰른 시 복지 공무원)는 지자체 집행기관과 연방기관을 같은 눈높이로 대한다는 조건 하에서 목표 약정에 찬성하고 있다. 지자체 집행기관에게 협력의 설계와 관리 시 가능한 한 넓은 재량권이 주어져야 한다는 의견이었다.

부르크하르트 힌체(Burkhard Hintzsche, 뒤셀도르프 시 부시장)는 우선적으로 필요한 것은 지자체에 유리하게 재정 부담을 완화해 주는 것이라고 말한다. 기관대여 제도에 의한 경우 지자체의 재량권은 상당히 제한될 것이며 뒷문을 통하여 연방정부의 감독 하에 놓일 것이다. 이는 지자체의 자치행정의 침해로 거부되어야 한다.

클라우스 라이스 교수(Claus Reis, 프랑크푸르트 전문대학)는 다음과 같은 의견이었다. 먼저 "목표 약정"이 무엇을 의미하는지 분명해져야 한다. 그렇지 않다면, 지자체는 지자체의 구체적인 행위와 지자체가 가용할 재정자금의 상당한 부분을 결정할 모르는 조건 하에 먼저 놓일 수밖에 없다.[73]

지자체의 경우 예산과 재량권 보장을 요구하고 있고, 전문가들의 의견 역시 자치행정의 입장에서 재량권 보장을 요구하고 있다.

이런 의견 수렴과정을 거쳐 경제노동위원회는 4월 28일 법률안을 심의하였다. 초점은 지자체 재정부담 완화 25억 유로를 둘러싼 것이었다.

기민련/기사연 및 자민당 대표는 조정위원회 결과에 따라 지자체의 자신의 책임과 집행기관을 내용으로 하는 선택법률이 타결되어야 한

---

73) Deutscher Bundestag Ausschuss für Wirtschaft und Arbeit, *Ausschuss- drucksache 15(9)1112*, 2004.4.23; www.bundestag.de.

다는 것을 비판하고 있다. 현재 계획된 기관대여 수단으로 이는 실현될 수 없어서 연립여당은 조정위원회에서 자기들의 약속을 지키지 않고 있다. 따라서 법률안은 2002년 12월 연방의회와 연방상원의 공동결의와 부합하지 않는다는 것이다.

반면에 연립여당은 연립여당의 현 법률안은 조정위원회 결과를 반영하고 있다고 생각한다. 헌법 개정에 이르지 않았다는 것을 배경으로 현 법률안은 최선의 해결방안이라는 것이다. 결의 동의안에서 연립여당의 시각에서 2005년에 어떤 자금이 이용 가능할지 분명해질 것이다. 그런 한에서 사실상 선택권을 활용하겠다는 사람들에게는 현재 분명하다. 연립여당은 이외에도 지자체로부터 25억 유로 부담완화 계획이 실현될 것임을 보장할 것이라는 것이다.

심의 결과, 경제노동위원회는 당초의 법률안은 여야 간의 타협을 보지 못하고 자구 수정 정도에 그친 수정안을 의결하였다.[74]

같은 날 예산위원회는 "지자체 부서가 이 법률에 기초하여 노동청 업무를 수행하는 경우, 그럼에도 불구하고 연방 정부는 계속하여 이 업무에 재정을 지원하여야 한다"는 내용의 보고서를 채택하였다.

이어서 4월 29일 2, 3차 독회가 있었다.

먼저 클레멘트 경제노동부 장관이 그 동안의 경과에 관하여 발언하면서, "지자체 선택법률은 하르츠Ⅳ와 불가분의 관계는 아니다. 이 법률의 운명이 두 가지 부조의 통합 일정을 바꾸지는 못한다. 야당이 이를 병존시킬 수도 그럴 생각도 없기 때문이다"라면서 야당 역시 실업부조와 사회부조의 통합을 지지하여 연말에 하르츠Ⅳ에 찬성한 것

---

74) *Deutscher Bundestag*, "Beschlussempfehlung und Bericht des Ausschusses für Wirtschaft und Arbeit"(9. Ausschuss) (Drucksache 15/2997), 2004.4.28; www.bundestag.de.

을 상기시켰다.

협상 과정에서 야당은 연방노동청과 지자체의 업무 분담을 문제시하고, 이는 지자체 차원의 불확실성을 야기한다고 비판하였다. 그 동안 20개 지자체 대표와 연방노동청 간의 첫 회의가 있었고, 시범 업무팀에 관한 합의가 있었다고 말하면서, 지자체와 논의에서 가장 중요한 것은 재정으로, 연말 조정위원회에서 합의한 재정에 대하여 지자체는 불충분하다는 입장이라고 밝혔다. 이에 관해서는 진지하게 논의할 것이며, 지자체에게 제공할 25억 유로를 줄 준비가 되어 있어야 한다고 발언하였다.

기민련/기사연의 칼-요제프 라우만(Karl-Josef Laumann) 의원은 기관대여 개념을 기초로 한 선택법률은 이 업무의 중앙집권화를 초래할 것이라고 비판하였다.

> 선택(Option)이란 지자체가 업무를 자기 책임 하에 수행한다는 의미일 것이다. 기관대여(Organleihe)란 지자체가 이런저런 업무를 수행하지만 결정은 연방노동청에 있다는 의미다. 우리는 지자체에 자기 책임 하에 행동할 수 있는 기회를 주려고 하는가 아니면 연방노동청이 결정 구조에 참여할 수 있도록 하려고 하는가? 이 법은 작년 12월 18일 지자체의 책임 선택을 조건으로 한 실업부조와 사회부조 통합 합의 위반이다.

자민당의 디르크 니벨(Dirk Niebel) 의원 역시 연말의 지자체의 독자적인 업무 집행 합의 위반이라고 주장하였다. 연방노동청의 기본적 권한, 지자체의 집행기관 설립 기회-지자체의 자기결정권은 기본법에 의해 보장된 것이기 때문에 의무 사항이 아니다. 그리고 지자체의 선택에 관해 연말에 합의했다.

업무 규정에 의해 지자체가 연방청의 기관으로 일함으로써 사실상 연방노동청에 종속되는 법률이 제출된다면, 이를 선택하는 지자체는 없을 것이다.

요하네스 징하머(Johannes Singhammer. 기민련/기사연) 의원은 핵심적인 문제는 집행기관의 재정으로, 지자체의 의견으로 예산 부족이 50억 유로라고 주장하면서, 이렇다면, 지자체 집행기관을 설립할 의지가 없어질 것이라는 것이다.

기민련/기사연의 볼프강 메켈부르크(Wolfgang Meckelburg) 의원은 재정 문제와 함께 지자체 집행기관의 재량권 문제를 들고 나왔다.

지자체가 25억 유로를 부담을 더느냐 아니면 50억 유로를 부담하여야 하느냐 문제다.

[제시된 안에 의한 지자체 집행기관은] 조정위원회에서 합의한 재량권을 가진 지자체의 집행기관이 아니다. 귀하의 안의 지자체 집행기관을 연방노동청의 기관으로 만들려는 것이다. 이는 결국 위임행정이다. 이 안에 따르면 지자체에게는 독자적인 지역 고용정책에 대한 재량권이 거의 없다.

기민련/기사연은 자민당과 함께 연방정부에게 4가지 내용을 바탕으로 한 지자체 선택 법률 재구성할 것을 요구하는 동의안을 제출할 것이다.

첫째, 선택하는 지자체가 실질적인 집행기관이 되어서 법률안에 규정되는 업무를 고유행정으로서 집행할 수 있어야 한다. 둘째,

헌법에 합치하는 규정에 의해 연방의 결정에 따라 자금이 지자체에게 직접 제공될 수 있어야 한다. 셋째, 행정 및 취업지원 비용의 경우 충분한 액수 즉 종전보다 많은 금액이 지급되어야 한다. 넷째, 경우에 따라 필요한 법률 개정에 의해서 약속된 절감액 연 25억 유로를 지자체가 보유할 수 있도록 하여야 한다.

민사당의 페트라 파우(Petra Pau) 의원은 지금까지 주장해온 노동시장 개혁 반대 입장을 견지하면서, 여야 모두 표 계산만 하고 있다고 비판하였다.

[정부가 발표한 연례 경제보고서에] 아젠다 2010이 전혀 개선을 가져다주지 못하고 대대적인 불확실성을 조성했으며, 성장을 둔화시키고 고용을 창출하지 못하고 있다는 내용이 있다. 그러면서도 여전히 대대적인 실업 축소를 논하면서, 실업급여Ⅱ를 도입하려고 한다.
표를 이리저리 만지지만, 결과는 같을 것이다. 즉, 서독 지역의 자녀를 가진 가족, 한부모, 노령자와 동독 지역의 청년이다. 필요한 사람들에게 돈을 쓰는 일이다. 심지어 절감으로 간다. 실업자들에게 저임금 직업을 강요하고 제재로 위협한다. 이것으로 불충분해서 일반적인 임금상승으로 몰고 있다. 피해자는 실업자뿐만 아니라 현재 직업을 가진 모든 사람이다. 아니면 독일노총 좀머 위원장 말에 따르면, 당신들은 노동이 더러운 것처럼 행동하고 있다.
징하머 의원은 장기실업자의 변호인이 되었는데, 이를 잊었다. 12월 18일 빈곤선상에 있는 사람들을 위한 실업급여Ⅱ에 찬성하여 복지급부 도둑질에 참여했다는 것을 즐거워하고 있다.

이에 대하여 연립여당은 지금까지의 옹호 입장을 반복하였다. 녹색당의 테아 뒤케르트(Thea Dückert) 의원은 실업부조와 사회부조 통합으로 지자체의 25억 유로 부담이 경감될 것이며, 3세 이하 자녀 돌봄이 개선될 수 있도록 특히 실업부조와 사회부조의 통합에 의해 지자체의 재정정책 재량권의 확대가 필요하다는 입장을 표명했다.

사민당의 클라우스 브란트너(Klaus Brandner) 의원은 연방상원에서 기본법 개정이 불가능하다는 것을 모두 알고 있다면서, 이 법률안이 기본법의 모든 가능성을 충분히 활용하고 있다는 입장이었다.

> [어제] 코흐 주지사는 지자체에게 입법봉쇄를 요청하였다. 이것이 더 나쁜 것은 이 사회에서 가장 취약한 실업자에게 당신들의 정치적 이익을 부담시키고 있다는 점이다.
> 어떤 사람들은 이 거대한 사업에 시간이 더 필요하다고 주장한다, 우리는 이제 8개월을 남겨두고 있다.
> 연방 주도 절감액을 지자체에 보내줄 수 있는 용기를 가져야 한다.

사민당의 도리스 바네트(Doris Barnett) 의원도 야당이 이 법률안 결정을 지연시키려는 것을 비판하였다.

> 더 좋은 해결방안을 찾기 위해 2, 3 혹은 5년 후에 아마도 총선 후로 연기하자는 것은 무의미하다.
> 야당은 우선 조정위원회 결과를 이렇게 해석하려고 한다. 즉

2003년 9월 자기들 법률안에서 기민련/기사연은 이렇게 규정하고 있다. "모든 취업알선, 상담, 급부 업무를 지자체에 배정." 이 법률안에는 기본법 개정이 제안되었다. 이는 하르츠 보고서의 내용과는 정반대다. 그러나 조정위원회 권고결의에는 지자체 업무집행 선택과 관련하여 상세한 사항은 연방법으로 규정한다고 되어 있다. 이는 하르츠 위원회 제안과 같다.

연방상원에서 여러분들이 방해하려는 우리가 제출한 법률안에 의해 우리는 지자체에 목표 약정 조건에서 실업자를 취업시킬 수 있는 기회를 줄 것이다. [야당은] 우리가 성공할까 두려워 입법을 봉쇄하려는 것이다.[75]

이런 서로의 입장만을 확인한 후 표결에서 연립여당의 찬성과 야당의 반대로 법률안이 의결되었다.

5월 14일 연방상원에서 연방의회를 통과한 선택법률안 동의를 위한 심의가 있었다. 이와 병합하여 헤센 주가 제출안 "노동시장에서의 현대적 서비스에 관한 Ⅳ 법률 시행"(Umsetzung des Vierten Gesetzes für moderne Dienstleistungen am Arbeitsmarkt)에 대한 동의안 심의도 있었다.

특히 기민련/기사연이 집권하고 있거나 동독 지역의 연방 주는 모두 지자체의 재정 문제를 내세우면서 25억 유로 경감에 추가한 연방의 재정 부담을 요구하고 나섰다. 먼저 헤센의 코흐 주지사의 발언이 있었다. 그는 타협을 위한 연방의회와의 조정위원회 소집을 요구하였다. 그는 사실 앞에서 언급하였듯이 2003년 11월에 노르트라인-베스

---

[75] *Deutscher Bundestag*, "Plenarprotokoll 15/105" (2004.4.29).

트팔렌의 사민당 주지사 페어 슈타인브뤼크(Peer Steinbrück)와 3년 내 158억 유로 보조금 삭감안을 두고 협상하여 연말 조정위원회의 타협을 이끌어냈다.

> 우리는 장기실업자 관리를 직접 현지의 책임 하에 두어야 하느냐, 아니면 외부기구나 보조기구를 가진 연방노동청 같은 중앙기관이 관리 업무에 적합한 법정 수행기관이냐 대한 의견이 상이하다는 사실을 고려하여 합의하였다. 두 모델이 우리가 작업할 일종의 네트워크 형태로 공존하는 것으로 타협하였다. 제출된 법률에는 지자체가 연방노동청의 기관이다. 법적으로 지자체가 연방노동청 기관에 통합된다. 이는 지자체가 기본법 하에서 이 업무의 수행기관이 될 수 있느냐 문제다.

그는 앞에서 언급한 공청회에서 비란트 교수의 의견을 인용하면서, 현행법 내에서는 법적 해결이 어렵고, 그래서 연방상원의 다수파는 기본법을 개정할 의지가 있다고 발언했다. 지자체 재정 문제와 관련해서는, 야당의 동의 하에 연방정부가 지자체에 재정적으로 25억 유로 개선을 약속했지만, 실업급여Ⅱ 수급자 산정에서 40만 명의 차이가 있어서 2005년에 최소 30억에서 50억 유로까지 지자체에 부담이 발생할 것이라고 주장하였다. 연방정부가 부가세 개정으로 보상을 준비한다고 하는데 이로써는 해결할 수 없기 때문에 조정위원회에서 타협하여야 한다는 것이었다.

니더 작센의 크리스티안 불프(Christian Wulff) 주지사는 실업자가 된 사람은 세금과 복지 부담금을 전혀 부담하지 않는다. 반면에 취업자는 경제성장과 공공 및 복지 자금을 채우는 데 기여한다는 전제하에 실업과의 싸움의 관건은 현지 지자체의 부서에서 취급하는 취업알선과 1차 노동시장으로 통합 능력이라고 주장하였다.

12월 14일 연방상원에서 있었던 협상에서 연방정부는 [연방노동청 본부가 있는] 뉘른베르크의 본부에 이 업무를 두려고 했고, 기민련/기사연이 집권한 주는 지자체에 두기를 원했다. 그래서 합의한 것은 원하는 지자체는 이를 받아들일 수 있게 하자는 것이었다. 이에는 두 가지 조건 즉, 집행기관 설치와 지자체에 25억 유로 부담 경감이었다.

그런데 앞에 놓인 것은 실업자와 지자체의 대 파탄이다. 실업부조와 사회부조는 적절하게 통합되어야 한다. 이에 의하여 실업자에 대한 압력이 강화될 것이다. 그러나 실업자가 일자리를 가질 기회는 늘어나지 않을 것이다. 그러나 이는 시급하게 필요한 일이다. 이에 의해 다루려고 하는 것은 복지 축소 아닌가? 이를 개혁이라 부르는 사람은 개혁 개념의 불합리성을 이야기하려는 사람이다. 어떤 개혁도 긍정적인 것과 결부시킬 수 없도록 모든 개혁을 망쳐서 독일은 나쁜 이미지를 가지게 되었다. 모든 것이 뒤에서 벌어져서 혼란스럽게 되고 있다. 그래서 국민의 신뢰를 얻을 수 없다.

동독 지역 입장에서 실업부조와 사회부조의 통합과 이의 국가에 의한 시행을 지지하는 입장을 견지하였다.

실업부조와 사회부조 통합을 5년 동안 논의했다. 시작은 좋았으나 타협에 이르지 못했다. 니더작센 주는 오직 이 방법에 의해서만 실업을 해결할 수 있고 국가의 문제를 풀 수 있다고 생각한다.

바이에른의 크리스타 슈테벤스(Christa Stewens) 주 노동부장관은 선택법률과 하르츠Ⅳ에 의해 거의 모든 지자체가 파산할 것이라 주장하면서, 지자체에서 예상한 연간 비용경감이 이루어지지 않는 경우, 이에 대한 연방의 특별한 보전을 요구하였다. 그리고 지자체 중심의 운영을 주장하였다.

선택법률과 관련하여 고용업무에서 분권화되고 탄력적인 해결책이 가능하고 지자체의 축적된 능력을 활용할 수 있기를 원한다. 지자체가 실질적인 집행기관이 되어야 한다. 기관대여는 없애야 한다. 연방정부는 선택한 지자체에게 충분한 재정-취업급여, 행정비-혜택을 주어야 한다. 재량권과 법정 재정지원이 없다면 어떤 지자체도 장기실업자 관리를 선택할 수 없을 것이다. 그렇지 않다면, 우리 모두가 원하는 실업부조와 사회부조의 통합은 재정과 조직에서 재난이 될 수 있다.

클레멘트 장관은 조정위원회에 의한 타협을 긍정적으로 받아들이면서 연방 주의 우려와 요구에 대하여 이렇게 답변하면서 두 가지 부조 통합과 이에 따른 구직자 기초보장 제도 시행을 강행하겠다는 의지를 보였다.

독일 경제는 회생 국면에 있다. 그러나 연방과 주의 예산이 사실 어렵다. 예산 상황은 연방상원이 지금까지 입법봉쇄를 해 왔기 때문에 어렵다. 지자체의 재정은 매우 어려운 상황에 처해 있다.

 연방노동청의 비대한 관료조직을 해체하여 지역에서 활동하는 기구를 만드는 것에 착수했다. 대도시는 지역 노동청과 시가 협력하는 것 이외에 달리 방법이 없다고 말한다.

 작년 조정위원회 합의는 실업자에게 돈을 주는 것이 아닌 취업 알선에 관한 것이었다. 오늘 논의하는 지자체 선택법률은 두 가지 부조의 통합에 관련된 것이다. 지난 해 조정위원회 합의에 관한 해석이 상이하다. 우리는 선택법률에 의해 헌법개정 없이 헌법에 따라 합의를 새로이 할 수 있다고 해석하고 있다.

 지자체 선택 법률은 하르츠Ⅳ와 불가분의 관계다. 이 법률의 운명이 어떻게 되든 실업부조와 사회부조의 통합 로드맵은 변하지 않을 것이다.

 2005년 1월 1일부터 구직자 기초보장 시행에 우선순위에 두고 있다. 1월 3일부터 급부 자격이 있는 사람은 권한 있는 기관에서 무조건 기초보장을 받을 수 있어야 한다.

 가장 중요한 것은 집행기관 구성이다. 이것이 하르츠Ⅳ의 미래를 결정할 분기점이다. 집행기관 내에서의 협력은 연방청이 지자체 단체장 연합과 협력하여 개발해왔다. 4월 29일 우리 부에서 20개 지자체와 연방청이 회합을 가졌다. 여기서 시범 기관이 구성되고 있다.

 하르츠Ⅳ의 지자체에 대한 재정적 영향에 관한 명료함이 여전히 더 중요하다는 것을 알고 있다. 우리는 지자체에 유리한 것을 더 많이 하려고 했다. 이 과정에서 지자체에 25억 유로를 추가적으로 동원하기 위해서는 두 가지 전제가 필수적이다. 첫째, 하르츠Ⅳ 법률에 의해 지자체가 자체적으로 경감조치를 취해야 한다. 대략 24억 유로가 될 것이다. 둘째, 지자체가 추가 자금을 받을 수 있도록 하르츠Ⅳ 법률 보완이 필요하다.

불프 주지사는 지자체 운영 고용기업에 불리할 것이라고 말했다. 그 반대다 지자체 외에 지자체가 운영하는 고용회사도 필요하다. 법 발효 후에 우리는 내년에 지자체가 운영하는 고용기업이 재원을 찾을 수 있다는 것을 지자체에게 약속할 수 있다. 기본법 개정이 될 것이라고 확신할 수 없다. 야당이 연방의회에서 다수당이 아니기 때문이다. 분명한 방안은 기관대여에 의해 우리가 제의한 이것이다.

심의 결과, 연방상원은 조정위원회 소집을 의결하였다. 공식적인 타협 절차에 들어가기로 한 것이다.[76]

6월 2일 지방자치단체가 지출하는 구직자 기초보장을 연방예산에서 32억 유로를 보전해주겠다는 정부 타협안을 연방의회가 수용하면서, 조정위원회에서 타협안이 작성되고, 6월 30일 조정위원회에서 권고안에 대한 결의가 있었다. 7월 2일 연방의회가 이 권고안을 의결하고 9일 연방상원이 이에 동의함으로써 2005년 시행에 들어갈 수 있게 되었다. 그런데 이 타협 내용은 야당과 연방 주의 입장을 대폭 수용하였다. 연방 주가 집행기관 관련 업무에 대한 감독권을 가지는 등 지자체의 업무에 개입할 수 있도록 하고, 5년 후 연방정부가 비교평가하기로 하였다. 그리고 구직자 기초보장에 대하여 연방정부의 부담을 법제화한 6월 30일 조정위원회에서 결의된 지자체 선택법률의 최종안의 주요 조정 내용은 다음과 같다.

---

76) *Bundesrat*, "Plenarprotokoll 799" (2004.5.15).

사회법전 2권 6a조에 시험조항(Experimentierklausel)을 추가하여 노동청의 업무팀 모델과 지자체의 집행기관 구직자 기초보장 업무 수행 두 모델의 경쟁에 초점을 맞추어서 비교 조사할 것을 규정하고 있다. 지자체의 신청에 의해 연방상원의 승인 없이 지자체는 주의 최고기관의 동의를 조건으로 연방경제노동부에 의해 집행기관으로 승인 받을 수 있으며, 승인된 지자체의 집행기관 수는 연방상원 의석수와 같은 총 69개다. 승인 기간은 6년이다. 연방경제노동부는 연방상원의 동의 없이 주 최고기관의 동의를 얻어서 승인을 철회할 수 있다.

6b조에서는 지자체 집행기관의 법적 지위에 관해서 규정하고 있다. 지자체 집행기관은 노동청을 대신하여 6조에 규정된 구직자 기초보장 업무를 수행하며, 주의 고유 행정과 관련되는 것을 제외하고 이 업무와 관련하여 지자체 집행기관은 노동청의 권리와 의무를 가지는 것으로 규정하고 있다. 행정비를 포함하여 구직자 기초보장 비용은 연방이 부담한다. 이에 따라 연방회계감사원은 급부 제공을 감사할 권한을 가진다.

6c조에 따라 연방경제노동부는 2008년 12월 31까지 지자체 집행기관의 성과를 노동부의 성과와 비교한 조사연구를 하여야 한다.

비용과 관련하여 연방정부는 하르츠Ⅳ 법률에 따라 연방 주가 지자체의 절감을 고려하여 지자체에 25억 유로의 부담 경감이 확보될 수 있도록 주거와 난방 급부에 관여하여야 한다. 연방정부는 2005년 1년 1일부터 위의 급부와 관련된 재정의 29.1%를 부담한다(46조).

지자체 집행기관에 대한 감독권은 주의 당당 기관이 가진다(47

조).77)

2004년 7월 2일 연방의회는 사민당 의원 전원 찬성, 한스크리스티안 슈트뢰벨레 의원의 반대를 제외한 녹색당 의원 전원 찬성, 3명의 반대와 여러 명의 기권을 제외한 기민련/기사연 의원 전원 찬성, 자민당과 민사당 의원 반대 등 거의 만장일치에 가까운 결의로 지자체 선택법률을 통과시켰다.

표결 전 의견 제시에서 미하엘 루터(Michael Luther) 의원 등 13명의 기민련/기사연 의원은 신 연방주의 입장에서 반대의견을 내놓았다.

사회적 국가의 본질적 구성부분은 실업부조와 사회부조의 통합, 이른바 실업급여 II다. 이를 나는 옳다고 본다. 그러나 중요한 것은 실업급여 II 수급자에게 1차 노동시장에서 재취업할 수 있다는 전망을 열어주는 것이다. 1차 노동시장에서 어떤 일자리도 찾을 수 없는 사람들에게 고용 기회가 제공되어야 한다. 이 고용기회 창출은 분권적으로 조직된 지자체 및 노동당국의 업무다. 이는 특히 높은 실업을 가진 지자체에서는 매우 어려운 일이다. 그래서 처음에는 실업률이 높은 지자체에 조직적인 지원과 특별한 자금을 제공하는 목적이 추가되었다.

조정 결과에 의해 특히 평균 실업률이 거의 20%에 달하여 구 연방 주와 비교하여 실업급여 II 수급자가 몇 배에 달할 신 연방

---

77) *Deutscher Bundestag*, "Beschlussempfehlung des Vermittlungsausschusses" (2004.6.30) 참조.

주는 개혁 후 어떠한 재정적 지원도 받을 수 없게 될 것이다. 심지어 부분적으로 부담을 안게 될 것이다. 이에 의해 1차 노동 시장에서 일자리를 다시 가지게 할 인센티브와 기회를 창출한다는 개혁의 본질적 목표는 사라졌다. 지자체가 경제활동능력을 가진 부조 수급자들을 수동적인 급부로 "조용하게 만드는 것"만 할 수 있어서 당사자들에게 어떠한 고용의 기회도 열어줄 수 있는 가능성을 가지지 못할 것이기 때문이다.

찬성할 수 없는 두 번째 이유는 실업급여Ⅱ에 추가할 수 있는 소득공제액이 너무 적다. 그래서 앞으로 특히 새로운 연방 주의 많은 실업급여Ⅱ 수급 노령자들은 이런 저소득 수준에 묶이고 말 것이다.

같은 교섭단체의 게랄드 바이스(Gerald Weiß. 헤센 주 그로스-게라우 출신), 페터 바이스(Peter Weiß. 바덴-뷔르템베르크 주 엠엔딩겐 출신) 의원은 찬성하면서 선택권이 불충분하여 차후 보완이 필요하다는 의견을 제시하였다.

이번에 조정위원회의 지자체 선택법 합의안은 사회법전 2권 6a조의 법적 구조를 규정하고 있다. 우리 의견으로 이 해결 방안은 12월의 지자체의 집행기관에 관한 합의 부분과 일치하지 않는다. 사실, 조정위원회 권고안은 실질적인 선택권을 포함하고 있지 않다. 당초 다수결로 결정된 사회법전 2권에 따른 업무에 대한 유일하고도 완전한 책임 부담과 연방노동청의 노동시장정책과 경쟁하면서 지자체가 경제활동 능력이 있는 장기실업자를 종합적으로 관리한다는 것이 이런 식으로 실현되지 않았다. 합의안에 규정된 시험 조항을 나는 사회법전 2권에 규정된 선택조항의 충분한 대체물이 되지 못한다고 본다.

시험조항에 기초한 경험과 성과에 의해 모든 지자체에 포괄적인 선택권이 즉시 도입될 수 있기를 기대한다.

울리히 페촐트(Ulrich Petzold) 의원과 우다 카르멘 프라이아 헬러(Uda Carmen Freia Heller) 의원은 타협안이 지자체를 크게 배려하고 있지 못하고 자치행정을 크게 훼손할 것이라는 이유로 기권하겠다고 밝혔다.

규정이 지나치게 높은 이행 조건을 부과하여 지자체를 충분히 배려하고 있지 못하다는 결론을 내릴 수밖에 없다.

행정간소화에 근거하여 실업부조와 사회부조를 재정에 의한 급부로 통합하는 것을 옳다고 보지만, 이행의 결함도 있다고 본다. 지금까지 논의가 연방청, 주 및 지자체 간의 복잡한 자금 흐름에 충분한 투명성을 제공하지 않았다. 강요된 행정 앞에 처하게 된 많은 지자체의 재정 상황에서 이는 무책임한 것이며 단기간에 지자체의 자치행정을 크게 손상시킬 것이다. 경제활동 능력 있는 실업자에게 동기를 부여하는 부조에 대한 기대가 가장 시급한 곳에서 이행되지 않을 것이다.

주거비의 경우 많은 지자체에 추가적인 재정 부담이 예상된다. 규정된 기간 내 검토가 있은 후에도 예정된 보상이 너무 늦게 집행될 것이기 때문이다. 연방자금의 균형 잡힌 분배도 보장되지 않았다.

조정위원회 합의가 방향은 옳다고 생각하지만, 전체로서는 충

분하지 못하다.[78]

   1998년부터 시작된 슈뢰더 총리 정부의 개혁의 제도화는 마지막 단계인 지자체 선택법률은 연방상원의 동의만을 남겨두고 있었다. 이미 그 동안의 막후교섭을 거쳐 공식적으로 조정위원회에서 타협에 도달하여, 연방의회에서 별다른 토론 없이 사민당-녹색당과 기민련/기사연 간의 협력 하에 법률안이 통과되었다. 7월 9일 열린 연방상원의 동의절차에서도 연방의회에서와 같은 분위기였다.
   그 동안 하르츠 개혁의 대척점에서 반대해오던 롤란트 코흐 헤센 주지사는 보고자로서 조정 과정을 보고하면서 상당한 만족감을 표현하였다. 앞에서 언급하였듯이 그는 2003년 10월에 노르트라인-베스트팔렌의 사민당 주지사 페어 슈타인브뤼크와 보조금 폐지를 두고 협상을 벌였듯이 이번의 조정위원회 타협 역시 주도적으로 이끌어냈던 것이다. 앞에서 살펴본 조정위원회의 권고안은 기민련/기사연의 요구를 대폭 반영한 타협안이었던 것이다. 그러나 신 연방 주는 여전히 반발하였다.
   먼저 코흐 주지사가 조정 과정을 보고하였다.

> 합의안의 핵심에는 두 가지 문제 제기가 있다. 지자체 집행기관의 장기실업자 돌봄 업무 참여와 12월에 의결된 법률에 따라 앞으로 지자체에 대하여 제기될 주택수당과 숙박비(Unterbringungskosten) 청구에 대한 자금부담 문제였다.
> 지자체 집행기관 문제에서 시험조항(Experimentierklausel)에 관

---

78) *Deutscher Bundestag*, "Plenarprotokoll 15/119" (2004.7.2).

해 합의하였다. 향후 6년 동안 지자체 집행기관이 구직자 기초보장 급부 집행기관으로서 시험적으로 승인될 수 있다고 규정하였다. 지자체 집행기관의 숫자는 연방상원의 표결권수에 기초한 69개로 제한될 것이다.

지자체에 의해 제공될 급부 재정에 관해서 조정위원회는 주거비와 난방비의 경우와 마찬가지로 지자체가 책임지는 것이 아닌 한, 행정비를 포함하여 구직자 기초보장에 지출된 비용은 연방정부가 부담하는 방법을 찾았다. 이 규정은 결의될 법률에서 주거비와 난방비 중 29.1%는 연방이 부담하는 것으로 보완될 것이다. 이는 총액 32억 유로의 지자체 경감 액수에 부합할 것이다. 이는 양자 모두에게 효력을 가지며 비교적 복잡한 과정에서 내년과 내후년에 지자체의 재정 부담을 규정하고 지자체가 이른바 "하르츠Ⅳ" 사업에 의해서 총 25억 유로 부담경감 혜택을 얻는다는 당초의 원칙을 지속적으로 보장한다는 유보조항과 연계되어 있다.

사민당의 하이데 지모니스(Heide Simonis) 슈레스비히-홀슈타인 주지사는 기대감을 표시하였다.

국가가 일자리를 창출할 수 없다는 것을 알고 있다. 그러나 노동시장을 개혁하여 고용을 위한 조건을 용이하게 만드는 것은 우리의 의무다. 하르츠Ⅳ에 의해 실업자들이 더 빨리 취업할 것이다. 무엇보다도 경제활동 능력이 있는 장기실업자의 새로운 일자리 기회가 늘어날 것이다.

하르츠Ⅳ는 "지원과 요구"라는 우리의 노동시장정책 원칙의 근거다. 우리는 각자가 우선 일자리를 얻기 위해 노력하고 임금이 종전보다 낮더라도 일자리를 받아들일 것을 기대한다.

새로운 실업급여Ⅱ로 실업부조와 사회부조의 통합은 순조롭게 이루어져야 한다. 우리는 해당자들이 어떤 지급지연도 겪도록 해서는 안 된다는 책임을 지고 있다. 다른 한편으로 우리는 우리의 지자체에게 안정을 제공하여야 한다.

연금보험, 의료보험 및 실업보험과 관련하여 점점 더 적은 사람들이 점점 더 많은 사람들을 위하여 납부하고, 복지제도가 과도하게 사용된다면, 이는 모든 비용을 부담하는 사람들, 즉 보험료 납부자들이 쓰러지지 않도록 개편되어야 한다.

노동시장 개혁에 의해 우리나라에서 인식의 전환이 시작되어야 한다. 우리의 복지제도 유지를 원한다면, 더 많은 사람들에게 일자리를 주려고 한다면, 다음 세대에게 지나친 요구를 하지 않고 교육과 지식을 위하여 더 많은 돈을 쓰고자 한다면, 우리는 오늘 익숙한 급부와 결별하여야 한다. 이는 유감스럽게도 개인에게 고통스러운 일이다.

우리는 실업에 대한 다년간의 자금지출에서 벗어나야 한다. 그 대신 더 많은 일자리 마련을 위하여 재정수단을 사용하여야 한다.

우리의 노동시장정책 테두리 내에서 오늘 실업자들이 새로운 일자리를 찾는 것이 가능해야 한다. 대부분의 실업자들은 일을 하고자 한다. 이들은 복지에 의존하기 보다는 자기 돈을 벌기를 더 원한다. 실업자에게는 일자리와 동기가 필요하지 재활 프로그램과 동기 뺏기가 필요하지는 않다.

다시 코흐 지사가 지금까지 반대해온 입장을 해명하고 조정 과정 경과보고를 보충하면서, 신 연방 주에서 반대에 대하여 비판하고, 타협안에 아쉬움을 표현하면서 이렇게 발언하였다.

시험과 지자체의 보장 가능성에 관해서 나는 2001년 이후 헤센 주의 법률안으로 여러분들을 여러 차례 괴롭혔다.
[협상이 쉽지 않았지만] 연방정부가 "하르츠Ⅳ"라고 칭하는 계획과 법률은 당연히 통일성을 유지할 것이다. 그래서 누가 무엇을 시험할 것인가, 누가 어떤 부서에 재정적 위험을 부담하게 할 것인가, 실업부조 및 사회부조 수급자로서 현재 상황에서 시민 개인과 지자체 및 연방노동청 기관에 어떤 결과를 가져다 줄 것인가라는 문제는 이런 맥락 속에서만 보일 것이다.
이 법률은 지원과 요구의 원칙과 관련해서는 어떤 면에서 오래 전에 미국 위스콘신 주에서 있었던 구상과 완전히 부합한다.[79] 우리가 충분한 성과에 도달하지 못한다면, 이는 우리가 충분히 지원하지 않고 법률에 규정된 만큼 더 심하게 요구하지 않는 것이기 때문일 수 있다.
우리는 지모니스 의원이 말했듯이 국민들이 우리가 익숙한 규정에 따를 경우의 원래의 능력수준과 등급보다 훨씬 낮은 임금의 일자리를 받아들일 것을 기대한다. 동시에 우리는 그들이 일반적으로 상당히 신속하게 국가 재정에 의한 급부에서 사람들 자신이 납부하였고 국가의 자선이 아니라 자신이 얻은 권리와

---

[79] 위스콘신 모델: 사회 경제적 성취가 개인의 사회적 이동성과 그 경제적, 사회적 및 심리적 요인이라고 설명하고 있다.

앞으로 우리가 종전의 실업부조와 사회부조 개념으로 통합할 심지어는 사회부조 수준으로 통합할 국가의 부조에 기초한 실업보험의 등급으로 전환하길 기대한다.

새로운 연방 주 출신 동료 의원들은 이런 문제를 강력하게 제기하고 있다. 즉, 일자리를 받아들이고 모든 자리를 채움으로써 일자리 역시 공급될 것이라는 것이 국가의 요구인가? 국가가 고용순환 망에 재통합시키는 자신의 의무를 이행할 수 있는가? 이 경우 저임금 같은 개념도 미래에 역할을 할 것인가? 이 분야는 충분히 개발되지 않았다. 달리 규정되었다면, 사람들이 이용할 수 있었던 이 분야는 더 많은 기회를 제공할 것이다.

사회부조 혹은 실업부조, 현행의 실업급여Ⅱ를 취업에 의한 소득과 어떻게 연계시킬 수 있느냐라는 문제에 기회가 있을 것이다. 우리는 조정위원회에서 연방의 재정적으로 관여할 의지와 가능성이 어떤 관계를 가질 것인가에 관하여 타협했다.

우리가 결정한 것은 우리가 현재의 것보다 본질적으로 더 낫다고 나는 확신한다. 그러나 지난 몇 년 동안 연방정부가 도입한 많은 요소의 경우와 마찬가지로 흥미진진한 문제는 취업에 대한 동기와 인센티브를 실제로 제대로 풀어놓는 데 충분할 것인가 여부다.

시험 조항에서도 사람들에게 더 개별적인 행정적 관리를 제공하여야 한다는 것이 논쟁 대상이었다. 국가조직 내에서 오래 동안 실업자인 국민 개인의 운명을 책임을 진 사람은 이 사람의 개인적 생활상황에 맞춘 시간과 충분한 창의력을 가져야 한다. 그는 양식에 따라서가 아니라 문제의 상태에 따라 일해야 한다 슐레스비히-홀슈타인에서는 바이에른과 다른 규정, 프랑크푸르트에서는 카셀과 다른 규정에 따른다. 지역 조건은 산업 분야에 따라 매우 다르기 때문이다.

지자체 집행기관이 본부의 조직상 요구를 받는 괜찮으며 좋은 의지를 가진 연방청보다 여전히 훨씬 더 좋은 상황에 있다고 나와 헤센 주는 확신한다. 이는 의지의 문제가 아니라 능력의 문제다. 우리는 69개 부서에서 이를 시험할 것이다.

연방상원의 과반수가 결국 이 법률에 찬성할 것이라는 것에 대한 이유를 설명하고자 한다.

몇 가지 중요한 점에 동의하지 않는다고 이 모든 것을 다시 파탄시킨다는 것은 무책임하다. 이 법률에 의해 변혁을 가져오는 것이 더욱 고착된 장기실업자들을 계속하여 돌보는 것보다 낫다. 지원 정책 외에 우리는 해당자의 참여를 필요로 하고 해당자의 참여에 관하여 분명한 신호를 보내야 한다.

장기적 관점에서 현재 형태의 국가의 보호를 더 이상 기대할 수 없다는 신호를 받았을지라도, 2005년 1월 1일부터 그 해당자의 경제 상태가 완전히 붕괴되는 것을 막기 위한 경과조치가 있다. 하루아침에 그렇게 될 수는 없다. 두 자녀를 가진 가족이 필요공동체라면, 절차가 종료될 때 주택수당을 포함한 실업급여 II는, 이른바 필요공동체가 받는 것을 모두 합하면, 이 가족에서 한 사람의 취업자가 실업급여 II에 의한 이전제도가 주는 것과 같은 순소득을 얻기 위하여 약 12유로의 세전 임금으로 월 160시간 일하는 경우와 같은 금액이다.

다수결로 의결된 이 법률이 독일의 현실에서 사회적 빈곤을 야기하고 야기하려는 법률이 아니라는 것을 조심스럽게 지적하고자 한다. 새로운 연방 주에 이런 식으로 정치적 명성을 얻을 수 있다고 생각하는 정당이 있다면, 이는 실제 사실과는 전혀 무관하다고 이들에게 대답해 주어야 한다.

 바로 이런 시각이 약점에도 불구하고 우리가 타협을 받아들여야 하고 각자의 경력과 부합하는 고용관계 선택의 자유가 최근 몇 년 그 많은 사람들이 사회적 보호를 과거보다 저임금의 일자리 찾기에 대한 적합한 대안으로 볼만큼 가치 있는 것이 전혀 아니라는 것에 대한 책임을 져야 하는 이유다. 여기서 동독지역보다 서독 지역이 더 그렇다는 점을 강조하여 말하고자 한다. 국가의 재정지원과 복지제도는 적합하지 않고 그럴 능력도 없으며, 납세자들에게도 정당하지 못하다.

노동시장 조직에 대한 모든 논의와 우리가 장기실업을 어떻게 하면 없앨 수 있는가라는 문제에 대한 모든 논의는 항상 우리가 어떤 경제상황에서 살고 있는가라는 문제에 대한 보완적 논의다. 성장률이 높으면 높을수록 장기실업자가 노동시장으로 복귀하는 것이 더 쉬워질 것이고 잠재적인 장기실업자가 늘어날 위험은 줄어든다.

 그래서 독일에서 국민들이 장기실업을 피하게 하거나 그들을 장기실업에서 끌어내는 데 성공할 수 있느냐에 대한 답변의 핵심은 경제정책이지 이런 사회 및 노동시장정책 구상이 아니다. 이런 근거에서 연방정부와 우리 사이의 논쟁의 핵심은 다음과 같은 문제에 집중되었다. 즉, 일반적인 노동시장 조건은 어떤가? 지역에서 분권화된 노동시장 조건이 법적으로 마련될 수 있는가? 어떻게 매력적인 노동시장 질서를 만들어서 우리의 노동시장이 롤란트 코흐가 일을 가질 수 있도록 일자리의 구조, 근로관계의 설정과 종료의 관점에서 가령 네덜란드, 덴마크, 프랑스, 폴란드의 노동시장과 경쟁할 수 있도록 할 것인가? 이 경우 우리의 노동비용과 관련하여 독일에서 전체적으로 우리가 얼마나 일할 준비가 되어 있는가가 중요할 것이다. 우리가 이 문제에 답변할 수 없다면, 우리는 끝내 문제를 해결하지 못할 것이다.

이 경우에 기술정책, 혁신친화, 새로운 창안을 위하여 어떤 요건을 제시하여야 하는가 그리고 다른 많은 문제가 제기될 것이다. 우리가 오늘 하는 것으로 독일에서 고용을 찾는 문제를 해결하지는 못할 것이다. 그러나 여러 가지를 고려한다면, 이는 시급한 문제 해결에 한 걸음 더 가까이 다가가는 올바른 걸음이다. 관리 기제가 원칙적으로 옳기 때문이다.

이렇게 입장을 밝히면서 이 법률에 동의한다. 이는 쉽지 않는 타협이지만 내 생각으로 이를 거부한다면 더 큰 과오가 될 것이다. 여기서 생기는 기회를 활용하여 의문을 가지면서 향후 몇 개별, 몇 년의 경험으로 오류를 수정하자.

항상 최고의 실업률에 처해 있는 동독 지역인 작센-안할트 주의 볼프강 뵈머(Wolfgang Böhmer) 주지사는 이 법률이 높은 동독 지역의 실업률을 낮추지 못할 것이란 이유에서 이 법률에 반대하였다.

적어도 여기서 나는 다시 한 번 16에서 17% 사이의 실업률을 가진 신 연방 주가 6, 8 혹은 9%의 실업률을 가진 구 연방 주에서와는 문제가 전혀 다르며 너무도 다른 결과를 초래한다는 것을 지적해야겠다.

12월에 작센-안할트 주가 노동시장에서 하르츠Ⅳ 법률에 확신을 가지고 찬성했음을 오늘 다시 한 번 고백한다. 우리는 이것이 올바른 방향이라고 생각했고 지금도 그렇게 생각하고 있다. "지원과 요구" 원칙은 더 명확하게 설계되어야 한다. 실업부조와 사회부조의 통합은 옳았고 여전히 옳다. 세금을 재원으로 하는 사회적 이전소득의 축소 역시 불가피하다. 그러나 우리는 이미 12월 논의에서 실업이 특히 높은 지역에서는 이것이 고용 제의와 연계되어야 한다고 말했다.

우리는 그때 들었지만 고려하지 못하고 이런 이야기에 기본적으로 이런 말로 위로 받았다. 선택법률을 제정할 것이다. 이를 관장할 지자체 행정기구를 조직하여 이런 맥락에서 지자체가 최소한 더 많은 일자리를 공급할 수 있는 전제조건을 만들어야 한다. 여기서의 조건은 유리해 보인다. 그리고 이 제도가 지자체에 일정한 예산경감을 가져다 줄 것이라는 것을 우리에게 거듭 제시하였다. 이를 통하여 지자체는 적어도 더 많은 일자리를 공급하고 사회부조 수급자나 실업부조 수급자에게 추가적인 고용을 제공할 수 있을 것이라는 것이었다.

그래서 우리는 이렇게 말했다. 우리는 선택법률에 의해 지원 일부를 추가로 받고 이를 위한 규정을 만들 것이다. 이것이 현재 전체 주민의 8%가 그 대상자인 작센-안할트 주에서 우리에게 중요한 것이다.

우리는 해결방안이 있을 것이며 이에 의해 우리는 지원을 더 좋게 구체화할 수 있고 해당 시민들에게 이렇게 말할 수 있을 것으로 예상하고 기대하여 왔다. 즉, 여러분은 이전복지소득을 100, 120, 130유로 더 적게 받게 될 것이지만, 우리는 여러분이 이 돈에 추가할 수 있는 기회를 찾을 것이다. 많은 사람들이 영향을 받기 때문에 이것은 일정한 사회적 형평의 의미에서 필요할 것이라고 나는 생각한다.

우리는 아무것도 마련하지 못했다. 매우 분명하게 이를 인정하여야 한다. 추가수입 가능성은 확실히 다른 시각에서 구성되었다. 400유로까지 추가수입을 얻는 사람은 그 중 85%를 징수 당하며 15%만 자기에게 남는다. 더 이상의 추가수입을 얻는 사람은 그 비율이 더 유리할 것이다. 비어 있는 일자리 하나에 25명의 실업자가 비율인 한에서-작센-안할트 주에만 그런 것이 아니다.

우리에게는 지난 12월 협상에서 거론되지 않았던 다른 문제가 있다. 나 자신에게 최근에 비로소 분명해졌기 때문이다. 사회법전 3권 428조에 의해 가능해진 것인데, 58세 이상 실업자에게, 이들이 실업부조에 만족하고 이들에게 노동시장에서 더 이상 어떤 기회가 없다면, 자신의 서명 하에 자신이 노동시장을 더 이상 활용하지 않는다는 것을 제의할 수 있다. 이는 이들이 실업자 통계에서 제외될 수 있다는 커다란 이점을 가진다. 이것만으로도 신 연방 주에서는 약 14만 명에 달한다. 이들 14만 명은 과거 규정이 지속된다는 생각에서 자기들이 노동시장을 더 이상 이용하지 않는 것에 서명하여 이에 의하여 통계에 부담을 덜어주었다. 이들에게 우리는 지금 이렇게 말해야 될 것이다. 상황이 변했다. 여러분은 필요공동체에서 살거나 다른 수입을 가져야 하지만 소득은 줄어들 것이다. 여러분이 서명할 당시에 우리는 몰랐고 지금도 모른다. 여하튼 그렇다.

또 다른 문제가 있다. 지자체의 재정 부담 완화 상황은 매우 다양하다.

연방은 유보조항을 약속했다. 즉, 어떤 지자체에게도 강제하지 않겠다. 그러나 실업률이 낮은 지자체는 예산 부담완화가 가능하다는 것이 이미 고려되었다. 실업률이 높은 지자체는 유보조항에 반대하지 않는다면 잘해서 더 큰 적자에 처하지 않을 것임을 확약하였다. 이들 지자체에게는 해당자들에게 저임금 분야의 일자리나 400유로까지의 추가소득도 제의할 수 있는 추가 기회가 없을 것이다. 그러나 이것이 바로 새로운 연방 주의 실업률이 높은 조건 하에서도 지원과 요구 사이의 공정한 균형 회복을 위하여 희망하고 기대했던 것이다.

우리는 이에 성공하지 못했다. 그래서 나는 작센-안할트 주를 위하여 이렇게 말하겠다. 이런 근거에서-우리 모두가 동의한 원칙적 근거에서가 아니다-우리는 선택법률에 동의하지 않을 것이다.

작센 주의 헬마 오로츠(Helma Orosz) 사회부장관은 지자체 선택의 완전 개방 약속이 실현되지 않았다고 비판하면서 지자체의 재정 문제에 초점을 맞추어 발언하였다.

지난 9월에 이미 밀브라트 주지사[80]가 이 자리에서 실업부조와 사회부조 통합에 대하여 세 가지 요구를 제기하였다. 첫째, 적합하고 효율적인 행정, 둘째, 연방, 주, 지자체 간의 공정한 수직적 및 수평적 균형, 셋째, 어떻게 하면 더 많은 사람들을 일자리로 데려가느냐라는 문제에 대한 답변. 마지막 요구는 실업률이 높은 동독 주에서 특히 결정적인 것이다. 이 세 가지는 오늘까지 전혀 만족스럽게 해결되지 않았다. 이와는 반대로 제출

---

80) 기민련 소속의 게오르그 밀브라트(Georg Milbradt) 작센주 지사.

된 법률에 의해 동독의 상황은 분명히 악화되고, 장기실업자를 희생시키기까지 한다. 그래서 작센은 이에 동의하지 않는다. 작센은 실업부조와 사회부조의 통합을 원칙적으로 지지한다. 그러나 현재 제출된 조건은 "지원과 요구"라는 고상한 목표의 효율적인 이행에 적합하지 않다.

2003년 조정위원회에서 모든 지자체가 선택을 하게 될 것이라는 약속이 지켜지지 않았다. 지금은 최대 69개 지자체만 선택할 수 있다. 작센에서는 이 기회를 가지는 것은 우선 4개 시와 군이다. 그러나 이미 작센의 많은 지자체가 노동청 업무 인수에 관심을 표명하고 있다. 당초에 사회법전 2권 6a조에 규정된 것과 같이 지자체의 실업자 상황 개선 약속을 더 이상 원치 않는다는 것을 나머지 지자체에게 내가 어떻게 설명해야 하는가? 업무팀은 전혀 해결방안이 아니다. 여기에는 책임 귀속이 결여되어 있기 때문이다. 이런 혼합행정(Mischverwaltung)의 헌법상 문제는 독일 공공 및 민간 복지연합(Deutsche Verein für öffentliche und private Fürsorge)이 이미 주의를 환기시켰다.[81] 한 기관에서 서비스를 제공한다는 목표는 소수의 경우에만 도달 가능하다. 지자체 선택의 기회 즉, 실업자 고용 시 우리 공동체의 풍부한 경험과 창의적 참여는 유감스럽게도 실현이 불충분할 것이다.

지자체 선택 법률에 규정되어 있듯이 개혁의 지역적 분배효과

---

81) 2007년 연방헌법재판소는 동의가 있다 할지라도 연방과 주의 혼합행정은 헌법에 합치하지 않는다고 결정하였다; 사회법전 2권 44조b에 따른 업무팀(Arbeitsgemeinschaften)에 관한 연방헌법재판소 결정- Urt. v. 20.12.2007 - 2 BvR 21433/04

역시 완전히 불만족스럽다. 동독 주의 과도한 부담 보상을 목적으로 한 2003년 9월에 의결된 특별수요-연방보상 할당(Sonderbedarfs-Bundesergänzungszuweisungen)[82)]에서 이는 전혀 바뀌지 않았다. 이는 개별 주의 부담과 부담 완화를 실제 지출에 따라 조정하지 않았다.

지자체에게 결과적으로 25억 유로를 경감시켜 준다는 약속을 이른바 유보조항에 의해 연방정부로부터 얻어낸다는 것 역시 바뀐 것이 없다. 이 부담완화가 모든 주에서 균일하다는 비교가 능하고 구속력 있는 약속은 없다. 우리의 계산은 부담완화 총액 25억 유로 중 작센의 지자체에게는 약 1600만 유로 경감된다는 것을 보여주고 있다. 이는 주민 1인당 4유로에 해당하는 금액이다. 비교해보면, 서독의 다른 주의 순절감액 중 최대는 2억 8천 5백만 유로에 달하여 주민 1인당 165유로다. 이는 작센 사람 가치의 40배다.

우리는 지자체와 작센 사람에 대한 우리 주의 책임과 관련하여 법률에 의한 이런 극단적으로 불평등한 취급을 참을 수 없다. 특히 초기의 능력 수준이 낮은 사람들은 충분한 인센티브를 전혀 받지 못한다는 것이 근본적인 문제다. 그들에게는 능력 또는 이로 인한 생산성에 따라 비교적 낮은 임금이 임금보충 급부에

---

82) 연방 주 재정균형(Länderfinanzausgleich)을 기하기 위하여 연방과 연방 주 간의 재정자금 재분배를 위한 법률로, 2020년에 폐지되고 새로운 제도로 대체될 예정이다. Gesetz über verfassungskonkretisierende allgemeine Maßstäbe für die Verteilung des Umsatzsteueraufkommens, für den Finanzausgleich unter den Ländern sowie für die Gewährung von Bundesergänzungszuweisungen (Maßstäbegesetz–MaßstG) 12조(Sonderbedarfs-Bundesergänzungszuweisungen).

의해 충분하게 보완되는 것이 필요할 것이다. 이래야만 취업이 양자에게 모두 혜택이 될 것이다.

자신의 경제활동에서 얻은 수입의 산입은 전혀 동기부여 역할을 하지 못할 것이다. 70, 85 혹은 100%를 사회급부에 산입함으로써 1차 노동시장에 취업 강화는 기대될 수 없으며, 오히려 공과금을 회피하여 불법노동으로 달아날 것이다.

실업자에 대한 인센티브는 일자리 수용을 위한 구체적인 기회에 부응하여야 한다. 동독지역과 또한 서독의 구조적으로 취약한 지역의 장기실업자를 어디로 취업알선 해야 하는가 문제에 대하여 연방정부는 답변하여야 할 책임을 지고 있다.

선택의 제한, 동독 지역에게 불리한 법률의 분배효과와 "지원과 요구" 원칙의 불충분한 실행 때문에 법률에 동의할 수 없다.

이미 동의로 결론이 난 사안에 대하여 클레멘트 연방경제노동부 장관은 긴 개혁의 제도화 일정을 마무리하면서 반대하는 주의회의 불만을 달랬다.

[지금까지 독일에서] 노동시장정책과 경제정책은 충분히 성공적이지 못했다. 대규모 자본 투입에도 불구하고 그리고 강력한 관료주의적 지출에도 불구하고 성과가 없었던 것으로 보인다.

독일에서 대부분의 이웃 나라에서 성공한 것, 즉 성장정책, 이에 부응한 기업의 참여 그러면서도 현대적 취업알선 정책에 의해 실업을 낮추는 것을 성공하지 못한다는 것은 상상할 수 없다. 나는 스칸디나비아 국가, 영국, 네덜란드와 기타 다른 나라에서 성공하는 것이 독일에서 성공하지 못하는 이유를 모르겠다.

우리가 변화를 위하여 여기까지 온 본질적인 이유가 이것이다. 우리가 조정 절차에서 하나의 합의에 도달하였다는 것에 매우 감사한다.

우리가 도입하는 것이 어떤 경우든 종전의 노동시장정책과 경제정책보다 더 성공할 것으로 믿는다.

한 나라에 하나는 국가가 하나는 지자체가 맡는 실업부조와 사회부조라는 두 가지 복지제도가 함께 유지되고 있는 불합리하고 더 이상 책임질 수 없다는 것이 분명해져야 한다. 양자는 병립해 있으며 서로 다른 결과를 가져다준다. 지금까지 서로 떨어져서 상당히 느슨하게 작용해온 이 두 제도가 지금 하나의 국가 복지제도 통합된다는 것이 근본적으로 옳을 뿐만 아니라 간단히 옳다고 생각한다. 그래서 우리가 이를 하고 있는 것이다.

지금까지 추진되어온 노동시장정책에 의해 실업을 중점적으로 관리하고 자금을 투입[했지만], 실업을 줄이지 못했다. 이와는 반대로 장기실업자는 늘어났고 동독지역에서도 늘어났다.

이는 구조적 문제다. 이는 분명히 우리가 충분한 인센티브를 마련하지 못했고 제재도 마련하지 못했다는 것과 관련이 있다. 그래서 "지원과 요구"원칙이 구체화된 것이다. 이는 실행되어야 한다.

취업알선에 도달하여야 한다. 해당자를 개인별로 다루는 노동청과 지자체의 취업알선 담당자를 필요로 한다.

2년 전에 취업알선 담당자 비율이 1:800이었다. 그래서 독일의 취업알선 기능은 돌아가지 않았다. 지금 그 비율은 1:250 내지 1:300이다. 과거에는 직접 개인을 관리할 수 있는 취업알선 담당자가 없었기 때문에 취업알선 기능이 돌아가지 않았던 것이다. 내가 생각하기로 이것이 가장 중요한 변화다. 구직자를 개별적으로 관리하여 가능한 한 그가 1차 노동시장에 복귀하기 위하여 가야 할 길에 관한 목표 약정을 체결하는 데 성공한다면, 이는 노동시장에 중요한 변화로 이어질 것이다. 영국의 경험은 내가 제의한 것과 같은 제도를 설계한 경우에 실업률이 15 내지 20% 하락할 수 있다는 것을 보여주고 있다.

[근본적으로 합의했다는 것은] 이에 관한 것이다. 이것이 우리가 일해 왔으며 일해 갈 원칙이다. 법률을 통과시켜 준다면, 우리는 독일에서 이를 실행할 것이다.

재정에 관해 아주 흔하게 거론되고 있고 동독지역 주도 이를 거론하고 있다. 우선 연방정부가 모든 지자체에게 총 25억 유로를 경감해주겠다고 약속한 것은 엄수될 것이다-이는 법률에도 명시되어 있다. 우리에게 쉬운 일은 아니지만 연방정부는 앞으로 전체 독일에서 숙박비(Unterbringungskost)를 30%까지 부담할 것이며, 비용이 발생되는 대로 그렇게 할 것이라고 약속했다. 우리는 두 가지 문제를 한 번에 해결할 수는 없을 것이다. 우리는 실제의 숙박비를 30%까지 부담하는 동시에 독일의 재정형평 문제를 극복할 수는 없을 것이다. 연방정부가 모든 것을 하지 않을 것이라고 들었기 때문에, 이 점을 지적하고자 한다. 즉, 연방, 주의 공동노력에 의해 세계에서 독특한 재정균형과 연대제도가 발전되어 왔다.

주민 1인당 유로로 표시된 주거비에서 연방 몫이 높은 지역은 도시주(Stadtstaat)로 가장 높은 곳은 주민 1인당 82.80유로인 베를린 시다. 브레멘 시가 70유로, 함부르크 시가 63유로다. 그러나 브란덴부르크 주 57유로, 메클렌-포어폼메른 주가 66유로,

작센 주가 55유로, 작센-안할트 주가 65유로며 튀링겐 주가 47유로다. 서독 지역의 다른 주도 이보다 전혀 나쁘지 않다. 지난 몇 일 동안 전개된 동-서 논의를 심히 유감스럽게 생각한다. 나는 이를 조정 과정과 기타 절차에서 다르게 경험했다.

우리가 공동업무(Gemeinschaftsaufgabe) 축소를 계획할 것이라고 나를 비판한다면, 이는 전혀 공정하지 않다고 본다.[83] 예산 협상에서 공동업무에 대해서는 가용자금 7억 유로를 설정하였다. 이외에 최고 3천 5백만 유로까지 환급금을 사용하지 않고 남겨두게 될 것이다.

재정과 관련하여 동독이나 서독 지역 어느 도시에서 적자 상황이 발생한다면, 우리는 추후에 보상할 것이다. 또한 이것도 약속했다는 것을 공개적으로 말할 수밖에 없다. 심도 있는 논의에 뒤에 그리고 연방정부가 조정 과정에서 재정적으로도 법적으로도 약속한 것에 대하여 나는 좀 실망했다.

[뵈머 지사가 거론한 점과 관련하여] 독일의 사회부조에 대한 국가 지출 비율이 세계에서 최고다. 현재 우리보다 그 비율이 다소 높은 나라가 2, 3개국이 있는데 덴마크도 여기에 속한다. 다른 국가는 동독 재건이라는 특별한 과제에 대응하여야 필요가 없다. 이 분야에서 독일보다 더 많은 일을 하는 세계의 어떤 국민경제나 복지사회도 없다.

어떤 집단 즉 사회부조 수급자는 모두 더 나아질 것이다. 우리

---

[83] 기본법 8a장 91a조에서 규정하고 있는 공동업무: 연방 주가 업무 수행에서 그 업무가 국가 전체의 관점에서 중요하거나 생활조건 개선을 위하여 연방의 협조를 요청하는 경우의 업무로 이에는 대학 부속병원을 포함한 대학의 확장 및 신설, 지방경제구조의 개선, 농업구조 및 해안보호의 개선.

에게는 백만 명의 경제활동 능력을 가진 사회부조 수급자가 있다. 동독에도 사회부조 수급자가 있다. 그들 중 100만 명 이상의 경제활동 가능한 사회부조 수급자와 이들의 가족은 각기 좋아질 것이다.

연방공화국 역사상 처음으로 지금까지 사회부조를 받던 사람들이 지자체와 노동청의 취업알선의 중심에 놓이게 되었다. 이에 더하여 이들은 추가로 과거보다 더 벌 수 있게 되었다. 이들의 추가소득 기회는 과거보다 더 낫다. 이들은 모두 처음으로 연금보험에 가입되고, 실업보험의 보장을 받으며, 요양보험에 가입하게 된다. 이 모든 것이 이들 집단에서 과거에는 없던 일이다. 우리가 지자체 행정에서 다른 길을 택하려 한다고 말한다. 우리는 그렇게 해왔다. 분명히 이는 타협이다. 우리는 어느 경우든 비교하여 경쟁하면서 지자체 혹은 대부분의 지자체에서 만들어지고 있는 업무팀 중 어느 것이 더 나을까를 결정할 것이다. 지자체가 적어도 좀 더 많은 일자리를 제공할 수 있을 것이라고 전에 말했다. 그렇다. 동독처럼 서독에서도 가능할 것이다.

우리는 독일 전역에서 지금까지 배려하지 않던 많은 사회적 과제가 있다. 자녀 돌봄을 들어보자. 불충분한 자녀 돌봄은 자녀를 가진 여성의 실업률이 높다는 것의 주된 원인이다. 학교교육을 보자. 우리는 어디서나 종일 돌봄을 강화하려고 한다. 충분한 자격을 갖춘 교사가 있는가? 특별히 종일학교, 직업학교가 이에 해당되지는 않는가? 독일에는 7만 명의 실직 기술자가 있지만 직업학교에 충분한 교육수업과 자연과학 수업은 없다. 7만 명의 실직 기술자 가운데서 여기에 활용할 사람은 없는가? 우리에게는 노령자의 요양과 돌봄이 부족하다. 여기에 그리 높이

평가되지 않는 노동력에 대한 아주 높은 수요가 발생된다.

더 이상의 예로서 이웃봉사, 환경 및 지역사회 시설 관리 그리고 지금까지 병역대체근무자가 차지했던 일자리를 들 수 있다. 독일에는 현재 6만개의 병역대체근무자 자리가 비어 있다. 이미 이야기했듯이 우리에게는 7만 명의 실직 기술자가 있다. 우리에게는 3만 명의 교사가 있다. 우리는 이런 분야에서만 약 30만개의 자리가 비어 있다고 추산한다. 당연히 우리는 이 30만개의 일자리를 채울 것이다.

우리는 법률이 성립된 후에 비로소 일을 할 수 있다. 그래서 현재 모든 지자체 고용회사(Beschäftigungsgesellschaft)를 계속 운영하길 요청하며 이들 회사가 계속 운영될 것임을 약속한다. 우리는 복지단체에 고용회사를 계속 운영하길 요청한다. 우리는 이들이 제공하는 일자리를 필요로 하기 때문이다. 우리는 모든 재단과 기관을 계속 운영하고 그런 고용기회를 마련해 주기를 요청할 수 있을 뿐이다. 우리가 이를 필요로 할 것이기 때문이다. 우리는 현재 25세 이하의 청년 실업자들이 하나의 제의를 받는다는 것을 법률에 규정하였다. 이는 법적 의무인 것이다. 독일에는 25만 명의 청년들이 사회부조를 받고 있다. 이들 모두가 직업훈련장, 취업준비, 교육, 언어교육 등의 제의를 받게 될 것이다. 그러나 우리는 이 제의가 받아들여질 것을 기대한다. 그렇지 않다면, 이에 상응한 제재가 적용될 것이다. 나는 이를 바라지도 그렇게 될 것이라 생각하지 않는다.

나는 주지사들에게, 동독 주에서 책임을 진 분들에게 요청하며, 이것이 도움이 되길 바란다. 이 법률이 제공하는 기회를 활용하지 않는다면, 이는 잘못이다. 이제 변화의 기회가 왔다. 이 기회를 함께 활용하기를 요청한다.

이는 여기서 노동시장정책이 만들어지는 것에 관한 것이 될 것이다. 물론 법률이 필요한 모든 것을 하지는 않을 것이다. 이미 말했듯이 우리에게 필요한 것은 성장정책으로 우리는 경제의 이 측면에서의 불확실성을 없애야 한다.

노동시장에서 전환에 성공하면, 노동시장이 열릴 것인가? 독일이 경제적으로 성장하면, 이는 성공할 것이다. 예를 들어서 독일 상공회의소 브라운 회장이 했듯이 기업이 직업교육에서 책임을 보여준다면, 성공할 것이다. 브라운 회장은 교육협정을 체결하였고 이는 이미 긍정적으로 작용하기 시작하였다. 노동청, 지자체, 지자체의 고용회사(Beschäftigungsgesellschaft)와 다른 고용기회가 동원된다면, 우리 모두가 이에 참여한다면, 성공할 것이다.

노동시장이 하루아침에 열리지는 않겠지만 성공할 것이다. 우리가 책임지는 젊은 사람들에게 우선 열릴 것이다. 이는 우리가 우리 다음 세대를 높은 실업률로부터 단절시켜서 독일의 청년 실업을 극복하는 데 모든 힘을 기르는 것에 관한 것이다. 이는 다른 경우와 달리 노동시장에 관한 것인 경우 우리가 유럽에서도 주목 받을 수 있는 목표다. 이에 의해 우리는 유럽에서 실례가 될 수 있다. 우리의 포부는 젊은 사람들에게 직업교육과 다른 정책수단 및 제의를 통하여 장래의 직업에 길을 열어주는 것이어야 한다.[84]

이 날 상원은 동독 지역의 신 연방 5개주와 베를린의 반대 속에 다

---

[84] *Bundesrat*, "Plenarprotokoll 802" (2004.7.9).

수결로 "사회법전 2권에 따른 지자체의 업무 집행 선택에 관한 법률"(Gesetz zur optionalen Trägerschaft von Kommunen nach dem Zweiten Buch Sozialgesetzbuch. Kommunales Optionsgesetz)을 의결하였다. 이로써 1998년 게하르트 슈뢰더 정부 출범 이후 2001년 연금 개혁을 시작으로 추진되어온 개혁은 제도화를 일단 마무리하였다. 길게는 1998년부터 짧게는 2002년 8월 노동시장 개혁을 주 내용으로 하는 하르츠 개혁을 발표하고 이를 포함한 경제, 사회 개혁을 담은 아젠더 2010을 2003년 3월 14일 슈뢰더 총리가 연방의회에서 발표하여 시작된 독일 연방공화국 수립 이래 최대의 개혁이 일단 제도적으로 완성된 것이다. 그러나 하르츠 보고서와 비교해보면 2003년 연말의 이른바 하르츠Ⅲ, Ⅳ 법률이나 이번에 의결된 지자체 선택법률은 당초의 계획보다는 상당히 타협적인 것이다.

일단 완성되었다는 것은 뒤에서 살펴보겠지만, 슈뢰더 정부의 개혁 특히 하르츠 개혁에 대한 반발의 소용돌이는 2005년이 되면서 폭풍으로 변하였다. 이 폭풍 속에 1998년 선거에서 슈뢰더 총리후보와 함께 당수로서 총선 승리를 이끌어냈던 오스카 라퐁텐의 탈당하고, 2007년 탈당한 사민당 좌파, 민사당 및 의회 밖 야당과 결합하여 좌파당(Die Linke)을 창당하여, 독일의 좌파 정치세력이 분열하였다. 이런 상황을 극복하고자 던진 승부수인 2005년 9월 조기총선에서 사민당이 기민련/기사연에 1% 차이로 패배하였다. 슈뢰더 정부의 개혁이 수포로 갈 수 있는 상황에 처했다. 그러나 과반수를 확보하지 못하고 의석수에서 사민당과 같은 기민련/기사연은 사민당과 연립정부를 수립할 수밖에 없었다. 사민당은 개혁을 계속 추진한다는 명분으로 연립정부에 참여하였다. 연정합의를 통하여 개혁을 살려나가게 된다.

그 후 지자체 선택법률의 시험조항에 따라 요구되는 평가보고서는 사민당이 참여한 연립정부 시절인 2008년 12월 9일에 연방의회에 제출되었다.

사회법전 2권의 업무 집행에 대하여 노동청 주도의 지자체가 참여하는 업무팀(Arbeitsgemeinschaft)과 지자체가 단독으로 운영하는 "승인 받은 지자체 집행기관"(zugelassene kommunale Träger)의 성과 비교 분석에서 이 보고서는 양 모델 어느 쪽이 일방적으로 더 좋은 성과를 보였다고 평가하지 않고 각기 강약을 가지고 있다고 평가하고 있다. 오히려 구직자 기초보장 제도의 중앙집중화 요구로 해석되어서는 안 된다고 경고하고 있다. 이렇게 결론짓고 있다.

> 업무팀과 지자체 집행기관의 상이한 전략과 효과는 다음과 같이 요약될 수 있다.
> 업무팀의 활성화 정책은 더 신속한 취업알선을 지향하고 있다. 필요 충당 고용(bedarfsdeckende Beschäftigung)에[85] 더 관심을 두고 있다. 제재를 통하여 부조가 필요한 사람의 협력과 양보하겠다는 생각을 강화하였다. 제재는 취업과 임금보조에도 더 많이 활용하였다.
> 지자체 집행기관은 일자리를 수락에 대해서는 보조금을 적게 주고, 이에는 취업에 의한 소득과 실업급여Ⅱ의 결합을 더 자주 사용하였다. 복지 전통에 기초한 사례관리를 특징으로 하는 사회통합 전략을 추구하였다. 이는 부조가 필요한 사람에 대한 동기부여 작용이 적고 따라서 노동시장 기회가 활용되지 않았다.

---

[85] 취업에 의한 소득이 생계비를 충당할 수 있는 경우의 취업.

최종 결론도 따라서 실업부조와 사회부조를 통합한 구직자 기초보장 발전에 기여하였다는 긍정적인 점을 부각시키고 있다.

전반적으로 여러 점에서 구직자 기초보장 시행의 개선과 발전의 가능성이 나타났다. 사회법전 2권 6c조에 따른 평가는 따라서 입법기관이 의도하였던 제도적 학습과정에 대하여 중요한 투입이었다. 그러나 연구에서 발견된 내용은 기초보장 제도의 중앙집중화 요구로 해석되어서는 안 된다. 이보다는 사회법전 2권 6a조가 도입한 아이디어 경쟁이 사회법전 2권의 통일적인 전국 시행에서 얻을 수 없는 통찰력과 인식을 가져다주었다. 따라서 아이디어 경쟁은 기초보장 발전에 기여하였지만, 이는 투명성과 입증 가능할 때만 그렇다-이것이 결정적이다. 중앙의 목표 관리- 정기적인 성과 검증을 받으면서 목표 미달 시 전환이 가능하다-범위 내에서 지역의 행동의 자율성이 보장되는 체계는 경제활동 능력이 있으며 부조가 필요한 사람의 기회 개선에 가장 유망한 것으로 보인다.[86]

그러나 이 보고서는 2007년 12월 20일 연방헌법재판소가 "사회법전 2권 44b조(업무팀. Arbeitsgemeinschaften)는 기본법 83조와 연관된 기본법 28조 2항 1 내지 2호와 합치하지 않는다. 이 조항은 입법부가 그 이전에 다른 규정을 정하지 않는다면, 2010년 12월 31일까지 효력을 가진다"는 결정을 내리면서 빛이 바랬다. 지자체 선택법률 입법 과

---

86) Bundesministerium für Arbeit und Soziales, *Endbericht zur Evaluation der Experimentierklausel nach § 6c SGB II* (2008) 참조; www.bmas.de.

정에서 업무 집행기관을 연방청으로 할 것인가 지자체로 할 것인가에 관한 타협에서 탄생한 업무팀에 대하여 헌법 불일치 결정을 내렸던 것이다.[87]

그 이유로 연방헌법재판소는 [기본법 28조가 규정하고 있는] "지자체의 자치행정 보장을 침해하고 있다. 이 조항에 규정된 연방기관과 연방 주 기관의 협력은 기본법이 허용하는 한계를 넘었다"는 것이다. 연방헌법재판소는 "입법 과정에서 구직자 기초보장을 위하여 두 개의 집행기관을 지정할 필요가 없다는 것이 이미 나타났다. 노동시장에서 현대적 서비스를 위한 법률의 연방정부의 당초 법률안은 연방노동청만이 이 급부 제공 관할권을 가져야 한다고 규정하였다. 반면에 야당의 생계기초법률안은 지자체가 속하는 주의 법률에 따라 지자체가 유일한 급부 집행기관으로 규정하였다. 사회법전 2권 6a조 규정은 연방 입법부 자신이 사회법전 2권 44b조에 따라 조직된 연방청과 지자체 집행기관에 대하여 업무의 성격에 기초할 필요성을 보지 않았다는 것을 보여주고 있다. 왜냐하면 이 규정은 업무팀 대신 지자체-제한된 수-가 사회법전 2권 44b조 규정상의 해결방안과 달리 구직자 기초보장 급여를 이행할 수 있다는 것을 더 이상의 전제 없이 규정하고 있기 때문이다. 사회법전 2권 44b조 3항 1호에 규정된 수적 제한 없이는 안 되는지 그 이유가 명확하지 못하다"고 밝혔다. 그리고 이를 청치적 타협의 소산으로 보았다. 이를 헌법재판소는 "정치적 합의가 이루어질 수 없다는 것이 헌법과 합치될 수 없는 타협을 정당화할 수 없다"고 표현했다. 이 결정으로 시험조항에 따른 평가 후 확대는 무의미하

---

[87] Bundesverfassungsgericht, '2 BVR 2433/04/2 BvR 2434/04', (2007.12.20); www.bundesverfassungsgericht.de.

게 되었다.

다만 "규정의 무효 선언에 의해 법적 불안정성에 처하는 기관과 사람들이 발생하는 막고 사회국가 원칙에 의해 제공되는 업무의 효과적으로 이행되도록 헌법 불합치 선언만" 한다고 밝혔다. 그리고 이를 위하여 경과기간을 2010년 12월 31까지로 충분한 기간을 주었다고 밝혔다.[88]

III. 개혁의 제도적 완성에 대한 노동조합과 사용자의 평가

2004년 7월 9일 연방상원이 이른바 "지자체 선택법률"에 동의하면서 일단 하르츠 개혁을 중심으로 한 아젠다 2010 개혁의 제도화는 완성되었다. 연방공화국 수립 후 최대 개혁에 대한 정치권과 지자체의 입장은 입법 과정에 잘 나타났다. 이의 직접적 이해 당사자는 노동조합과 사용자 그리고 최종적으로는 독일 국민일 것이다.

노동조합은 2003년 5월 금속노조 파업 실패 후 투쟁동력이 급격히 약화된 데다, 전체 노동조합원의 80%를 점하는 독일노동조합총연맹(DGB)은 사민당의 특별관계로 인하여 전면적인 반대로 나오지는 못하였다. 그리고 후에 언급할 독일노동조합총연맹 산하의 한스 뵈클러

---

[88] 연방의회는 2010년 6월 기본법에 91e조를 신설하여 업무팀 운영의 위헌적 요인을 제거하였다. 그리고 이 경우 행정비를 포함하여 필요한 비용을 연방이 부담하도록 하였다.

재단의 보고서에서 보듯이 슈뢰더 정부의 그 동안의 개혁성과에 대하여 대체로 긍정적으로 보고 있음을 알 수 있다. 물론 조합원의 이탈 등의 현상을 앞에 두고 11월 5일 베를린의 하르츠 반대 집회의 주도 세력으로 참여하여 이후 월요시위의 주 동력 중 하나가 되지만, 월요시위는 입법 과정에서도 나타난 구조적 취약 지역 지역인 구 동독 지역의 5개 주를 중심으로 한 것이다.

사용자연합은 개혁에 대하여 상당한 실망을 표현하고 있다. 사용자들은 하르츠 개혁을 통하여, 노동시장의 확실한 유연화, 노동자 해고 보호의 대대적 약화 그리고 독일의 노사관계의 기본 중 하나인 단체협상 자율의 법적 보호의 폐지와 독일 노사관계의 상징인 공동결정제도의 수정을 주장하였다. 2006년의 연례보고서를 보면 상당한 아쉬움을 표현하고 있지만 대체로 성과를 거두었다고 보았다.

최대의 이해 당사자인 독일 국민의 입장은 슈뢰더 정부의 총선 패배로 이어지는 일련의 반대운동과 오늘날까지도 계속되는 정치 구도의 변화와 함께 다음 장에서 논의하기로 하고 여기서는 지자체 선택 법률의 입법화화가 끝난 2004년 8월 직후에 나온 개혁 특히 하르츠 개혁에 대한 한스뵈클러 재단의 보고서(Arbeitspapier 93-Hartz-Reform und Gesetze zu neuen Dienstleistungen am Arbeitsmarkt)와 2005년 12월에 나온 독일사용자연합의 2005년 사업보고서(Geschäftsbericht 2005)에 기술된 노동조합과 사용자의 입장을 소개하기로 한다. 이 두 보고서가 각자의 입장을 잘 정리하고 있다.

1. 노동조합의 평가 - 한스 뵈클러 재단 보고서[89]

실업과 노동시장정책에 집중한 보고서의 전반적인 기조는 하르츠 개혁에 대하여 긍정적이다. 이미 하르츠 보고서에 대한 사민당의 정책노선 승인을 위하여 열린 2002년 6월 2일 베를린 임시 당대회에서 독일노동조합총연맹(DGB)의 좀머(Michael Sommer) 위원장의 태도 변화에서 슈뢰더 총리 측과의 상당한 타협을 읽을 수 있었다. 그는 사민당이 과반수를 확보하여 집권을 계속하여야 한다는 것이다. "싸운다면 녹적에 미래가 있고 기회가 있다는 것을 확신한다"라면서 타협적 자세를 보여주었다.

이는 입법 과정에서 보았듯이 사민당이 기존의 해고보호, 단체협상 자율에 관하여 상당히 타협하였지만, 연금과 노령 근로자에 관해서 기득권을 상당히 보호해주고, 근로자 파견 등에서 단체협약상의 임금과 지역의 통상적인 임금 지급과 미니잡 도입에 의해 사실상 임금덤핑 방지 장치를 도입하는 등 노동조합의 요구를 상당히 수용한 결과일 것이다.

한스 뵈클러 재단의 보고서의 주요 내용은 다음과 같이 요약될 수 있다. 우선 보고서 서문에서 재단은 노동시장 개혁을 긍정적으로 평

---

89) Leo Kißler, Ralph Greifenstein, 'Arbeitspapier 93- Hartz-Reform und Gesetze zu neuen Dienstleistungen am Arbeitsmarkt"(Hans-Böckler-Stiftung, 2004); www.boeckler.de.

가하고 있다.

　　현대화가 결여된 독일 노동시장 개혁은 이미 했어야 한다. 그러나 [이번 개혁에서] 지자체와 노동행정 당국이 어떤 업무를 수행하고 고용정책상 책임이 어떻게 조정될지 여전히 분명하지 못하다. 분명한 것은 하르츠 개혁 이행에 적극적인 지역 고용정책이 수반된다는 것이다. 일자리센터와 근로자파견사업부의 사례에서 [연방노동청과 지자체의] 공동 활동이 커다란 성과를 거두고 있음을 볼 수 있다.

지자체에 대하여 높은 청년실업, 직업교육시설 부족, 장기 실업부조 수급자의 재취업, 취업과 사회부조 수급 간의 회전문 효과 등에 대응을 주문하면서, 지자체 재정에 부정적 결과를 가지는 실업 문제의 지역화는 가능하면 빨리 역전되어야 한다는 것이다.
적-녹 정부의 하르츠 개혁을 노동시장 정책의 혁신과 사회적 국가(복지국가) 광범위한 현대화(아젠다 2010)의 일부로 규정하였다.

　　하르츠 개혁안의 13개 모듈은 실행에 유연성을 주는 것이다. 그러나 독일 경제 회복과 일자리 창출이 노동시장 개혁 실현의 결정적 전제조건이다.
　　하르츠 개혁은 노동시장 정책이지 고용정책이 아니다.

하르츠 I, II는 일자리센터, 근로자파견사업부 설치, 자영업으로의 새로운 교량 마련, 가사도우미 지원을 주된 내용으로 하고 있다. 미개척 고용 분야 개발과 불법 노동과의 싸움을 목표로 한 미니잡은 사회보험과 과세 부담이 또한 문제다. 근로자파견사업부에 대해서는 대체로 성공적이지 못하다고 평가하고, 전체적으로 하르츠Ⅰ, Ⅱ에 대량실업을 축소할 정책수단은 없지만 노동시장 유연화에는 기여하고 있다고 보았다.

2003년 8월에 제출된 하르츠Ⅲ, Ⅳ 법률안에 대해서는 이렇게 기대하였다.

> 하향식(oben bis nach unten)의 폭넓은 조직현대화는 무엇보다도 효율적인 노동행정으로 구직자를 전보다 더 신속하게 취업 알선하는 목적에 기여할 것이다. [연방노동청의] 조직개편은 단계적으로 2005년 말까지 시행한다는 목표를 밝히고 있다. 실업자를 관리하지만 충분한 취업기회를 마련하지 못하는 관료적이고 세분화된 행정조직은 이에 따라 퇴장하였다. 서비스 지향의 서비스 공급자는 실업자에게 효과적으로 대응해야 한다. 그래서 낡은 개념은 대체되었다.
> 하르츠Ⅳ의 성공은 궁극적으로 노동청 현대화, 말하자면 실업부조와 사회부조의 개혁 즉 두 제도의 통합에 달려 있다. 이 법률에는 두 가지 정책이 포함되어 있다.
>
> 실업부조와 사회부조의 통합과 연방노동청과 지자체가 관할하는 고객에 대한 새로운 정의는 공청회에서 센세이션을 일으켰다. 문제가 된 것은 새로운 복지제도가 형평을 유지하고, 지금까지 다소간 고용정책에서 성공을 거둔 지자체가 여기에 효과적으로 참여할 수 있다는 것이 성공할 수 있느냐 여부에 관한 것이다. 지자체의 고용지원을 고려하면 근본적인 문제가 이미

나타나고 있다.

이와 관련된 하르츠 개혁과 지자체의 고용지원에 대한 문제를 제기하고 있다.

단기간에 실업자 수가 극적으로 감소한다는 등의 환상적인 성공 약속은 노동시장에서 개혁이 거의 성공할 수 없다는 과장된 비관주의만큼이나 터무니없다. 연방정부의 계획은 고용정책에서 마술도구가 아니다.
지자체 역시 정책 네트워크 전략 및 새로운 고용정책 연대와 협력 형식에도 불구하고 모든 수준에서의 활동으로도 실업을 낮출 수 없을 것이다. 하르츠 개혁과 지자체의 노동시장 및 고용정책 기준은 따라서 상호보완적이어야 한다.

보고서는 개혁이 불안정의 원인이 될 것이라는 문제가 제기되었다고 쓰고 있다.

장래에 실업급여Ⅱ는 사회부조 수준에 근접할 것이다. 그러나 예를 들면 지방의회와 지자체 연합은 2002년 여름 현재의 실업자의 90%에게 영향을 주기 때문에 급부를 축소할 수 없다는 의견을 표명했다. 새로운 국가의 복지제도 도입은 빈곤 논쟁을 촉발하였고 근로자 대표와 복지단체는 대대적인 복지 축소를 우려하고 있다. 새로운 실업급여Ⅱ 수급자들은 모든 사회-문화적으로 부정적인 결과를 초래할 낙인이 찍힐 수 있다. 빈곤이 지자체 내에서 삶의 질에 민감한 영향을 주기 때문이다.

지자체는 자기들의 성공적인 고용정책이 잠식될까 우려하고 있다. 한편으로는 실업급여Ⅱ에 의해 실업의 부정적인 지자체화가 고쳐질 수 있을 것으로 환영한다. 다른 한편으로는 지자체의 고용지원 자금에 관한 너무도 많은 문제에 대한 답변이 아직 없다. 이에는 예를 들면, 실업급여Ⅱ 수급자에 대하여 한번 수급자격이 없는 사람으로 분류된 복지급여 수급자가 고용지원 기회에서 최종적으로 배제되는지 혹은 지자체의 고용지원이 이런 복지 제한을 막을 수 있는지 여부에 관한 문제가 있다. 여기서 핵심적 결과가 나오게 된다. 노동시장정책이 새로이 규정되면, 지자체와 노동당국의 업무는 새로이 정해져야 하며 지자체가 재량권을 가지는 고용정책은 변함없이 같은 질을 유지하면서 계속되어야 한다는 것이다. 취업 알선에 장애가 커서 노동시장으로부터 멀리 떨어진 사람들을 사회적으로 배제하지 말아야 한다.

이런 맥락에서 처음에 모든 경제활동 능력을 가진 사람들을 취업 알선하여야 하는 연방노동청 같은 중앙 기관이 지자체의 노동시장 관계자만큼 업무 능력이 있어서 "문제 있는 실업자"를 취업시킬 수 있느냐 여부의 문제도 제기될 것이다. 이런 의견은 조정 불가능해 보인다. 구직자의 기초보장에 관하여 연방정부가 연방노동청의 이 업무 집행을 지지하지만, 다른 관계자나 단체는 지자체의 단독 집행을 요구하였다.

이런 문제는 다음과 같은 대책으로 진정되었다는 것이다.

실업급여Ⅱ 수급자의 물질적, 사회적 어려움은 최소한 2년의 경과기간 중에 (보충수당에 의해) 보상될 것이다.

연방 각의에서 의결된 점프-플러스 정책(Jump-Plus Programm)은 장기실업자로서 사회부조의 영향을 받는 25세 이하의 약 10만 명의 청년에 대한 긴급정책이다. 실업부조와 사회부조 통합과 함께 이 정책에 의해 지자체의 고용정책은 계속 활용되고 지원될 것이다. 장기실업자 표적집단에 대한 비슷한 정책이 수립되었다. 이는 지자체의 고용지원구조를 보전하고 지원할 것이다.[90]

일자리센터는 경제활동 능력을 가진 사람들을 지자체 노동시장 이외의 지역을 취업 알선할 것이다. 이를 위하여 이동성을 지원하고 이에 의해 지자체 부담이 완화될 것이다.

실업부조와 사회부조 통합 조건에서 2차 노동시장에서 현실적인 고용기회는 존속할 것이다. 모든 구직자가 1차 노동시장에 취업할 수 있다는 환상과의 결별은 부정될 수 없기 때문이다.

그러나 이에 대한 비판과 옹호를 소개하였다. 그 내용은 지자체의 자치행정 권리 침해와 재정 문제를 중심으로 한 것으로 앞에서 서술한 지자체 선택법률안에 관하여 개최되었던 연방의회의 공청회에서의 내용을 요약 소개하고 이의 타협인 지자체 선택법률에 관해서도

---

90) JUMP 정책: 청년실업 축소를 위한 긴급정책. 연방노동청에 대한 연방정부의 대규모 보조금에 의해 집행된다. 특히 이 정책 시행 첫 해에는 3만5천 명의 청년들과 직업교육 약정이 체결되었다. 해가 지나면서 이 숫자는 줄어들었다. 이는 청년들의 관심 부족 때문이 아니었다. JUMP의 개인별 정책 중 가장 비용 지출이 큰 것이 직업교육이었다(연간 약 12,500유로). 그래서 연방노동청에서 이 업무의 책임을 맡은 사람들은 2002년 당시의 이 개념에서 이 정책을 시행하길 원치 않았다. 더 구체적으로는 전원에게 직업교육을 시키겠다는 JUMP 정책은 재정정책 부재로 실패하였다.

대체로 입법기관에서 거론된 기대를 언급하고 있다.

노동시장 개혁을 목표로 하는 연방노동청의 개혁에 대해서는 이런 문제를 제기하고 있다.

> 과도하게 중앙집중적으로 조직된 행정은 효과적이고도 분권적으로 운영될 수 없다. 지방 조직에 재량권을 주는 개혁에 하르츠Ⅲ가 적절한가? 노동행정 실패 원인은 국가 전체에 동일한 지시와 지침으로 해결하려고 하였다는 사실에 있다. 따라서 비교적 분권화된 기구의 조직이 필요하다.
> 공법상의 기관과 개입행정(Eingriffsverwaltung)을 현대화하는 것이지 민간 기업을 개혁하는 것이 아니다. 고객은 실업자지 소비자가 아니다. 현대화 요구와 현실 간의 긴장은 불가피하다.
> 장래에는 연방노동청이 중앙집권적 관리와 분권적 관리 간의 균형을 어떻게 유지하면서 고객 지향성을 제고할 것인가를 먼저 보여주어야 한다. 그러나 이 현대화 과정의 결과는 하르츠Ⅳ의 성과 전망, 지자체 고용정책과의 네트워크화, 취업알선과 일자리 지원이라는 두 개의 근본적인 개혁 중추인 일자리센터와 근로자파견사업부 설립에 의해 결정될 것이다.

실업부조와 사회부조 통합과 관련하여 일자리센터의 실현과 설계를 노동시장개혁의 핵심으로 보고 있다. 이와 관련하여 두 가지 문제를 제기하고 있다.

> 누가 경제활동 능력이 있고, 경제활동 능력을 어떻게 규정할 것인가? 누구를 노동시장에서 취업 알선할 수 없는 사람이라 분

류할 것인가?

일자리센터의 고객은 단순하게 두 범주로 분류된다. 즉, 다각적 지원이 필요한 관리 고객(새로운 실업급여Ⅱ 수급자인 취업알선이 어려운 과거의 실업부조 및 사회부조 수급자) 및 정보와 상담 고객(단기간에 재취업할 실업급여Ⅰ 수급자). 두 집단 모두 일자리센터에서 상이하게 돌보아야 한다. 요구는 분명하다. 경제활동 능력 보유 여부 결정에는 명확한 기준과 지자체의 참여가 필요하다는 것이다.

실업급여Ⅱ 수급자가 지역경계를 넘어서 취업 알선될 것인가는 의문이며, 결국 지자체의 고용지원 통합정책에 의존할 것이다. 실업급여Ⅱ와 관련하여 연방노동청에서 신청과 승인에 4-8주일 소요된다. 따라서 지자체의 참여는 시급하다. 지자체는 조기에 그리고 폭넓게 일자리센터 도입 과정에 참여해야 한다. 새로운 급부제도(실업급여Ⅱ) 관리와 시행의 통합에 구속력 있는 책임을 져야 한다.

지자체의 조직에 그리고 폭넓은 참여에 관하여 일자리센터가 연방노동청 아니면 지자체에 설치되어야 한다는 것에 대한 두 가지 상이한 의견이 있다. 연방의 관할에만 속하는 경우, 취업알선 가능성에 대한 협소한 접근이 우려된다. 반면. 지자체 내의 일자리센터는 지역경계를 넘는 취업알선을 할 수 없으며 실업급여Ⅱ 수급자 모두에게 적절한 관리를 제공할 수 없다. 지자체가 특정한 표적집단에 대한 전문화된 서비스를 제공할 수 없기 때문이다.

이에 대한 해결책은 한 가지밖에 없다.

일자리센터가 인력과 그 내용에서 공동으로 설립되고 서비스를 통합적으로 제공하여야 한다는 것이다. 일자리센터에서 연방노동청, 지자체 및 제3자 간에 다음과 같은 도식적인 업무분장이 실현되어야 한다.

노동청: 직업과 재활 상담, 취업알선, 급부 제공 등. 노동청 직원이 관리하는 고객 중 정보 및 상담 고객이 최우선이다.
복지사무소(지자체): 약물중독 및 채무 상담, 주택수당, 자녀수당. 관리 고객 전담
제3자: 의료-심리 업무, 근로자파견사업, 계속교육기관 등. 개별적 수요에 따라 일자리센터 전체 고객에 대한 서비스 제공

이 사업에서 지역적인 탄력성을 가진 사업으로 연방정부에 의한 모차르트 사업을 예시하고 있다.[91]

모차르트 사업 예에 따르면 헤센 주와 연방노동청은 전국적인 지자체 고용지원 고위직 네트워크(지자체 고용정책 협회: Verein für Beschäftigungspolitik: kommunal e.V.)가 제안하여 오펜바하 시에서 시험 적용되는 모델 사업에 자금을 지원하였다. 지자체와 노동청의 협력은 주식회사 모델을 만들어냈다. 일자리센터의 이런 주식회사 모델은 지자체와 노동청이 1/2씩 참여가 계획된 것으로 주식회사가 일정한 정도의 재량권을 보유하여 지역적 수요도 고려할 수 있다.

---

91) 연간 1,500만 유로의 연방정부 예산 지원을 받은 "모차르트" 사업은 노동청과 지자체 간의 협력 약정의 장애를 보여주면서도 기관 간의 협력으로 실제 사람들이 더 **빠르고도** 지속 가능한 취업 알선을 받았다는 것도 보여주었다 - 원주.

일자리센터 실행 시에 노르트라인-베스트팔렌 주의 취업알선 기구도 기초로 삼을 수 있다. 2003년 여름 24개 지자체에서 복지 및 노동사무소가 취업알선 협력에 합의하여 업무 시작 직전에 있다.

쾰른 시에서는 자원봉사 복지단체, 지역 관련 기구 등과 다양한 협력계약을 기초로 차별화되고, 사회환경에 기초한 참여를 보장하는 여러 일자리센터가 설립되었다. 동시에 협력은 성공조건을 개선하기 위하여 대도시와 군에 더 많은 일자리센터가 설치되어야 한다는 것을 입증하고 있다. 그러나 지역의 규모뿐만 아니라 실업률과 지역의 실업구조도 결정적이다.

빌레펠트 시는 노동행정과 지자체 간의 긴밀한 협력의 또 다른 사례다. 현지 경험은 시행이 조직적으로뿐만 아니라 인력정책상의 도전도 표현하고 있음을 보여주고 있다. 지자체 직원과 연방노동청 직원의 작업 태도와 방식이 상이하다. 구직자 고객에 대한 이들의 경험이 상이하기 때문이다. 간단히 말하면 이렇다. 노동청 직원은 정보와 자문에 의존하지만 당사자가 자기 상황을 자기 책임 하에 해결하도록 하는 경향이 있다. 반면에 지자체 직원은 당사자를 더 지속적으로 보호하고 이들의 상황을 절차에 기초하여 대응하려고 한다.

지역적 네트워크와 협력구조에 포함되어 있는 지자체의 고용지원과 일자리센터의 시행이 분리된 노동시장정책 전략이 되어서는 안 된다. 그렇게 되면 목표로 설정한 노동시장 활성화가 지역 및 지역경계를 넘어서 위험하게 되기 때문이다. 중앙집중화된 국가의 노동시장정책과 지지체의 고용지원은 따라서 연계되어야 하고 일자리센터는 앞으로 노동행정과 지자체 간의 협력을 서로 보장할 연결 부분이다.

근로자파견사업부의 첫 성과는 상당히 보잘것없다고 평가하면서 개선과 지자체의 참여를 제안하고 있다.

근로자파견사업부의 취약한 취업 서비스가 지자체의 고용지원 자금 절감을 거의 정당화하지 못한다. 근로자파견사업부는 종전 사회부조 수급자 혹은 그들 중 문제가 있는 실업자들에게 1차 노동시장에 전혀 기회를 제공하지 못한다. 취업알선이 어려운 사람들에게 기회를 열어준다는 하르츠 위원회의 당초 목표는 실현 가능성이 적어 보인다.

전통적인 근로자 파견이 이미 시장 자체가 발전시킨 암묵적인 취업수단일지라도 근로자파견사업부는 원칙적으로 이미 상대적으로 "노동시장 친화적인" 근로자를 취업알선하고 보조금을 준다. 지자체의 고용지원의 표적집단은 이의 서비스 대상이 아니다. 근로자 파견 분야에서는 무엇보다도 취업알선이 어려운 사람의 취업에 초점을 맞추는 개념이 필요할 것이다.

노동시장정책에서 취업정책수단으로서 근로자파견사업부에 적합한 사람들은 장기실업자라는 핵심적 사람들이 아니라 1차 노동시장에서 취업 문턱이 낮은 노동시장 친화적 실업자가 주다. 사회부조 수급자(혹은 장래의 실업급여Ⅱ 수급자)도 근로자파견사업부에 의해 취업 알선될 수 있지만, 이 경우에는 이 집단을 배제하지 않고 포함하는 전략이 개발되어야 할 것이다. 이것이 미래의 과제로 이의 달성에 지자체도 참여하여야 한다. 근로자파견사업부의 계속적 발전계획은 지역에서만 개발될 수 있기 때문이다.

보고서 작성 시점에서 전반적인 평가와 전망을 다음과 같이 하고 있다.

하르츠Ⅰ, Ⅱ 법률은 노동시장에 강력하고도 지속적인 어떠한 효과도 가져오지 못했다. 정책의 성공 여부는 현재로서는 진지한 판단이 불가능하다.

하르츠Ⅳ 법률안 이의 결과에 대한 논쟁은 연방노동청이 자신만으로는 실업자를 "관리"할 수 없으며 지지체의 지지 혹은 지자체의 고용지원 정책수단 없이 할 수 없다는 것을 입증하고 있다.

대부분 정책수단의 효율성과 노동시장에 대한 효과는 일자리가 창출되느냐에 달려 있다. 이는 노동시장이 경제회복과 경기상승 시에 비로소 움직이기 시작할 수밖에 없다는 의미다. "정책수단이 나쁜 것이 아니라 기본조건이 나쁜 것이다."

개혁의 성공 기회는 의심할 나위 없이 모든 관련자들의 책임 있는 참여에 의해 높아질 것이다. 관계자들의 확신, 지역의 사회 및 경제 분야, 지자체의 고용정책 연합 혹은 협력 구조의 기능에 비추어 이 점은 어떤 경우에도 강조될 수 있다.

현대 노동시장정책 개념은 지역 노동시장 및 고용 전략과 떼어놓을 수 없을 정도로 연계되어 있다. 사회-공간적 삶과 관계되는(sozialräumlich) 노동시장정책의 전망, 사회 및 경제 분야의 연계는 중앙에서 시작된 노동시장개혁을 보완하여야 한다. 일자리센터에서 지자체의 협력은 따라서 불가결하며 지자체의 급부 통합의 선택은 지역 현지 관계자들의 재량 문제에 관하여 세심하게 검토되어야 한다. 일자리센터는 어떤 경우에도 지자체의 고용정책과 국가의 노동시장정책 간의 접합점으로서 사실상 개혁의 핵심이다.

2차 노동시장은 오히려 성장할 것이다. 이는 또 노동시장 개혁의 표적집단에 특화된 전망을 보여주기도 한다. 1차 노동시장에서 충분한 일자리가 없는 동안에는, 2차 노동시장은 피할 수 없다. 이에 의해 해당자들을 1차 노동시장으로 취업시킨다는 목표가 사라져서는 안 된다. 경기상승이 장기실업에는 부차적인 영향만을 줄 것이다.

새로운 실업급여Ⅱ가 낙인을 찍어서 1차 노동시장에 기회가 없어서 "복지에 의해" 고용되어야 하는 근본적으로 이미 "돌봄의 대상"인 사람들에게 부조의 냄새를 주어서는 안 된다.

최종적인 의미는 이렇다. 실업은 그 외에도 완전히 상이한 정책, 즉 경제, 투자, 조세, 노동시장 정책의 결과다. 이들 정책은 함께 움직이며, 따라서 연방과 함께 주와 지자체(그리고 단체협상 당사자들)가 우선적 책임을 지는 것이다. 지자체는 현지의 사회, 경제 분야에 정책으로 연계하여 실업에 영향을 줄 수 있다. 일자리의 미래는 현장에서도 결정된다. 여기서는 지자체가 새로운 형식의 정책 네트워크(일자리를 위한 지자체 연합, 지역 고용협약)를 시험할 것이다. 연방노동청과 지자체, 연방의 이익과 지자체의 이익, 중앙집권주의와 연방 주 간의 지나친 양극화는 부적절하여 노동시장정책을 전혀 추진하지 못한다. 궁극적으로 하르츠Ⅳ 논쟁이 이를 증명하고 있다. 노동시장에서 현대적 서비스를 위한 법률에 의해 어떤 "왕도"도 찾지 못했다. 그래서 핵심 문제와 조사 대상을 결론적으로 보여줄 중요한 연구 과제가 다시 한 번 제기된다.

현재 개혁 상황에서 최우선시 되는 학술 연구 과제에는 다음과 같은 것이 포함된다.

(1) 다양한 개혁 정책수단과 국가와 지자체 노동시장 및 고용 정책 간의 호환성
(2) 지역의 고용협약이 포함된 사회-공간적 삶과 관계되는 차이
(3) 국제적 개념, 노동시장에 대한 이의 결과 및 상황에 활용 가능성
(4) 여성 취업 지원의 기회와 위험

2. 사용자 및 산업계의 평가-독일사용자연합 연례보고서[92]

사용자연합의 2005년 사업보고서는 일련의 개혁정책을 평가하면서 독일의 공동결정제도의 개혁을 주장하고 있다.

노동시장 전반에 대해서는 골치거리냐 방향전환이냐 라고 물으면서 지금까지 아젠다 2010과 하르츠 법률의 개혁 정책은 성장과 고용을 확실하게 되살리는 데 부족하다고 평가했다.

모든 노동정책 개혁은 더 강력한 경제적 계기가 없다면 한계에

---

92) Bundesvereinigung der Deutschen Arbeitgeberverbände, 'Geschäftbericht 2005'; www.bda-online.de

다다를 것이다. 공공 부문 비율 축소, 임금 외 비용 축소, 관료제와 과도한 규제 축소가 필요하다.

실업보험 사용자 부담 축소, 신속한 취업알선은 지속적 성장을 지지할 수 있고 또 그래야 한다.

노동시장에 대한 최초의 긍정적인 효과는 사용자연합이 오래 동안 요구해온 실업부조와 사회부조가 2005년 1월 1일부터 새로운 복지제도인 실업급여Ⅱ로 통합된다는 것이다. 이는 장기실업자 축소와 낮은 기술 수준의 실업자 취업에 기여할 것이다. 하르츠Ⅳ 개혁에 의해 중기적으로 단순한 노동에 대한 더 커진 수요로 인하여 특히 단순한 서비스 분야의 일자리 공급도 두드러질 것이다.

연방노동청의 관할 문제. 사용자연합이 입법 과정에서 비판하였듯이 실업급여Ⅱ에 부정적으로 작용할 것이다. 선택법률은 완전히 새로운 차원의 행정을 만들어낼 것이다. 실업급여Ⅱ에 의해 노동행정에는 과부하가 걸릴 것이며 이미 개혁을 지연시키고 있다.

노동청 개혁 목표 중에는 뒤늦은 것이긴 하지만 실업보험 요율 인하가 있다. 오랜 동안 노동시장정책에서 지나치게 많은 예산 자체가 실업의 상당한 원인이었다. 실업보험 요율 인하는 연방 노동청 개혁 과정의 훼손 외에 하르츠Ⅳ에 의해 연방노동청이 체계에 반하여 연방에 실업급여Ⅱ 수급자 취업알선 실패에 대한 위약금을 지급함으로써 개혁에 역작용하고 있다.

이에 의해 부담금 납부자의 돈이 연방예산으로 대담하게 사용되어 다음 해에 가능한 부담률 인하를 막고 있다. 새로운 실업급여Ⅱ의 설계상의 중대한 결함이 곧 입법부에 의해 수정될 것이며 노동시장에 대하여 기대되는 긍정적인 효과가 가능한 한 비관료적이고 목표 지향적으로 실행될 것이 기대된다.

다른 나라에 비하여 독일 노동시장은 낙후되어 있다고 평가하면서 실업자를 1차 노동시장으로 취업시키는 것을 최우선 정책으로 삼아야 한다고 주장하고 있다.

2004년 독일의 경제성장율은 2.4%인 유럽연합 평균, 4.4%인 미국에 뒤처져 있다. 현재의 경제성장은 독일 노동시장의 시급한 활성화에 기여하지 못한다. 연평균 438만 명의 등록 실업자는 전후 최고 수준의 노동시장 정체를 유지시켜갈 것이다. 2004년 7월 이후 월간 실업자 수는 전년 수치를 계속 넘어섰다. 이 수치에는 직업교육 및 취업적성 평가 참여자를 통계에서 제외시킨 2004년 초의 통계 완화 효과는 전혀 고려되지 않았다. 공식적 통계에서 이 변화가 없다면 2004년의 실업자는 450만 명이 넘을 것이다. 독일 노동시장의 낙후는 사회보험 가입 의무 고용 감소에서도 입증된다. 전년 대비 2004년 9월에 32만 명이 감소하였다.

고용 증가 추세는 관대한 보조금을 받는 1인 기업 형태의 창업 증가로 이는 커다란 의문 대상이다.

노동시장에서 몇 가지 성공 중에는 1년 동안 약 100만 명이 늘어난 이른바 미니잡이다. 이는 일자리에서 비용과 관료주의를 없앤다면 독일에서도 훨씬 더 많은 일자리가 가능하다는 것을 입증하고 있다. 이는 또한 불법노동을 정규 고용으로 전환하는 데 크게 기여하였다.

미약한 경제 회복에도 불구하고 노동시장의 상황이 극도로 나쁘다는 것은 놀랄만한 일이 못 된다. 다른 나라에서는 약간의 경기상승도 노동시장에 반영되는 데 반하여 2% 이하의 독일의 성장은 고용을 증가시키지 않는다. 그 원인은 과도한 부담, 취업에 대한 인센티브 부족, 노동법의 과도한 규제로 인하여 완전히 경직되고 유연성이 없는 독일 노동시장에 있다. 그 결과 공급과 수요의 균형 과정은 제한적으로만 기능하고 있다. 그래서 독일 실업자의 반이 1년 이상 실업 상태에 있다는 것은 놀랄 것이 못 된다. 이는 국제적 비교에서뿐만 아니라 절대적으로 받아들일 수 없는 수치다.

독일에서 실업에서 재취업하는 데는 너무 많은 시간이 소요되고 흔히 거의 성공하지도 못한다. 이를 변화시키기 위해서는 실업자에게 더욱 강한 동기가 부여되어야 하며 1차 노동시장으로 취업알선을 최우선 순위에 두어야 한다.

실업부조와 사회부조를 통합한 실업급여 II에 대해서는 활성화 잠재력을 가진 것으로 긍정적으로 평가하면서 이의 문제점도 지적하고 있다.

2005년 1월 1일부터 발효되는 새로운 복지제도인 실업급여 II에 의해 올바른 개혁이 그 핵심에서 앞으로 나가게 된다. 그러나 실업급여 II란 용어는 명칭상 사기다. 보험료를 재원으로 하는 보험급부인 실업급여와 세금을 재원으로 하는 필요한 사람에 대한 복지급여 간의 분명한 차이를 흐리게 하기 때문이다. 개혁을 공개적으로 설명하는 정치적 용기 부족은 대다수 여론에서 오해를 야기하여 개혁 수용을 크게 약화시켰다. 그래서 종전에 자기들이 납부한 실업보험뿐만 아니라 저소득자의 납부 세금도 이의 재원이 되어서는 안 된다는 주장을 많은 사람들이 믿고 있다.

실업급여Ⅱ 규정은 과도하게 실업률이 높은 장기실업자와 낮은 기능 보유자에 대한 상당한 정도의 활성화 잠재력을 가지고 있다. 법적으로 지원과 요구를 결합시키고 있다. 경제활동에 의한 소득과 이를 보충하는 실업급여Ⅱ의 결합 가능성을 규정하고 있다. 그러면서도 모든 합법적인 일자리를 수용할 의무와 협력 거부 시의 분명한 제재도 규정하고 있다. 이의 일관된 적정성 규정이 최저임금 도입에 의해 다시 약화되거나 잠식되어서는 안 된다. 낮은 기능 보유 장기실업자는 흔히 저임금으로 노동시장에 복귀할 수 있다. 사회적 보장은 보충적인 실업급여Ⅱ 형태와 결합된 소득에 의해 보장됨으로써 일하는 사람은 누구나 일하지 않는 사람보다는 더 좋은 상황에 놓일 것이다.

실업급여Ⅱ에 추가급여가 인센티브에 상당히 부정적인 영향을 줄 수 있다. 종전 실업급여 수급자가 2년까지 받게 된다는 것이다. 이는 실업급여 수급 후 필요에 따른 복지급부가 제공된다는 사실을 가릴 뿐만 아니라 무엇보다도 쉽게 눈에 띄지 않는 새롭고도 깊은 복지국가 덫과 관련되어 있다. 복잡하게 설계된 추가급여는 과거의 실업급여 수급자가 더 이상의 필요가 없을 정도로 많이 번다면 실업급여Ⅱ와 함께 중단될 것이다. 역설적으로 이 경우 많은 시나리오가 있다. 더 많이 노력하여 가령 더 오래 일함으로써 더 많은 소득을 얻은 사람은 더 적은 소득, 보충적인 실업급여Ⅱ와 추가급여에 의해 지갑에는 전보다 실제로 더 적은 돈이 들어온다. 따라서 추가급여는 복지급부에 남아 있는 허구의 인센티브로서 가능하면 조속히 폐지되어야 한다.

실업급여Ⅱ와 관련하여 지출보상에 의해 도입되는 공공 고용은 원칙적으로 사용자연합이 지지한다. 그러나 1차 노동시장에 신속한 취업알선이 항상 절대적으로 우선시 되어야 한다는 것이 분명해야 한다. 공공 고용에 의해 실업자와 일반 대중을 위하여 의미 있는 활동이 열릴 수 있을 뿐만 아니라 취업능력을 검증 받고 불법노동과의 싸움이 가능하다. 이 경우 1유로 잡이란 지칭은 잘못된 것이다. 공익활동이 시간 당 1유로로 제공되는 것이 아니라 실업급여Ⅱ에 의해 표현되는 연대사회 지원에 대한 실업자의 반대급부를 제공하는 것이기 때문이다. 실제 공공고용의 지출보상 금액이 실업자가 1차 노동시장에서 일자리 수용 시의 비과세 규정에 의한 것보다 더 좋은 혜택이어서는 안 되도록 하는 것이 중요하다. 공공 고용이 정규적 일자리를 대체해서는 안 된다.[93]

현대적 서비스 제공자로 개편되는 연방노동청에 실업급여Ⅱ로 인

---

[93] 1유로 잡(Ein-Euro-Jobs): 사회보험료 납부가 면제되는 활동으로 공익적 활동이어야 한다. 이는 취업 기회를 지칭하기도 한다. 취업 기회(1유로 잡)는 실업급여 Ⅱ 수급자의 재취업 지원이다. 이는 모든 기업에 의해서가 아니라 적합한 집행기관에 의해서만 제공된다. 이는 예를 들면, 단체나 공공기관에서 취급된다. 이 활동에 의해 사회보험 납부 대상 취업이 위험해서는 안 된다. 1유로 잡 활동을 함으로써 추가지출을 한 사람은 일자리센터에서 보전 받게 된다. 적절한 비용이라는 것이 이 보전의 전제다. 집행기관 또한 취업 기회에 대한 비용을 보전받게 된다. 1유로 잡은 일자리센터에 신청할 수 있다.; 연방노동청(/www.arbeitsagentur.de)

한 과부하가 걸린다는 것을 지적하고 있다. 그리고 연방노동청과 보험료 납부자들의 불필요한 업무와 비용 감축을 입법부에 요구하고 있다.

하르츠 개혁의 정책수단에 대하여 비판하면서 다음과 같은 사용자측의 요구를 내놓았다.

> 2003년 도입 이후 1인 기업 붐은 줄지 않고 있다. 다른 급부와 마찬가지로 창업지원금도 현지 취업알선기관의 재량에 맡겨야 부작용 없이 최적의 자금 투입 효과가 보장될 수 있다. 지원 받은 창업기업이 어떤 지속 가능성에 도달했는지 아직 불분명하다. 1인 기업 숫자를 근거로 독일의 새로운 창업 시대에 관해 언급한다는 것은 확실히 아직은 시기상조다.
>
> 하르츠 위원회 안에 따르면 50만 명의 실업자가 근로자파견사업부의 취업알선을 목표로 하는 근로자 파견에 의해 1차 노동시장에 통합되는 것이었다. 2004년에 2만 명의 구직자가 근로자파견사업부에서 사회보험 가입 의무가 있는 일자리로 전환했다. 그래서 사용자연합은 근로자파견사업부 정책의 계속적인 발전에 동의한다. 각 노동사무소 당 1개 근로자파견사업부 설립 의무는 향후에 폐지되어야 한다. 보조금 지급에 의한 경쟁력 강화보다는 협력을 통하여 지역에 특수한 시장 지식을 가진 민간 공급자를 활용하여야 한다. 현재의 관료주의적 입찰절차는 폐지되어야 한다. 보조금은 성공에 바탕을 둔 급여 보조금 형태로 취업알선에 장애가 있는 실업자에게 집중되어야 한다.

사용자연합은 불법노동에 관하여 이는 과도한 세금과 노동시장에 대한 과도한 규제에 그 근본원인이 있다고 주장하면서 복지제도의 근본적 개혁과 지속적인 감세를 요구하고 있다.

미니잡에 의해 일정한 정도 합법적 고용으로 전환되었지만 독일의 불법노동은 뿌리를 내리고 있다. 이는 경쟁을 왜곡하고 사회보험제도의 수입 부족을 야기하고 조세와 부담금에 대한 윤리의식을 약화시킨다. 2004년 8월 1일부터 시작된 불법노동과의 싸움을 강화한 법률에 의한 통제 강화와 더 엄격한 제재는 대증요법이다. 사용자연합의 입장에서 법의 개정이 지속 가능한 장벽을 약속할 수 없다. 국가의 억압이 불법노동의 근본원인을 없애지 못한다. 이는 주로 기업과 시민에 대한 과도한 세금과 부담 및 노동시장에 대한 과도한 규제에 의존하는 것이다. 그래서 사용자연합은 복지제도의 근본적 개혁과 지속적인 감세를 지지한다.

의무 고용비율을 높이고, 중장애인의 특별한 해고보호 및 추가 휴가를 규정한 새로운 장애인 관련 법률은 기업에 부담을 추가한다고 주장하고 있다. 이에 대응하여 사용자연합은 부담을 동반한 규정에 강력하게 반대하며 중증장애인법에 의한 기업의 비용과 관료주의를 없애는데 나서겠다는 입장을 밝혔다.

또한 이민의 기준을 높인 새로운 이민법의 기준완화를 요구하였다.

더 많은 고용의 관건으로서 간소화되고 관리 가능한 노동법을 요구하고 있다. 특히 개혁입법 과정에서 야당이 지속적으로 요구한 해고보호, 기간제노동, 노동시간 등에 관한 규정 개정을 요구하고 있다.

독일 노동법의 유연성과 투명성 결여가 노동시장의 불리한 상황의 유일한 원인은 아니지만 결정적인 원인이다. 독일의 고용문턱은 어느 나라보다도 높다. 노동법 개정 필요는 무엇보다도 개별적 노동법과 관련이 있다. 2004년에 입법부는 작은 범위에서 개정하였고 부분적으로 1998년 법률 상황을 회복시켰다. 개별적 노동법의 개정은 현재 매우 혼란스럽고 법 관할의 개별화로 인하여 관리하기 힘들어서 개선을 위한 근본적인 새로운 출발이 필요하다. 이 새로운 출발에는 관료주의 축소와 유연화를 위한 과감한 조치가 포함되어야 한다. 무엇보다도 해고보호법, 기간제노동법, 노동시간법 그리고 산재법이 포함되어야 한다.

경제의 세계화, 유럽 시장의 내국시장화에 따라 독일만의 독특한 공동결정제도에 대한 근본적인 개혁을 요구하고 있다.

입법부가 변화시킬 의지를 가지고 있지 않다 할지라도 유럽연합이 회사법, 유럽법원(Europäische Gerichtshof)의 판결과 국제적 입지경쟁으로 독일의 공동결정은 변화될 것이다.[94]
지점 설치 자유에 대한 유럽법원의 판결과 유럽 주식회사법[95],

---

[94] 2005년 11월 22일 판결에서 유럽법원은 독일의 노령 근로자 임시채용 완화 규정은 유럽연합법 위반임을 밝혔다. (»Mangold« 사건); Europäische Gerichtshof, 'Rechtssache C-144/04'; eur-lex.europa.eu.

[95] 효율적인 기업지배구조에 의해 국내시장인 유럽연합 전체에서 적극적인 기업환경 조성을 목적으로 한 유럽회사법은 일정 분야와 관련하여 부분적으로 2017년 지침(Directive)으로 규범화되었으며, 회원국은 계속 자국의 회사법을 운영할 것이며, 이는 지침에 따라 수시로 개정될 것이다; www.europarl.europa.eu. 유럽연합 내 여러 나라에서 활동하는 기업에 대하여 유럽기업

장래의 합병과 기업양도 표준원칙은 공동결정에 영향을 줄 것이다. 기업은 이미 본사를 독일에 둘 것인가 아니면 유럽연합 내 다른 나라에 둘 것인가를 숙고하고 있다. 역으로 독일로의 본사 이전은 공동결정법 적용 없이 가능하다. 독일은 회사법제도의 경쟁을 피할 수 없다. 기업 공동결정 및 경영공동결정과 관련하여 혁신의 필요가 발생하는 것이다. 두 제도가 법적으로 분리된다 할지라도 실제에서는 여러 면에서 그 효과의 축적과 관련된다.

공동결정 혁신의 목적은 경영과 기업에 근로자의 참여와 공동책임을 보장하는 동시에 재량행위를 확대하는 것이어야 한다. 기업공동결정의 법률 규정은 1952년 및 1976년 각기 1972년의 경영기본법에 적용되었다. 이후 경제는 상당히 발전되었다. 경제의 세계화, 국제적 분업과 네트워크화의 증대, 국경과 대륙을 넘어서는 거대기업의 활동, 유럽연합의 확대, 유럽 단일시장의 창설, 유럽통화 및 유럽 회사법의 발전은 공동결정에 결정적인 영향을 주는 중대한 변화다. 세계에서 유일한 우리의 공동결정은 이러한 변화에 따라 조정될 수밖에 없다. 세계의 어떤 나라도 독일과 같은 수준의 공동결정 제도가 없으며 세계의 어느 나라도 이런 수준의 공동결정제도를 택하고자 하지 않는다. 공동결정이 비록 입지 평가의 여러 요소 중 하나라 할지라도, 이는 국제적 기준에 따라 조정되어야 한다. 국민경제의 의미가 지속적으로 쇠퇴해 가는 세계에서 국가의 일방적 행위는 산업입지에 해를 줄 것이다.

(European company, SE)으로 등록할 수 있도록 하고 있다(2004년).

공동결정에 대한 전반적인 혁신에는 공동결정 절차 기간, 기업 공동결정에서 감사위원회의 규모 및 경영 공동결정에서 직장협의회의 규모, 가령 외국인 근로자를 참여시키지 않는 경우 근로자 참여의 부분적인 정당성의 결여가 고려되어야 한다.

그래서 독일사용자연합과 독일산업연합(BDI)의 회장단은 독일산업연합 회장을 위원장으로 하고 모든 경제 분야의 대표 및 유명 법률가와 경제학자가 참여하는 위원회를 구성하여 독일 공동결정 현대화 보고서를 작성하였다.

기업 공동결정에 합의에 의한 해결의 길을 열어둔다면, 지금까지 법령의 중대한 단점은 피하고 공동결정의 이점은 미래에도 충분히 실현될 수 있을 것이다. 가령 합의에 의해 해결 방법에 효율적인 통제가 용이하도록 감사위원 수가 고려될 것이다. 기업의 해외 부분의 근로자 대표도 협상 해결 테두리 내에서 규율될 수 있으며, 독일 입법부에게는 국제법적 근거에서 해외에 있는 기업에 대한 법적 규율이 부정될 것이다.

기업 공동결정에 기업 근로자의 참여가 가능해야 하지만, 종속적 관계에 있는 다른 사람에 의한 결정은 허용되지 않는다. 그래서 근로자 대표는 기업 내의 근로자의 추천-가능하다면 예비투표-에 의해서만 선출되어야 한다. 반면에 노동조합의 배타적 결정권은 참여 사상에 맞지 않다. 근로자들이 감사위원회에 누구를 보낼 것인가를 스스로 결정하여야 한다.

경영 공동결정의 경우와 마찬가지로 직장협의회도 많은 문제에 대하여 합의에 의한 해결이 가능할 것이다. 직장협의회 개혁의 필요성은 논의할 필요도 없다. 2001년의 이른바 개혁은 퇴보한 것이다. 이는 새로운 관료적 절차와 위원회의 양산을 초래하였다.

참고로 공동결정제도에 관해서 슈뢰더 정부는 1998년 및 2002년 녹색당과 연정합의에서 공동결정의 현대화에 노력하기로 합의하였다.[96] 이에 따라 슈뢰더 정부는 2005년 비덴코프(Biedenkoph) 교수를 위원장으로 하는 "독일기업공동결정제도현대화 위원회"(Kommission zur Modernisierung der deutschen Unternehmensmitbestimmung)를 설치하여 공동결정제도 개혁을 검토하였다. 이 위원회는 학계를 비롯하여 산업계, 노동계 등이 참여하여 2002년 연정합의의 "세계경제의 세계화 과정이 우리와 무관할 수 없다. 이는 설계 가능하다. 우리는 노동계 조건의 현대화를 사회적으로 인간적으로 설계하기 위하여 모든 가능성을 활용할 것이다"라는 취지에서, "공동결정권이 독일의 경제 및 사회 안정에 근본적으로 기여한다"는 것을 인정하면서도 "근로자의 공동결정권 역시 유럽 맥락에서 추진해나갈 것이다"라는 시각에서 공동결정권을 검토하였다.

이 위원회의 학술팀이 2006년 12월 '학술팀 보고서'(Bericht der wissenschaftlichen Mitglieder der Kommission)을 발표하였다. 이 보고서는 독일 기업 공동결정은 […] 유럽에서 기업의 의사결정 과정에 근로자 참여의 다양한 형태 가운데 일부다" 평가하고 원칙적 수정의 근거가 없다고 보면서 일부에 대한 현대화를 권고하였다-분권화된 협상 해결 개방, 선출 과정의 간소화, 기업집단에 소속된 외국인 근로자 대

---

[96] Sozialdemokratische Partei, Bündnis90/DIE GRÜNEN, "Koalitionsvereinbarung. Aufbruch und Erneuerung-Deutschlands Weg ins 21. Jahrhundert"(1998.10.20) 및 "Koalitionsvertrag 2002-2006: Erneuerung-Gerechtigkeit-Nachhaltigkeit" (2002.10.16) 참조; www.fes.de.

표 의무화 등.97)

앞에서 인용한 사용자연합 연례 보고서에서 언급되었듯이 당시 사용자연합 위원은 이와 입장을 달리하여 별도의 위원회를 구성하여 별도의 보고서를 제출하였다. 이 보고서는 이에 앞서서 독일사용자연합과 독일산업연합은 합동위원회(Kommission Mitbestimmung von BDA und BDI)를 구성하여 2004년 11월에 발표한 보고서를 기본으로 하고 있다.

이 보고서에서 독일사용자연합과 독일산업연맹은 "세계에서도 그 유례가 없는" "독일의 공동결정제도는 점점 더 세계화되고 노동에 기초한 경제계 및 노동계의 조건에 적응하여야 하며 유럽 전체의 법질서와 국제적 요구 속에서 더욱 발전되어야 한다. 독일의 기업 공동결정제도의 폐지를 요구하지는 않는다[…]. 그러나 유럽재판소의 판결, 유럽의 입법과 국제적인 발전이 독일 공동결정에 변화의 압력을 가하고 있다. 회사법 제도와 경쟁하기 위하여 근본적인 변화가 필요하다[…]. 기업 지배구조에 관한 논의에서 국제적 기준의 발전은 독일 기업의 공동결정제도와 부딪히고 있다[…]. 독일의 공동결정제도는 전면적으로 개혁되어야 한다"는 입장을 취했다.

공동결정의 기초인 2001년 법 개정은 필요한 현대화 대신 공동결정을 더욱 복잡하고, 관료적으로 만들고 비용이 많이 들게 하였다.

유연한 절차와 신속한 의사결정이 가능하도록 개혁되어야 하며 개혁의 다음 개념에 따라야 한다고 주장하였다.

---

97) Kommission zur Modernisierung der deutschen Unternehmensmitbestimmung, "Bericht der wissenschaftlichen Mitglieder der Kommission" (2006.12) 참조; www.boeckler.de.

경영기본법 구조 유연화와 사업장에서 합의의 개방

직장협의회 합법화 보장 및 선출절차의 민주화: 여기서 유럽의 직장협의회 지침(Richtlinie über Europäische Betriebsräte)이 좋은 모델임
신속한 공동결정 과정과 남용 방지
[기업과 직원협의회 간의] 노사협약의 강화와 기준 상향
노사합의의 탈관료화
노동조건 조성에서 직장협의회의 책임 증대: 그러나 직장협의회에 노동조건 협상에서 사실상 노동조합의 지위를 주는 것에는 반대[98]

2006년 당시 총리인 기민련의 앙겔라 메르켈은 공동결정에 대하여 사용자연합과 거리를 두고 공동결정을 "위대한 성과"라고 표현했다. 이는 "우리 사회적 시장경제와 분리할 수 없는 일부"일 것이다. 독일의 기업 공동결정을 유럽에 적합한 것으로 발전시키는 일은 변화의 필요가 있다는 것을 보여주고 있다. "이는 우리의 공동결정 제도를 더 유연하게 설계하여 미래지향적으로 만드는 것에 관한 것이다. 아마도 유럽 차원에서 우리가 취할 길은 이와 함께 우리가 살아갈 수 있는 접근방법일 것이다." 메르켈은 사용자들에게 공동결정 절차는 "너무 관료적이고, 시간과 비용이 많이 들고 법적 제도가 지나치게 경직된" 것이다. "많은 사람들에게 감사위원회는 너무 비대하다. 종

---

98) Kommission Mitbestimmung von BDA und BDI, *Bericht der Kommission Mitbestimmung* (2004. 11) 참조; www.bda.de.

종 기업과 무관한 사람들이 차지하고 있다는 것이 그들의 눈에는 드물잖게 사실에서 벗어난 결정의 원인이 된다. 이에 대하여 많은 이야기가 나올 수 있다. 그러나 나는 이에 동의하지 않는다"라고 말했다.[99] 이후 공동결정제도의 틀은 유지되고 있다.

---

[99] 2006년 8월 30일 한스-뵈클러 재단에서 있었던 공동결정법 30주년 기념식에서 있었던 앙겔라 메르켈 총리의 연설; REGIERUNGonline (30. August 2006), online: Rede von Bundeskanzlerin Merkel (Memento des Originals vom 29. Mai 2007 im Internet Archive).

5
법제화 완료 이후: 평가와 성과

법제화 완료 이후: 평가와 성과

슈뢰더 정부의 개혁의 평가와 그 성과에 관해서는 국민의 개혁 추진 반발에 따른 정치권의 변화, 조기총선에서 연립여당의 패배와 앙겔라 메르켈 총리의 사민당과 기민련/기사연의 대연정 수립 그리고 개혁의 계속 추진과 개혁 정책의 결과로 나타난 그 후 독일의 경제와 사회 변화를 살펴보아야 할 것이다.

I. 국민의 평가

1. 사민당의 총선 패배

2004년 8월 지자체 선택 법률이 효력을 발하면서 1998년 슈뢰더 총리의 적-녹 연립정부 출범 이후 추진해온 "독일연방공화국 수립 이후 최대 개혁"의 제도적 틀은 완성되었다. 앞에서 살펴보았듯이 마지막 법률인 지자체 선택 법률은 연립 정부-여당, 야당, 연방 주간의 타협에 따라 최종법률안은 연방의회에서 거의 만장일치로 통과되었고, 연방상원에서도 신 연방 주를 제외하고는 모든 주의 동의에 의해 법률로 성립되었다. 노동조합과 사용자단체도 대체로 긍정적인 반응이었다.

이런 의회 내의 정당이나 노동조합 그리고 사용자 단체의 평가와는 달리 국민의 평가는 여론조사 그리고 선거의 결과로 표현된다. 또한 이는 정당을 비롯한 정치권에 영향을 주는 것이다.

그러나 2003년 11월부터 베를린을 중심으로 구동독 지역에서 시작된 하르츠 내지는 아젠다 2010 반대운동은 월요시위로 발전되어 그 규모와 범위가 확산되었다. 이의 영향은 독일 정치권으로 번졌다. 동독 사회주의통일당 후신인 민사당은 이 개혁에 대하여 처음부터 반대하였다. 문제는 사민당 내의 좌파였다. 이미 2003년 11월 사민당 임시 당대회에서 당 지도부가 망신을 당한 것은 앞에서 살펴본 그대로다. 2002년 총선 이후 여론조사에서 사민당은 계속 하향세였다. 이는 2003년에도 이어져서 2월에 실시된 헤센과 니더작센의 주의회 선거 결과는 사민당에게 충격을 주었다.

헤센 주 선거에서 사민당은 4년 전보다 10.3%나 줄어든 29.1% 득표에 그쳤다. 반면 기민당은 5.4 %늘어난 48.8%를 득표하였다. 같은 날 실시된 슈뢰더 총리의 본거지 니더작센 주는 더 참담하였다. 4.5% 감소한 33.4% 득표로 1당의 지위와 주 정부를 기민련(48.3%)에게 내 줄 수밖에 없었다.[1]

그 동안 슈뢰더 총리의 개인적 카리스마로 당을 끌어왔지만, 5개주 주의회 선거와 유럽의회 선거가 계획된 2004년에 들어가면서 사민당의 분위기는 위기 상황이었다. 이런 상황에서 슈뢰더 총리는 2005년

---

1) 전종덕/김정로, 앞의 책, p.472; www.wahlen-in-detschland.de.

하르츠Ⅳ 반대 로스토크 월요시위(2004. 8. 9)

출처: picture-alliance / ZB

2월 6일 사민당 당수 사임을 발표하고, 사민당은 당수 선출을 위하여 3월 21일 베를린에서 임시 당대회를 개최하였다. 당 대회는 사실상 슈뢰더가 내정한 프란츠 뮌테페링을 95.11%의 지지로 당수로 선출하였지만, 당내 좌파가 주장해온 당의 노선 수정 없이 슈뢰더의 노선을 재확인하였다. 사실상 슈뢰더가 실권을 장악한 2중 권력구조를 만들어냈던 것이다.

월요시위는 2003년 8월 30일 200만 명을 정점으로 하르츠Ⅳ 법률안 타결을 눈앞에 둔 10월이 되면서 시위자 수는 격감하였다. 이 시위가 고조되던 7월에 사민당 내 좌파와 노동조합 활동가들이 중심이 되어 "선거대안-노동과 사회정의"(Arbeit & soziale Gerechtigkeit-Die Wahlalternative. WASG)이라는 단체가 출범하였다. 하르츠 반대 시위

조직에서는 선거대안의 정당화를 권고하고 나섰다. 이 조직은 2005년 1월에 정당으로 출범하였다. 1970년대 핵발전소 반대운동을 통하여 환경운동 세력이 녹색당을 창당한 것과 비슷한 양상이지만 이번의 경우는 좌파 색을 분명히 하고 나섰다. 2004년 8월 30일 라이프치히의 월요시위에는 1998년 총선 당시 슈뢰더 총리 후보와 함께 총선을 지휘하여 사민당 승리의 주역인 오스카 라퐁텐 전 당수가 참석하여 연설하였다.

이런 상황에서 2004년 6월 13일의 유럽의회 선거 그리고 같은 날 실시된 튀빙겐, 9월의 자를란트, 브란덴부르크, 작센 주의회 선거에서 예상대로 사민당은 지난 선거보다 훨씬 저조한 득표를 했다. 특히 자를란트 주 선거 패배를 두고 사민당 집행위원회는 오스카 라퐁텐에게 책임이 있다고 비난하였다. 라퐁텐과 사민당의 결별을 재촉하고 있었던 셈이다.

〈표 5-1〉 주의회 선거 득표율(%)

		사민당	기민련	녹색당	자민당	민사당
튀링겐	1999.9.12.	18.5	51.0	1.9	1.1	21.3
	2004.6.13	14.5	43.0	4.5	3.6	26.1
자를란트	1999.9.5.	44.4	45.5	3.2	2.6	0.8
	2004.9.5.	30.8	47.5	5.6	5.2	2.3
작센	1999.9.19	10.7	56.9	2.6	1.1	22.2
	2004.9.19.	9.8	41.1	5.1	5.9	23.6
브란덴부르크	1999.9.5.	39.3	26.5	1.9	3.3	23.3
	2004.9.19.	31.9	19.4	3.6	9.5	28.0

출처: 독일연방선거국(Der Bundeswahlleiter).

〈표 5-2〉 유럽의회 선거 득표율(%)

	사민당	기민련	기사연	녹색당	자민당	민사당
1999.6.13.	30.7	39.3	9.4	6.4	3.0	5.8
2004.6.13.	21.5	36.5	9.0	11.9	6.1	6.1

출처: 독일연방선거국(Der Bundeswahlleiter).

이런 분위기 속에서 슈뢰더 당수 사임 요구가 본격화 되던 2005년 1월에 선거대안은 정당으로 변신하였다. 사민당의 일각이 떨어져 나간 것이다.[2]

5월 22일 독일 최대의 주인 노르트라인-베스트팔렌 주의회 선거가 있었다. 노르트라인-베스트팔렌 주 선거에서도 사민당은 패배하였다. 패배하였을 뿐만 아니라 1966년 이후 처음으로 집권에서 밀려나고 기민련-자민당 연립정부가 출범하였다. 선거대안(WASG)은 하르츠 개혁 심판을 선거운동의 기본 개념으로 내세우고 이 선거에 참여하여 2.2%를 득표하였다. 비록 주의회 진출은 실패하였지만, 성공적이었다고 평

---

[2] 2007년 6월 민사당과 선거대안이 합당하여 탄생한 좌파당의 2011년 강령 1장(우리는 어디에서 왔고, 우리는 누구인가)에서 "사민당과 녹색당은 사회정의와 생태적 지속 가능성 그리고 평화적 세계에 대한 주민 대다수의 이익이라는 원칙으로부터 빠른 속도로 이탈하였다. '하르츠Ⅳ(Hartz-Ⅳ)법'과 '아젠다 2010'은 사회적인 사람들과 좌파에 신념을 가지고 있는 사람들로 하여금 결국 사민당-녹색당을 떠나게 만들었고, 새로운 정치세력인 선거대안-노동과 사회정의(Wahlalternative Arbeit und Soziale Gerechtigkeit: WASG)의 발전으로 이끌었다. 2007년에 좌파정당인 PDS와 WASG는 새로운 정당인 좌파당(Die Linke)으로 통합되었다. 좌파당은 2004년에 결성된 유럽좌파 정당의 일부이다"라고 선언하여 자기들이 정통 좌파 정당임을 주장하고 있다; 전종덕/김정로 편역, 『독일 녹색당/좌파당 강령집』, pp.223-224; die Linke, 'Programm der Partei DIE LINKE', www.rosalux.de.

가되고 있다. 이어서 5월 24일 라퐁텐은 40년 동안 몸담아 왔던 사민당을 탈당하였다. 사민당이 베를린 강령에서 벗어났기 때문이라고 탈당 이유를 밝히고, 가을 총선에서 선거대안과 민사당의 연합을 지지하겠다고 선언하였다. 사민당의 전통적인 좌파는 모두 당을 떠났다. 사민당에게 본격적인 좌파 정당의 정통성 경쟁 시대가 다가온 것이다.

노르트라인-베스트팔렌 주의회 선거 결과는 사민당에게 뼈아픈 것이었다. 라퐁텐의 탈당뿐만 아니었다. 하르츠Ⅳ 법률안과 관련하여 야당의 강경파인 롤란트 코흐 헤센 주지사와 막후에 협상을 벌여 타결을 유도했던 노르타라인-베스트팔렌의 슈타인브뤼크(Peer Steinbrück) 주지사는 낙선하면서 패배의 원인 중에서 많은 사람들이 노동시장과 복지개혁 정책인 하르츠Ⅳ의 패배자라고 느끼고 있다는 점이라고 말했다. 더욱 충격적인 것은 선거 후 공영방송(ARD)의 시사 프로그램(Tagesschau)이 실시한 여론조사에서 노동자들이 기민련에게 더 많은 표를 주었다는 것이다. 그리고 노르트라인-베스트팔렌 통계국 자료에 따르면, 18-25세 연령대를 제외한 모든 연령대에서 사민당은 기민련에 패배하였으며 남녀 모두 35-45세 연령대에서 지지자 이탈이 가장 많았다.3) 결국 하르츠Ⅳ가 결정적인 영향을 준 것이다.

선거 결과 발표 직후에 사민당의 뮌테페링 당수와 슈뢰더 총리는 개혁을 계속하기 위하여 2005년 가을에 조기총선을 실시하겠다고 발표하였다.4)

9월 18일 총선이 실시되었다. 사민당의 위기감 그리고 8월 29일 포르자(Forsa)의 여론조사에서 기민련/기사연 대 사민당 지지율이 43% :

---

3) wahl.tagesschau.de.

4) 전종덕/김정로, 『독일 사회민주당의 역사』, pp.475-476.

30%였음에도 불구하고, 사민당이 비록 승리하지는 못했지만 정당투표(Zweitstimmen)에서 34.2% : 35.2%로 1% 차이로 패했다.5) 흥미로운 것은 앞의 입법 과정에서 특히 실업부조와 사회부조를 통합한 실업급여Ⅱ에 대하여 연방의회에서 구 동독 주 출신 의원과 연방상원에서 구 동독 지역 연방 주의 반대가 이어졌지만 총선에서 사민당은 구 동독 지역에서 30.5%를 득표하여 25.3%의 기민련이나 25.3%의 민사당에 앞선 1당이었다. 그러나 하르츠 내지는 아젠다 2010이 이슈가 아니었던 2009년 9월 27일 총선에서 사민당은 구 동독지역에서 2005년 총선 득표율보다 무려 12.5%가 줄어든 17.9%를 득표하여 29.8%의 기민련이나 28.5%의 좌파당에 훨씬 미치지 못했다.6)

2. 대연정

총선 결과 녹색당-사민당, 기민련/기사연-자민당의 연정 조합 모두 과반수를 넘지 못하고, 8.7%를 득표한 민사당은 기피 대상이 되면서

---

5) 2005년 6월-7월 기간 중 사민당과 기민련/기사연의 지지율은 차이는 20%대였다; www.wahlrecht.de. 선거결과에 대해서는 www.wahlen-in-deutschland.de 참조.

6) 당시 선거에서 좌파당이 노동시장 개혁, 특히 하르츠Ⅳ의 폐지를 주장하고 사민당은 노동시장과 관련하여 현행 수준 유지와 최저임금 시간 당 7.5유로를 주장하였고 기민련/기사연이 임금에 대한 국가의 개입 포기를 주장하였고, 노동시장개혁보다는 소득세율 인하를 비롯한 감세가 주된 선거 이슈였다. 2009년 총선 득표에 관해서는 www.wahlen-in-deutschland.de 참조.

연정 구성이 난항을 겪다가 총선 거의 2개월 후인 11월 11일 사민당과 기민련/기사당이 연정에 합의하면서, 3개당의 당대회에서 연정합의서가 승인되고 11월 22일 연방의회에서 기민련의 앙겔라 메르켈을 총리로 선출하면서 1966년 이후 두 번째 대연립 정부가 탄생하였다.

총선 전에 좌파당/민사당이 각당의 총선강령을 비교하면서 "신자유주의와 사회국가 이념 선상에서는 사민당을 중도"라 규정하였듯이, 정책에 대한 양 측의 차이가 별로 없어서 정책 합의에는 그다지 어려움이 없었을 것이다.[7] 특히 연금 개혁을 비롯한 사회보장제도나 노동시장 개혁에서는 아젠다 2010을 기민련/기사연이 별 이의 없이 받아들였다. 더구나 하르츠Ⅳ와 관련해서는 합의서에 "실업급여와 사회부조의 통합은 올바른 길임을 인식"하고, "하르츠 Ⅳ 전체 과정을 최적화"하기로 합의하였다. 그런 한편으로 기민련/기사연이 요구한 부가세율이 인상에 사민당은 합의해 주었다.

사민당은 11월 14일 칼스루에 임시당대회에서 연정합의를 승인했다. 당대회에서 뮌테페링 당수는 사민당에게는 "아젠다 2010 추진과 발칸과 아프가니스탄 전쟁에 참여할지를 결정을 거부하여야 하는 평화정책 결정이라는 두 가지 과제가 남아 있다"고 전제하고, 협상 과정에서 단체협상 자율, 고소득에 대한 소득세율 인상, 가족공제 도입, 동독지역 실업급여Ⅱ 인상, 20인 이하 기업의 해고 보호, 탈 원전을 지켜냈다고 스스로 평가했다. 내각 배분에서 사민당은 특히 아젠다 2010 추진을 관장할 재정부, 경제부, 노동사회부, 보건부와 평화정책 부처인 외무부 장관을 맡기로 하여 명분을 확보한 셈이다.[8]

---

[7] Bundestagswahl 2005-Wahlprogramme der Parteien im Vergleich; www.rosalux.de.

[8] "Protokoll Bundesparteitag Karlsruhe, 14-16. November 2005"; www.spd.de.

'독일을 위하여 함께. 용기와 인도주의를 가지고'(Gemeinsam für Deutschland, mit Mut und Menschlichkeit)라는 제목의 기민련/기사연-사민당 간의 연정합의서 서문을 보면, 성장과 고용이라는 슈뢰더 정부 7년의 개혁 추진의 기본 방향에 대하여 기민련/기사연과 사민당이 의견을 같이하고 있다. 이에 이어서 그 동안의 개혁입법을 계획대로 시행하기로 합의하였다. 그리고 개혁입법을 위하여 슈뢰더 정부에서 진행되었던 타협 내용을 확인하고 이를 추진하기로 하였다.

독일은 커다란 도전을 앞에 두고 있다. 실업, 국가부채, 인구구성 변화 및 세계화의 변화 압력은 현재와 미래 세대에 번영을 보장해주어야 한다는 커다란 정치적 노력을 요구하고 있다. 기민련, 기사연, 사민당은 이 과제를 맡을 것이다.
실업을 없애는 것이 우리 정책의 핵심적인 의무다.
혁신, 투자, 성장, 고용의 강화와 소비자 신뢰 강화를 위하여 향후 4년간 총규모 250억 유로로 다섯 가지 분야를 구체적으로 부양할 것이다.
추가적인 성장을 위하여 자본재의 감가상각을 늘려서 강력한 건물 리노베이션, 가계에서 수공업 비용 공제 및 가정친화적 서비스업의 지원 강화를 보장할 것이다.
해고보호의 개발, 임금 외 비용 축소와 창업 지원을 통해 더 많은 일자리 기회를 늘릴 것이다. 우리는 관료주의 축소를 통하여 중소기업의 부담을 완화할 것이다. 상속법 개정에 의해 기업 승계가 장려될 것이다.
과감한 긴축과 보조금 축소를 추진하되, 증세 없이는 재정건전화가 불가능하다.

우리나라에서 사회적 안정은 주로 사회보험에 의해 보장된다. 그러나 사회보험은 인구구성의 변화와 실업에 의해 크게 부담을 받고 있다.

급속히 변화하는 세계에서 국민의 안정에 연금보험, 요양보험 및 의료보험의 기능에 대한 신뢰는 없어서는 안 된다.

현재와 미래의 사회적 안정을 위하여 필요한 개혁을 할 것이다. 이에는 청년과 노령자 간의 공정한 부담 배분, 수명 연장에 따른 은퇴 연령의 상향, 사적 연금 특히 젊은 가족을 위한 연금 장려가 포함된다. 질병, 노령, 장기요양, 실업이라는 기본적인 삶의 위험은 연대에 의해 보호 받는다.[9]

이미 슈뢰더 이전 헬무트 콜 총리 시절인 1995년-1998년 기간 중 조세와 연금 개혁에서 연방상원의 입법 봉쇄 정책으로 개혁의 걸음조차 내딛지 못한 경험과 슈뢰더 정부에서도 야당이 다수파인 연방상원에서 야당과 주의 이해에 따른 거듭된 입법 좌절과 개혁을 대폭 후퇴시킨 타협을 경험한 기민련/기사연과 사민당은 독일연방제도 개혁에 합의하였다. 주요 내용은 연방상원의 입법 참여 제한과 연방과 연방주 간의 권한을 명확히 하는 것이었다. 그리고 하르츠Ⅳ 법률과 이의 입법 과정에서의 타협의 산물인 지자체 선택법률 제정 과정에서 여당과 야당 그리고 연방 주 간의 협상의 주 이슈 중 하나인 연방과 연장 주 간의 재정관계도 명확히 하고자 하였다.

---

9) 연금에 관하여 연정합의서에는 노후의 생활보장(Lebenssicherung) 대신 생활수준 보장(Sicherung des Lebensstandards)이란 표현을 사용하면서 이를 위하여 기업연금과 사적연금에 의한 보충이 필수적이라고 적고 있다. ;

연방구조 개혁을 원한다. 연방과 연방 주의 권한을 나누고, 더 분명한 책임을 정하며, 보충성의 원칙을 강화하고자 한다. 연방은 더 많은 행위능력과 대응력을 가지며, 연방 주는 더 많은 정책상의 재량권을 가질 것이다. 현 회기 내에 우리는 연방과 연방 주 간의 재정 관계를 새로운 기초 위에 정립할 것이다.

이런 원칙을 시행하기 위한 세부 원칙에서도 기민련/기사연과 사민당 간에 큰 이견은 없었다. 즉, 임금 외 비용 축소를 위하여 이를 임금의 40% 이하로 항구적으로 축소하기로 하였다. 이를 위하여 2007년부터 실업보험요율을 6.5%에서 4.5%로 낮추고, 1%는 연방노동청 예산 절감 분에서, 나머지 1%는 부가세로 충당하기로 하였다. 다만 법정 연금보험료 19.5%에서 19.9%로 인상하지만, 의료보험료는 현행대로 유지하거나 인하하기로 하였다.

그리고 이미 연방의회와 연방상원의 법률안 심의 과정에서 제기되었듯이 하르츠 보고서 제안 사항으로 시행 중인 노동청의 근로자파견사업부(PSA)는 전국적으로 확대하지 않기로 합의하였다.

2003년 가을 이후 독일 사회를 달아오르게 하였고, 사민당의 분열과 총선 패배의 원인으로 꼽히는 실업부조와 사회부조를 구직자 기초보장으로 통합을 주 내용으로 하는 하르츠Ⅳ에 대해서는 입법 과정에서 기민련/기사연과 사민당의 입장이 다르지 않았다는 것을 연정합의서에서도 그대로 표현하고 있다.

기민련/기사연과 사민당은 실업부조와 사회부조를 구직자 기초보장으로 통합하는 것(하르츠Ⅳ)을 강력히 지지한다. 경제활동 능력이 있는 과거 사회부조와 실업부조 수급자를 한 창구에서 돌보는 것은 과거에도 그리고 앞으로도 올바른 길이다. 그러나 이런 복잡하고도 폭넓은 개혁과정은 탄력적인 조정과 개선을 필요로 한다. 그래서 우리는 상세한 맞춤형 변화를 통하여 수년 동안의 경험을 기초로 전체 하르츠Ⅳ 과정을 최적화할 것이다.

성장, 고용과 함께 슈뢰더 정부의 개혁의 축인 국가 부채와 연계된 재정 건전화에 관해서도 합의는 기존의 슈뢰더 정부나 이전의 콜 정부의 재정 상황에 대한 인식과 건전화 방향에 바탕을 둔 것이었다.

연방, 연방 주, 지자체 및 사회보험의 예산 상황은 90년대 중반부터 지속적으로 악화되어왔다. 현재 공공예산은 극히 심각한 상황에 처해 있다. 현재 지출은 부분적으로 정상적인 재정수입 흐름을 심각하게 초과하고 있다. 이에 따라 재정 건전화 요구는 엄청나게 커지고 있어서 단기적으로 극복될 수 없다.

독일은 거시경제적 성장을 제고하여 사회 전체의 노력과 구조 개혁을 통하여 공공예산의 구조적 부족을 없애기 위하여 모든 차원에서 국가적 노력을 필요로 한다. 필요한 예산 개혁을 미룬다는 것은 건전화 필요성을 더욱 높이는 결과를 초래할 뿐이다. 공공재정의 부담능력과 질의 확보는 특히 세대 간 정의의 배경에서 재정과 예산 정책의 핵심과제다.

예산정책은 거시경제적 발전에 의해 해소될 수 없다. 그러나 다른 나라의 경험은 강력한 재정 건전화가 경로를 성장으로 복귀시키는 데 기여한다는 것을 보여주었다. 이는 장래의 조세, 재정 및 예산 정책에 대한 투자자와 소비자의 신뢰를 높여주기 때문이다.

재정 건전화 정책 추진 원칙은 예산 절감, 사회보장 지출을 포함한 공공 지출을 거시적 재정계획에 따라 집행하며, 세제 혜택 축소와 증세를 통하여 세수를 늘린다는 것이다. 그리고 이에 대한 대책으로 투자 활성화를 위하여 법인세 개혁 이전에 공제제도 활용, 연대부담금 축소[10], 지원과 요구의 원칙에 따라 실업부조와 사회부조 통합에 따른 2006년 3억, 2007년 4억 유로 절감, 의료보험 및 노령보험 연방 분담금 전액 감축, 2007년 부가세 19%로 인상, 이 중 1%는 임금 외 비용 축소에 사용, 고소득자에 대한 개인소득세 인상에 합의했다. 이에는 법인세, 소득세, 기업 승계를 용이하게 하는 상속세와 지자체 재정건전화 대책을 포함한 조세 개혁, 규제완화를 포함한 금융시장 개혁 등이 포함되었다.

하르츠 개혁을 중심으로 하는 아젠다 2010은 총선에서 슈뢰더 총리의 적-녹 연정 패배를 가져다주었지만, 대연정을 통하여 유지되면서 이후 오늘날까지 독일의 사회, 경제, 노동 정책의 기본틀이 되고 있다. 특히 연정합의서는 그 동안 연방의회와 연방상원에서 논의되고 타협되었던 내용이 망라되어 있었다. 다만 핵발전소와 관계된 에너지 정책에는 이견이 있음을 합의서에 명시적으로 표현하였다.

---

10) 연대부담금은 연대협약에 따른 것이다. 연대협약은 구 동독 지역의 5개 주에 재정 지원을 하기 위한 연방정부와 연방 주간의 협약이다. 이는 분단 관련 부담을 줄이기 위하여 연방 주의 재정 평준화 제도 틀 내에서 연방정부에 특별 재정지원을 제공하는 것을 그 내용으로 하고 있다. 납세자의 연대세와는 별개의 것이다. 연대협약-Ⅱ는 연대협약-Ⅰ 체결 불과 몇 년 후에 5개 새로운 연방 주가 서독 연방 주와 비교하여 2004년에 경제적으로 목표 도달이 불가능함이 예상되면서 2001년 이를 연장하기로 합의하여 2001년 7월 4일 사민당/녹색당-민사당의 공동발의에 의해 연방의회와 연방상원에서 같은 결의가 있었다; Solidaritätszuschlaggesetz vom 24. Juni 1991 (BGBl. I S. 1318).

핵 발전에 관하여 기민련/기사연과 사민당 사이에는 의견의 차이가 있다. 따라서 2000년 6월 14일 연방정부와 에너지 공급기업 간에 체결된 합의와 이에 따른 개정된 원자력법 규정의 절차는 수정될 수 없다. 핵발전소의 더 안전한 가동이 기민련/기사연 및 사민당에게 최우선이다. 이런 맥락에서 우리는 더 안전한 핵발전소 가동을 위한 연구를 추진하고 강화할 것이다.[11)12)]

이제 독일의 정치도 구도가 근본적으로 변하였고 변하고 있는 가운데 메르켈 총리 정부는 본격적인 개혁정책 실행에 나서게 된다.

II. 개혁의 성과

1998년 슈뢰더 총리 정부에서 시작된 개혁정책은 성장과 고용 그리고 국가부채의 감축을 키워드로 하였다. 이에는 감세와 임금 외 부담의 축소를 통한 기업의 투자 확대에 의한 성장과 일자리 창출, 종래의 급부 제공의 수동적 관료조직에서 신속한 취업알선을 중심으로 한 서비스 제공을 위한 공공기관으로 연방노동청의 재편과 지원과 요구를 원칙으로 일자리와 교육을 연계한 노동시장정책 개혁 그리고 재정

---

11) 연정합의서에 관해서는 CDU, CSU und SPD, 'Gemeinsam für Deutschland. mit Mut und Menschlichkeit- Koalitionsvertrag von CDU, CSU und SPD', (2005. 11) 참조; www.cdu.du.
12) 그 후 1987년 소련의 체르노빌 원자력 발전소 폭발 사고 이후 메르켈 정부는 탈 원전 에너지 정책으로 전환한다.

건전화 및 임금 외 부담 축소를 목표로 한 연금을 비롯한 사회보험 개혁이 포함되었다. 노령연금을 비롯하여 사회보험에서 자기책임을 강조하고 제재가 수반된 구직자 기초보장으로 일원화된 실업부조 사회부조의 통합 등은 가히 연방공화국 수립 이후 최대의 개혁이라 불릴 만하였다.

이 개혁정책은 2005년 9월 사민당-녹색당 연립정부가 총선에서 패배하면서 좌절의 위기를 맞이하지 않을까 우려되었다. 그러나 선거 전 예상과는 달리 종전의 연정 파트너는 어느 쪽도 과반수에 미달하였다. 동독 지역에서 민사당의 약진과 사회민주주의 즉 독일 좌파 정당의 정통성을 주장하는 '선거대안'의 선전으로 전통적인 중도 좌우의 정치적 중심세력인 기민련/기사연과 사민당이 대연정을 구성할 수밖에 없었다.13)

슈뢰더 정부가 추진하여 제도적으로 거의 완성시킨 개혁의 입장에서 대연정은 그 실행에 강력한 추진력을 보태준 것이었다. 물론 그 후의 개혁정책의 성과에 대한 평가를 놓고 의견이 갈라지긴 한다.

이 개혁정책의 성과에 대한 평가는 개혁정책 출발의 키워드인 성장과 고용, 국가부채와 재정 그리고 입법과정에서 끊임없이 제기된 문제인 구조적으로 취약한 지역, 특히 구 동독 지역과의 여타지역의 형평 즉 격차 문제, 양극화 문제를 중심으로 이루어져야 할 것이다. 그리고 기간은 독일 경제의 재부상이 국제적으로 평가받기 시작한 2014

---

13) 총선 결과와 그 후 대연장 합의에 관해서는 전종덕/김정로, 『독일 사회민주당의 역사』, pp.479-483 참조. 독일의 대안(AfD)이 등장하는 것은 2013년 총선이다. 처음 참가한 연방의회선거에서 전통적인 자민당에 거의 육박하는 4.7%를 득표하였다. 5% 득표를 못하여 의회 진출은 실패하였다. 2017년 다음 총선에서는 12.6%를 득표하여 제3의 원내 정당이 되었다.

년 이후까지가 되어야 할 것이다.14)

그리고 성장과 고용을 목표로 한 이 개혁의 현실에서의 성과는 수치로 확인되겠지만 여전히 이에 대한 평가는 긍정과 부정으로 나눠지고 있다.

1. 성장, 고용, 국가부채

앞에서 언급하였듯이 그리고 슈뢰더 총리 정부의 2기 첫해인 2003년의 주요국과 비교한 독일의 경제지표인 다음의 표 5-3에 나타나 있듯이 슈뢰더 총리의 적-녹 연립정부 출범 당시 성장률, 실업률, 국가부채 등 모든 면에서 절대적 수치는 물론이고 유럽연합 내 주요 국가에 모두 뒤처져 있었다. 그러나 이는 적-녹 연립정부가 총선에서 패배하고 앙겔라 메르켈을 총리로 하는 기민련/기사연-사민당 대연립 정부가 2005년에 제도적으로 완성된 하르츠 개혁을 중심으로 한 개혁정책을 본격적으로 추진하기 시작한 2006년부터 달라지기 시작하였다.

2007년 이후 지금까지 독일 경제는 유로존의 평균성장률을 상회하

---

14) 영국의 '<이코노미스트>'(*the Economist*) 지는 2013년 6월 15일자 특별기사에서 "기적의 분석"(Dissecting the Miracle)이란 제목으로 독일 경제의 재부상을 분석하였다. 그리고 학술지, *Journal of Economic Perspectives*(Volume 28, Number 1-Winter 2014)는 크리스티안 더스트만(Christian Dustmann) 등의 글 "유럽의 병자에서 경제의 수퍼스타로: 독일 경제의 부활"(From Sick Man of Europe to Economic Superstar: Germany's Resurgent Economy)이라는 글을 게재하였다. 대체로 이 시기가 독일 경제의 부활이 확실하게 인식되기 시작한 시기였을 것이다; www.economist.com 및 www.aeaweb.org 참조.

는 성장을 보여주고 있다. 2008년 9월에 시작된 세계적 금융위기로 2009년 독일 경제 역시 뒷걸음질 쳤다. 그리고 주요 국가 중 가장 심하게 타격을 받은 나라 중 하나였다. 그러나 복원력이 가장 강하여 2010년 성장률이 유럽연합에서 가장 높았다는 것은 그만큼 독일 경제의 기초가 강해졌다는 의미일 것이다. 이후 대체로 이런 추세는 유지되었다. 표-12가 이를 잘 보여주고 있다.

〈표 5-3〉 유럽 국가 간 비교(2003년)

	성장률(%)	실업률(%)	국가부채(%)
유럽연합(15개국)	0.8	8.0	64.3
독일	-0.1	9.3	64.2
영국	2.2	5.0	39.8
프랑스	0.5	9.4	63.7
네덜란드	-0.9	3.8	54.1
스웨덴	1.5	5.6	52.0

출처: 독일 통계청(www.destatis.de)

〈표 5-4〉 주요국가의 성장률(%)

		2007	2008	2009	2010	2011	2012	2015	2018
EU	28개국	3.1	0.5	-4.3	2.1	1.7	-0.4	2.3	2.0
	유로존	3.1	0.5	-4.5	2.1	1.6	-0.9	2.1	1.9
독일		3.0	1.0	-5.7	4.2	3.8	0.4	1.7	1.5
영국		2.5	-0.3	-4.2	1.7	1.6	1.4	2.3	1.4
프랑스		2.4	0.3	-1.9	2.9	2.2	0.3	1.1	1.7
이탈리아		1.5	-1.1	-5.5	1.7	0.6	-2.8	0.9	0.9
네덜란드		3.8	2.2	-3.7	1.3	1.6	-1.0	2.0	2.6
미국		1.9	-0.1	-2.5	2.6	1.6	2.2	2.9	2.9
일본		1.7	-1.1	-5.4	4.2	-0.1	1.5	1.2	0.8

출처: 유럽연합통계국(Eurostat), 세계은행(World Bank)
*2008년 9월 15일 미국 투자은행 리먼 브라더스 파산 신청을 계기로 한 세계 금융위기
**2010년 4월 23일 그리스가 국제금융기구(IMF) 구제금융 신청에서 시작된 유로존의 국가채무 위기

이런 독일 경제의 부활은 고용에서 그대로 표현되고 있다.[15]

〈표 5-5〉 주요 국가의 실업률(2008-2019, %)

		2008	2009	2010	2011	2012	2015	2018
EU	28개국	7.0	9.0	9.6	9.7	10.5	9.4	6.8
	유로존	7.5	9.6	10.2	10.2	11.4	10.9	8.2
독일		7.4	7.6	7.0	5.8	5.4	4.6	3.4
영국		5.6	7.6	7.8	8.1	7.9	5.3	4.0
프랑스		7.4	9.1	9.3	9.2	9.8	10.4	9.1
이탈리아		6.7	7.7	8.4	8.4	10.7	11.9	10.6
네덜란드		3.7	4.4	5.0	5.0	5.8	6.9	3.8
미국		5.8	9.3	9.6	8.9	8.1	5.3	3.9
일본		4.0	5.1	5.0	4.6	4.3	3.4	2.4

출처: 유럽연합통계국(Eurostat)

---

15) 실업률의 급격한 감소의 원인으로 물론 하르츠 개혁에 의한 저임금 일자리 창출효과와 미니잡의 활성화라는 것을 부인할 수는 없을 것이다; 김영미, '독일의 하르츠 개혁에 따른 근로연계복지에 관한 법제 연구', (한국법제연구원, 2013), pp.84-85 참조.

〈표 5-6〉 주요 국가의 청년 실업률(2008-2018, %)

		2008	2016	2017	2018
EU	28개국	15.9	18.7		6.8
	유로존	7.5	9.6	10.2	8.2
독일		7.4	7.6	7.0	3.4
영국		5.6	7.6	7.8	4.0
프랑스		7.4	9.1	9.3	9.1
이탈리아		6.7	7.7	8.4	10.6
네덜란드		3.7	4.4	5.0	3.8
미국		5.8	9.3	9.6	3.9
일본		4.0	5.1	5.0	2.4

출처: 유럽연합통계국

개혁의 주요 목표 중 하나인 재정건전화 즉 공공부채 축소 내지 관리 면에서도 독일은 성과를 거두었다. 복지 축소, 보조금 축소 등을 통하여 국내총생산에서 차지하는 공공지출 비율을 축소하고 재정적자를 없애는 것을 재정건전화의 주요 내용으로 삼았다. 그 결과 1995년 국내총생산의 52.8%였던 공공예산은 점차 그 비율이 축소되어 2015년 이후 43% 대를 유지하고 있다(2018년 43.8%). 그리고 2003년의 통계를 보면 독일은 공공부채 비율이 유럽연합의 평균(25개국 평균 63.3%, 유로존 평균 70.7%)에 근접한 국내총생산 대비 64.2%로 마스트리히트 조약 수렴기준 60%에 비교적 가까워 건전하지만, 공공예산 적자를 국내총생산의 3% 이내로 유지한다는 유럽 안정과 성장조약(Stabilitäts-und Wachstumspakt)의 기준을 상회하여 재정적자 비율은 3.8%로 유럽연합 평균 2.8%나 유로존 평균 2.7%에 비하여 높은 편이었다. 당시 프랑스가 독일보다 높은 4.1%, 영국이 3.3%, 이탈리아가 2.4%였다.

그러나 2017년 통계를 보면, 독일은 각각 64.1%, 1.3% 부채비율과 재정흑자를 기록하여, 유로존 19개국 평균 86.7%, 0.9% 적자보다 훨씬 건전하다. 프랑스가 97.0%, 2.6% 적자, 영국이 87.7%, 1.9% 적자, 이탈리아가 131.8%, 2.3% 적자였다.

독일은 2008년 9월 세계 금융위기, 2010년 4월 그리스 발 국가부채 위기 기간 중의 공공부채 증가 후 지속적으로 공공부채를 축소시켜오면서 재정건화를 추진하여왔던 것이다.

〈표 5-7〉 마스트리히트 조약 수렴기준 주요 국가 간 비교

	2003			217		
	인플레이션	공공재정 적자	공공부채	인플레이션	공공재정 적자	공공부채
	전년 대비 %	국민총생산대비 %		전년 대비 %	국민총생산대비 %	
유로존	2.1	2.7	70.7	1.5	-0.9	86.7
독일	1.0	3.8	64.,2	1.7	+1.3	64.1
프랑스	2.2	4.1	63.7	1.2	-2.6	97.0
이탈리아	2.8	2.4	106.2	1.3	-2.3	131.8
네덜란드	2.2	3.2	54.1	1.3	+1.1	56.7
유로존 이외의 유럽연합 국가						
영국	1.4	3.3	39.1	2.7	-1.9	87.7
스웨덴	2.3	-0.3	52.0	1.9	+1.3	40.6

출처: 독일연방통계청(Datenreport 2003, Datenreport 2018)

이런 결과로 2003년 11월 17일 연방의회에서 하르츠Ⅳ 법률안 통과를 앞에 두고 게하르트 슈뢰더 총리가 "아젠다 2010 조건에서 수년 내에 다시 유럽의 정상에 그리고 이에 의해 세계의 정상에 복귀할 수 있어야 한다"는 말대로 독인은 유럽의 정상에 다시 올라섰다. 독일의 국내총생산은 명실상부하게 유럽에서 영국과 프랑스를 압도하게 되었다.

⟨표 5-8⟩ 주요 국가의 국내총생산(10억U$)

	2005	2006	2007	2008	2009	2010	2015	2018
독일	2,861	3,002	3,440	3,752	3,418	3,417	3,381	3,997
영국	2,525	2,697	3,084	2,904	2,395	2,453	2,896	2,825
프랑스	2,196	2,319	2,657	2,918	2,690	2,643	2,438	2,778
이탈리아	1,853	1,943	2,203	2,390	2,185	2,125	1,832	2,074
미국	12,214	13,037	13,815	14,714	14,449	14,992	18,219	20,494
일본	4,755	4,530	4,515	5,038	5,231	5,700	4,389	4,971

출처: 세계은행

이로 인해 독일의 국내 총생산은 2017년 유럽연합 전체 국내총생산의 21.3%를 점하여, 영국 15.2%, 프랑스 14.9% 그리고 이탈리아 11.2%를 압도하였다. 이에 따라 2018년 독일의 유럽연합 예산 분담 비율이 20.78%로, 프랑스 15.58%, 영국 11.88%, 이탈리아 11.74%를 훨씬 앞섬으로써 유럽연합에서 독일의 발언권은 그만큼 커진 것이다.[16]

2. 지역 간 격차와 양극화 문제

개혁 입법 과정에서 살펴보았지만, 개혁에 대한 비판과 반발은 결국 산업입지 경쟁력 제고를 목표로 하는 이 개혁이 구조적으로 취약한 지역 특히 과거 동독 지역인 새로운 연방 주와 서독 지역 연방 주

---

16) 수치는 모두 유럽연합 통계국 자료.

간의 격차 확대와 이 지역의 주와 지자체의 재정악화를 둘러싼 것이었다. 그리고 불법노동과의 싸움을 위하여 월 400유로 이하의 미니잡을 합법화할 뿐만 아니라 10%의 일괄 부과금 부과 등은 저임금 노동자의 확산을 가져와 양극화를 조장할 것이라는 것이었다. 구직자 기초보장으로 실업부조와 사회부조의 통합과 취업 알선 시 제공된 일자리를 거부하면 기초보장을 감액 지급하는 등의 제재, 취업알선 시 적정성의 완화 등으로 인하여 저임금 일자리를 받아들이지 않을 수 없게 함으로써 더욱 더 양극화를 조장한다는 것이었다.

교량체계 노령자의 대량 조기은퇴를 조장할 우려가 있을 뿐만 아니라 해고보호 완화와 결합된 회전문 인사를 통하여 저임금을 조장할 수 있다는 비판이 제기되었다.

그리고 사용자 측의 입장이 입법 과정 중의 타협안에 대폭 반영되었다. 해고보호의 완화, 단체협상 자율의 틀은 유지하면서 산업별 협약에서 벗어난 사업장 단위에서 노사건의 합의를 대폭 허용하는 개방조항의 확대 등 또한 지역별, 사업장 별 임금의 차이를 확대시키는 데 기여할 것으로 우려되었다.

실업부조와 사회부조 통합에 반발한 작센 주지사 등의 논리는 취약한 구 동독지역에서 사회부조 수준으로 이 두 급부의 통합은 바로 구매력 상실로 이어져서 취약한 지역을 더 취약하게 하고, 젊은 사람과 전문직을 중심으로 한 인재 유출로 이어져서 결국 공동화 현상이 초래될 것이라는 것이었다.

이러한 비판과 우려는 개혁정책이 본격적으로 시작된 지 10년 정도 경과되면서 수치상 현실로 나타났다. 표 5-9를 보면 빈곤율이 증가하고 양극화를 보여주는 지표인 빈곤격차가 커지고 있음을 알 수 있다.

〈표 5-9〉 소득분포와 소득 빈곤

	기간				연		
	1995-1999	2000-2004	2005-2010	2010-2014	1996	2015	2016
월 실질소득에 따른 인구분포(평균=100)							
300% ≥	1.0	1.3	1.8	1.6	1.0	1.5	1.3
200-〈300	4.5	5.0	5.8	5.8	4.6	5.7	5.8
150-〈200	10.8	10.8	11.6	11.5	10.7	13.3	12.1
125-〈150	12.6	12.6	11.8	12.6	12.9	13.3	12.1
100-〈125	21.8	21.3	19.6	19.1	20.9	16.9	18.6
75-〈100	26.3	25.4	24.5	22.4	26.1	23.0	22.0
60-〈75	12.2	11.9	12.0	12.9	12.9	11.8	11.2
50-〈60	5.2	6.0	6.4	7.0	4.9	7.3	7.4
〈50	5.5	5.8	6.5	7.1	6.1	7.8	8.3
빈곤선: 소득 평균의 60%							
빈곤율	10.7	11.8	12.9	14.1	10.9	15.1	15.7
빈곤격차	2.2	2.5	2.8	3.0	2.4	3.2	3.7
절대빈곤	0.7	0.9	1.0	1.0	0.9	1.1	1.4

출처: 독일연방통계청(Datenreport 2018)

이런 사정에 대하여 영국의 <이코노미스트>는 개혁의 결과 [2014년] "현재 독일인의 약 20%가 "저임금 일자리"에서 일하고 있는데, 이는 영국의 경우와 같고 미국의 경우보다는 그다지 낮지 않으며, 프랑스의 거의 두 배다. 독일의 고용 붐은 중소기업보다는 근저의 이런 개혁과 관련이 있다"고 분석하였다.[17]

전통적으로 독일의 임금은 단체협약에 의하여 결정된다. 그러나 입법화 과정에서 사용자와 기민련/기사연은 단체협약 임금의 사실상 배

---

17) 앞의 *the Economist* 참조.

제를 주장하여, 단체협약에 개방조항의 범위를 확대하기로 타협을 보았다. 이는 사업장에서 단체협약 적용률이 계속 낮아지는 추세를 반영하고 있는 것이다. 통일과 1994년 유럽시장의 내국시장화, 1999년 유로화 도입으로 노사관계에서 힘의 균형이 변화한 결과일 것이다. 이는 독일 노동시장에서 임금 불평등의 확산을 가져왔던 것이다.

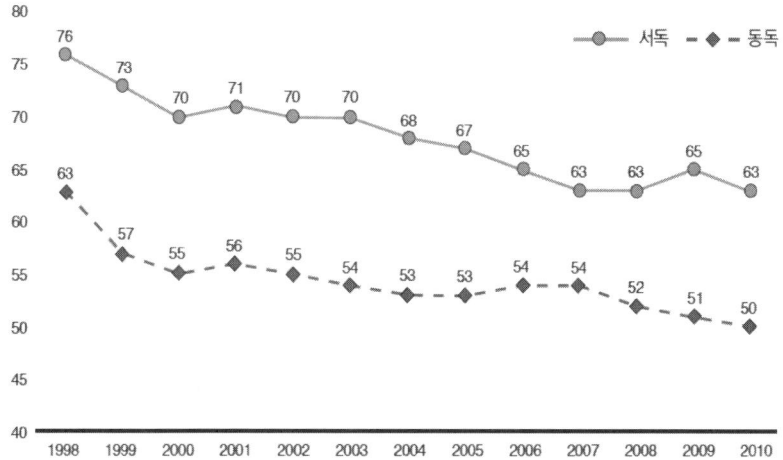

출처: 독일노동연구소(IAB) Betriebspanel 2010. '하이너 드립부쉬, '독일의 노동조합', (2014, 프리드리히 에버트 재단 한국사무소), p.19에서 재인용

예견대로 신 연방 주 즉, 구 동독지역의 인구는 지속적으로 감소하였다. 1990년 통일 당시 동독의 인구는 1,600만 명이었다. 이 숫자는 점차 줄어들다가 2,000년 1,512만 명을 기록한 이후 대폭 줄어들어서 2016년에는 1,258만 명을 기록하였다. 독일 연방통계청은 이렇게 설명하고 있다.

"2016년에 440만 명이 독일 내에서 지자체 경계를 넘어 이주하였다. 대부분의 이주는 연방 주 내에서였다. 국내 이주자의 27%(약 120만 명)가 다른 주로 이주하였다… 이주는 연령과 아주 연관성이 커서 직업교육, 연구, 취업과 배우자 관계를 이유로 거주지를 옮기는 젊은 성인들의 이주가 가장 많다… 국내 이주는 여러 요인에 의한다. 한편으로 연방 주와 지역의 경제력을 반영하고 있다." 결국 경제적인 이유로 젊은 성인이 구 동독 지역에서 빠져나갔다는 것이다.[18]

이런 경제력을 반영하고 있다는 것은 통일 후 독일 정부가 매년 발표하고 있는 '통일실태 연례보고서' 2018년판(Jahresbericht der Bundesregierung zum Stand der Deutschen Einheit 2018)에서도 확인할 수 있다.

2017년 동독 지역의 1인당 총생산액은 서독의 74% 수준이다. 통일 1년 후인 1991년의 대략 43% 정도에서 그 격차가 많이 좁혀진 것 같지만 1996년 68% 수준으로 상승한 이후 그 격차가 줄어드는 속도는 극히 느리다. 2016년 수준은 73.2%였다. 실업률 역시 같은 경향을 보이고 있다. 2017년 독일 전체 실업률은 5.7%, 서독 지역 5.3%에 비해 동독 지역은 7.6%였다. 그 격차가 10% 대였던 2001년에 비하여 많이 개선되었지만 격차는 여전하다. 여기서 또 주목할 점은 동서독 지역의 청년실업률의 격차다. 앞의 표와 같이 이 격차는 여전하다. 사회불안이 청년에서부터 시작되어온 독일의 역사에서 비추어 주목할 점이다.

---

18) 연방통계청, *Dtaenreport 2018*.

그리고 여기서 동독 지역에서 베를린을 제외시키면 생산액이나 실업률에서 그 격차는 더욱 커진다.[19]

이는 <그림 5-1>의 동, 서독 지역의 실업률의 변화와 <표 5-6> 주요 국가의 청년실업률에서 확인할 수 있다.

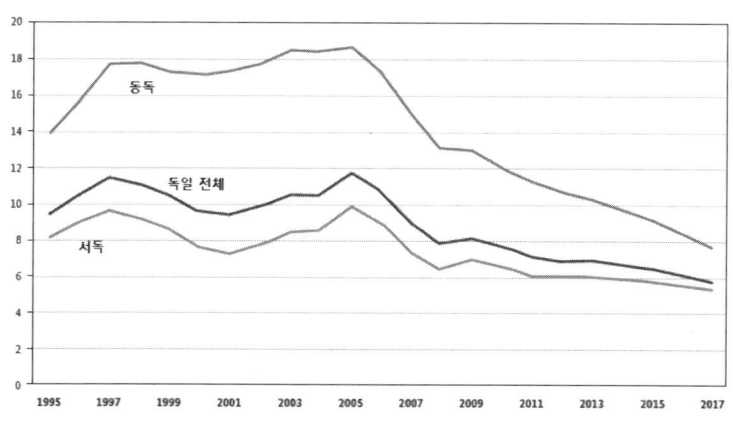

〈그림 5-2〉 1995-2017 기간 중 실업률 변화(단위: $)

출처: 독일정부 통일실태 연례보고서 2018

〈표 5-10〉 동서독 지역 청년실업률(15-24세, 단위: %)

	2016	2017
전 체	5.3	5.1
서 독	4.8	4.6
동 독	8.6	8.4

출처: 독일정부 통일실태 연례보고서 2018

---

19) Bundesministerium für Wirtschaft und Energie (BMWi), *Jahresbericht der Bundesregierung zum Stand der Deutschen Einheit 2018*; www.bmwi.de.

이에 대하여 독일 연방통계청은 이렇게 분석하고 있다.

> 통일 후의 실업자 증가는 새로운 연방 주의 경제적인 취약성 탓으로만 돌릴 수는 없다. 서독 지역에서도 1992년 이후 실업자가 눈에 띄게 증가하였다. 1997년 서독 지역의 실업률은 9.6%였으며, 2005년에 새로운 최고기록 9.9%에 달한 후 경제회복으로 감소하였다. 동독의 높은 실업률은 주로 경제구조 조정에 기인한다. 이에 의해 처음에는 신규 채용보다는 해고되는 노동력이 더 많았다. 1991년 평균으로 그 숫자가 17.8%인 150만 명으로 증가하였고, 그 후, 상대적으로 높은 수준인 17.3%에서 18.7% 사이에서 움직였다. 2006년이 되자 비로소 동독 지역의 실업률은 현저하게 감소하여 2017년에는 7.6% 즉 63만 9천 명으로 떨어졌다.[20]

동서독 지역 간의 격차 문제에 대해서는 좌파당(Die Linke)의 2017년 총선거 강령이 잘 표현하고 있다.

> 신자유주의적 사회 모델은 양 지역의 격차를 확대의 원인이 되었다. 연방정부는 불공정한 경제 및 사회 정책으로 이를 조장하고 있다. 수년 동안 동독 지역의 경제력은 서독 지역 수준의 불과 72%에 머물러 있다. 동독 지역의 경제구조는 파편화되어 있다. 대기업 본부는 전혀 없다. 2030년에 7%의 인구 감소가 예상된다. 빈곤의 위험에 처한 연금 생활자의 수가 2015년에만 0.7% 증가하여 16%에 달하였다.

---

[20] 연방통계청, *Dtaenreport 2018*.

〈그림 5-3〉 연방 주별 시간당 총수입(유로)

출처: 연방통계청 Datenreport 2018

이의 주된 원인은 저임금 분야의 확대다." 이런 경제적 사회적 불평등은 또 다시 "불이익 및 무시와 결부된다. 독일에서 의사결정권자의 2.8%만이 동독 출신이다. 연방정부 간부의 20%만이 동독 출신이다.[21]

신자유주의적 개혁이냐의 여부와 관계없이 동독 지역 현실에 대한 뼈아픈 지적이었다. 이 지적은 <그림 5-3>이 잘 말해주고 있다.

---

21) Die Linke, 'Wahlprogramm-Partei DIE LINKE,' www.die-linke.de.

3. 정치적 근본구도의 변화

앞에서 언급한 개혁의 공과에 대하여 2005년 총선에서 독일의 유권자들은 사민당-녹색당 정부를 패배시켰을 뿐만 아니라 당시 야당인 기민련/기사연에게도 과반수에 훨씬 못 미치는 지지를 보여줌으로써 과거처럼 기민련/기사연-자민당의 보수 연정을 불가능하게 만들었다. 근 10년의 개혁에 협력한 모든 정파에게 사실상 패배를 가져다 준 셈이다.

1949년 독일연방공화국 수립 후 그 때까지 총선에서 기민련/기사연과 사민당이 사실상 과점해온 정치권의 구도가 무너진 것이다. 이런 정치구도의 변화는 여러 이유가 있겠지만 슈뢰더 정부가 추진하여 여야 간의 타협에 의해 제도적으로 완성된 개혁과 관련하여 본다면, 앞에서 살펴본 소득 양극화, 동서 간 격차의 확대, 그리고 실업부조와 사회부조의 통합과 축소 등의 부정적인 결과가 중요한 요인이었을 것이다. 이는 특히 고용과 소득에서 지역적 격차와 두 가지 부조 통합의 타격을 크게 받은 구 동독 지역 시민의 반발에 의하여 구 동독 사회주의통일당 후신인 민사당이 동독 지역에서 기민련과 같은 25.3%를 득표한 결과일 것이다.

이 선거에서 기민련/기사연과 사민당 모두 35% 이하의 역대 최저 득표를 기록하였다. 기민련/기사연, 사민당의 지지율 하락은 당원의 감소와 함께 본다면, 대표적인 기득권 세력에 대한 반발일 것이다. 양대 정당의 타협에 의한 개혁이 제도적 완성과 비록 어쩔 수 없는 선택이었다 할지라도 대연정에 의한 4년간의 개혁 추진에도 불구하고, 그리고 눈에 띄는 거시경제적 성과에도 불구하고 양대 정당에 대한 지지는 이후의 총선거에서 계속 줄어들고 당원의 이탈도 계속된다.

"선거대안-노동과 사회정의"(Arbeit & soziale Gerechtigkeit-Wahlalternative. WASG), 사민당의 당수였던 오스카 라퐁텐을 비롯한 사민당 좌파, 민사당이 통합하여 2007년 좌파당(Die Linke)이 출범하였다.

좌파당은 사회민주주의의 정통성을 주장하면서, 2009년 총선에서 과거 사민당 좌파의 주장을 연상하게 하는 선거강령을 내놓았다. 즉, 조세 문제에서 소득세, 법인세 인상과 부가가치세 인하를 주장하였고, 노동정책에서 그 동안의 노동시장정책 개혁, 특히 하르츠Ⅳ의 철폐를 주장하였다. 연금개혁과 연계된 노인빈곤 문제에 대하여 월 800유로의 최저소득 보장을 주장하였다.

좌파당은 구 동독 지역에서 기민련의 29.8%에 육박하는 28.5%를 득표하였고, 브란덴부르크 주와 작센-안할트 주에서는 1당이 되었다.

이후 2013년 총선에서 좌파당은 부유세 도입과 법인세 인상 그리고 실업급여Ⅱ를 최저보장 1,050유로로 재체를 선거강령으로 내걸었다. 전체적으로 좌파당은 득표는 줄었지만 동독 지역에서 2당의 위치는 유지하였다.

이 선거에서 유로존 국가부채 위기로 인한 경제위기 분위기에서 반(反) 유럽, 반이민을 내건 극우파 정당 독일의 대안(AfD)이 5% 득표에 실패하여 의회진출은 못하였지만, 동독 지역과 서독 지역 모두 고르게 4.7%를 득표하였다. 비록 1~2%의 차이지만 이 당 역시 동독 지역에서의 득표가 더 많았다.

이제 기득권 정당이 결정적인 전기를 맞이하는 2017년 총선이 있게 된다. 기민련/기사연의 32.9%, 사민당 20.5%에 이어 독일의 대안이 12.6%로 제3당으로 부상하였다. 독일의 대안당 역시 경제적으로 불안정한 동독 지역에서 득세하여 제2당이 되었다. 작센 주에서는 제1당이 되고, 메클렌-포어폼메른 주에서는 제2당이었다. 좌파당은 비록 득표는 줄었지만 동독 지역에서 제3당을 유지하였다. 개혁의 주역 사민당은 2005년 이후 계속된 하향세에서 20%를 간신히 넘는 20.5%라는 19세기말 이후 최악의 성적을 보여주면서 동독 지역에서는 13.9%로 제4당으로 밀려났다. 이제 독일은 극우 독일의 대안에서 좌파의 정통성을 주장하는 좌파당에 이르는 다당 시대가 열린 것이다. 위에서 언급한 총선 결과를 표로 정리해보면 이런 추세는 변하지 않을 것 같다.

〈표 5-11〉 2002년 이후 연방의회 선거 결과

독일 전체

	기민련/기사연	사민당	자민당	녹색당	좌파당	독일의 대안
2002. 9. 22	38.5	38.5	7.4	8.6	4.0	
2005. 9. 18	35.2	34.2	9.8	8.1	8.7	
2009. 9. 27	33.8	23.0	14.6	10.7	11.9	
2013. 9. 22.	41.5	25.7	4.8	8.4	8.6	4.7
2017. 9. 24	32.9	20.5	10.7	8.9	9.2	12.6

구 동독 지역

	기민련/기사연	사민당	자민당	녹색당	좌파당	독일의 대안
2002. 9. 22	30.3	39.0	6.0	3.8	19.1	
2005. 9. 18	28.8	31.7	5.1	4.2	25.2	
2009. 9. 27	32.1	20.0	8.0	6.6	28.9	
2013. 9. 22.	40.3	19.6	1.8	5.0	24.3	0.9
2017. 9. 24	30.0	15.5	5.7	4.8	19.3	20.6

출처: www.wahlen-in-deutschland.de

대표적인 기성조직 중 하나인 노동조합조직율의 경우도 지속적으로 낮아지고 있으며, 동독 지역과 청년층이 상대적으로 더 낮다.

〈그림 5-4〉 노동조합 조직률(%)

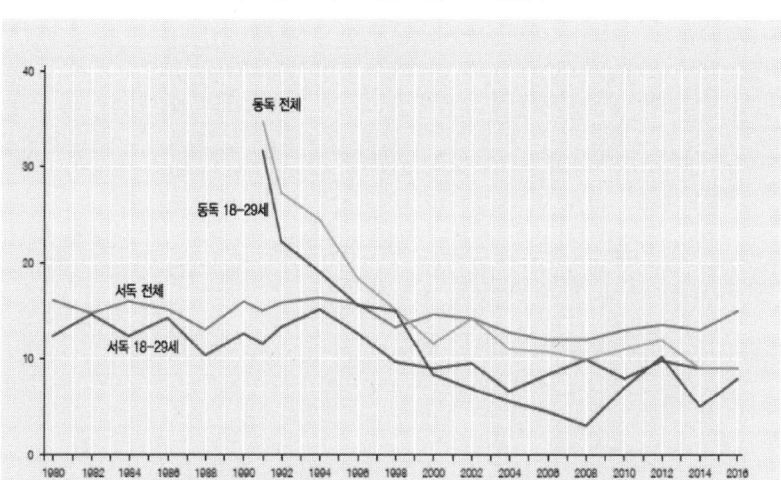

출처: 연방통계청 Datenreport 2018

이를 기성정당의 당원수 감소와 노령화 등과 노동조합 조직률 및 그 내용과 함께 총선의 추이를 보면[22], 기민련/기사연, 사민당 그리고 노동조합을 기득권 세력 그리고 개혁을 기득권 보호로 볼 수도 있을 것이다. 좌파당은 처음부터 개혁에 반대하였고, 개혁의 철회를 약속한 좌파당의 선거강령이나 독일의 대안 역시 개혁과 기득권에 대한 도전이었다.

---

22) 정당 당원수 및 연령 구성의 변화(노령화)에 관해서는 Oskar Niedermayer, "Parteimitglieder in Deutschland: Version 2017 NEU" 참조.

6
에필로그

에필로그

    1998년 슈뢰더 정부에서 시작된 노동시장정책 개혁을 위한 하르츠 개혁을 포함한 아젠다 2010은 2004년 제도적 개혁을 일단 완성하여, 이후 대연정을 통하여 계속 추진되어 왔다. 그리고 그 거시경제적 성과는 제5장에서 살펴본 그대로다. 그러나 그런 성과에도 불구하고 입법화 과정에서 제기되던 우려는 현실화되었다. 그리고 직접적인 결과인지에 대해서는 충분한 논의가 필요하겠지만 개혁의 결과는 독일연방공화국 수립 후의 정치구도를 변화시켰다. 1890년 제국의회 선거 이후 히틀러의 나치스 집권 기간을 제외하고 총선에서 득표 1위를 유지해오던 사민당은 2017년 총선에서 1890년 19.7% 이후 최악의 결과인 20.5% 득표로 하향세에 놓여 있고 나치스 집권기 이전에 사민당의 거점이었던 동독 지역에서는 제4당으로 내려앉았다.

    슈뢰더 총리의 일종의 실용주의적 노선의 개혁이 사민당 내는 물론이고 당시 야당을 비롯한 정당, 노동조합, 지식인과 사회에서 제기된 반발과 논쟁은 지금도 계속되고 있다할 것이다. 사민당은 이미 2004년 개혁에 반발한 당내 좌파의 탈당과 이 사회민주주의의 정통성을 주장하는 좌파당 출현 등에 따라 당내에 노선 갈등이 계속되고 있고 현재는 당수가 공석 상태다.[1]

이 논쟁의 중심은 독일연방공화국 창설 이래 독일 국가의 기본원리인 사회적 국가의 개념을 둘러싼 것이다.[2]

독일 기본법 1조 1항은 사회적 국가의 의무로서 "인간의 존엄을 존중하고 보호하는 것은 모든 국가권력의 의무"라고 규정하고 있다.

기민련은 사회정책의 목표를 연대와 보충성의 원칙에 따라 개인이 자신의 삶을 자신의 능력으로 영위할 수 있고, 자유와 책임 속에 자신의 삶의 길을 결정할 수 있게 하는데 두었다. 이의 수단에는 사회보험 외에 가족에 대한 부담 균형, 사회부조, 더 균등한 재산 분배, 근로조건에서 인간의 존엄을 보호하는 법령, 실업을 방지하거나 약화시키기 위한 노동시장정책이 포함된다. 이에 의해 설정된 법적 조건에 기초하여 사회가 이 목표를 달성할 수 있도록 하여야 한다.

사회정책의 가장 중요한 과제는, 모두에게 인간다운 삶을 보장하기 위하여 가난과 궁핍으로부터 보호하고, 개인이 부담할 수 없는 생존의 위험에 대하여 연대공동체에 의해 보장되는 사회보장과 보호를 제공하며, 자기책임을 강화하고 자조를 지원하며, 사회적 평화의 보전과 정의 및 사회적 평등의 진작이다.

미래지향적 사회정책은 예방하고, 경제성과 인도주의 정신(Humanität)을 결합하는 것이다. 그러나 지금까지 공동체는 개인 스스

---

1) 탈고한 뒤에 열린 당대회(2019. 12. 6-8. 베를린)에서 자스키아 에스켄(Saskia Esken)과 노르베르트 발터-보르얀스(Norbert Walter-Norjans)를 공동당수(Co-Parteichef)로 선출하였다. 여기서 이른바 부유세 재도입(1997년 연방헌법재판소에서 위헌 결정), 단체협약의 구속성 강화 등 이 책에서 다룬 사민당 슈뢰더 총리 주도 하의 개혁정책과 배치되는 결의가 있었다.

2) 독일 기본법 20조 1항은 "독일연방공화국은 민주적, 사회적 연방국가다"(Die Bundesrepublik Deutschland ist ein demokratischer und sozialer Bundesstaat.)라고 규정하고 있다.

로 제공할 수 있는 수많은 급부를 부담할 수밖에 없었다. 국가의 복지급부는 실제로 부조가 필요한 사람에게 집중되어야 한다. 따라서 기민련은 재정적으로 부담이 되지 않는 복지급부가 장래에는 원칙적으로 소득과 재산에 따라 보장되어야 하며, 전체 사회정책에서 자력, 자기책임 그리고 자기부담이 더 실현되는 것을 지지한다는 것이다. 자기의 책임과 사회에 대한 헌신에 의해 획득된 법적 권리는 특별한 보호를 받을 가치가 있다. 모든 정책 분야에서처럼 사회정책에서도 우선순위의 문제는 항상 새로이 설정되어야 한다. 새로운 과제를 이행하고자 하는 사람은 누구나 과거의 업무를 검증하여야 한다. 새로운 과제를 수행하고 인구구성의 변화의 결과를 극복할 수 있기 위해서 보험료나 세금을 올리지 않고 구조전환을 통해 확보하려는 새로운 행동 영역을 필요로 한다. 이런 맥락에서 사회적 국가의 축소가 아니라 강화가 과제다.[3]

이에 비하여 사민당은 시민의 사회적 및 민주적 참여는 물질적 기초가 보장될 때만 가능하다고 보고 있다. 독일에서 사회적 불평등의 확대는 이런 배경에서 받아들일 수 없다는 것이었다. 사민당의 개념은 국가의 개입에 훨씬 더 많이 의존하고 있다. 사회정책적으로 수정되지 않은 보험원칙에 기초한 사회적 급부 재정에서 중요한 정책수단은 조세다.

이런 사민당의 사회적 국가 개념은 앞에서 언급한 사회경제적 조건의 변화 특히 경제의 세계화, 국가부채의 급증, 장기적 대량실업이라는 조건 하에서 변화할 수밖에 없었다.

슈뢰더 총리는 1999년 6월 17일 런던에서 영국의 노동당 토니 블

---

[3] CDU, *Das Grundprogramm* (1994); www.kas.de.

레어 총리와 공동으로 발표한 "유럽: 제3의길/중도"(Europe: The Third Way/Die Neue Mitte)"에서 "신과 가족, 이웃과 사회에 대한 개인의 책임이 국가에 전가될 수 없다. 개인의 책임과 자조가 필요하다… 국가의 역할이 달려져야 한다"고 선언하였다.[4] 말하자면, 새로운 시대의 도전에 맞서기 위해서는 지금까지 사회민주주의의 가치를 옛 혹은 낡은 것으로 규정하고 현대화하여야 한다는 것이다. 그리고 2003년 3월 14일 연방의회에서 아젠다 2010에 관한 연설에서도 "지금까지의 개혁은 사회적 국가(복지국가) 본질의 유지에 관한 것이었지 생사에 관한 것은 아니라고 하면서, 사회적 시장경제까지라도 현대화하여야 하며, 그렇지 않으면, 시장의 힘에 의해 현대화(개혁)될 수밖에 없다"면서 사회적 국가 개념 자체가 생사의 기로에 있다고 밝혔다.

이어서 그는 강령 개정을 통하여 사민당 기본가치를 새로이 정의하고자 하였다. 그러나 당내의 반발에 부딪혀 기본가치의 새로운 정립은 2007년 함부르크 당대회에서 사회적 국가를 예방적 복지국가 내지는 예방적 사회적 국가(vorsorgende Sozialstaat)로 수정하는 정도의 타협에 그치고 말았다. "예방적 사회적 국가는 궁핍과 싸우고 사람을 활력 있게 하고, 자신의 생활을 스스로 결정할 수 있게 만든다." [5]

전통적인 사회민주주의의 사회적 국가는 헌법에 국가의 의무로서 사회적 기본권을 명시하여 국민이 이를 청구할 수 있어야 한다는 것이다. 사회민주주의 정통성을 주장하는 좌파당의 2007년 강령은 이를 명시하고 있다.

---

4) Tony Blair and Gerhard Schroeder, 앞의 글.
5) 전종덕/김정로 편역, 『독일 사회민주당 강령집』(2018, 백산서당), pp.200-203 참조; SPD, *Hamburger Programm* (2007); www.spd.de.

사회적 기본권은 헌법에 명시되어야 한다. 이를 위해 노동과 교육, 주거, 사회문화적 사회보장, 건강보험 등에 대한 권리와 같은 사회적 기본권의 도입을 통해 기본법의 사회적 국가원칙을 강화할 필요가 있다.[6]

이런 사회적 국가 원칙은 구체적으로 독일 기본법 1조의 사회적 국가의 인간다운 생활 보장 의무를 규정하고 있고, 이에 따라 생계비 보조, 18세까지의 자녀수당 등이 재정에 의해 지급되고 있다. 실업급여-Ⅰ를 규정하고 하고 있는 사회법전 2권(SGB-Ⅱ) 1조는 "구직자에 대한 기초보장은 수급권자가 인간다운 가치에 상응하는 생활을 영위할 수 있도록 하기 위한 것이다"라고 규정하여 사회적 국가에 관한 기본법 규정에 근거하고 있음을 밝히고 있다.

그러나 특히 국가의 복지비 지출이 그 원인이 되어 국가가 감당할 수 없을 정도로 증가한 국가부채, 즉 국가의 행위능력을 극도로 제한하고 있는 상황에서 복지국가의 지속가능성 문제가 제기되지 않을 수 없었다. 비록 당시 야당인 사민당의 반대로 실패하였지만 1995년부터 시도된 슈뢰더 정부 이전 헬무트 콜 총리 정부의 연금 개혁을 비롯한 조세와 복지제도 개혁 역시 이의 연장선상에 있다.[7]

이런 상황에서 집권한 사민당의 슈뢰더 총리 정부 역시 앞에서 언급한 좌파당 강령이 명시하고 있는 전통적인 사회민주주의의 사회적 국가의 개념을 수정하여 개인의 자기책임과 자조를 강조하는 입장에

---

6) 전종덕/김정로 편역, 『독일 녹색당/좌파당 강령집』(2018, 백산서당), p.271; www.dielinke.de.

7) 사회적 국가의 지속 가능성 문제에 관해서는 전종덕/김정로, 『독일 사회민주당의 역사』, pp.416-425 참조.

서 사회적 국가의 개념 그리고 복지제도의 개혁을 시도한 것이다. 어떻게 보면 자기책임을 강조하면서, "이는 그러나 국가 능력을 넘어서는 부담을 인수해서는 안 된다"는 기민련의 사회적 국가 개념에 접근한 것일 수도 있다.

노령연금은 1889년 비스마르크의 "노령 및 질병자 보험에 관한 법률" 이래로 노령연금의 경우 최종 소득의 70%를 인간다운 생활이 가능한 노후의 생활보장(Lebenssicherung) 수준으로 보고 2001년 연금보험 개혁 시까지 이를 유지하였다. 2001년 연금 개혁은 지금까지 국가에 의한 노후생활 보장의 원칙을 무너뜨린 것이다. 개인의 자구노력을 가미하여 국가재정을 기초로 한 법정연금 외에 사적 연금을 도입하였을 뿐만 아니라, 법정연금 지급 수준을 연차적으로 줄여서 최종 급여의 64%로 축소하기로 한 것이다. 의료보험 역시 자기 책임의 원칙에 따라 환자의 자기부담을 높였다.

다음에 언급하겠지만 사회적 국가 개념 문제는 현재도 살아 있는 이슈다.

그러나 앞에서 언급한 2007년 이후의 거시경제적 성과에 대하여 이런 성과가 슈뢰더 정부의 개혁의 직접적인 결과가 아니라 그 이전부터 진행된 독일의 사회개혁적 조건 특히 노사관계의 변화에 기인한 것이라는 입장이 있다. 앞에서 언급한 크리스티안 더스트먼(Christian Dustmann) 등의 논문인 "유럽의 병자에서 경제의 수퍼스타로: 독일 경제의 부활"(From Sick Man of Europe to Economic Superstar: Germany's Resurgent Economy) 등이 이런 입장에 서 있다.

이에 의하면, 독일은 주요 선진국에 비하여 대외의존도가 매우 높은 독일경제의 부활은 제조업을 중심으로 경쟁력 제고와 수출 확대에 기인하고 있으며, 이는 1990년대 초부터 바뀌기 시작한 독일 노사관계에서 힘의 균형의 변화에 기초한 것이라는 것이다.

〈표 6-1〉 주요 신진국의 국내총생산에서 수출입이 차지하는 비율(%)

	독일	영국	프랑스	이탈리아	미국	일본
2005	70.4	54.0	53.9	49.4	25.6	26.5
2008	80.9	56.0	57.4	54.7	29.9	34.4
2010	79.3	58.5	54.9	52.3	28.1	28.6
2012	85.9	61.1	59.7	56.2	30.6	30.6
2015	85.7	58.1	61.8	56.9	26.5	35.6
2018	87.2	61.3	63.4	61.0		

출처: 세계은행

통일 이후 즉 냉전 붕괴 이후 독일의 사용자들은 과거에는 빗장이 걸렸던 철의 장막 뒤의 동유럽 이웃 나라로 접근할 수 있게 되었다. 이들 국가는 저임금 비용이지만, 안정된 제도와 정치구조를 특징으로 하고 있었다. 이런 요인이 사용자 단체와 노동자 단체 간의 힘의 균형을 변화시켜서 노동자 단체는 많은 사람이 예상했던 것보다 훨씬 더 유연하게 이에 응했다. 즉, 노사 간의 힘의 균형이 바뀌었다는 것이다.

1990년대 중반 이후 산업별 협약에서 벗어나는 사업장 수준의 사례가 급증하였다. <그림 5-1>처럼 단체협약 적용 사업장 비율이 급감하였다. 이의 대표적인 예가 1993년 폭스바겐사의 연간 임금 5,000유로에 5,000명의 일자리를 보장하는 이른바 5,000 x 5,000 단체협약일 것이다. 이런 영향으로 독일 경제에서 단위노동비용이 감소하고 노동자의 생산성은 증가함으로써 독일 제조업의 경쟁력이 대대적으로 상승한 반면에 실질임금은 사실상 지속적으로 하락하였다는 것이다.

1990년 초에서 중반까지 이런 제도는 임금, 노동시간 기타 노동조건 결정 과정의 분권화(지방화)를 유례없을 정도로 가능하게 하였다. 즉, 산업, 지역 수준에서 사업장 심지어 노동자 개인 수준으로까지 분권화하였다. 이는 특히 임금분포의 하위에 있는 임금을 끌어내리는 데 기여하였다. 그렇지만 단체협상 자율제도는 유지되었다.

요컨대, 독일 노사관계의 특수한 체제는 임금 결정 과정의 유례없는 분권화 확대를 허용하였으며, 이는 실질임금, 특히 임금분포 하위층의 실질임금 하락을 가져왔다. 이는 두 가지 주요한 사정의 변화에 기인하였다는 것이다. 즉, ① 단체협약의 적용을 받지 않는 근로자 비율의 급증. ② 임금 결정 과정에서 노동조합에 비하여 사업장 내 직장협의회의 역할을 강화하는 개방조항의 확대.

이 논리에 따르면, 하르츠 개혁을 비롯한 슈뢰더 정부의 일련의 개혁은 실업기간 중 급부를 축소하고 제한하였으며, 취업알선을 자유화하였고, "적극적" 노동시장 정책으로 개혁하고 연방노동청을 개편하였지만, 임금 결정 과정의 제도적 변화는 전혀 하지 못했다는 것이다. "이미 진행 중인 독일 노동시장 변화가 하르츠 개혁의 정치적 근거 마련에 이바지하였다고 보는 것이 타당할 것이다. 개혁의 규모는 온건한 것이어서 경쟁력의 급증이나 독일 실업의 급감을 유발하거나 독일의 노동시장이 2008년-2009년 심각한 불황을 견디어낼 수 있게 할 수 있을 정도는 아닐 것이다. 더욱이 개혁의 초점이 구직자에 대한 인센티브 마련에 있었기 때문에, 경쟁력 확보를 설명하는 데 결정적 요인인 1990년대 중반 이후 두드러진 임금 억제에 그다지 이바지하지 못했다."[8]

---

[8] Christian Dustmann, Bernd Fitzenberger, Uta Schönberg, and Alexandra Spitz-Oener, "From Sick Man of Europe to Economic Superstar: Germany's Resurgent Economy,"*Journal of Economic Perspectives*, Volume 28, Number 1

아젠다 2010 개혁 즉 슈뢰더 정부의 개혁이 신자유주의적 개혁이라는 비판이 있다. 이를 가장 직접적으로 비판하고 있는 것이 반(反)신자유주의를 기조로 한 좌파당의 강령일 것이다. 적-녹 연립정부의 "사회적, 생태적 목표가 자본의 이익에 굴복하였고," "급부에서의 형평 대신 신자유주의 정책은 노동자의 희생 하에 미지급 소득에 유리한 급진적 재분배를 지지하고 있다. 사회적 국가 대신에 더 많은 자기책임이 더 많은 배제와 빈곤으로 이끌었다. 더 많은 경쟁이 아니라 유례없는 경제권력의 집중이 그 결과였다"라고 비판하고 있다. 그 결과 양극화와 동서독 지역 간의 격차를 확대시켰다는 것이다.[9]

양극화 확대 비판에 대하여 미하엘 휘터(Michael Hüther, 독일경제연구소 IDW 이사)는 "실질적인 데이터를 살펴보면 소득이 평균 소득의 60% 미만인 저소득층이 하르츠 개혁 이후에도 기존의 14% 수준을 거의 그대로 유지하고 있음을 확인할 수 있다. 중산층에도 큰 변화가 일어나지 않았다. 소득이 평균 소득의 80%에서 150% 사이인 중산층은 하르츠 개혁 이후 큰 변화 없이 계속해서 전체 인구의 약 50%를 차지한다"고 반박하였다.[10]

그리고 독일경제의 부활이 "기적의 분석"(Dissecting the Miracle)이란 제목의 <이코노미스트> 지의 2013년 6월 15일자 글을 보면 슈뢰더 정부의 근본적인 개혁에서 시작되었다는 입장을 취하고 있으면서도 영미식의 신자유주의와는 다르다는 논리에 서 있다.[11]

—Winter 2014, pp.167-188 참조.

9) 전종덕/김정로, 『독일 녹색당/좌파당 강령집』, pp.234-237 참조.

10) 미하엘 휘터(Michael Hüther), "하르츠 개혁과 독일의 고용기적," 『국제노동브리프』, 2014년 7월호(한국노동연구원, 2014), p.14.

11) <이코노미스트>는 이 특집기사 게재 15년 전으로 슈뢰더 정부 집권 다음 해

<이코노미스트> 지의 분석에 따르면, 2003년 전면적인 조세, 규제 및 노동의 일괄 개혁에서 가장 중요한 부분은 하르츠 개혁으로, 이는 독일 노동시장의 근본적인 개혁을 가져왔다는 것이다.

　　이런 정책은 독일을 더 영미식으로 돌게 하였다. [2014년 6월] 현재 독일인의 약 20%가 "저임금 일자리"에서 일하고 있는데, 이는 영국의 경우와 같고 미국의 경우보다는 그다지 낮지 않으며, 프랑스의 거의 두 배다. 독일의 고용 붐은 중소기업보다는 근저의 이런 개혁과 관련이 있다.
　개혁의 파급효과는 크다. 많은 독일 기업의 동쪽으로 이전과 관련하여 개혁은 노동조합을 설득하여 수년 간 임금 억제를 받아들이게 하였다. 2001년에서 2010년 기간 중 독일의 임금은 명목상 연간 평균 1.1% 상승하였다. 실질임금은 그대로였다. 단위 노동비용은 다른 나라에 비해 급격히 하락하였다.
　독일 제조업은 전통적으로 3개 큰 분야, 즉, 기계 장비, 화학, 자동차 분야에서 강했다. 이는 신흥경제가 호황이고 특히 중국이 투자 호황기였던 지난 10년 동안 완벽한 조합임을 보여주었다. 독일 수출의 거의 반 그리고 대(對) 중국 수출의 72%가 기계류와 운송장비였다.
　2008년 금융위기 시⋯ 독일의 제조업은 약한 유로화로 보상을 받아서 수출은 계속되었다.
　실용주의적 재정 정책이 도움을 주었다. 독일이 "아젠다 2010"

인 1999년 6월 3일 "유로의 병자"(The sick man of the euro)라는 제목의 기사를 실었다. 슈뢰더 총리의 적-녹 연립정부가 기업에 신뢰를 주고 있지 못하다고 적고 있다.

을 추진하던 해인 2003년은 독일이 "마스트리히트 조약" 예산 적자 3% 기준을 무시하던 해이기도 하다. 독일은 3% 이하 유지 노력보다는 차입 증대로 나아갔다. 슈뢰더 정부는 재정 건전화보다 구조개혁을 우선시하였다.

수출 수요가 무너지자, 독일 정부는 실업을 없애기 위한 여러 정책, 특히 근로시간 단축 정책-근로시간 단축에 따른 근로자의 임금 보전과 교육훈련 비용 지급으로 대응하였다. 세계적으로 자동차 판매가 급감하자, [튀빙겐의] 중소기업은 많은 근로자들을 납세자들의 비용으로 교육훈련에 보냈다. 이는 해고 없이 20% 감소에 살아남았고, 근로자들은 더 생산적이 되어 돌아왔다.

신자유주의 정책 하에서 금융자본에 의한 자산 버블로 2008년 결국 폭발로 이어진 영국과 미국의 자본주의와는 달리 독일은 자산 버블을 경계하였다. 수출증가와 재정흑자 등으로 인한 막대한 경상수지 흑자를 국내의 물가상승을 우려한 독일은 해외투자로 돌렸고, 이는 대부분 손실을 보았다.

미국의 서브프라임 채권과 스페인의 자산 대출에 이르기까지 독일 은행은 넘치는 저축을 온갖 종류의 투기적 채권(정크본드)에 투자했다. 베를린의 독일경제연구소(DIW)의 마르셀 프라처(Marcel Fratscher)의 새로운 연구는 독일 2006년 이후 외국 투자 평가 시 국내총생산의 20% 상당의 손실을 보았음을 시사하고 있다.

높은 임금 인상과 일부 건설 붐이 아직은 독일의 대규모 흑자를 줄이지 못한다. 흑자는 작년에 더 늘어났지만, 독일인들은 이미 자산 버블과 안정 상실을 우려하고 있다. 연방은행은 주택시장의 거품을 경고하고 있다.

그러나 독일 연방통계청의 자료, 연구자들의 연구 성과에서 나타나듯이 이런 독일 경제의 기적 뒤에서 소득의 양극화와 부의 양극화 확대라는 문제가 커지고 있다.

국가로서 독일은 부유하지만, 최근의 유럽중앙은행 연구는 전형적 독일 가계는 그렇지 않다는 것을 보여주고 있다. 놀랍게도 평균적인 가계의 순자산 51,400유로는 전형적인 이탈리아, 스페인 심지어 그리스의 가계 자산보다 적다.

〈그림 6-1〉 자산 빈곤(Asset-poor)

가계 당 평균 순재산. 단위: 1,000유로, 2010년 혹은 최근 자료

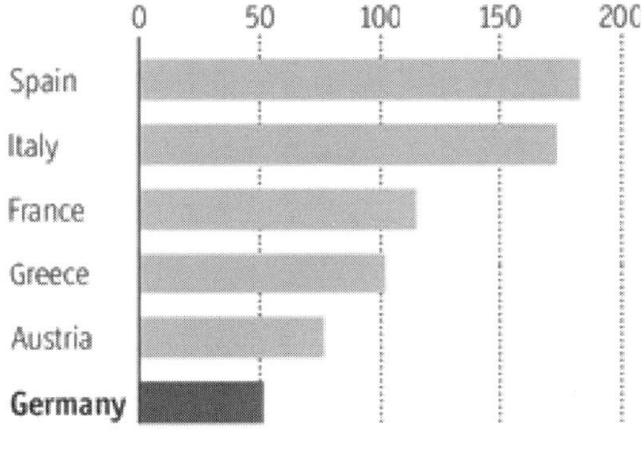

Spain	~180
Italy	~170
France	~115
Greece	~100
Austria	~75
Germany	~50

출처: 유럽중앙은행(〈이코노미스트〉지에서 재인용)

이에 대하여 〈이코노미스트〉는 독일 경제와 유럽의 경제를 위하여

저축을 줄이고 소비와 투자를 늘릴 것을 주장하고 있다.

검소 문화에서 그리고 지금 급속히 노령화하는 사회에서 독일은 당연히 소비보다 더 많이 저축한다. (통일 후 몇 년을 제외하면, 1952년 이후 독일은 거의 변함없이 흑자를 유지하여 왔다.) 그러나 현재 국내총생산의 7%라는 경상수지 흑자는 10년 전보다 3배나 높다. 이는 대체로 인위적인 통화 약세와 임금 압박에 의한 것이다. 이는 독일인(저축을 쌓아서 형편없이 해외에 투자함으로써 더 높은 생활수준을 희생하고 있다)과 유로존 내외의 다른 나라 사람들에게 모두 불건전하다.

국내총생산에서 투자가 점하는 비율은 2000년의 22%에서 2012년 17%로 격감했다. 공공투자가 축소되고, 기업은 자본 활용에 중점을 두어 왔으며, 자산 붐이 없어지면서 건설 투자가 거의 없어졌다.12)

앞에서 인용한 사민당 좌파의 원로로 슈뢰더에 대하여 비판적인 이데올로그 에어하르트 에플러(Erhard Eppler) 역시 "사회민주주의는 미국식 신자유주의의 대안이다." "오늘 새로운 것을 만들려고 한다면, 신자유주의적으로 조직된 경제 세계화에서 발생하는 압박을 강령에 집어넣는 대신 신자유주의에 대한 대응책을 찾아야 한다"고 말하여 독일의 아젠다 2010 개혁을 신자유주의에 대한 대응으로 보았다.13)

---

12) *The Economist*, "Dissecting the miracle"(2013.6.15).

13) 이 점에 대하여 황준성 교수는 "아젠다 2010 프로그램을 독일의 '사회적 시장경제' 모델의 한계와 실패에 대한 불가피한 대안이자 독일의 사회적 시장경제가 영미형 자본주의 체제로 전화하려는 개혁정책으로 평가하는 데는 무리

영국의 블레어와 공동으로 발표한 '유럽: 제3의 길/신중도' 등에서 슈뢰더 총리는 거듭 실용주의적 입장을 밝혔다. 이 실용주의적 개혁은 성장, 고용 확대, 국가부채 축소라는 거시경제적 문제를 해결하여 "기적"을 이루어냈지만 또 한편으로는 "절망감"을 확대하였다.

앞의 마르셀 프라처는 독일 경제의 최대 문제는 투자 갭(investment gap)과 과도한 경상수지 흑자라고 규정하였다. 이 흑자를 불균형 해소와 소비를 위하여 투자하는 대신 이코노미스가 지적하고 있듯이 해외의 투기성 사업에까지 투자하여 엄청난 손실을 보았다는 것이다. 이는 다시 부와 소득과 기회의 불균형을 확대하여 왔다는 것이다.

하르츠Ⅳ 법률안 심의 과정에서 민사당의 페트라 파우 의원이 "사회부조 수급자는 들것에서 떨어지고 실업자는 밀려난다. 그리고 경제기적이 올 것이다. 사회부조와 실업부조의 통합은 수십만 명에게 특히 동독 지역에 영향을 줄 것이다"라는 것이 그대로 현실화한 것이다.

슈뢰더 총리의 적-녹 연립정부의 개혁 즉 아젠다 2010 개혁은 거시경제적인 측면에서 독일경제를 "기적"이라 부를 정도로 부활시켰고, 현재도 유럽연합 그리고 유로존에서 독일 경제의 비중은 확대되고 있다. 그러면서도, 지금까지 논의하면서 살펴본 자료는 부, 소득, 기회

가 있다"고 보고 있다. "왜냐하면 1990년대 이후 독일경제의 침체는 독일 통일 이후의 통일비용 지출에 따른 경제부담과 통일 후유증에 기인하는 바가 크고, 1990년대 중반 이후에 나타난 고실업 문제도 구동독 지역에 나타난 고실업 문제를 능동적으로 해결"하지 못한 경제정책의 실패였기 때문이다." "'아젠다 2010'은 기존의 '과도한' 사회보장비 지출과 통일비용에 따른 정부 재정지출의 한계와 이에 따른 경제성장의 둔화를 극복하고자 마련된 독일 '사회적 시장경제' 틀 내에서의 개혁으로 평가하는 것이 옳다"고 주장하고 있다; 황준성, 『질서자유주의 독일의 사회적 시장경제』(숭실대학교 출판부, 2011), pp.149-152 참조.

에서 기존의 계층 간, 세대간, 지역 간 양극화를 가져다주었다. 이는 2005년 9월 연방의회 총선에서 패배 이후 사민당은 하르츠Ⅳ 트라우마에서 벗어나지 못하고 있다.

각종 선거에서 하향을 거듭하면서 사민당은 내부 노선 투쟁에서 헤어나지 못하고 있다. 크게는 사회적 국가 개념에 관한 것이고, 구체적으로는 하르츠Ⅳ 트라우마에서 벗어나기 위한 것이다. 2019년 2월 당대회를 앞두고 당시 당수인 안드레아 날레스(Andrea Nahles)는 독일 언론 편집들과의 대담에서 미래에 맞는 사회적 국가 개념을 만들기로 하였다고 말했다.

> 시민을 불신하는 국가에서 위험으로부터 안전을 보장하고 기회를 마련해주고 배려하는 사회적 국가의 길로. 우리는 사회적 국가가 통제자나 후원자가 아닌 국민의 동반자로서 거듭나기를 원한다.
> 이를 실현하기 위하여 사민당은 복지행정 개혁을 원한다. 우리는 관할권의 원칙에서 벗어나서 현대적인 국민의 동반자로 가야 한다.
> 우리는 하르츠Ⅳ를 떠났다.
> 사민당은 현재의 기초보장을 시민수당으로 대체하고자 한다. 하르츠Ⅳ와 달리 시민수당은 사회적 국가를 필요로 하면서도 이를 남용하지 않는 사람들의 전망에서 나온 것이다. 이에 의해 우리는 우리가 대량실업이 만연하던 16년 전에 도입하였던 관점을 수정하여야 한다… 시민수당 도입에 의해 우리는 제도와 그 정신을 철저하게 바꾸고자 한다.
> 시민수당의 중점은 지원과 격려를 목표로 하는 인센티브에 있

다. 부당한 제재는 없어야 한다.

장래에는 실업자이면서 계속교육을 받은 사람은 누구나 일정한 그 자격 기간 동안 실업급여 I 을 더 오래 받을 수 있어야 한다. 실업급여Q라 한다.[14]

그러나 2019년 6월 당대회에서 당수 안드레아 날레스와 연방 재무 장관 올로프 숄츠는 패배하였다. 사민당만 그런 것은 아니다. 물론 사민당은 트라우마에 시달리고 있지만, 개혁에 대하여 타협한 기민련/기사연은 물론, 노동조합의 사정도 정도의 차이는 있지만, 마찬가지다. 기민련/기사연 역시 선거에서 득표율은 하락추세다. 노동조합 조직율은 1990년 47% 이상을 정점으로 현재 20% 이하다.

독일의 사회에서 하르츠IV 그리고 아젠다 2010은 여전히 살아서 꿈틀거리는 의제로 사회와 정치에 영향을 주고 있다.

이는 금년 9월 1일에 실시된 구 동독지역인 작센과 브란덴부르크 주의회 선거에서 극우 포퓰리스트 정당인 독일의 대안(AfD)이 각기 기민련과 사민당에 이은 제2당으로 위상을 확인하였다. 기민련과 사민당 모두 득표율이 하락하였다. 프랑스의 <르몽드>(*Le Monde*) 지는 베를린 장벽 해체 30주년 기념행사를 준비하고, 독일연방공화국의 슈타인마이어 대통령이 나치스의 폴란드 침공 80주년에 맞추어 폴란드를 방문하여 사죄하는 날 실시된 주 의회선거에서 극우 포퓰리스트 정당의 성공을 구 서독지역에 비하여 낙후된 구 동독지역의 사회경제적 상황의 결과라고 분석하는 기사를 게재하였다.[15]

---

14) www.spd.de.

15) *Le Monde*, 2019.9.2; www.lemonde.fr.

서독지역에 비하여 노령화가 더 빠르게 진행되고 있고, 실업률이 6.6%로 서독지역보다 높으며, 주민 1인당 연간 평균소득은 29,477유로로 서독지역 40,301유로보다 현저히 낮고, 500대 기업 중 동독지역에 본사를 둔 기업은 37개뿐이며, 연방정부의 장관 17명 중 동독지역에 지역구를 둔 장관은 메르켈 총리뿐이라고 분석하였다. 1989년 동독 평화혁명의 근원지인 작센의 라이프치히에서 동독 시민들이 자유와 인권을 요구하면서, "우리가 인민이다!"(Wir sind das Volk!)라는 구호를 외쳤다. 이는 동독의 국가 소멸과 통일로 가는 신호탄이었다. 그런데, 2019년 9월 1일 주 의회선거를 앞둔 독일의 대안당의 선거 캠페인에서 "우리가 인민이다!"라는 구호가 나왔다는 것이다.

슈뢰더 총리 정부 7년의 개혁 과정이 현재의 이해 당사들과의 합의에는 대체로 성공하였지만, 미래와의 합의에는 실패한 셈이다. 그 결과 독일 경제는 마르셀 프라처의 책 제목처럼 "행복감과 절망감 사이에서 독일의 환상"(Germany Illusion Between Euphoria and Despair)의 어디쯤에 있을 것이다.

대내외 조건이 근본적으로 변하면 근본적인 개혁을 위하여 다시 토론, 설득, 타협 그리고 제도화의 긴 여정을 새로 시작할 것이다.

용 어

Alleinerziehende: 한부모
Anschlussunterhaltsgeld: 연계생계수당
Arbeitnehmerüberlassung: 근로자파견
Arbeitnehmerüberlassungsvertrag: 근로자임대계약
Arbeitsbescheinigung: 노동증명
Arbeitsgemeinschaft: 업무팀
Arbeitslosenhilfe: 실업부조
Arbeitsstiftung: 노동재단
Atmungsinstrumente: 유연정책
Auffanggesellschaft: 구조(救助)회사
Aufsichtsrat: 감사위원회
Aufstocker: 중복수급자
AusbildungsZeit-Wertpapier(AZWP): 직업교육시간-증권
bedarfsdeckende Beschäftigung: 필요 충당 고용
Bemessungsentgeld: 기준소득
Beschäftigungsgesellschaft: 고용회사
Beschäftigungstransfer: 고용이전
Betriebsrat: 직장협의회
BridgeSystem: 교량체계
Bundesvereinigung der Deutschen Arbeitgeberverbände(BDA): 독일사용자연합
Clearingstelle: 정보센터
Deutscher Gewerkschaftbund(DGB): 독일노동조합총연맹
Dienstleistungen in Privathaushalten: 가사도우미
Eingliederungsvereinbarung: 고용약정

Eingriffsverwaltung: 개입행정
Einstiegszuschuss: 진입보조금
Existenzgrundlagengesetz: 생계기초법률안
Familien-AG: 가족기업
Familienkass: 가족기금
Familienmitglied: 가족구성원
Geschäftsbesorgungsverträge: 위임계약
Geschäftsführung: 경영이사회
Globalbudget: 포괄예산제도
Höherversicherung: 고액보험
Ich-AG: 1인 기업
Innovationsmodule: 혁신모듈
Instituts für Arbeitsmarkt- und Berufsforschung(IAB): 노동연구소
Job-AQTIV: 노동시장 정책 수단 개혁에 관한 법률
JobCenter: 일자리센터
JobFloater: 고용보조금
Kapazitätsanpassung: 생산능력조정
Kapital für Arbeit: 일자리를 위한 자본
Klebeeffekt: 접착효과
Kommission für Moderne Dienstleistungen am Arbeitsmarkt. Hartz
    Kommission(Hartz Kommission): 노동시장 업무 현대화 위원회
kommunalen Träger: 지자체 집행기관
KompetenzCenter: 역량센터
Konzierte Aktion: 조화로운 행동
Korporatismus: 조합주의
Lohnversicherung: 임금보험
Manteltarifvertrag: 포괄적 단체협약
Mini-Job: 미니잡
Mischverwaltung: 혼합행정
Mitbestimmung: 공동결정
mündelsichere Anlage: 후견인 자금 투자

Neue Mitte: 신중도

PersonalServiceAgenturen(PSA): 근로자파견사업부

Qualifizierungsgesellschaft: 기량향상회사

Schnittstellenmanagement: 인터페이스 경영

Signaturkarte: 등록카드

Sozialgeld: 사회복지수당

Sozialhilfe: 사회부조

Sozialstaat: 사회적 국가

Sperrzeiten: 경력단절기간

Stille Reserve: 사실상 실업자

Strukturanpassungsmaßnahme: 구조조정정책

Tarifautonomie: 단체협약 자율

Träger: 집행기관

Transfergesellschaft: 이전회사

Überbrückungsgeld: 창업자금

Übergangsarbeitsmarkt: 이행노동시장

Übergangsregelungen: 경과규정

Umsatzsteuergesetz(UStG): 거래세법

Unterhaltsgeld: 부양수당

Vermittlung: 취업알선

Verschiebebahnhof: 관할변경(환승)

Workholder Value: 노동보유가치

Zeitkonten: 근로시간계좌

Zeitkorridor: 주당 노동시간 상하한선

zugelassene kommunale Stelle: 지자체 집행부서

zugelassene kommunale Träger: 지자체 집행기관

Zumutbarkeit: 적정성

참고문헌

단행본

김영미, 『독일의 하르츠 개혁에 따른 근로연계복지에 관한 법제 연구』, 한국법제연구원, 2013
김영윤, 『동독 이탈 주민에 대한 구서독 정부의 정책- FES-Information-Series 2003-07』, 프리드리히 에버트 재단 한국사무소, 2003
김종욱 역, 『경제와 사회민주주의』, 한울, 2012
김철수, 『독일통일의 정치와 헌법』, 박영사, 2004
남구현 외 역, 『독일통일 이후 구동독지역 사회변화와 노동조합』, 현장에서 미래를, 2000
박홍재 편', 『독일 자동차산업 노사관계사』, 한국자동차산업연구소, 2005
배진영, 『베를린 장벽 붕괴 후 10년 - 통일 독일의 경제』, 프리드리히 에버트 재단 한국사무소, 1999
안석교, 『아젠다 2010-경제개혁의 배경, 내용 및 전망 -FES-Information-Series』, 프리드리히 에버트 재단 한국사무소, 2004
이상호, 『독일 노동운동의 자기정체성 모색과 현실적 딜레마』, 한국노동연구원, 2005
이진모 역, 『개혁을 위한 연대: 독일사회민주당과 노동조합』, 한울, 2001
이진모 역, 『독일사회민주당 150년의 역사』, 한울, 2017
장명봉, 『분단국가의 통일과 헌법』, 국민대 출판부, 2000
전종덕, 『독일통일』, 백산서당, 2019
전종덕/김정로, 『독일사회민주당의 역사』, 백산서당, 2018
전종덕/김정로 편역, 『독일 사회민주당 강령집』, 백산서당, 2018
전종덕/김정로 편역, 『독일 녹색당/좌파당 강령집』, 백산서당, 2018
조혜경 역, 『복지국가와 사회민주주의』, 한울, 2012
하이너 드립부쉬, 페터 비르케, 『독일의 노동조합』, 프리드리히 에버트 재단 한국 사무소, 2014

한상익 역, 『사회민주주의 기초』, 한울, 2012
허 영 편, 『독일통일의 법적 조명』, 박영사, 1994
황준성, 『질서자유주의 독일의 사회적 시장경제』, 숭실대학교 출판부, 2011

Tony Blaire and Gerhars Schröder, *Europe: The Tird Way/Die Neue Mitte*, 1998 (www.fes.de)
Alexander Petring u. a., *Sozialstaat und Soziale Demokratie*, 2010 (library.fes.de)
BDA, *REFORMEN OHNE SOZIALE GERECHTIGKEIT?*, 2004 (www.bda-online.de)
BDA, *Geschäftsbericht 2005*, 2006(www.bda-online.de)
BDA, *Geschäftsbericht 2002*, 2003(www.bda-online.de)
BDA, *Geschäftsbericht 2003*, 2004(www.bda-online.de)
BDA, *Geschäftsbericht 2004*, 2005(www.bda-online.de)
BDA, *Geschäftsbericht 2006*, 2007(www.bda-online.de)
BDA, 'Selbstständige Schule' 2004(www.bda-online.de)
BDA/BDI, *Berufliche Weiterbildung: Schlüssel zu Wettbewerbsfähigkeit und Beschäftigungsfähigkeit*, 2007(www.bda-online.de)
BRD-DDR, *Staatsvertrag zur Währungs, Wirtschafts und Sozialunion*, 1990 (Bundesstiftung zur Aufarbeitung der SED-Diktatur. deutsche-einheit-1990.de)
Bundesministerium für Arbeit und Soziales, *Endbericht zur Evaluation der Experimentierklausel nach § 6c SGB II*, 2008(www.bmas.de)
Bundesministerium für Wirtschaft und Energie(BMWi), *Jahresbericht der Bundesregierung zum Stand der Deutschen Einheit*, 2018(www.bmwi.de)
Bundesministeriums für Arbeit und Soziales, *Die Wirksamkeit moderner Dienstleistungen am Arbeitsmarkt* (www.bmas.de)
Bundesrat, "Plenarprotokoll 783" (2002.11.29) (www.bundesrat.de)
Bundesrat, "Plenarprotokoll 795" (2003.12.19) (www.bundesrat.de)
Bundesrat, "Plenarprotokoll 799" (2004.5.15) (www.bundesrat.de)
Bundesrat, "Plenarprotokoll 802" (2004.7.9) (www.bundesrat.de)
Bundesrat, "Plenarprotokoll 784" (2002.12.20) (www.bundesrat.de)
Bundesrat, "Plenarprotokoll 793" (2003.11.7) (www.bundesrat.de)
Bundesrat, "Plenarprotokoll 799" (2004.5.14) (www.bundesrat.de)
Bundesrat, "Plenarprotokoll 802" (2004.7.9) (www.bundesrat.de)
Bundestag, "Plenarprotokoll 14/3" (1998.11.10) (www.dipbt.bundestag.de)
Bundestag, "Plenarprotokoll 15/58" (2003.9.8) (www.bundestag.de)
Bundestag, "Plenarprotokoll 15/8" (2002.11.7) (www.bundestag.de)

Bundestag, "Beschlussempfehlung des Vermittlungsausschusses" (Drucksache 15/202, 2002.12.17) (www.bundestag.de)

Bundestag, "Plenarprotokoll 15/17" (2002.12.20) (www.bundestag.de)

Bundestag, "Beschlussempfehlung des Ausschusses für Wirtschaft und Arbeit" (Drucksache 15/1728. 15.10.2003) (www.bundestag.de)

Bundestag, "Plenarprotokoll 15/67" (neu) (2003.10.17) (www.bundestag.de)

Bundestag, "Plenarprotokoll 15/84" (2003.12.19) (www.bundestag.de)

Bundestag, "Plenarprotokoll 15/103" (2004.4.2) (www.bundestag.de).

Bundestag, "Beschlussempfehlung und Bericht des Ausschusses für Wirtschaft und Arbeit" (2004.4.28) (www.bundestag.de)

Bundestag, "Plenarprotokoll 15/105" (2004.4.29) (www.bundestag.de)

Bundestag, "Beschlussempfehlung des Vermittlungsausschusses" (2004.6.30) (www.bundestag.de)

Bundestag, "Plenarprotokoll 15/119" (2004.7.2) (www.bundestag.de)

Bundestag, "Beschlussempfehlung-des Vermittlungsausschusses" (Drucksache 15/2259. 2003.12.16) (www.bundestag.de)

Bundestag, "Beschlussempfehlung-des Vermittlungsausschusses" (Drucksache 15/3495. 2003.6.30) (www.bundestag.de)

Bundestag, "Beschlussempfehlung und Bericht des Ausschusses für Wirtschaft und Arbeit" (Drucksache 15/2997. 2004.4.28) (www.bundestag.de)

Bundestag, "Plenarprotokoll 14/147" (2001.1.26) (www.bundestag.de)

Bundestag, "Plenarprotokoll 15/32" (2003.3.14) (www.bundestag.de)

Bundestag, "Beschlussempfehlung des Ausschusses für Wirtschaft und Arbeit" (Drucksache 15/77. 2002.11.13) (www.bundestag.de)

Bundestag, "Protokoll 15/4" (Öffentliche Anhörung. 12. November 2002) (www.bundestag.de)

Bundestag, "Bericht des Ausschusses für Wirtschaft und Arbeit" (Drucksache 15/91. 2002.11.14) (www.bundestag.de)

Bundestag, "Plenarprotokoll 15/11" (2002.11.15) (www.bundestag.de)

Bundestag, "Plenarprotokoll 15/17" (2002.12.20) (www.bundestag.de)

Bundestag, "Plenarprotokoll 15/58" (2003.9.8) (www.bundestag.de)

Bundestag, "Plenarprotokoll 15/58" (2003.9.9) (www.bundestag.de)

Bundestag, "Plenarprotokoll 15/65" (2003.10.15) (www.bundestag.de)

Bundestag, "Plenarprotokoll 15/4" (2002.10.29) (www.bundestag.de)

Bundestag Ausschuss für Wirtschaft und Arbeit, *Ausschussdrucksache* 15(9)1112"

(2004.4.23) (www.bundestag.de)
Bundestag Ausschuss für Wirtschaft und Arbeit, *Materialien für die öffentliche Anhörung von Sachverständigen am 26. April 2004 in Berlin zum Kommunales Optionsgesetz* (www.bundestag.de)
Bundesvereinigung der Deutschen Arbeitgeberverbände, *Geschäftsbericht 2002, 2003* (www.bda.de)
Bundesverfassungsgericht, *Urt. v.20.12.2007-2BvR 21433/04* (2007.12.20) (www.bundesverfassungsgericht.de)
CDU, *Ahlener Programm* (www.kas.de)
CDU, *Wahlprogramm der CDU und CSU 1994* (www.kas.de)
CDU, *Wahlprogramm der CDU und CSU 1998* (www.kas.de)
CDU, *Grundsatzprogramm-Freiheit, Solidarität, Gerechtigkeit(1978)* (www.kas.de)
CDU, *Grundsatzprogramm-Freiheit in Verantwortung(1994)* (www.kas.de)
CDU, *Programm Zweiter Parteitag der CDU* (www.kas.de)
CDU, *Protokoll, 17. Parteitag der CDU Deutschlands(1.-2. Dezember 2003)* (www.kas.de)
CDU, *Protokoll, 18. Parteitag der CDU Deutschlands(6.-7. Dezember 2004)* (www.cdu.de)
CDU, *Der Bericht der Herzog-Kommission und der Beschluss des CDU-Parteitags(2003)* (www.kas.de)
CDU, CSU und SPD, *Gemeinsam für Deutschland. Mit Mut und Menschlichkeit-Koalitionsvertrag von CDU, CSU und SPD* (2005. 11) (www.cdu.de)
David Moraewtz, *Twenty-five Years of Economic Development 1950 to 1975*, The World Bank, 1977
Deutsche Rentenversicherung, *Unsere Sozialversicherung* (www.rentenblicker.de)
Deutschen Rentenversicherung Bund, *125 Jahre gesetzliche Rentenversicherung*, 2014(www.deutsche-rentenversicherung.de)
Deutscher Paritätischer Wohlfahrtsverband - Gesamtverband e.V. u.a., *Rente mit 67 – Die Voraussetzungen stimmen nicht!/Erster Monitoring-Bericht des Netzwerks für eine gerechte Rente* (www.dgb.de)
DGB, *Ausführliche Bewertung des DGB zum Koalitionsvertrag zwischen CDU, CSU und SPD vom 11. November 2005* (www.dgb.de)
Die Linke, *Programm der Partei DIE LINKE* (www.rosalux.de)
Die Linke, *Bundestagswahl 2005 – Wahlprogramme der Parteien im Vergleich* (www.rosalux.de)

Die Linke, *Wahlprogramm - Partei DIE LINKE* (2017) (www.die-linke.de)
Europäische Gerichtshof, *Rechtssache C-144/04* (eur-lex.europa.eu)
European Communities, *Treaty of Amsterdam* (1997) (europa.eu.int)
European employment strategy- Employment guidelines (www.ec.europa.eu)
Experten-Gremium Kommission für die Nachhaltigkeit in der Finanzierung der sozialen Sicherungssysteme, *Bericht der Kommission Bundesministerium für Gesundheit und Soziale Sicherung* (www.bmgs.de)
Georg Erber/Harald Hagemann, *Zur Produktivitätsentwicklung Deutschlands im internationalen Vergleich* (www.fes.de)
Gerhard Schröder, *Regierungserklärung des Bundeskanzlers* (1998) (www.bundestag.de)
Gerhard Schröder, *Mut zum Frieden und zur Veränderung (Plenarprotokoll 15/32, den 14. März 2003)* (www.bundestag.de)
Gerhard Schröder, *Regierungserklärung-Agenda 2010* (14. März 2003) (www.bundestag.de)
ICF GHK, *Evaluation of flexicurity 2007-2010: Final Report* (2012) (www.ec.europa.eu)
IG Metall-Vorstand, *Erstes und Zweites Gesetz der Regierungskoalition für moderne Dienstleistungen am Arbeitsmarkt- Endfassung/Zusammenfassung und Bewertung* (2003) (www.igmetall.de)
INSTITUTS FÜR DEMOSKOPIE ALLENSBACH, *Der Wert der Freiheit* (Oktober/November 2003), 2003, (www.ifd-allensbach.de)
KAS, *Strategien gegen Arbeitslosigkeit und Armut: Beschäftigungschancen für Geringqualifizierte* (2006) (www.kas.de)
Klaus-Heiner Röhl, *Bürokratieabbau – Analysen und Handlungsempfehlungen* (2006) (www.kas.de)
Kommission "Moderne Dienstleistungen am Arbeitsmarkt," *Moderne Dienstleistungen am Arbeitsmarkt* (www.bmas.de)
Kommission "Soziale Sicherheit," *Bericht der Kommission Soziale Sicherheit zur Reform der sozialen Sicherungssysteme* (www.kas.de)
Kommission der Europäischen Gemeinschaften, *Arbeitsdokument der Kommissiondienststellen* (2002) (www.europarl.europa.eu)
Kommission für die Nachhaltigkeit in der Finanzierung der sozialen Sicherungssysteme, *Bericht der Kommission für die Nachhaltigkeit in der Finanzierung der sozialen Sicherungssysteme* (www.bmas.de)
Kommission Mitbestimmung von BDA und BDI, *Bericht der Kommission*

Mitbestimmung (2004.11) (www.bda-online.de)

Kommission zur Modernisierung der deutschen Unternehmensmitbestimmung, *Bericht der wissenschaftlichen Mitglieder der Kommission* (2006.12) (www.boeckler.de)

Kommission zur Reform der Unternehmensbesteuerung, *Bericht der Kommission zur Reform der Unternehmensbesteuerung eingesetzt vom Bundesminister der Finanzen* (www.ifm-bonn.org)

Leo Kißler, Ralph Greifenstein, *Arbeitspapier 93- Hartz-Reform und Gesetze zu neuen Dienstleistungen am Arbeitsmarkt* (Hans-Böckler-Stiftung, 2004) (www.boeckler.de)

Leszek Balcerowicz u.a., *LISBON COUNCIL E-BOOK/Economic Growth in the European Union* (2013) (www.lisboncouncil.net)

Ludwig Erhard, *Erklärung der Bundesregierung* (1963) (www.bundestag.de)

Martin Neil Baily and Jacob Funk Kirkegaard, *TRANSFORMING THE EUROPEAN ECONOMY*, The Peterson Institute for International Economics, 2004 (www.piie.com)

Michael Dauderstädt, *How to close the European investment gap?*, Friedrich-Ebert-Stiftung EU Office Brussels(www.fes-europe.eu)

Michael Sommer(Vorsitzender des Deutschen Gewerkschaftsbundes), *Grußwort an den SPD-Bundesparteitag in Bochum am 17. November 2003* (www.spd.de)

Militärgouverneuren der USA, Großbritanniens und Frankreichs, *Dokumente zur künftigen politischen Entwicklung Deutschlands* (Frankfurter Dokumente) (web.archive.org)

OECD, *OECD ECONOMIC SURVEYS EUROPEAN UNION 2018* (www.oecd.org)

Rheinisch-Westfälisches Institut für Wirtschaftsforschung und Institut für Sozialforschung und Gesellschaftspolitik, *Evaluation der Umsetzung der Vorschläge der Hartz-Kommission-Arbeitspaket 1, Modul 1f* (www.bmas.de)

Sozialdemokratischen Partei Deutschlands/Bündnis 90/Die GRÜNEN, *Koalitionsvereinbarung* (1998) (www.fes.de)

Sozialdemokratischen Partei Deutschlands/Bündnis 90/Die GRÜNEN, *2002 Koalitionsvertrag-ERNEUERUNG-GERECHTIGKEIT-NACHHALTIGKEIT* (www.fes.de)

SPD, *Regierungsprogramm 1994* (www.fes.de)

SPD, *Regierungsprogramm 1998* (www/fes.de)

SPD, *Godesberger Grundsatzprogramm* (1959) (www.fes.de)

SPD, *Beschlüsse Außerordentlicher Parteitag der SPD in Berlin* (01. Juni 2003)

(www.spd.de)
SPD, *Bundesparteitag Bochum 2003*, 17-19. November 2003 (www.spd.de)
SPD, *Protokoll Außerordentlicher Parteitag der SPD- Deutschland 2010 - Werte und Ziele für unser Land* (www.spd.de)
SPD, *Protokoll Bundesparteitag Karlsruhe, 14-16. November 2005* (www.spd.de)
Statistisches Bundesamt, *Datenreport 2002* (www.destatis.de)
Statistisches Bundesamt, *Datenreport 2016* (www.destatis.de)
Statistisches Bundesamt, *Datenreport 2004* (www.destatis.de)
Statistisches Bundesamt, *Dtaenreport 2018* (www.destatis.de)
Statistisches Bundesamt, *Datenreport 1999* (www.destatis.de)
Statistisches Bundesamt, *Export, Import, Globalisierung-Deutscher Außenhandel* (2011) (www.destatis.de)
Wissenschaftlichen Beirats beim Bundesministerium für Wirtschaft und Arbeit, *Die Hartz-Reformen- ein Beitrag zur Lösung des Beschäftigungsproblems?* (2002. 11.16) (www.bmwi.de)
Volkswagen AG und Industriegewerkschaft Metal Bezirksleitung Hannover, *Tarifvertrag für die Beschäftigten der Volkswagen AG* (1993) (www.boeckler.dr)
World Economic Forum, *The Global Competitiveness Report 2017-2018* (www.weforum.org)
World Economic Forum, *The Global Competitiveness Report 2006-2007* (www.weforum.org)

각종 통계
  독일연방통계청: Statistisches Bundesamt(www.destatis.de)
  유럽연합통계국: Eurostat - European statistics(ec.europa.eu/Eurostat)
  OECD 통계: data.oecd.org
  IMF 통계: data.imf.org
  World Bank 통계: data.worldbank.org

독일 법률: 연방법률정보 www.gesetze-im-internet.de

논문 등

강수돌, "독일 미니잡이 여성 고용에 미친 영향," 『산업노동연구』, 2017, 제23권, 제2호, 한국산업노동학회

구춘권, "새로운 사민주의의 고용전략 - 독일 사민당의 노동시장 개혁," 『21세기정치학회보』, 2010, vol. 20, no.3, 21세기정치학회

구춘권, "적녹연정의 유산과 대연정의 개혁프로젝트: 독일 개혁정치의 최근 흐름에 대한 조명," 『국제정치논총』, 2007, vol.47, no.3, 한국국제정치학회

권 혁, "독일 하르츠개혁의 내용과 의미 재평가 - 독일 비정규직 관련 노동법의 개정내용을 중심으로," 『법학연구』, 2016, vol.57, no.3, 통권 89호, 부산대학교 법학연구소

김기선, "독일 근로자파견법의 개정과 시사점," 『노동정책연구』, 2011, vol.11, no.3, 한국노동연구원

김상철, "독일 아젠다 2010 평가와 전망," 『질서경제저널』, 2014, vol.17, no.2, 한국질서경제학회

김상철, "독일의 하르츠(Hartz)개혁과 재정연방주의의 방향," 『재정정책논집』, 2011, vol.13, no.4, 한국재정정책학회

김상철, "한국과 독일의 초단시간 근로제 현황과 대책 비교," 『질서경제저널』, 2017, vol.20, no.2, 한국질서경제학회

김상철, "독일 복지재정의 구조와 변화에 관한 연구," 『경상논총』, 2016, vol. 34, no.4, 통권 77호, 한독경상학회

김상철, "독일의 한계고용 확대가 복지제도에 미친 영향에 관한 연구," 『사회보장연구』, 2014, vol. 30, no.2, 통권 69호, 한국사회보장학회

김상철, "독일의 활성화 복지국가와 빈곤의 변화 연구," 『경상논총』, 2014, vol. 32, no.3, 통권 68호, 한독경상학회

김영미, "독일 하르츠 개혁에서의 고용증진 관련 법제개혁의 내용과 평가 - 하르츠Ⅳ에 의한 고용연계복지법제를 중심으로," 『노동법논총』, 2013, vol 28, 한국비교노동법학회

김정로, "독일의 아젠다 2010과 하르츠 개혁에 관한 연구" (2018)

김흥종, 김균태, "독일 경기침체의 원인과 시사점," 『오늘의 세계경제』, 제05-12호, 2005년 4월 25일, 대외경제정책연구원

미하엘 휘터(Michael Hüther), "하르츠 개혁과 독일의 고용기적," 『국제노동 브리프』, 2014년 7월호, 한국노동연구원

박귀천, "최근 독일 단체협약법 변화의 내용과 의미," 『노동법연구』, 2018, vol. no.44, 서울대학교 노동법연구회

박명준, "포용적 노동시장 개혁은 불가능한가?: 시론적 유형화와 한국 상황 성찰," 『경제와 사회』, 2016 제111호', 비판사회학회.
박지순, "노동시장의 변화와 독일 공동결정제도의 대응," 『노동정책연구』, 가을호 2001.11, 한국노동연구원.
송태수, "신자유주의의 도전과 노동조합운동의 대응: 독일사례의 함의," 『경제와 사회』, 2006 제70호, 비판사회학회
이상호, "독일 고용체계의 변화가 노동시장에 미친 영향," 『경상논총』, 2014, vol.32, no.4, 통권 69호, 한독경상학회
이승협, "독일 통일 이후 독일노총의 임금동질화 정책: 1990-2003년을 중심으로," 『산업노동연구』, 제16권 제2호, 한국산업노동학회
임유진, "독일의 하르츠(Hartz) 개혁과 한국의 노동 개혁을 위한 함의," 『동서연구』, 2017, vol. 29, no.2, 연세대학교 동서문제연구원
정명기, "독일 자본주의 모델 변화에 대한 연구," 『경상논총』, 2017, vol.35, no.3, 통권 80호, 한독경상학회
조장옥, "2차 대전 이후 기적의 생성과 소멸에 관하여," 『경제논집』, 제55권 제2호 (2016), 서울대학교 경제연구소
최진우, "글로벌 금융위기, 유로존 재정위기, 유럽통합의 심화," 『한국과 국제정치』, 제28권 제1호 2012년(봄) 통권 76호, 경남대학교 극동문제연구소
한국조세연구원, "독일 연방정부의 2003년 세제개혁안," 한국조세연구원 (www.kipf.re.kr)
한종수, "제2차 세계대전 이후의 독일노동조합운동의 성격," 『한독사회과학논총』, 2012 제22권 제3호, 한독사회과학회
황수옥, "독일 노동법개혁의 시사점과 입법과제," 『강원법학』, 2017, vol.52, 강원대학교 비교법학연구소

Anke Hassel und Christof Schiller, "Der Fall Hartz Ⅳ: Wie es zur Agenda 2010 kam und wie es weitergeht (2010)."
Armin Gumny, "Regieren im politischen System der BRD am Beispiel der Agenda 2010 (2006)"
Barry Eichengreen/Albrecht Ritschl, "Understanding West German Economic Growth in the 1950s (2009)" (www.researchgate.net).
BDA, "Beitragsfreiheit erhalten, Doppelbelastung verhindern!" (www.bda-online.de)
BDA, "Europa zukunftsfähig machen–Empfehlungen an die deutsche EU-Ratspräsidentschaft "(www.bda-online.de)
BDA, "Europas Arbeitsmärkte modernisieren/Flexicurity–Mehr Sicherheit durch größere

Beschäftigungschancen" (www.bda-online.de)

BDA, "Für eine neue Balance in der modernen Tarifautonomie-BESCHLUSS DES PRÄSIDIUMS VOM 15. SEPTEMBER 2003" (www.bda-online.de)

BDA, "Wachstum und Beschäftigung FÖrdern/Das Reformkonzept der Arbeitgeber" (www.bda-online.de)

BDA, "Weiterentwicklung der Beitragsgestaltung des PSVaG" (www.bda-online.de)

BDA/BDI, "Mitarbeiterbeteiligung/Strategie für eine partnerschaftliche Untenehmenskultur" (www.bda-online.de)

Bernd Schiefer, Michael Worzalla, "Agenda 2010. Gesetz zu Reformen am Arbeitsmarkt (2004)"

Besnik Tahiri, "Agenda 2010: Innerparteilicher Diskurs als "Putsch von oben"?: Die sozialdemokratische Entwicklung vom dritten Weg (2014)"

BFM, "Bundesministerium der Finanzen Bericht über die Umsatzsteuerverteilung zwischen Bund, Ländern und Gemeinden (2004)" (www.bundesfinanzministerium.de)

Christian Dustmann 외, "From Sick Man of Europe to Economic Superstar: Germany's Resurgent Economy," *Journal of Economic Perspectives*(Volume 28, Number 1—Winter 2014; www.aeaweb.org)

Der Spiegel, 2003. 2. 9

Der Spiegel, 32/2002

Der Spiegel, 33/2002

Der Spiegel, 38/2002

Der Spiegel, 2003. 3. 15

Der Spiegel, 2003. 6. 1

Der Spiegel, 2003. 9. 17.

Der Spiegel, 2003. 9. 29

Der Spiegel, 2003. 11. 10

Der Spiegel, 2003. 11. 7

Der Spiegel, 2003. 5. 23

Der Spiegel, 2000. 9. 11

Der Spiegel, "Gespräche, DGB-Chef Michael Sommer," 7/2005

Der Spiegel, 2003. 9. 1

Der Spiegel, 2003. 11. 18

Deutscher Städte-und Gemeindebund, "Argumentationspapier zum Optionsmodell - Hartz Ⅳ(März 2004)"(www.dstgb.de)

DGB-Bundesvorstand, "Stellungnahme des Deutschen Gewerkschaftsbundes (DGB) zum Entwurf der Vierten Gesetzes für moderne Dienstleistungen am Arbeitsmarkt,"(www.dgb.de)

DGB-Bundesvorstand, "Stellungnahme des DGB zum Entwurf eines Gesetzes zur Einordnung des Sozialhilferechts" (www.dgb.de)

DGB-Bundesvorstand, "Stellungnahme des DGB zum Programm der CDU zur „Zukunft der sozialen Sicherheitssysteme" (www.dgb.de)

DGB-Bundesvorstand, "Stellungnahme des DGB zur Koalitionsvereinbarung zwischen SPD und Bündnis 90/Die Grünen vom 20. Oktober 1998" (www.dggb.de)

DGB-Bundesvorstand, "Stellungnahme zum Gesetzentwurf eines Dritten Gesetzes für moderne Dienstleistungen am Arbeitsmarkt(2003)" (www.dgb.de)

DGB-Bundesvorstand, "Stellungnahme des des Deutschen Gewerkschaftsbundes(DGB) zum Entwurf des 3. Armuts-und Reichtumsbericht der Bundesregierung (2008)" (www.dgb.de)

DGB-Bundesvorstand, "Stellungnahme des des Deutschen Gewerkschaftsbundes (DGB) zum Entwurf eines Kommunalen Optionsgesetzes (2004)" (www.dgb.de)

Die Zeit, 2003.11.20

Die Zeit, 2010.10.26

Edgar Wolfrum, "Rot-Grün an der Macht: Deutschland 1998-2005 (2013)."

Frank Deppe, "Gewerkschaften in der Großen Transformation. Von den 1970er Jahren bis heute. Eine Einführung (2011)."

Gary Burtless / Holger Schäfer, "Lohnversicherung/Ein neues Angebot für Deutschlands Arbeitslose (2002)" (www.kas.de)

Groningen Growth and Development Centre, "HS-7: The World Economy, 1950-2001" (www.ggdc.net)

Handelsblatt, 2001.3.2

Hans J Urban, "ABC zum Neoliberalismus: Von Agenda 2010 bis 'Wettbewerb' (2007)."

Henry Morgenthau, "Suggested Post-Surrender Programm for Germany," 프랭클린 루즈벨트 도서관/박물관(fdrlibrary)

Holger Kindler, Ada-Charlotte Regelmann, Marco Tullney, "Die Folgen der Agenda 2010-Alte und neue Zwänge des Sozialstaats (2004)."

IG Metall Funktionsbereich Jugend-, Bildungs- und Qualifizierungspolitik, "Bewertung des Vorschlages Bewertung des Vorschlages der Hartz-Kommission zum

Bereich Jugendliche Arbeitslose Ausbildungs Zeit-Wertpapier (2002)," (www.portal-sozialpolitik.de)
IG Metall-Vorstand, "Gesetzentwürfe der Regierungskoalition w Moderne Dienstleistungen am Arbeitsmarkt"Zusammenfassung und Bewertung" (www.igmetall.de)
Joachim Wiemeyer, "Sozialethische Bewertung des Niedriglohnsektors (2005)" (www.kas.de)
John P. Martin, "The Extent of High Unemployment in OECD Countries (2015)" (citeseerx.ist.psu.edu)
Jutta Hinrichs (extern) / Matthias Schäfer, "Entwicklung des Arbeitsmarktes seit 1962 –Eröffnungsbilanz für die Legislaturperiode 2005-2009" (www.kas.de)
Jutta Hinrichs / Elvira Giebel-Felten, "Die Entwicklung des Arbeitsmarktes 1962-2001 (2002)" (www.kas.de)
Manuel Fröhlich, Stefan Schneider, "Die »Große Steuerreform« der Regierung Kohl: Versuch und Scheitern" (www.reformkompass.de)
Matthias Kaufmann, "Kein Recht auf Faulheit: Das Bild von Erwerbslosen in der Debatte um die Hartz-Reformen (2013)."
Matthias Schäfer 편, "Strategien gegen Arbeitslosigkeit und Armut: Was kommt nach Hartz Ⅳ? (2006)" (www.kas.de)
Michael Dauderstädt und Julian Dederke1, "Die deutsche Agenda 2010 als Vorbild für Europa?" (www.fes.de/wiso)
N.F.R. Craft, "The Golden Aqge of Economic Growth in Western Europe, 1950-73" (warwick.ac.uk)
Nicholas Crafts, "Fifty Years Of Economic Growth In Western Europe: No Longer Catching Up But Falling Behind? (2003)" (eprints.lse.ac.uk)
Norbert Wiersbin, "Das Hartz-Desaster: Auf dem Weg in den Unrechtsstaat (2013)."
Oskar Niedermayer, "Parteimitglieder in Deutschland: Version 2017 NEU" (www.polsoz.fu-berlin.de)
Otto Graf Ramsdorf, "lamsdorf-papier-1982" (www.freiheit.org)
Prof. Dr. Elmar Altvater u.a., "2003-05-23 Aufruf von über 400 Wissenschaftlern gegen Agenda 2010" (archive.org)
"Protocol of the Agreements Reached between the Allied High Commissioners and the Chancellor of the German Federal Republic at the Petersberg (November 22, 1949)" (germanhistorydocs.ghi-dc.org)
Ralf Thomas Baus / Ulrich von Wilamowitz-Moellendorff, "Globalisierungsdebatte Ⅲ:

ATTAC - Die neue außerparlamentarische Opposition?" (www.kas.de)

Raymond J. Ahearn/Paul Belkin, "The German Economy and U.S.-German Economic Relations," 미국 의회조사국(www.loc.gov).

Reinhard Selten u.a., "Den Reformaufbruch wagen!" (www.iab.de)

Richard Hauser, "Anmerkungen zur Untersuchung, Alterssicherung in Deutschland (2007. 11)" (www.boeckler.de)

Richard Reichel, "Germany's Postwar Growth: Economic Miracle or Reconstruction Boom?,"*Cato Journal*, Vol. 21, No. 3 (Winter 2002) (www.cato.org)

Robert Lorenz, "Gewerkschaftsdämmerung: Geschichte und Perspektiven deutscher Gewerkschaften (2013)"

Rouven Wiegard, Nabileh Rahmati, Michael H. Breitner, "Renten- versicherungssystem: Quo vadis? (2015)" (www.hcf.uni-hannover.de)

Sebastian Nawrat, "Agenda 2010-ein Überraschungscoup?: Kontinuität und Wandel in den wirtschafts-und sozialpolitischen Programmdebatten der SPD seit 1982 (2012)"

Simon Hegelich, "Agenda 2010: Strategien-Entscheidungen-Konsequenzen (2011)"

The Economist, "The sick man of the euro," 1999.6.3

The Economist, "Dissecting the Miracle," 2013.6.15

Udo Prill, "Für Deutschland - Entwurf einer gerechteren Republik (2017)"

V.I. Yerofeev, Paper submitted by V.I. Yerofeev for V.M. Molotov, 20, November 1947, 런던정치경제대학(www.lse.ac.uk)

Volker Lankes, "Die Agenda 2010. Reform des Sozialstaats: Überblick zu ihren Zielen und Maßnahmen sowie Kritik und Alternativen (2007)"

Walther Müller-Jentsch, "Gewerkschaften und Soziale Marktwirtschaft seit 1945 (2011)"

Werner Eichhorst, Susanne Koch, Ulrich Walwei, "Flexibilisierung des Arbeitsmarktes - Wunderwaffe gegen die Arbeitslosigkeit?" Wirtschaftsdienst 2004.9. (www.wirtschaftsdienst.eu)

찾아보기

(ㄱ)

가브리엘, 지그마르(Sigmar Gabriel) 192, 254
가사도우미 85, 101, 110, 131, 135, 149, 160, 168, 177, 180, 330
가이스, 노르베르트(Norbert Geis) 259
가족 기업 102, 131, 135, 150, 156
가족과 직장의 양립 228
감사위원회 36, 180
감세법 48, 78
개발원조 122
개발은행(KfW) 148, 151
개인성 61
개인화된 예산 243
개입행정 334
거래세 배분 246
거래세 195, 233, 246
경력단절기간 120
경제노동위원회 153, 158, 161, 219, 223, 230, 282, 287
경제사회통합조약 51
경제안정 및 성장촉진법 38, 54
경제활동 능력 99, 113, 125, 136, 165
계약기간 일치 금지 153
계획경제 32
고데스베르크 당대회 33, 37
고용결산서 100, 127

고용반복 금지 153
고용보조/고용보조금 102
고용보험 96
고용이전 127
고용지원정책 96
고유행정 290
공공기관 146
공동결정 12, 35, 40, 61, 187, 327, 342
공동업무 274, 318
과감하게 개혁에 나서라 198
관리고객 112
관할변경 113, 250
괴너, 라인하르트(Reinhard Goehner) 207
교량수당 149, 151, 156, 169
교량체계 98, 123
구조개혁 142, 148, 183, 200, 241, 259, 369
군 협의회 282
근로자 파견 100, 128
근로자파견사업부 100, 106, 111, 117, 120, 128, 134, 138, 145, 150, 170, 178, 207, 227, 330, 338, 368
근로파견법(AÜG) 130
근무면제 118
금속노동조합(IG Metall)/ 금속노동조합

연맹 75, 142, 154, 206
금속노동조합연맹 요약과 평가 154
기간제노동 96, 111, 134, 178
기간제한 금지 153, 159
기관대여 273, 279, 287, 295
기민련 당대회 262
기본법 106조 222, 275, 284
기본법 120a조 275, 276
기본법 1조 1항 393
기브 앤드 테이크 원칙 61
기적의 분석 10, 373, 400
기초보장 99, 157, 219
기초보장법률안(EGG) 219

(ㄴ)

날레스, 안드레아(Andrea Nahles) 143, 406
네덜란드 153, 236, 249, 309
노동보유가치 127
노동시장 지원 224
노동시장 활성화 정책 96
노동시장정책 58, 77, 92, 103
노동시장정책수단 개혁법 147, 174
노동연구소(IAB) 282
노동재단 104
노동조합 탈퇴 214
노동조합조직율 389
노동청 개혁 109
노령 근로자 149, 180, 199, 224, 329
노령실업자 98
노령연금 개혁안/연금개혁법안 74
노후의 생활보장 205, 367, 397
농업 보조금 257
니벨, 디르크(Dirk Niebel) 219, 278, 289

(ㄷ)

다당 시대 388
단체협약/단체협약법 151, 190, 194, 237, 256, 423
단체협약상 임금 100, 234
단체협약의 자율 35
당수직 사임 268
대처, 마가렛(Margaret Thatcher) 22, 41, 47
더스트만, 크리스티안(Christian Dustmann) 406
덴마크 249
독일 병 9, 14, 25, 262
독일 상공회의소(DDIHK) 201
독일 시 협의회 282
독일 통일 29, 52
독일기업공동결정제도현대화 위원회 350
독일노동조합총연맹(DGB) 12, 13, 36, 87, 193, 251, 282, 327
독일사용자연합 2002년 사업보고서 158, 177
독일사용자연합 2005년 사업보고서 328
독일사용자연합(BDA) 40, 59, 89, 282, 342
독일연방제도 개혁 367
독일의 대안(AfD) 372
동방정책 39
동일노동 동일임금 61, 149, 172
되링, 발터(Walter Döring) 247
뒤케르트, 테아(Thea Dückert) 152,

172, 237, 280, 291
드라이슬러, 루돌프(Rudolf Dreißler)
143

(ㄹ)

라우만, 칼-요제프(Karl-Josef Laumann)
150, 153, 235, 277, 288
라이스, 클라우스(Klaus Reis) 282
라인강의 기적 25, 34
라퐁텐, 오스카(Oskar Lafontaine) 13,
25, 58, 143, 192, 230, 251, 323,
361, 387
람스도르프, 오토(Otto Graf Lamsdorf)
43, 50, 82
런던채무회의 54
레이건, 로날드(Ronald Wilson Reagan)
26, 41, 47
레클링하우젠(Recklinghausen) 당대회
33
로트, 카린(Karin Roth) 281
뢰취, 게지네(Gesine Lötzsch) 151
루시가, 크리스티네(Christine Lucyga)
251
루터, 미하엘(Michael Luther) 300
뤼루프 위원회 87, 144, 211
르몽드(Le Monde) 407
리스터, 발터(Walter Riester) 142

(ㅁ)

마샬 플랜 30
마스트리히트 조약 9, 14, 52
마이어, 라우렌츠(Laurenz Meyer) 201
메르켈, 앙겔라(Angela Merkel) 148,
189, 208, 218, 233, 252, 264,
354, 371, 408
메켈부르크, 볼프강(Wolfgang
Meckelburg) 290
모겐소 구상 27, 54
모차르트 사업 336
뮌테페링, 프란츠(Franz Müntefering)
144, 254, 256, 265, 268, 360, 365
뮐러, 페터(Peter Müller)) 204
뮐러, 프리드리히(Friedrich Müller)
282, 286
미니잡 85, 101, 131, 145, 149, 156,
168, 180, 241, 249, 329, 375, 379
미디잡 145, 176
민간 서비스업자 101, 111
민사당/민주사회당(PDS) 150
민주사회주의 215
민주좌파 포럼 143

(ㅂ)

바네트, 도리스(Doris Barnett) 292
바이스, 게랄드(Gerald Weiß) 301
바이스, 페터(Peter Weiß) 301
바젤Ⅱ 170
법정 의료보험 현대화 법률 80
베르텔스만 재단(Bertelsmann Stiftung)
68
베르틀, 한스-베르너(Hans-Werner Bertl)
281
베를린 10만 시위 268
베를린 강령 71
베를린 봉쇄 31
베빈, 어니스트(Ernerst Bevin) 28
베스터벨레, 귀도(Guido Westerwelle)
191, 256, 260

보조금 폐지   250, 253, 258, 264, 303
뵈머, 볼프강(Wolfgang Böhmer)
    204, 247, 310
뵐, 다그마르(Dagmar Wöhrl)   150
부유세   205, 254, 387
불법노동   64, 85, 101, 131, 149,
    168, 179, 184, 227, 315, 344,
    346, 348, 379
불프, 크리스티안(Christian Wulff)
    203, 294
브라운, 루트비히 게오르그(Ludwig
    Georg Braun)   201
브란트, 빌리(Willy Brandt)   38, 42,
    85, 152, 238
브란트너, 클라우스(Klaus Brandner)
    152, 238, 291
브레데호르스트, 마를리스(Marlis
    Bredehorst)   282, 286
브뤼데를레, 라이너(Rainer Brüderle)
    151
브륄러위원회   77
브지르스케, 프랑크(Frank Bsirske)
    192, 250
블레어, 토니   13, 26, 55, 62, 69,
    73, 144, 197, 394, 405
블륌, 노베르트(Norbert Blüm)   76
비란트, 요아힘(Joachim Wieland)
    282, 286, 294
비스마르크 사회보장제도   75, 397
비스키, 로타르(Lothar Bisky)   230
빅슬러, 에르빈(Erwin Bixler)   86
빈부보고서   221

(ㅅ)
4-D 정책   27
사례관리자   115, 120, 126
사민당 당대회   142, 144, 193
사민당의 기본가치   201, 251
사적 보험   65, 183, 195, 209, 255
사회보장비 지출   45, 405
사회보험 위원회   209
사회복지수당   99, 125, 166, 221, 262
사회부조   16, 64, 96, 99, 103, 113,
    136, 146, 164, 181, 194, 219,
    240, 246, 283, 306, 364
사회적 국가   40, 68, 99, 183, 217,
    256, 300, 329, 393
사회적 시장경제   10, 32, 33, 38,
    182, 187, 189, 197, 354, 395, 405
사회주의청년단(JUSO)   143
산업별 단체협약   57, 151, 187, 195
산업수준 계획   28
산업입지 경쟁력   53, 58, 85, 147,
    378
상담고객   112
상임이사   180, 260
생산능력 조정   117, 127
석탄철강산업공동결정법   36
선거대안-노동과 사회정의   387
선진 6개국 정상회담   41
성장동력   102, 134, 186
세계무역기구(WTO)   53
숄츠, 올라프(Olaf Scholz)   215, 254,
    407
수습기간   101, 107, 120, 132, 173
숙려기간   120
쉴러, 칼(Karl Schiller)   33, 38, 54

슈뢰더, 게하르트(Gerhard Schröder)
  3, 24, 59, 144, 181, 188, 192,
  197, 201, 205, 208, 210, 213,
  216, 250, 254, 261, 266, 268,
  304, 322, 352, 358, 369, 373,
  386, 392
슈미트, 울라(Ulla Schmidt) 80, 87,
  143
슈미트, 헬무트(Helmut Schmidt) 40,
  42, 45, 236
슈베베-게리크, 이르민가르트(Irmingard
  Schewe-Gerigk) 240
슈타인마이어, 프랑크-발터(Frank-Walter
  Steinmeier) 14, 144, 407
슈타인브뤼크, 페어(Peer Steinbrück)
  204, 252, 293, 303, 363
슈테벤스, 크리스타(Christa Stewens)
  248, 295
슈토이버, 에드문트(Edmund Rüdiger
  Stoiber) 202, 208
슈트뢰벨레, 한스-크리스티안(Hans-
  Christian Ströbele) 240, 299
슈페츠, 로타르(Lothar Späth) 89
슈피겔(Der Spiegel) 89, 202, 250,
  252
시민보험 209, 211
시험조항 298, 301, 303, 323, 326
신자유주의 26, 41, 43, 45, 47, 49,
  55, 150, 208, 216, 236, 365, 384
실업 등록 120, 244
실업급여 Ⅱ 16, 99, 126, 146, 269
실업급여 Ⅰ 99, 125
실업보험 96, 99, 105, 109, 123,
  128, 136, 157, 164, 207, 231,
  304, 319, 342, 368
실업부조 16, 59, 99, 113, 137, 146,
  149, 155, 160, 164, 171, 179,
  190, 200, 219, 231, 239, 267,
  306, 329, 364, 379
13개 혁신 모듈 97

(ㅇ)
아데나워, 콘라트(Konrad Adenauer)
  30, 32, 34, 144
아이헬, 한스(Hans Eichel) 143, 144
아젠다 2010 반대 호소문 193
아젠다 2010 반대운동 359
아젠다 2010 12, 25, 81, 103, 141,
  181, 201, 208, 215, 230, 248,
  254, 269, 329, 342, 359, 364,
  377, 392
암스테르담 조약 92
야고다, 베른하르트(Bernhard Jagoda)
  86
얄타 협정 27
양극화 14, 361, 372, 379, 386, 400,
  403
업무팀 270, 272, 283, 314, 320, 326
에너지 정책 183, 370
에르하르트, 루트비히(Ludwig Wilhelm
  Erhard) 33, 37
에플러, 에어하르트(Erhard Eppler)
  216, 404
역량센터 97, 101, 107, 112, 127,
  135, 145
연금개혁 68, 75, 142, 147, 210, 387
연금개혁위원회 75, 142
연방경제노동부 자문위원회 자문보고서

162
연방노동단체협회 285
연방사회부조법 126, 166
연방헌법재판소 15, 314, 325
연방회계감사원 66, 84, 280, 310
연성요소 114
예로페예프(V. I. Yerofeyev) 28
예방적 사회적 국가 395
오로츠, 헬마(Helma Orosz) 313
오스텐도르프, 프리드리히(Friedrich Ostendorff) 240
외국인 노동자 225
요구와 지원(Fordern und Förder) 164, 188, 264
요양보험 209, 211, 255, 260, 319, 367
월요시위 251, 327, 359
위스콘신 모델 306
위임행정 290
유럽 주식회사법 349
유럽: 제3의 길/신중도 13, 26, 197, 405
유럽법원 349
유럽석탄철강연합 30
유럽통화체제(EMS) 41
유로존 53, 373, 374, 377, 387, 404, 406
유로지역의 병자 3
유로화 53, 381, 401
유리한 해석의 원칙 248
유연안정 152
의회 밖 야당(APO) 26, 323
이동(이주)의 적정성 179
이동수단 지원 106

이전급부(移轉給付) 98, 167
이전회사/고용회사 104, 127
<이코노미스트> 3, 373, 380, 400
이행노동시장 104
인터페이스 경영 113
일괄 경제개혁안 59
일을 위한 연합 12, 59
1인 기업 101, 102, 131, 135, 145, 150, 154, 179, 214, 231, 249, 344, 347
일자리 창출 정책(ABM) 58, 228, 250
일자리를 위한 자본 148, 151, 170, 184, 214
일자리센터 16, 97, 103, 112, 121, 127, 145, 164, 267, 281, 329, 335, 348
1차 오일 쇼크 42
임금덤핑 207, 237, 329
임금보험 98, 123, 154, 160, 169
입법봉쇄 45, 59, 292, 296

(ㅈ)
자거, 크리스타(Krista Sager) 256, 257
자기부담 80, 188, 200, 404
자기주도 61, 113, 197, 229
자기책임 61, 62, 72, 76, 79, 81, 96, 111, 117, 145, 188, 197, 229, 284, 372
자동화정보기기 106, 112, 114, 117
자발성 98, 118
자산 빈곤 403
재정건전화 149, 202, 366, 370, 376

적정성 78, 98, 117, 155, 174, 188, 214, 231, 247, 264, 375, 379
전국 자원봉사 복지 협회 282
전문가 연맹 138
접착 134
점프-플러스 정책 333
정당의 탈당 214
정보고객 112
정보센터 112
제호퍼, 호르스트(Horst Lorenz Seehofer) 81, 210
젤크, 페트라(Petra Selg) 240
조기은퇴 151, 170, 180, 199, 248, 379
조세개혁 25, 63, 68, 143, 147, 183, 188, 196, 202, 218, 248, 262
조정위원회 172, 175, 248, 250, 260, 276, 307, 313
조화로운 행동 38
좀머, 미하엘(Michael Sommer) 89, 193, 201, 214, 291
종속적 노동허가 242
좌파당(Die Linke) 26, 230, 323, 362, 384, 397
주의 최고기관 270, 298
지모니스, 하이데(Heide Simonis) 204, 304, 306
지원과 요구 97, 103, 188, 214, 231, 238, 250, 304, 310, 317, 345, 370
지자체 선택법률안/지자체선택법률 267, 269, 279, 286, 288, 296, 323, 334, 367
지자체 연합 282, 331, 341
지자체 집행기관 269, 273, 286, 290, 298, 307, 323, 326
지자체는 선택모델 259
G-7 정상회담 41
직무 순환 104
직업교육 104, 121, 184, 226, 242, 258, 263, 274, 321, 329, 384
직업교육시간-증권(AZWP) 98, 122
직장협의회 36, 57, 139, 187, 208, 351, 399
징하머, 요하네스(Johannes Singhammer) 150, 234, 289, 291

(ㅊ)

차별금지 153, 180
최저임금 100, 233, 247, 345, 364
최초 직업교육 226
출장서비스 116
취업알선 스캔들 68, 88, 144
취업알선본부 122
츠비켈, 클라우스(Klaus Zwickel) 75, 207

(ㅋ)

케인즈주의 7, 43, 48, 59, 143
코흐, 롤란트(Roland Koch) 203, 208, 233, 245, 264, 276, 292, 301, 309, 363
콜, 헬무트(Helmut Kohl) 43, 55, 73, 192, 209, 255, 367, 396
콜베, 만프레트(Manfred Kolbe) 243
클러스터 102, 135
클레멘트, 볼프강(Wolfgang Clement) 144, 231, 248, 288, 316

(ㅌ)
통일실태 연례보고서　382
통화개혁　31, 33
퇴네스, 프란츠(Franz Thönnes)　249
트루먼 독트린　27
특별수요-연방보상 할당　314

(ㅍ)
파견기간　129, 150, 159, 172
파우, 페트라(Petra Pau)　239, 261, 290, 405
페촐트, 울리히(Ulrich Petzold)　301
페테르스베르크 협정　30
포츠담 협정　27
폭스바겐의 단체협약　56
프라처, 마르셀(Marcel Fratscher)　402
프랑크푸르트 그룹　143
프랑크푸르트 문서　32, 84
프리케, 오토(Otto Fricke)　279
피파, 에리히(Erich Pipa)　282, 285
필요 충당 고용　324
필요공동체　271, 308, 312

(ㅎ)
하르츠 위원회(노동시장에서 현대적 서비스 위원회)　6, 68, 74, 86, 133, 144, 179, 211, 220, 338, 347
하르츠, 페터(Peter Harz)　6, 68, 86, 144
하향식 개혁　266
한국전쟁　31, 54
한독근로자채용협정　37
한스 뵈클러 재단 보고서　329
해고보호　107, 151, 194, 219, 248, 327, 348
헤르만, 빈프리드(Winfried Hermann)　240
헤르초크, 로만(Roman Herzog)　208
헤틀리히, 페터(Peter Hettlich)　240
헬러, 우다(Uda Heller)　301
호흐바움, 로베르트(Robert Hochbaum)　150
혼합행정　314
홀터, 헬무트(Helmut Holter)　173
후순위 채무/대출　102, 132
훈트, 디터(Dieter Hundt)　89
휘터, 미하엘(Michael Hüther)　400
힌체, 부르크하르트(Burkhard Hintzsche)　282

독일의 개혁과 논쟁
- 슈뢰더 정부의 하르츠 개혁 -

초판 제1쇄 펴낸날 : 2020. 2. 10

지은이 : 전종덕·김정로
펴낸이 : 김 철 미
펴낸곳 : 백산서당

등록 : 제10-42(1979.12.29)
주소 : 서울 은평구 통일로 885(갈현동, 준빌딩 3층)
전화 : 02)2268-0012(代)
팩스 : 02)2268-0048
이메일 : bshj@chol.com

※ 저작권자와의 협의 아래 인지는 생략합니다.

값 30,000원

ISBN 978-89-7327-559-5 93330